삶의 지혜와 무기가 되는

철학의 ABC

삶의 지혜와 무기가 되는 **철학의 ABC**

초 판 1쇄 인쇄 2019년 10월 20일
초 판 1쇄 발행 2019년 10월 30일

지은이 아나톨리 일리치 라키토프
옮긴이 김 신 현
엮은이 황 세 연
편 집 이 동 영
교 열 이 윤 호, 박 주 영, 조 예 령, 민 성 원
그 림 서 보 연
발행처 도서출판 새길아카데미 판매처 중원문화
주 소 서울특별시 마포구 서강로 11길 24
주문처 02-325-5534 FAX 02-324-6799
ISBN 978-89-9775-9002(03100)

삶의 지혜와 무기가 되는

철학의 ABC

아나톨리 라키토프 ● 김신현 옮김/황세연 엮음

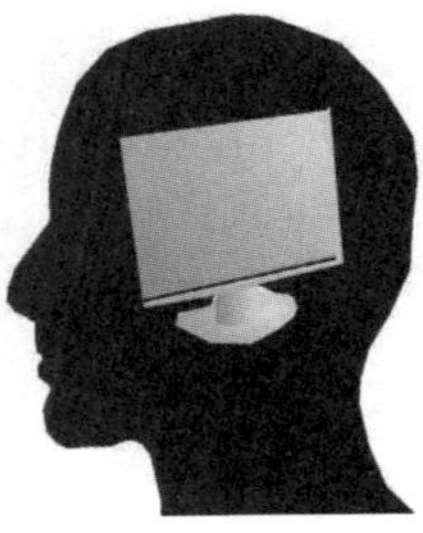

도서출판 중원문화

2019

The principles of philosophy

by

Anatoliĭ Il'ich Rakitov

Moscow, 1989

Printed 2019 by Jungwonmunhwa Publishing Co.

엮은이의 말

우리가 이 책에 주목할 점은 **'철학'**이라는 타이틀을 달고도 전(全) 세계에 2천만 부 이상이 팔렸다는 점이다. 그리고 그 판매부수는 특히 미국에서 지금도 계속 늘어나고 있다. 또 하나 주목할 점은 「애플」 창업자인 스티브 잡스(Steve Jobs, 1955~2011)도 공부에는 취미가 없는 사람이었으나 **'철학'**을 접한 후 180도 달라졌다는 점이다. 그는 동양철학, 특히 인도철학을 접한 이후부터 철학을 근간으로 한 대담한 상상력과 창의력을 지니게 되었다고 한다. 그가 「애플」을 창업하고, 아이폰을 만들기까지는 철학공부의 힘이 컸다고 「스탠퍼드대학교」 졸업식 축하 연설에서 자신 있게 말한 바 있다. 철학은 그만큼 우리에게 **삶의 무기이자 지혜를 주는 모든 학문의 기초과학**이다. 이 책은 철학이 삶 속에서 어떻게 활용되는지, 사람들이 살아가는 세상 속에서 철학이 어떠한 지혜나 무기가 되는지, 또 얼마나 쓸모 있는 학문인지를 알려주기 위하여 저술된 특별한 내용의 철학입문서이다. 따라서 신(God)을 주제로 삼는다거나 실존주의를 설명한다거나 현상학을 논하는 것 등과는 거리가 멀다. 이 책은 바로 지금, 여기에서 무엇을 할 것인가 하는 아주 평범한 주제로 독자들을 인도할 것이다. 또한 삶과 철학상의 중요한 쟁점들을 가지고, 입장을 달리하는 두 사람이 서로 논쟁하는 형식을 빌려 전달함으로써 자칫 복잡하고 어렵게 보이는 철학적 문제들을 쉽게 이해할 수 있게 한 점이 특징이다.

논쟁을 하려면 많은 논리적 지혜들을 끌어들여야 한다. 따라서 철학에 대한 논쟁 자체가 우리 뇌의 사유운동을 촉발시킨다. 철학적 사유는 술을 마시면 단번에 취하듯이 단 몇 분, 또는 몇십 분 사이에 습득되는 게 아니다. 우리가 건강을 위해 우유를 매일매일 마시듯이, 또는 디자인, 축구 같은 경우도 매일매일 훈련해야 훌륭한 디자이너, 축구선수가 되듯이, 사유훈련도 매일매일 토론하고 철학적 사유를 지니고 뭔가를 실천할 때 스티브 잡스 같은 창의력과 상상력이 발달하게 되는 것이다. 하지만 처세술이나 실용서 등에 관련된 책을 읽거나 내용도 없는 술자리 모임은 사유훈련에 아무런 도움이 되지 못한다.

여기서 주의할 점은 철학공부를 하면 삶의 무기가 된다고 하니 아무런 철학책이나 글들을 마구잡이로 접한다고 하루아침에 상상력과 창의력이 향상된다고 생각하면 안 된다. 철학에는 삶에 도움이 되는 학문도 있지만 그렇지 못한 경우도 부지기수이기 때문이다. 따라서 철학공부도 사람에 따라서 또 현재 지니고 있는 사고방식에 따라서 접근방법을 달리해야 한다. 초등학생에게 '관념론'이 뭐고, '유물론'이 뭐라고 설명한다고 해서 철학이 스펀지에 물이 빨려들 듯이 머리에 스며드는 것은 아니다. 적어도 중·고등학교나 대학생활을 하면서 세미나를 통한 대화나 발표 등을 통하여 자기주장을 내세우고, 다른 동년배들과 토론하는 문화가 다져진 경우, 다시 말해 독해력이나 이해력이 어느 정도 갖추어질 시기부터 좋은 철학 도서를 추천받아 공부하는 방법이 가장 좋은 방법이다. 서구 유럽에서는 오래전부터 초등학교 고학년부터 철학을 통한 학교수업이 진행되고 있으나 우리의 교육실정은 그러하지 못하고 있다. 이 책의 내용 중간 중간에 두 사람의 토론자가 토론을 하는 방식으로 논리학을 공부하는 방법이 제시되고 있다. 우리나라 교육에서는 생소한 방법이지만 두 사람이 토론하는 내용을 보면 흥미로운 부분을 발견하게 될 것이다. 상대를 꺾기 위해 열을 올리는 또 다른 상대와의 대화가 계속 연속되는 장면이 나오는데, 이때 이 대화들 속에서 관념론자, 불가지론자, 염세주의자, 실존주의자, 변증법적 유물론자 등의 다양한 반대자들의 논리와 충돌하거나 일치점을 찾아가는 내용을 발견할 수 있다. 이러한 철학적 토론이야말로 바로 좋은 방법의 사유훈련이다.

그러나 중요한 것은 내용의 충실성과 실천적 방법이다. 의사가 의사면허증은 있는데 무서워서 수술을 못 한다거나 수술을 하기 싫어한다면 그 사람은 더 이상 의사가 아니다. 이제는 공부를 잘하는 의사가 아니라 정열을 가지고 실천하는 의사가 필요한 시대이다. 철학공부도 공부를 하면서 끊임없이 실천해야 한다는 점을 명심해야 한다. 이 책은 어쩌면 우리가 현재 겪어가고 있는 한일(韓日) 무역전쟁과 미중(美中) 무역전쟁, 그리고 북한의 핵문제 등 다양하게 얽히고설킨 현시대의 상황들을 비교하는 사고력을 갖게 할 것이다. 때문에 **4G에서 5G시대를 맞는 요즘에 4차 산업혁명과 사회개혁**을 필요로 하는 새로운 변혁기에 있는 우리들이 새로운 인식들을 어떻게 수용하고, 어떻게 버려야 하는지를 책을 읽는 도중에도 비교하고, 살펴보는 자세가 필요하다.

고대 그리스의 민주주의는 제한적이고, 근대 민주주의는 법 앞에서 형식적 평등만을 인정하는 데 그쳤다. 그러나 오늘날의 민주주의는 최초로 만인에게 법적·형식적 평등뿐만 아니라 사회적·경제적 평등까지도 보장하는, 즉 인류 역사상 존재한 바 없는 '새로운 민주사회'를 요구한다. 물론 지금까지 세계 시민들이 원하는 민주주의가 항상 순조롭게 진행되지만은 않았다. 저자는 그 이유를 '진보의 지지자들과 수구세력 사이의, 민주주의의 옹호자들과 관료주의자들 사이의 투쟁' 없이는 민주주의가 불가능하기 때문이라고 말한다. 따라서 저자는 국민이 대표를 선출하는 일도 중요하지만 선출된 자나 임명된 관리도 언제든지 시민투표에 의하여 파면시키는 '국민소환제'라는 구조를 확대하는 것을 염두에 두고 있다. 즉, 저자는 우리나라의 '촛불혁명'과 같은 실천적 행동을 요구한다.

국민은 일만 하고, 정치생활에 참여하는 데 그치는 것이 아니라, 실생활에서 가족을 이루고, 휴식을 취하고, 독서를 하고 TV를 보고, 컴퓨터를 하고, 친구와 이야기를 하며, 아이들을 기르고, 오락을 하며, 미래에 대한 꿈을 꾼다. 하지만 이러한 정상적인 인간생활에 적합한 조건이 마련되지 않는다면 '인류 복지'라는 인류의 소망은 오히려 진보의 걸림돌로 바뀌는 결과를 초래하게 된다고 저자는 주장한다.

마지막으로 저자는 '평화와 인류를 위한 투쟁'이 '누구나 납득할 수 있는 보편적 투쟁'이어야 한다고 주장하고 있다. 과거 식민지 독립과 같은 몇몇 전쟁들은 정당화될 수 있었을지 모르지만, 북한처럼 핵을 가지고 장난치고 그것이 인류의 생존 자체를 위협하는 것이라면 그 어떤 명분으로도 정당화될 수 없다. 전쟁을 방지하기 위한 투쟁은 전(全) 세계 모든 사람들의 심오한 이해에 뿌리를 두어야 한다고 저자는 주장한다. 이러한 생각이 '평화공존론'과 깊은 관계가 있다는 것은 말할 필요조차 없다. 하지만 우리가 '인류 평화를 위한 투쟁'에 도움이 될 수 있겠는가 하는 생각이 든다. 지금도 청년실업문제, 워킹푸어(working poor)문제, 고령화사회문제, 그리고 셀 수 없는 각종 사회적 문제들 때문에 여의도 국회의사당 앞과 청계광장에서는 각종 집회와 시위가 열리고 있다. 이러한 사회적 모순을 보면서 '인류 평화를 위한 투쟁'과는 너무 거리가 멀다는 생각이 든다. 이제 우리 사회의 현실을 고민하면서 철학의 유효성에 대하여 하나하나 살펴보기로 하자!

서강로 사무실에서 초가을에

엮은이 황세연

◆ 차 례 ◆

이 책을 이용하는 방법

이 책의 구조는 사람들이 추구하는 목적과 목표에 따른 다양한 종류의 문제를 가지고 이를 해결하도록 이끈다. '철학이란 무엇인가'라는 서론은 철학과 그 주제 및 방법에 관한 기본지식을 제공해 주며, 철학을 다른 분과학문들과 구별 짓는 주요 사항들과 관념론과 유물론 철학의 지위 등에 관한 기본지식을 제공해 준다. 또한 서론은 철학의 진화의 기원과 그 다양한 발전단계에 관한 지식을 포함하고 있으며, 이어서 논의될 주요 문제를 다루고 있다. 이 문제들은 점점 더욱 상세히 다루어질 것이고, 각 자료는 차츰 어려워지는 순으로 배치되어 있다. 이어지는 순서들은 앞의 순서들에 이어서 논의가 진행된다. 독자들이 관념론에 대한 유물론의 관계, 형이상학에 대한 변증법의 관계, 다른 기타 여러 철학적 사조와 사회주의[1])와 자본주의철학의 관계에 대하여 증명과 논증들을 보다 잘 소화할 수 있도록, 서로 다른 관점을 지닌 가상의 인물들 사이의 대화와 문답형식으로 철학을 안내할 예정이다. 따라서 독자들은 이 대화들을 주의 깊게 읽고 학습해야 한다.

---

1) 우리가 본 도서를 읽어가면서 가장 중요하게 볼 점은 우리나라 경제제도가 자유경제보다는 원래 사회주의식 계획경제로 시작해서 정치·경제가 함께 성공한 나라라는 점을 알아야 한다. 지금도 자본주의 국가 중 국영기업이 가장 많은 나라가 우리나라이다. 또한 복지제도 역시 북유럽 사회주의식 못지않다. 가장 최근의 『중앙일보』 2019년 7월 31일자에 연재된 「김정식의 이코노믹스」 연세대학교 김정식 교수에 의하면 미국의 청년층 51% 이상이 자본주의보다 사회주의를 선호하고 있다고 쓰고 있는데 이 점도 주목할 부분이다.－엮은이

주요 명제, 정의 및 질문들은 이 책의 모든 부분을 통해 여러 번 설명되고 논의될 것이다. 이것은 내용을 보다 잘 소화하도록 하기 위한 것이다. 더구나 이러한 명제와 질문들은 대부분 다른 주제들과 연관되어 있으며, 한 번의 토론만으로는 올바르게 충분히 이해될 수 없다. 예를 들면 이데올로기와 이데올로기 투쟁은 서론과 제2부, 제3부, 제4부, 제6부에서 논의되며, 철학의 원리, 세계의 물질성과 인식 가능성의 원리, 사회의 발전과 진화 및 혁명적 변혁의 원리들은 모든 부분에서 논의되고 다루어지고 있다. 그러나 이러한 것들을 위해 할애된 지면은 부분적으로 다양하다. 예를 들어 발전의 원리는 제4부에서 중심적으로 다루어지고 있고, 세계의 인식 가능성의 원리는 제5부 등에서 다루어지고 있다.

변증법의 범주들에 대해서는 별도의 부분을 마련하여 논의하고 있지 않다. 그러나 그것이 변증법적 범주들을 무시한다는 것을 의미하지는 않는다. '물질', '의식', '원인', '필연', '사회적 존재', '사회적 의식', '자유', 그리고 '법'과 같은 가장 중요한 철학적 범주들은 이러저러한 철학적 문제들에 대한 논의와 연관하여 적절한 부들에서 상세히 다뤄지고 있다.

모든 부분에는 서론에서 결론까지 색인번호가 있다. 각 부는 짧은 절로 나누어져 있고, 그 절들은 [001], [311], [506] 등과 같은 세 자리의 아라비아 숫자로 나타나 있다. 처음 숫자는 그 장의 번호이고, 나머지 두 숫자는 그 장 내의 절들의 번호이다. 예를 들어 [001]이라는 번호는 서론의 제1절을 나타내고, 311은 제3부의 11절을, 506은 제5부의 6절을 말한다. 공통의 주제로 연관된 절들은 공통의 표제로 묶여 있다.

모든 절은 논의되고 있는 내용의 올바른 이해를 위해 필요한 지식을 포함하고 있는 다른 절들에 대한 전후참조가 있다. 이 전후참조는 세 자리의 아라비아 숫자([ ]로 묶인)로 나타나 있다. 독자들은 전후참조 [506]이나 [311]을 접하게 되면 제5부의 6절 또는 제3부의 11철을 살펴보아야 할 것이다. 전후참조가 여러 숫자로 주어지면, 본문 속의 지시된 곳에 특별한 주의를 기울이면서 그만큼 여러 절의 내용을 살펴보아야 한다. 전후참조 앞의 절들과 뒤의 절들 모두에 대해서 주어지는데, 이는 철학의 다양한 부문들 사이의 내적 연관을 분명히 하는 것을 용이하게 하며, 또한 그 내적 통일성을 인지하는 데 도움을 준다.

전후참조 체계는 본문에 대한 이해와 일관된 독서를 용이하게 하며, 또한 아직 충분히 소화되지는 않았더라도 읽은 내용을 기억 속에 빨리 남게 하는 것을 용이하게 한다. 또한 그것은 학습하고 있는 절과 다음 절들 간의 연관을, 그리고 이 책의 내용구분을 이해하는 데에도 도움을 준다.

저자 아나톨리 일리치 라키토프

서 론

철학이란 무엇인가?

DEMOCRITOS, B.C 460년경~380년경

"만물의 근원은 무엇인가?"

● 누가, 그리고 왜 철학을 필요로 하는가?

001 현대세계 속에서의 인간이란 무엇인가?

우리는 지금 복잡하고 급변하는 세계 속에 살고 있다. 20세기만 하더라도 자본주의 체제끼리 보호무역 전쟁이 시작되어, 결국 제1, 2차 세계대전이 발생하였다. 그 사이에 러시아혁명(1919년)이 있었다. 러시아는 자본주의체제가 아닌 최초로 탄생한 사회주의체제였다. 그리고 사회주의를 내세우는 국가들의 공동체가 형성되기 시작하였다. 또한 제2차 세계대전 이후에는 식민지들이 해방되어 그 스스로 걸어가는 거대한 발전도상국 그룹이 출현하였다. 또한 서로 다른 사회적 및 경제적 체제들 사이에는 복잡한 관계들로 얽히면서 각종 모순들이 존재하기 시작하였다. 그중에서 가장 첨예한 대립은 자본주의와 사회주의 사이의 대결이었다. 이는 자본주의에서 사회주의로 이행하든, 또는 사회주의에서 자본주의로 거꾸로 역행하든 바로 우리 인류의 문제였다. 이처럼 인간이 더 나은 세계로 계속 나아가고자 노력하는 자세가 곧 **철학**하는 자세이다. 따라서 철학(philosophy)이란 곧 '지혜학'이라고도 불린다. 인간은 지혜, 곧 철학하는 자세로 세계 속에서 자신의 문제, 그리고 인간 생활의 목적, 목표 및 가치는 무엇인가 하는 문제에 직면하면 이를 해결하기 위하여 노력하여 왔다.

현대세계는 전례 없는 과학기술 진보가 일어나고 있다. 인간은 우주공간으로까지 진출하며 자연의 비밀들에 대해 더욱더 깊이 파악해 들어가고 있다. 오늘날 핵폭탄시대에 이 문제들은 특히, 인류의 전망에 대한 질문과 관련하여 강도 높게 제시되고 있다. 우리 각자는 금명간 우리 시대의 첨예한 문제들과 모순들을 어떻게 극복할 것인가에 대해 자문해 보아야 한다. 예를 들어 과학기술 진보를 어떻게 인간을 위한 일에 선(善)하게 이용할 것인가? 그리고 바로 그 **인간에게 있어서 선**이란 무엇인가? 의식이 있고 열성적이고 활동적인 사람이라면 어느 누구도 그러한 문제들에 대한 해답을 찾으려는 노력을 하지 않을 수 없을 것이다. 그러나 자연과학이나 기술(technology) 자체가 그러한 해답을 제공해 줄 수는 없다. 그리고 단 한번만 필요한 해답을 찾아내고 그것들을 기억하는 것으로 끝나는 일이 아니다. 오히려 급변하는 현대세계 속에서 그러한 해답들을 찾아내는 방법을 익히고, 그 해답들이 올바른 것인지의 여부를 검증하는 방법을 배우며, 그 해답들에 따라 행동하는 것을 배우는 것이 훨씬 더 중요하다. 이러한 지식은 어떤 특수한 원리에 의해 주어지는데, 그 원리가 바로 '**철학**'이다.

002 그 시대의 '정수'

철학은 고대 그리스에서 처음 발생하였다. 그리스에서 철학이란 단어는 '지혜에 대한 사랑'을 의미했다. 그러나 오늘날 우리는 '철학'에 다른 뜻과 의미를 부여한다. 왜 그럴까? 그건 여러 가지 철학 학파와 조류들이 무수히 많이 발생했기 때문이다. 그중에서 2,500여 년 전 최초로 발생한 철학의 하나가 자연철학, 곧 유물론 철학이다. 때문에 철학이란 무엇인가를 이해하기 위해서는 무엇보다도 우선 유물론의 창시자들이 **그것**

을 어떻게 이해했는가를 명확히 해둘 필요가 있다.

> “모든 진정한 철학은 그 시대의 지적 **정수**이기 때문에, 그 시대는 철학이 그 내용에 의해 내적으로뿐만 아니라 그 형식을 통해 외적으로도 그 시대의 실제 세계와 접촉하고 상호작용할 때에야 비로소 도래할 것임에 틀림없다. 그러면 철학은 다른 특수한 체계와 관련된 하나의 특수한 체계만으로 그치질 않을 것이다. 철학은 이제 세계와 관련된 일반적 의미의 철학이 되며, 현대세계의 철학이 될 것이다.”[2]

이 인용문에서 ‘정수’(Quintessence)라는 단어는 ‘기초’ 혹은 ‘본질’로서 이해되어야 한다. 이 인용문처럼 칼 맑스(Karl Marx, 1818~1883)는 우리를 둘러싼 세계에 대한 특별한 지식으로서 ‘철학’을 다른 학문과 확연하게 구분해 내었다.[3]

이 세계는 자연과 사회로 이루어져 있다. 그리고 우리는 일상적인 경험을 통하여 사회적, 정치적, 과학적 및 기술적 지식 등 현실적 문제들을 발견할 수 있다. 이는 학교생활, 일상생활, 산업활동, 노동운동, 자연에 대한 인식 과정 등에서 나타나는 매우 특정한 문제들을 극복하기 위해 필요한 경험들이다. 그것들은 인류역사의 각 시대 및 각 시기에서 생활의 가장 근본적인 문제들과 결부되어 있었다. 이러한 문제들과 과제들을 해결하는 건 각개인의 운명, 나아가 인류전체의 운명에 지대한 영향을 미쳤다. 한 국가의 근본적인 이해를 요구하는 이러한 문제들을 이해하고 깨닫는 것, 그리고 그것들을 정확하게 정식화하는 것은 매우 어렵다. 또한 그것들을 해결하기 위한 정확한 방법과 수단들을 찾아내는 것은 더욱더 어렵다. 그렇게 하기 위해서는 다양한 과학의 성과들에 대한 매우

2) Karl Marx, "*These on Feuerbach*", Karl Marx and Frederick Engels, Collected Works, Vol. 5, Progress Publishers, Moscow, 1976, p.5.

3) 철학은 인문학의 한 분과가 아니다. 철학은 인문학, 사회과학, 자연과학의 기초과학이다. 현재 대학에서 인문학으로 분류되어 있는 것은 잘못된 것이다.—엮은이

깊이 있는 지식이 필요하다. 그리고 국가와 대중의 근본적 이해관계를 파악할 능력, 그 시대의 두드러진 모습과 특징들을 정확하게 정식화할 능력이 필요하다. 정확히 바로 이 모든 것을 위해 특수한 지식의 체계, 곧 한 특정 부분만의 문제들이 아니라 세계 전체의 현실을 다룬다는 점에서, 또 그 시대의 실제 세계[4]와 밀접하게 관련되어 있다는 점에서 다른 모든 학문과 구별되는 학문이 **철학적** 체계이다.

결국 '그 시대의 지적(또는 지식) 정수'(기초)이자 **'현대철학'**으로서의 **철학**은 세계 속에서 인간과 인간을 둘러싼 세계에 대한 인간의 태도에 관한 **특수한 지식체계**(특수한 학문)이다. 철학은 이처럼 인간의 여러 가지 활동의 기초와 그 활동들을 지배하는 법칙에 대하여 파악한다. 이미 알고 있듯이 철학이 직면하는 질문들은 매우 복잡하다. 그래서 잘 훈련된 전문적인 철학자만이 깊고 엄밀한 철학적 지식을 전개할 수 있다. 그렇다면 철학적 지식이 어떻게 광범한 대중에게 습득되게 할 수 있을까? 또 그 지식은 그들의 생활과 활동에 어떻게 영향을 미치는가? 이러한 질문들에 대답하기 위해서는 철학과 세계관의 상호연관을 명확히 해야 한다.

003 철학과 세계관

당신은 한가한 저녁시간을 어떻게 보내는가? 축구경기를 하러 가는가? 혹은 TV를 보는가? 아니면 재미있는 소설을 읽는가? 애인을 찾아 방문하여 그와 사랑을 속삭이는가? 어떤 사람이 이것들을 결정할 때 그는 그때의 분위기나 습관 혹은 가능성들을 선택한다.

---

4) 더욱이 그 중심에 있는 것은 인간이며, 그 인간의 모든 열망과 분투와 희망과 의문 등의 문제들, 그리고 그의 모든 내적 모순 및 그의 발견과 미혹들.—저자

그러나 생활에서는 확신을 필요로 하는 문제들도 존재한다. 그러한 문제들에 대답하기 위해서는 세계에 대한 폭넓은 관점과 인간 생활의 목적과 의미에 대한 명확한 이해가 필요하다. 그리고 세계의 구조 및 기원, 인간 생활의 목적과 의미, 당면 현실에서의 인간의 위치 등에 대한 기본적인 관점들의 총체를 필요로 하는데 이를 **세계관**이라고 부른다. 즉, **세계와 인간의 통일적 관점을 의미한다.**

인간을 둘러싼 세계에 관한 이론을 발전시킨다는 점에서 철학은 세계의 모든 문제의 중심에 위치한다는 점을 우리는 쉽게 알 수 있다. 따라서 철학이란 곧 세계관이라 할 수도 있다. 물론 과학기술이나 예술, 종교, 노동운동, 전쟁, 민족의 역사 등도 역시 철학과 함께 세계관의 형성과 결부되어 있다. 그리고 세계관의 성격은 국민의 생활방식이나 그들의 일상 및 생산 활동의 특징을 포함한다. 그러나 철학은 세계관의 체계 속에서 특수한 지위를 차지한다. 그것은 무엇 때문일까?

철학은 어떤 것도 그대로 믿지 않는다. 바로 그 기원에서부터 철학자들은 언제나 그들의 명제들을 입증하기 위해 분투해 왔다. 그들은 그 명제들을 옹호하는 논리적 근거들을 끌어다 댔으며 정확하고 반박할 수 없는 증명에 관한 이론들을 발전시켰고, 철학적 지식에 일정한 질서와 일관성을 도입하여 그것을 체계화하기 위해 노력하여 왔다. 동시에 철학자들은 그들의 반대자들을 논박할 때 비판적인 논증과 추론의 규칙들을 발전시켰다. 그들은 특정한 견해를 단순히 거부하지 않았으며, 오히려 그것을 반박할 근거 있고 정확하고 합리적적인 논거들을 끌어다 대었다. 세계와 그 속에서의 인간의 지위를 설명하는 견해들을 입증함으로써 철학적 이론은 그에 조응하는 세계관을 구체화한다. 결국 **철학은 세계관의 이론적 토대**로서 나타난다.

각각의 역사 시대는 그 자신의 세계관을 발전시켜 왔다. 이러한 관점의 내용과 형식[111]은 전체로서의 사회, 과학, 테크놀로지 및 문화의 발전수준에 달려 있다. 계급과 계급모순[206]의 발생과 더불어 세계관 역시 계급적 성격을 띤다. 노예와 주인, 농노와 귀족, 노동자와 자본가는 세계에 대해 다른 견해를 지니며 인간의 역할과 목적을 서로 다르게 이해한다. 계급 사이의 대립과정에서 각 계급은 자신의 관점을 옹호하고 상대계급들의 견해를 논박하기 위해 노력한다. 사회의 진보적인—그들의 시대에서 가장 선진적이라는 의미에서—사람들의 세계관도 실증과 증명을 필요로 한다. 어떤 계층이나 계급의 이해를 옹호하는 철학자들은 그 계급에 유리한 사고방식과 논증의 원리들을 발전시키며, 동시에 투쟁하는 다른 상대적인 견해들에 대한 비판적 논증을 가다듬고 강화한다. 철학의 중요한 세계관적 역할과 기능은 그 속에서 발현된다.

평화와 민주주의 세력이 패권전쟁 세력에 대항하여 거대한 역사적인 투쟁을 벌이고 있는 오늘날에는 두 세계관 사이의 첨예한 투쟁이 존재한다. 즉 진보적이고 과학적인 세계관과 자본주의 세계관이 그것이다. 진보주의는 사회생활에서 세계관의 우월성을 보여준다. 자본가철학의 여러 경향은 자본주의 세계관의 이론적 토대를 제공한다. 진보적 입장에서 있는 이론적 토대는 바로 유물론에서 나온 철학이다. 이것은 매우 중요한 세계관적 명제들을 발전시키고 구체화한다. 그것을 깊고 심오하게 창조적으로 학습하고 소화하는 사람이라면 어느 누구나, 맹목적인 믿음이 아니라 과학적인 논거와 증명에 기초가 되는 바탕을 통해 이 관점을 수용할 것이다.

004 철학과, 행위와 인식의 일반적 방법론

인간을 다른 모든 피조물과 구별 짓는 가장 중요한 특징은 도구를 사용하고 있다는 점이고, 또 그 행위[202]가 합목적적이라는 점이다. 물론 어느 누구도 반드시 언제나 그의 행위가 가져올 먼 장래의 결과들을 상정하지는 않는다. 그러나 우리가 어떤 것을 실행하는 직접적인 목적과 목표는 보통 명확하며 우리 각자에게 이해 가능한 것들이다. 반면에 사람들은 행동하는 동안 지식을 정정하고 보다 정확히 하며 새로운 지식으로 발전시킨다. 그리하여 주지하다시피, 지식과 행위는 밀접하게 연관되어 있다. 이러한 연관은 무엇에서 기인하는가? 그리고 그 **연관**은 어떻게 실현되는가? 그것(연관)은 특정한 조건에서 특정한 행동을 규정하고, 주어진 목적을 성취하기 위하여 그 행동들을 어떤 순서로 수행해야 하는가를 말해주는 규칙들이다. 그리고 생활경험이나 과학적 지식을 바탕으로 한 안정적인 이러한 규칙들의 총체를 '방법'이라고 부른다.

"인간은 다른 동물과 달리 도구를 이용한 노동이 시작되었다."

만약 '방법'이 올바르면 그것에 기초한 행위는 인간이 바라는 목표에 도달할 것이다. 그러므로 정치나 산업 및 과학에서는 통상적으로 확실한 방법을 선택하고 발전시키며 구체화하는 데 많은 주의를 기울인다. 수학에는 다양한 계산방법이 있다. 교육학은 교수 및 교육 방법을 양성하며, 공학과 여러 응용과학은 건물을 짓는 방법, 다리를 만드는 방법, 기계나 자동작업을 설계하는 방법 등을 고안해낸다. 행위와 인식의 방법에 관한 이론을 철학에서는 '방법론'이라고 부른다. 개별 과학이나 인간 행위의 모든 특수한 분야는 한정된 영역의 문제들을 다루는 데 적합한 그 자신의 특수한 '방법론'을 지닌다. 예를 들어 물리학의 '방법론'은 소립자 가속기를 가지고 실험하는 방법을 검증하며, 의학의 '방법론'은 질병을 진단하고 치료하는 방법을 검증한다.

그러나 사람들은 일상적인 특수한 문제들을 해결하는 데 신경을 써야 할 뿐만 아니라, 또한 그것들을 보다 확대된 보편적인 차원에서도 시도해보고 해결해야 한다. 사람들은 예를 들어 그가 자신의 목적을 성취하기 위해 자연을 파괴할 때 그것이 정당한가, 혹은 그가 자신의 행위 속에서 기존의 세계를 바꾸지 않고 보존하도록 해야 하는가, 아니면 그것을 특정한 방식으로 바꿔야 하는가 하는 문제에 직면한다. 그리고 사람들은 폭넓은 전략과 행동을 개시해야 하는데, 이는 그가 어떤 집단이나 개인, 공적 및 사적 이해와 어떤 관련이 있는지 살피고 어떻게 해야 할지를 스스로 결정해야 한다. 전쟁 중일 때와 평화적일 때 어떤 입장을 취해야 하는가도 인간 스스로 특정한 방법이나 전망, 핵심적인 규칙을 반드시 필요로 하기 때문에도 그러하다. 이러한 문제들을 다루기 위해서는 특수한 방법과 방법론이 요구된다. 이러한 방법론은 고립적인 독특한 지식체계나 개별적인 과학들에 기초하는 것이 아니라 전체로서의 세계관에 의존한다. 따라서 그것은 일반적 방법론이라고 불린다.

세계관이 행위와 인식에 관한 일반적 방법론의 발전과 어떻게 연관되어 있는가를 살펴보기 위해 과학의 역사를 살펴보자.

자연을 신격화하는 것은 고대 그리스인들의 사고방식에 고유한 것이었다. 모든 나무나 강, 산은 그 고유의 신성(神聖)을 지녔다. 따라서 그리스 철학은 자연에 대한 숭배를 요구하고 그 숭배를 통해 인간을 지배하는 규범과 원리를 확정하였다. 그러나 동시에 그것은 어느 누구도 자연을 본질적으로 변경시키거나 일반적으로 실험하는 것을 금지하였다. 왜냐하면 인간에게는 신성한 현상들을 변화시킬 권리가 없기 때문이었다. 이러한 일반적인 교의로 말미암아 그리스 과학은 실험적인 자연과학을 발전시킬 수 없었다. 근대 산업자본주의 발전기의 부르주아 세계관은 자연과 인간에 대해 다른 관점을 지녔다. 즉 오직 인간만이 정신력을 부여받은 것으로 간주하였으며, 생물계를 포함한 자연은 영혼이 없는 것으로 파악되었다. 그로써 자연을 변경시키거나 그것을 실험하는 것에 대한 금기는 제거되었다. 자본주의적 생산의 이해를 표현한 부르주아 사상가들은 공업과 상업의 발전을 위해 자연을 정복하고 지배해야 한다는 요구를 제기하였다. 이 일반적인 방법론적 원리는 실험과학의 출현을 촉진시켰다. 그러나 자본주의적 생산은 얼마 되지 않아 환경의 오염 및 파괴로 표현된 중대한 결과를 낳았다. 이처럼 일반적인 방법론적 원리와 규칙은 인간의 행위와 외부세계에 대한 파괴적 행동을 통제하지 못했다. 그로 인해 인간의 행위가 세계에 커다란 영향을 미치게 되는 결과를 낳는다.

철학과, 행위와 인식에 관한 일반적 방법론 사이에는 어떤 관련이 있을까? 이미 살펴본[003] 것처럼, **철학은 세계관의 토대**이다. 철학은 세계, 다른 사람들, 사회 전체에 대한 사람들의 태도를 규제하는 원리들을 확증함으로써 동시에 인류가 그 존재의 각 단계에서 스스로에게 제기하는 목적을 구체화하고 명확히 한다. 또한 철학은 인간이 이러한 목적한 바를 이루어내기 위한 행위 속에서 그를 인도할 가장 일반적인 기준과 규칙들을 제시하고 확증하며 정당화하기도 한다. 각각의 특수한 과학은 자연에 대한 실험적 연구를 위한 고유의 특수한 방법론을 만들어 낸다. 달 표면에 대한 실험에서는 월면차(月面車)라는 자동차를 이용하여 달 표면에 대한 연구를 진행하고 제기된 목적을 추구한다. 그러나 이러한 모든 실험과 이것을 검증하고 규제하는 특수한 방법들은 수동적인 관찰만을 통해서는 세계를 파악할 수 없다. 그러한 파악을 위해서는 적극적인 과학적 실험이 필요하다[511]. 이러한 점을 확인하는 일반적인 철학적 방법론적 원리가 없다면 그냥 간단하게 불가능하다고 할 것이다. 그러나 **철학은 또 다른 중요한 기능, 즉 방법론적 기능을 연구하며, 인식과 행위의 일반적 방법론의 토대를 찾는다.** 다른 어떤 분과학문도 이 역할을 수행할 수 없다. 세계관과 일반적 방법론의 토대로서의 철학은 인류 발전의 각 단계에서 인류의 목표가 특정한 길로 발전하는 것에 영향을 미치며, 이렇게 목표한 바들을 성취하는 행위의 성격에도 영향을 미친다.

005 철학과 이데올로기

인간은 사회적 존재이다. 그들은 자신들의 목적을 이루기 위하여 다양한 집단과 조직체를 형성한다. 어느 누구나 동시에 여러 개의 그러한 조직이나 집단에 속할 수 있다. 예를 들어 어떤 사람이 동시에 농구팀의 선수이자 공장의 노동자이며 스포츠회원, 등산클럽 회원 등일 수 있다. 그러나 동시에 다른 두 사회계급에 속하고(식당종업원과 사장, 노동자와 자본가), 다른 계급적 이해를 옹호할 수는 없다[206]. 계급사회에서 계급적 목적과 이해는 화해할 수 없으며 대립적이고 상호 배제한다.

사회가 대립하는 계급들—착취자와 피(被)착취자—로 분열된 이래 계급모순은 매우 뿌리 깊은 사회적 모순이 되었다. 따라서 다른 계급성원들, 즉 공장 노동자, 은행원, 교수 등 자신이 일하는 직업에 따라서 세계를 이해하는 방식과 인간 및 그의 생활의 목적 및 의미에 대한 관점도 달라진다. 그들은 삶 속에서 자신이 서 있는 위치에 따라서 각각 발전하고, 자신들의 입장에 영향을 미치는 여러 가지 사건에 대하여 서로 다르게 표현하고 평가한다. 이처럼 직업에 따라서, 또는 사회생활의 여러 가지 모습에 따라서 자신들만의 합리적인 이해와 목적을 달성하려 한다. 이를 위해 그 자신이 속한 계급의 사회적 입지를 강화하는 주된 논리 및 이론을 만들어 내는데 이를 **이데올로기**(Ideologie)라고 말한다.[224] 사람들이 사회적 현실 및 다른 사람에 대하여 취하는 태도는 이데올로기라는 수단을 통해 이해된다. 사회적 문제들과 모순들, 기존의 사회관계를 유지하거나 발전시키며 혹은 변화시킬 것을 목적으로 한 행동강령들이 그 속에 반영된다. 이데올로기는 그에 조응하는 법적, 정치적, 도덕적, 미적, 종교적 및 경제적 견해들로 표현된다[226-231]. 동시에 다른 두 계급에 함께 속하는 일이 불가능한 것처럼, 마찬가지로 다른 두 이데올로기적 견해를 갖거나 그것들을 화해시키는 것도 불가능하다.

두 세계체제—자본주의와 사회주의—사이의, 노동과 자본 사이의, 또 식민지주의로부터 해방된 나라들과 부유한 자본주의 나라들 사이의 모순이 극도로 날카롭게 된 우리 시대에, 위의 사실을 이해하는 것은 특히 중요하다. 사회적 및 정치적 목적과 이해들의 충돌은 여전히 존재한다. 그러나 이데올로기적 대립이 다른 계급들 사이에는 어떤 종류의 공통이해도, 전 인류의 공통이해도 완전히 없다는 것을 의미한다고 생각하면 잘못일 것이다. 식민지 나라들에서 민족해방운동(특히 제1차 대전과 제2차 대전 사이 일어난 독립운동)이 성장하고 있었을 때, 독립과 그들의 독자적인 발전의 길을 위한 투쟁과 연관된 공통의 이해와 열망은 계급적 및 이데올로기적 모순에도 불구하고 종종 민족자본가계급과 노동자계급이 통합하기도 했다. 핵무기의 생산 및 발전을 통해 인류를 위협하는 치명적인 위험이 상존하는 오늘날의 상황에서, 평화의 유지, 핵 군비 철폐, 다른 사회체제를 지닌 나라들과의 평화공존, 군사적 대결 수준의 저하

등은 전 인류를 위한 주요 가치이자 공통이해이다.

지배계급은 언제나 그들의 견해와 이데올로기 및 사고방식을 사회의 피착취계급 및 계층에게 강요하려고 한다. 통치계급의 이데올로기가 지배적인 것이다. 언제나 소수인 통치계급 및 지배계급이 자신의 권력을 유지하기 위하여 군대와 경찰 및 관리들의 지지를 필요로 한다. 그리고 자신들의 지배를 정당화·공고화시켜 주는 견해, 가치, 사상 및 관념을 다른 계급들의 의식 속에 주입시켜주는 이데올로기도 필요하기 때문이다. 대중의 마음을 사로잡지 못하고 전적으로 군대나 관료제에만 의존했던 통치계급은 결코 자신의 권력을 유지할 수 없었다. 바로 이 점에서 통치계급의 이데올로기에 대한 투쟁과 그것의 영향력으로부터의 해방이 왜 사회혁명과 새로운 사회 건설의 가장 중요한 전제 중의 하나인가에 대한 이유가 된다.

맑스와 엥겔스는 이데올로기를 '허위의식'이라고 불렀다. 그러나 왜 그러한가? 그들이 이 표현으로써 의미하고자 했던 바는 무엇이었는가? 자본가 계급들은 언제나 그들의 이해를 영구불변의, 유일하게 올바르고 가능한 것으로 보이려고 노력해 왔다. 권력에 오르면 그들은 그 권력을 영구화하기 위해 할 수 있는 모든 것을 다하며, 결국에는 멀지않아 새로운 사회가 필연적으로 다가온다는 역사적 사실을 이해하지 못한다. 따라서 권력이 없거나 권력 아래에 있는 일반시민들은 정의와 바람직한 사회구조를 생각만 할 뿐 현재의 사회가 변하지 않을 거라고 믿으며 산다. 그러나 머지않아 계급이 없는 복지사회로 교체될 수밖에 없다는 사실을 이해하지 못하고 이러한 사회구조를 순응하는 입장이 되고 만다.

현실을 정확하게 반영하며 인간에게 합당한 목적을 세우고 그 자신의 발전을 전(全) 인류의 이해 속에서 평가하는 참된 이데올로기는 있을 수 있는가? 물론 있을 수 있다. 그것은 노동자계급의 이데올로기로서 모습을 드러낸다. 노동자계급이란 대학교까지 교육을 받은 지식엘리트나 공장에서 일하는 컴퓨터 프로그램 종사자나 은행 업무에 종사하는 모든 사람을 의미하며 그 형태는 착취와 억압으로 구성되어 있다. 이러한 노동자들은 계급적 관계의 해소를 열망하며 그 자신의 과제와 목표가 지닌 역사적으로 과도적인 성격을 깨닫고 있는 유일한 계급이다. 그 노동자계급의 이데올로기는 어떤 사회구조도 결코 영원하고 변함없는 것으로서 정당화하려고 하지 않는다. 이데올로기는 그들의 근본적인 이해와 목적을 표현한다. 이데올로기의 주요한 가치와 지향은 전면적으로 발전된 자유로운 인간, 사회적 정의, 진정한 민주주의이다. 이 이데올로기 역시 전 세계의 평화, 나라들 사이의 평등하고 상호 유익한 관계, 서로 다른 사회체제라고 하더라도 나라들 간의 평화공존, 인간적 권리의 보호 등과 같은 인간적 가치들을 받아들인다. 때문에 노동자 계급의 이데올로기는 패권주의와 군국주의에 반대하며, 사회적 정의, 민주주의 및 휴머니즘이라는 방향으로의 사회변혁을 외치며 이를 가로막는 상층세력에 대항한다. 사회주의 사회－다양한, 여전히 매우 첨예한 모순들로부터 자유롭지 못한－는 공통의 목적과 이해를 성취하기 위해 작성되는 정치적 전략과 전술에 관한 공개적인 공개 토론이라는 형태로 진행된다. 요즘 북유럽의 사회주의를 보면 모든 것이 똑같은 수준으로 바뀌고 있고 동일한 견해를 고수하며 사회에 결정적으로 중요한 문제들에 관해 각자 개인은 자유롭고 고유한 사상을 가지고 진행되고 있다. 이는 사상의 자유를 가두었던 중세시대 '수도원'(修道院)과는 완전하게 다르다. 이러저러한 문제에 대한 의견의 차이는 결코 사회주의적 이데올로기부터의 이탈을 의미하지 않는다. 사회주의는 새로운 결정을 위한 탐구를 보증하고 지식의 다양성을 추구한다.

러시아에서 지난 몇십 년 동안 나타난 정체성의 극복을 목표로 일어난 혁명적 개혁과 재편에서는 이데올로기 자체의 개혁 역시 불가피했다. 정체의 시기에 자기만족과 단점에 대한 무비판적 태도, 보수주의 및 의사결정에서 특정한 주관주의가 종종 최고의 이데올로기로 평가되었다. 따라서 정체성을 극복하기 위해서는 급진적인 경제적 개혁을 수행하고 사회를 민주화할 필요가 있었다. 이러한 개혁을 가로막은 상층부는 강력한 저항을 하기 시작하였다. 따라서 혁신의 이데올로기는 이데올로기 자체의 혁신을 요청한다. 러시아의 혁신은 정체의 원인에 대해서뿐만 아니라 스탈린(Joseph Stalin, 1879~1953)[5]과 그의 측근들에 의해 저질러진 모든 사회적 정의와 민주주의의 파괴, 민중을 억압하고 탄압했던 것에 대한 정확한 평가가 내려져야 했다. 하지만 그 혁신은 성공하지 못하였다. 때문에 이데올로기가 보다 구체화되고, 그 논거들이 보다 주도면밀하게 갖추어질수록 그것은 국민의 마음과 행동에 보다 강력한 영향을 미칠 것이다. 철학은 가장 절박한 문제들을 전 인류에 대해 갖는 의의와 인간 생활에 미치는 영향이라는 시각에서 고찰한다[102]. 이를 통해 이데올로기를 구체화하고 그것의 목표와 가치들을 형성하는 데 필요한 기초를 닦는다. 철학은 현실의 부정적 측면들과 모순들에 주목하고 그것들을 극복하는 것을 가능하게 함으로써 이데올로기의 완성과 개선을 촉진한다. 철학은 이데올로기적 기능을 정확히 하는 것에서 더욱 발현된다.

006 철학의 주요 과제

5) 소련의 스탈린은 개인의 자유를 말살하고 북한처럼 강력한 군사력에 치중하여 세계를 핵무장의 시대로 이끌었다. 자기 자신의 동상·초상 등을 많이 건립해 개인숭배를 강요하였다. 시민들의 경제생활은 파탄되었고, 그는 20세기 공포정치의 상징적 인물로 기록되고 있다.—엮은이

만약 어떤 철학적 견해와 이론의 체계가 실제로 현대세계의 진정한 철학이 되려면, 그것은 아마도 그 역사 시대의 내용에 의해 규정되는 주요 과제를 정식화해야 할 것이다. 그리고 그것을 위해서는 현시대의 내용이 무엇인가를 알 필요가 있다.

우리 시대의 주요 내용은 지배계급의 독재로부터 민주주의로의 이행, 즉 정의의 원리에 따라 세계를 사회적으로 개혁하려는 노력이다. 그것은 다음과 같은 것들을 전제한다. 즉, 모두를 위한 평등한 기회의 창출, 빈부격차해소, 물질적 번영과 복지 및 사회보장의 달성, 노동 및 교육의 권리를 포함한 인간적 권리들의 보호, 실질적 민주주의의 성취, 사회적으로 중요한 결정과정의 공공성과 투명성 및 정보의 충분한 공개, 우리와 우리 자손들을 위한 건강한 습관의 보존, 모든 사회 구성원의 인격적 존엄성과 개인적 자유의 존중, 그리고 마지막으로 인간에 의한 인간의 착취의 일소(一宵, out) 등을 의미한다. 이 과정은 낡은 논리와 낡은 관념들의 혁파, 세계에 대한 사고방식의 개혁, 사회의 경제적, 정치적 및 지적 생활에서의 급진적인 변화로 귀결된다.

사람들은 언제나 보다 나은 생활과, 결핍이나 슬픔으로부터, 착취와 정의롭지 못하고 법률을 지키지 않는 권력으로부터 해방될 것을 꿈꾸어 왔다. 그러나 꿈과 현실은 전혀 별개의 것이다. 물론 과거 통찰력 있고 심오한 사상가들은 이러한 꿈과 열망들에 주의를 기울이기는 하였다. 그리고 사상가들은 그것들을 검토하고 논의하고 연구하였고 인간사회가 본래부터 가난한 자와 부자, 지배와 종속이 뿌리 깊게 이어져 왔다는 사실을 발견하였다. 그러나 그들은 이러한 사회가 불공정하게 되어 있음에도 이를 지적하고 해석만 할뿐이었다. 맑스는 선배 철학자들의 이러한 모습을 가리켜 다음과 같이 썼다. "철학자들은 단지 세계를 다양한 방식으로 해석만 할 뿐이었다. 중요한 것은 세계를 변혁시키는 일이다."[6) 철학은 이

때부터 새로운 방식으로 전개되기 시작하였다. 맑스의 이 말의 의미는 무엇일까? 그리고 '세계의 변혁'이란 어떤 종류의 것을 의미하는 것일까?

물론 이전의 수천 년에 걸쳐서 사람들이 그들을 둘러싼 세계를 변화시켜 오지 않았다고 생각하는 것은 잘못이다. 그들은 숲의 나무들을 잘라내고 운하(運河, canal)를 파고 주변 환경을 변화시키고 도시를 세웠으며, 이전에는 꿈꾸지 못했던 건축물들을 세웠다. 그러나 이 모든 것은 보통 자연발생적으로 일어났으며, 그것들의 미래에 대한 결과는 예상되고 예측될 수 없었다. 수천 년에 걸쳐 이러저러한 국가들이 사라지고 다른 국가들이 발생하였으며, 다양한 정복자들이 도래하고 사라졌으며, 이러저러한 사회체제들이 교체되어 왔다. 그럼에도 근로대중은 여전히 빈곤하고, 아무런 권리도 없이 살아오고 있으며 인간이 인간을 착취하는 것도 그대로 남아 있다. 그러나 지금 우리가 사는 시대에는 과학과 테크놀로지의 전례 없는 발전에 의해서 산업노동자계급—모든 피착취계급 중에서 가장 조직되고 의식적인—이 출현함으로써 달라지기 시작하였다. 궁핍한 국민의 생활과 고립된 사회활동들을 해결하기 위해 이제는 사회생활의 전체 구조를 기초부터 바꾸려는 시도가 최초로 생겨났다. 이것이 바로 맑스가 염두에 두었던 것과 같은 사회변혁이다. 그것은 뿌리 깊은 모순들과 매우 예민하고 첨예한 문제들을 해결해야 하는 일이다. 민중들은 생각해 오고 고정적이었던 자연과 사회 사이에 대한 과거의 태도를 이제 변화시켜야 했다.

현시대에서 진정한 철학으로서의 철학의 주요 과제는 결국 착취의 폐기, 복지사회—이것은 모든 사람의 복지와 실제적 평등 및 전면적인 지적·육체적 발전을 달성할 기회를 열어줄 것이다—의 건설로 이어질 사회생활 전체의

---

6) Karl Marx, "*These on Feuerbach*", Karl Marx and Frederick Engels, Collected Works, Vol. 5, Progress Publishers, Moscow, 1976, p.5.

급진적 변혁의 가능성과 필연성을 과학적으로 확증하는 것이다. 지금까지 어떤 철학적 체계도 스스로에게 그러한 과제를 제기하지 않았다. 그렇게 하기 위해서는 전 세계의 과학의 경험을 일반화해야 하고 새로운 과학적인 세계관을 발전시켜야 한다. 그리고 사회발전의 법칙들을 인식하고 그 법칙들이 사회를 불가피하게 복지와 민주주의로 가득한 사회로 인도할 것이라는 점을 보여주어야 한다. 이제 세계의 변혁을 가능하게 하는 새로운 혁명적인 이데올로기와 행위의 방법론을 발전시킬 필요가 있다.

과거의 철학자들과 오늘날의 부르주아 철학자들은 소수의 지배·통치계급 집단을 위한 이론이었다. 그들의 저작들은 광범한 대중에게는 접근하기 어려운 내용들이었다. 따라서 그들의 철학사상은 보통사람들이 이해하기 어려운 애매모호한 모습을 띠었다. 때문에 진보적 철학—즉 현대의 광범한 노동자대중의 근본적이고 뿌리 깊은 이해를 표현하는 현대의 진정한 철학—에서는 결코 받아들여질 수 없었다. 하지만 "철학이 노동자들 속에서 물질적 무기들을 발견하는 것과 마찬가지로, 노동자들은 철학 속에서 그 정신적 무기들을 발견한다."7)

"자! 철학이란 무기로 우리의 복잡한 삶의 문제를 풀어 봅시다!"

---

7) *Karl Marx and Frederik Engels*, Collected Works, Vol. 3, Progress Publishers, Moscow, 1975, p.187.

● 철학이 문제로 삼는 것은 무엇인가?

007 철학의 근본문제로 삼는 것은 무엇인가?

모든 과학은 철학의 주요한 근본문제와 주제, 즉 그것이 연구하는 현상과 과정들의 범위, 마지막으로 그것의 특수한 관찰 및 연구 방법을 갖는다. 따라서 철학이 무엇인가에 대해 보다 깊이 인식하기 위해서는 그것의 근본문제와 그 주제 및 방법을 규정해야 한다.

철학의 주요 과제[006]를 다루기 위해서는, 먼저 **인간이 그를 둘러싼 세계와 맺는 관계란 무엇인가**를 말해야 하고, 인간이 그 세계를 인식하고 변형시킬 수 있는가에 대해 답할 필요가 있다. 바로 그것이 철학의 근본문제가 지닌 본질이다. 사람들은 매우 오래전부터 그들의 주된 고유성을, 그들이 다른 모든 피조물과는 달리 사고하는 합리적이고 의식적인 존재라는 점을 발견하였다. 그 이후 인간의 세계에 대한 관계라는 문제는 통상적으로 **존재, 주변 현실 혹은 물질에 대한 의식과 사고의 관계**라는 문제로서 정식화되었다.

이 질문은 철학의 근본적인 문제일 뿐만 아니라 철학만의 독특한 문제이기도 하다. 물리학이나 천문학 및 생물학과 같은 과학들은 소립자의 운동이나 빛의 전파를 지배하는 법칙은 무엇인가, 우주는 어떻게 구성되어 있는가, 생명이란 무엇인가 등에 대답하려고 한다. 사회과학들, 예를 들어 역사학과 정치경제학은 인류의 기원은 무엇인가, 사회적 생산을 지배하는 법칙은 무엇인가 등에 대답하려고 한다. 심리학이나 논리학처럼 사고와 정신활동에 관한 특수한 과학들도 존재한다. 이것들은 우리의 관념과 감각은 어떻게 일어나는가, 분노와 기쁨, 즐거움과 슬픔이란 무엇인가, 인간은 그의 논증과 증명들이 잘못된 결론들로 빠지지 않게 하기 위해서는 어떤 규칙을 따라야 하는가 등에 답하려고 한다. 그러나 이러한 과학들 중에서 어떤 것도 전체로서의 세계에 대한 인간의 관계, 즉 물질과 사고의 관계와 관련되어 있지 않다. 그러나 그러한 것에 대한 대답은 단지 자연과학자와 사회과학자들에게뿐만 아니라 정치가들과 실제 생활을 위해서도 중요하다. 예를 들어 과학자는 우리의 의식과 사고가 입자의 운동과 빛의 전파를 지배하는 법칙에 관한 정확한 정보를 줄 수 있는가에 대해 알아야 하며, 우리가 우리의 사고라는 수단으로 역사적 과거를 알 수 있는가, 경제활동의 근본적인 것들을 연구할 수 있는가에 대해 알 필요가 있다. 공공생활을 변화·개선시키려고 하는 정치가와 정치적 지도자는 사회적 개혁이 무엇에서 시작되어야 하는가, 즉 국민의 의식상의 변화로부터인가 아니면 물질적인 사회적 존재에서의 변화로부터 시작되어야 하는가에 대해 알 필요가 있다. 따라서 철학의 근본문제에 대한 대답이 머지않아 과학자들, 즉, 이론적 연구에 종사하는 사람들과 전적으로 적극적인 실제 작업에 종사하는 사람들 양자 모두의 관심대상이 된다는 점은 분명하다.

과거에는 철학의 근본문제와 인간 활동의 모든 형태가 깊이 연관되어 있다는 걸 이해하지 못하고 있었다. 그러나 과학의 급속한 발전과 혁명적 투쟁에 대한 국민들의 고양된 의식으로 인해 이 질문이 현대에 와서야 비로소 명확하게 드러났다. 사고와 물질, 의식과 존재의 관계에 대한 연구는 보다 최근의 철학, 즉 맑스주의 철학에서 중요성을 획득했다.

철학의 근본문제는 의식(관념)과 존재(물질)라는 두 측면을 갖는다. 이에 대해 보다 깊이 이해하기 위해서는, 두 측면 각각에 대해 보다 상세히 논해야 한다.

008 철학의 근본문제의 첫 번째 측면 관념론과 유물론

물질(존재)과 사고(의식 또는 관념)의 관계를 떠올릴 때 우리는 곧바로 다음과 같이 질문하게 된다. 즉 어느 것이 우선적인가(즉 어느 것이 시간적으로 1차적인가?) 물질세계와 우리 주위의 사물들인가 아니면 의식적 사고인가? 이것이 철학의 근본문제의 첫 번째 측면을 이루는 질문이다. 우리의 생활경험에 비추어볼 때, 각각의 구체적인 경우에 이 질문에 답하는 일은 매우 간단하다. 예를 들어 달은, 달에 대한 개념(사고)과 그것에 대한 시적(詩的, poem) 이미지가 발생하기 훨씬 이전부터 존재했다. 따라서 물질적 대상인 달은 그것의 과학적 내지는 시적 형태, 즉 달에 대한 막연한 개념보다 먼저 있었다. 그러나 제트엔진과 항공관제체계 등에 대한 기술과 발명가들 및 과학자, 엔지니어들에 의해 발전된 인공위성이 달에 착륙한 후(러시아와 미국의 우주인들이 달에 착륙한 후) 달의 월면차와 여러 가지 연구를 거쳐 달에 대한 개념이 오늘날처럼 바뀌게 되었다. 이러한 사상은 특정한 기술적 기구들로 구체화되었을 때, 즉 비로소 달로의 비행이 가능해진 후 달라진 것이다. 공학적 및 과학적 사상이 여기서는 로켓기기와 달 실험실이라는 형태로 인간이 지니고 있던 시적 사고를 무너뜨리고 '달'이라는 물질적 대상을 새롭게 정의했다. 바로 이러한 경우의 문제라면, 철학의 근본문제의 첫 번째 부분에 대한 대답은 매우 간단할 것이다. 그러나 철학은 이처럼 단순한 경우를 검토하는 것이 아니라, 오히려 전체로서의 세계에 대한 인간의 태도와 관계를 다룬다. 즉 세계 전체를 인간이 어떻게 관련지으며 사는가를 다룬다. 그러므로 이 부분에 대해 정확하게 이해하는 것이 그리 간단하지 않다는 점이 분명해진다. 실제로 우주의 전체적인 역사적 진화의 차원에서 어느 것이 1차적이고 규정적인가—사고인가, 물질세계인가, 그리고 어떤 형태를 띠는 것이든 인간의 행위에서 무엇이 규정적인가—그것을 규정하는 게 의식인가, 아니면 물질인가를 명확히 할 필요가 있다. 이 질문은 오직 이러한 맥락 속에서만 의미를 갖는다[127]. 철학자들은 그것에 대해 어떻게 답하는가에 따라 커다란 두 개의 진영과 경향, 즉 유물론자와 관념론자로 나누어진다. 유물론자는 물질이 1차적이고 규칙적으로 정해진 규정적이며 의식은 2차적이고 규칙적으로 정해지지 않은 피(被)규정적이라고 주장한다. 반대로 관념론자는 사고와 의식이 1차적인 것이며 물질은 2차적이라고 주장하고 있다.

하나의 특정한 철학적 경향으로서의 관념론은 두 가지 주요 경향으로 나누어진다. 그 하나는 물질과 인간의 기원 이전부터 존재했다고 주장하는 것으로, 사고나 의식 혹은 사상이 1차적이라고 간주한다. 이 경향은 **객관적 관념론**이라고 불린다. **주관적 관념론**은 개별 인간만이 가진 의식, 즉 특정한 주체인 인간의 의식만이 존재할 뿐이라고 생각한다. 나머지 물질세계 전체는 단순히 존재하지 않거나 가상적인 것으로 설명된다.

철학사에서는 중간적이고 타협적인 입장을 취하려 했던 사상가들도 존재해 왔다. 그들은 두 세계요소, 즉 물질과 의식의 일종의 평행선상, 독립성, 동등성을 주장했다. 이러한 사상가들은 2원론자로 알려져 있다. 2원론은 아무런 독자적인 의의를 갖지 못했으며 과학의 발전에 아무런 중요한 영향도 미치지 못했다. 왜냐하면 그것의 가장 중요하고 일관된 대변자들은 곧 관념론이나 유물론의 입장으로 변화해 갔기 때문이다.

국민의 압도적 다수는 일상생활에서 자연적이고 무의식적인 유물론자이다. 따라서 종종 사람들은 어떻게 관념론, 즉, 사고와 사상 및 정신이 물질세계보다 먼저 있었고, 인간행위의 모든 행동들이 관념에서 나오는 것이라고 할 수 있을까라는 당황스러운 질문을 한다. 그러나 관념론이 존재한다는 사실은 아무런 놀라울 일도 아니다. 관념론의 출현은 사회적 및 역사적 여러 가지 환경에서 시작한다. 고대에 발생한 최초의 철학적 주장들은 종교의 영향이 매우 강력했던 상황 속에서 형성되었다. 고대의 것이든 현대의 것이든 종교적인 주장들에 따르면, 세계는 어떤 한 신(God)이나 신들, 비물질적이고 초자연적이며 전능한 존재들에 의해 창조되었다고 주장한다. 소위 하나님의 천지 창조론이다. 이러한 견해들은 세계에 대한 종교적, 관념론적 설명을 수용한 많은 철학적 주장에 커다란 영향을 미쳤다.

과학이나 공학의 발전에 의해 유물론의 올바름에 대한 수많은 반박할 수 없는 증거들이 제시되어 온 오늘날에도 왜 여전히 관념론이 계속 존재하는 것일까? 그건 관념론이 인간의 사고 그 자체와 사회생활의 여러 가지 조건 속에 일정한 근원을 갖고 있다는 점이다. 나는 이러한 근원을 뒤[506]에 상세히 검토할 예정이다. 그러나 여기서는 다음과 같은 점만을 지적해 두자. 즉, 관념론은 지배계급의 세계관 및 이데올로기와 밀접하게 연관되어 있고, 특정한 사회세력들에 유용하다는 점인데, 이는 그 관념론이 기존 세계질서의 영원성과 불변성을 옹호하는 논거들을 제공하기 때문이다. 더욱이 관념론은 단순히 종교의 권위를 빌리지 않으며, 오히려 자신의 입장을 옹호하는 특정한 논리를 끌어다 대기도 한다. 따라서 오늘날의 유물론자는 관념론을 간단히 무시해 버릴 수 없으며 그것의 여러 가지 논거를 비현실적인 것으로 거부할 수 없다. 유물론자는 관념론자들과 토론해야 하며, 그들의 근거 없음을 설명하고 과학과 사회적 및 정치적 실천의 모든 성과를 토대로 그것들을 논증으로써 관념론에 대항해야 한다. 오직 그럴 때에만 유물론적 철학의 우월성이 명백해질 것이다.

009 유물론자와 관념론자 사이의 대화

한 유물론자와 한 관념론자가 각자의 견해를 옹호하기 위해 어떤 논증을 전개할 수 있는지를 살펴보자. 두 인물이 있다고 하자. 하나는 유물론자(M)이고 또 한 명은 객관적 관념론자(OI)라고 설정해 보자.

M : 당신은 사고와 관념이 1차적이며 물질적인 것들에 선행한다고 말하고 있습니다.

OI : 바로 그렇습니다.

M : 나는 동의하지 않습니다. 왜냐하면 우리는 내가 보고 만지고 냄새 맡고 맛볼 수 있는 지각된 물질적 사물들로 둘러싸여 있으며, 동시에 나는 사물들의 보여 지는 현상 말고는 독립적인 개념이나 이미지를 결코 발견하지 못했기 때문입니다. 따라서 나는 사고나 관념이 사물들보다 먼저 발생했다거나 혹은 그 사물들 없이, 더 나아가 그것들(사물) 이전에 사고나 관념이 존재할 수 있다는 것에 동의하지 않습니다.

OI : 나의 논증을 주의 깊게 지켜보십시오. 나는 당신에게, 사고와 관념이 물질적인 것들보다 먼저 선행하고 그것들 없이, 물질들 이전에, 그것들과 독립적으로 사고와 관념이 존재할 수 있다는 점을 확신시켜주고 싶습니다.

M : 좋습니다.

OI : 당신의 옷과 당신이 앉아 있는 의자가 어떻게 만들어졌는지 말씀해보시죠.

M : 재단사가 나의 옷을 만들었고, 목수가 의자를 만들었지요.

OI : 맞습니다. 그러나 옷과 의자를 만들기 위해 재단사와 목수는 계획을 가지고 있어야 했습니다. 그들은 바느질이나 망치질을 시작하기 이전에 옷의 재단이나 의자의 모양에 대해 생각해 두었어야 합니다.

M : 그건 그렇죠, 하지만 다음에는 뭐죠?

OI : 가장 단순한 것조차 만들어지기 이전에 그것의 창조자나 제작자는 계획을 가져야 하며, 자신이 하려고 하는 것을 미리 생각하고 있어야 합니다. 즉 사고나 관념이 창조된 옷이나 의자보다 선행되어야 합니다.

M : 글쎄요, 그런데요?

OI : 세계는 매우 복잡합니다. 우리는 그것들의 여러 가지 본성과 그 부분들의 통일성에 그저 놀랄 수 있을 뿐이죠. 모든 것이 얼마나 합목적적인지 보세요. 식물의 수분(受粉)작용에 꽃가루가 필요한 바로 그때 꿀과 꽃가루를 모으는 꿀벌이 있죠. 또 자연에 필요한 습기를 공급하는 강과 비도 있습니다. 그뿐 아니라 많은 생물체들이 그것 없이는 존재할 수 없는 낮과 밤의 연속도 있고, 우리 지구 주위에는 식물이 필요로 하는 일정한 양의 탄산가스와 동물들에게 필요한 산소가스도 있습니다.

M : 그래서 당신이 든 예들은 무엇을 입증해주죠?

OI : 이제 나의 논증도 함께 제시하지요, 보세요. 만약 당신의 의자나 옷과 같이 단순한 사물조차 누군가에 의해 만들어져야 한다면, 우리 주변의 복잡하고 조직된 세계는 그 자체로 생겨날 수 없었을 것입니다. 만약 재단사나 목수가 옷이나 의자를 만들기 위해 어떤 생각을 먼저 가져야 한다면, 세계의 창조는 그것 이전에 목수나 재단사의 생각보다 훨씬 더 복잡하고 웅대한 이념이 선행했어야 합니다.

M : 그건 누구의 관념이죠?

OI : 그런 복잡한 사고(그 속에는 동물과 식물들, 공기와 물 등의 모든 상호 연관이 예견되어 있는)는 한 개인(그가 아무리 천재라 하더라도)의 사고일 수는 없었을 것입니다. 그것은 관념 그 자체죠. 종교적인 사람들은 그것을 신(God)이라고 부릅니다만, 나는 철학자이니까 그것을 **세계이성** 내지는 **절대이념**이라고 부르고 싶습니다. 요점은 그 명칭에 있는 게 아니라, 다음과 같은 점을 인식하는 데 있습니다. 즉 그렇게 완벽하고 다양하며 복잡한 세계를 창조하기 위해서는 어떤 관념 내지는 사고, 더욱이 영원하고 웅대한 관념이 1차적으로 존재했어야 한다는 점이죠. 그래서 나의 결론은 관념이 1차적이고 물질은 2차적이라는 점입니다.

M : 당신은 물질세계 전체가 어떤 신비한 계획에 따라 누군가에 의해 창조되었다고 말하고 있지만, 도대체 그건 누구의 계획이죠? 목수나 재단사는 어느 누구나 만날 수 있지만, 당신의 **'절대이념'**이나 **'세계이성'**은 누구의 것도 아닙니다. 그것을 사고하는 머리는 도대체 어디에 있죠? 당신의 모든 논증은 당신이 문제의 일면만을 보고 다른 것들은 자의적으로 무시하고 있는 것 위에 서 있습니다. 현대의 과학은 당신이 말하는 모든 사실을 신(神)이나 세계이성 혹은 영원한 이념의 도움에 의지하지 않고 설명합니다. 생화학은 다음과 같은 점을 보여주었습니다. 즉 생물들이 특정한 조건에서는 무생물로부터 발생할 수 있다는 점, 공기 중의 산소는 식물(이것은 햇빛의 영향을 받아 산소를 뿜어낸다.)의 생명활동의 결과이고, 이산화탄소는 동물의 생명활동의 결과라는 점이 그것이죠. 그 외에도 과학은 인간 자신의 오랜 역사적 진화의 산물이며 사고와 의식은 인간 두뇌의 활동의 산물[120-124]이라는 점을 보여주었습니다. 더 나아가 세계는 당신이 그 구조가 신성한 이성에서 연유한다고 하면서 말하는 것처럼 그렇게 합목적적이지 않습니다. 세계에는 전염병도 있고 전쟁

이라든가 인간의 고통 등도 존재합니다. 우리는 그것들이 퇴치될 수 있고 또 그래야 한다는 점을 알고 있습니다. 이 모든 것이 신성한 섭리의 결과라면, 자연의 원초적 힘들이나 정의롭지 못한 사회에 반작용하는 것은 결코 불가능할 것입니다. 그러나 그 어떤 것이든 과학과 인간의 노력을 통해 극복될 수 있습니다. 당신의 견해는 일면적입니다. 또 당신의 견해는 과학과 모순되며, 우리가 상대하고 있고 목격하는 사회적 발전에서의 거대한 진전과도 모순됩니다.

여기서 새로운 인물이 대화에 끼어드는데, 그는 주관적 관념론자(SI)이다. 그도 자신의 관점을 피력한다.

SI : 나는 유물론자나 객관적 관념론자 모두에게 동의하지 않습니다. 나는 이렇게 주장합니다. 즉 어떤 물질도 존재하지 않으며, 그 존재는 설명될 수 없습니다. 개별적인 물질적 대상들은 단지 우리에게 그렇게 보일 뿐이며, 우리의 습관일 뿐입니다.

M : 당신은 그러한 견해를 어떻게 입증하죠?

SI : 그러면, 당신 앞에 있는 책상 위에 사과 하나가 있다는 것을 당신은 어떻게 아는지 말씀해 보시죠.

M : 나는 내 옆의 책상 위에 둥근 물체가 있다는 것을 보지요. 그것은 한쪽 면은 빨갛고, 다른 한쪽 면은 푸르스름하며, 좋은 향기를 내뿜고, 시큼한 맛을 갖고 있습니다. 나는 이 물체를 사과라고 부르며, 내가 그것을 보고 만지고 맛보기 때문에 그것은 존재한다고 말합니다.

SI : 그렇죠. '사과'는 단순히 당신의 여러 가지 감각, 즉 시큼하고 둥글며, 한쪽은 빨갛고 다른 한쪽은 푸르며, 좋은 향기를 내뿜는다는 것 등에 대한 명칭입니다. 당신이 '사과'라고 말할 때 단지 당신이 생각하는 것은 자신이 동시에 보고 맛보고 만지며 냄새 맡는 감각을 경험한다는 점뿐입니다.

M : 그것으로부터 뭐가 나오죠?

SI : 다음과 같은 사실입니다. 즉 우리와 독립된 물질적 대상은 존재하지 않으며, 존재하는 것은 특정한 감각들, 더욱이 우리의 사고와 의식 혹은 간단히 말해 우리의 자아에 고유한 감각들의 조합, 총체일 뿐입니다. 우리는 이 감각들의 조합을 '사과'라고 부르죠. 따라서 그것은 보고 만지거나 기타 다른 감각들의 특정한 조합에 붙여진 명칭일 뿐입니다.

M : 그러나 그럴 경우에 당신은 전 세계란 우리의 감각들의 조합일 뿐이며, 세계는 단순히 존재하지 않는다고 주장해야 합니다.

SI : 내가 물질은 존재하지 않는다고 말할 때 염두에 둔 것이 바로 그것입니다. 왜냐하면 '물질'이라는 것도 우리가 생각하기에 단지, 사물들의 현상인 감각들의 방대한 총체에 대한 명칭이기 때문이죠. 나는 이렇게도 주장합니다. 즉 아무것도 존재하지 않는다. 우리는 단순히 사물들에 관하여 습관적으로 말할 뿐이다라고. 실제로, 나의 사고, 즉 나의 자아와 그 속에 고유한 감각들만이 존재합니다. 물질세계는 우리에게 단지 존재하는 것처럼 보일 뿐이며, 우리의 각종 감각에 관하여 말하는 특정한 방식일 뿐입니다.

M : (비꼬는 듯이 웃으면서) 그럴 경우에 당신은 당신 자신과도 불가피하게 모순됩니다.

SI : 그러면 당신 말대로 그 모순이라는 게 뭐죠?

M : 당신은 나와 대화하고 있습니다. 그러나 당신은 내가 당신의 감각에서 볼 경우에만 존재한다고 알고 있습니다. 당신의 관점에서 보면 나 역시 감각들의 조합일 뿐이며, 살아 있고 실재하는 물질적인 인물은 아니죠.

SI : 그래서 어떻다는 거죠?

M : 그건 이렇죠. 즉 나는 나 스스로는 존재하지 않고 당신의 여러 감각의 조합일 뿐이며, 결국 당신의 모든 논증은 당신 자신의 감각으로 이런저런 과정 끝에 이르게 됩니다. 즉 본질적으로 당신은 자신과 논쟁하고 있고, 당신 자신에게 당신이 옳다는 것을 확신시키려 하고 있다는 거죠. 일관되게 말하면, 당신과 당신의 자아 외엔 외부의 다른 사람들은 존재하지 않습니다. 그래서 결국 당신만이 존재하는 것이고 다른 사람들은 세상에 존재하지 않습니다.

SI : (생각에 잠긴 듯이) 난 그렇게 생각하지는 않아요. 하지만 당신이 옳고 나의 논증에 잘못된 것이 있는 듯하군요.

객관적 및 주관적 관념론 양자를 비판할 기회는 앞으로도 여러 번 있을 것이다. 여기서는 단지 위의 대화에서 유물론자가 정확하게 지적한 그들의 특징, 즉 일관된 주관적 관념론은 유아론(solipsism : 라틴어의 '단독으로'를 의미하는 solus와 '자기'를 의미하는 ipse에서 유래), 곧 관념론적 관점을 피력하는 사람 이외의 다른 사람들의 존재에 대한 부정으로 귀결된다는 점만을 지적해 두자.

주관적 및 객관적 관념론에 대한 유물론의 투쟁의 전 역사는 이 두 경향이 과학과 양립할 수 없으며 과학의 모든 결론과 모순된다는 점을 보여준다. 그러나 실제로 주관적 및 객관적 관념론자들의 견해는 보통 위에서 보인 대화에서처럼 공공연하게 드러나는 게 아니라 위장된 모습으로 나타난다. 따라서 유물론자들은 관념론의 실제 주장을 드러내기 위해 보다 많은 비판적 작업을 해야 하며, 그들에 대한 일관되고 과학적으로 근거 있는 논박에 적지 않은 노력을 기울여야 한다.

유물론은 어떠한 관념론과도 화해할 수 없다. 그러나 진지한 유물론자라면 관념론자들의 주장을 무조건 거부해 버릴 수는 없다. 관념론은 말로 하는 논증만으로는 반박될 수 없다. 유물론은 모든 자연과학, 공학 및 응용과학 발전의 성과들과 인간의 사고 및 사유에 대한 연구의 성과 등을 일반화함으로써 자신의 주장을 근거 짓는다. 따라서 이러한 점들을 고려하면서 나는 철학적 유물론의 입장, 특히 그것의 가장 고도한 현대적 형태인 변증법적 유물론의 입장에 특별히 몇 개의 장을 할애할 것이다. 그 속에서 나는 객관적 및 주관적 관념론에 대한 비판뿐만 아니라 유물론적 철학의 모든 적극적 내용을 현대의 자연과학, 사회과학, 기술 및 응용과학의 기초적 성과 및 업적과 연관 지어 검토할 것이다.

010 철학이 문제로 삼는 두 번째 측면

물질과 사유, 존재와 의식의 관계를 검토할 때, 우리는 다음과 같이 질문할 수 있다. 즉 우리의 사유는 외부세계를 정확하게 인식할 수 있는가, 우리는 우리를 둘러싼 여러 가지 현상과 과정에 대한 정확한 사상을 획득할 수 있는가, 우리는 그것들에 관한 올바른 의견을 피력할 수 있으며, 우리의 판단과 진술에 기반하여 성공적으로 행동할 수 있는가 하는 점이다. **세계는 인식 가능하며, 그렇다면 얼마나, 그리고 인간은 그를 둘러싼 현실을 정확하게, 아니면 근사하게라도 인식하고 이해하며 관찰할 수 있는가**라는 질문이 철학의 근본문제의 두 번째 측면이다.

지금까지 여러 종류의 철학은 그것들이 세계의 인식 가능성에 대한 질문에 어떻게 답하는가에 따라 역시 두 방향으로 나누어진다. 한 경향은 그것의 인식 가능성에 대한 옹호자들(유물론자와 상당수 객관적 관념론자)을 포괄하며, 다른 하나는 이 가능성에 대한 반대자들을 포괄하는데,

이들은 세계를 전적으로 혹은 부분적으로 인식될 수 없는 것으로 간주한다(대개 주관적 관념론자). 세계의 인식 가능성에 대한 반대자들은 보통 불가지론자라고 불린다. 세계의 인식 가능성과 우리의 인식이 올바름을 검증하는 수단에 관한 문제가 오늘날의 상황에서는 극히 중요하다는 점은 이론의 여지가 없을 것이다. 우리의 입장이 올바르다는 것을 확신하기 위해서는, 우리가 세계를 인식한다는 점, 그리고 우리의 세계관과 이데올로기가 세계에 대한 정확한 관점과 그 속에서 일어나는 사건들에 대한 정확한 평가를 제공해 준다는 점을 명확히 해야 한다. 그러므로 불가지론은 과학의 기초뿐만 아니라 과학적 세계관과 진보적 이데올로기의 기초도 침식(浸蝕, corrosion)한다. 따라서 불가지론이 현대 사회에서 진보적 계급들에 대한 반대자들의 이데올로기 투쟁상의 무기가 된다는 점은 놀라운 일이 아니다. 불가지론은 세계의 인식 가능성을 부정함으로써 우리에게서 세계 속에서의 참된 발전을 박탈한다. 불가지론을 옹호하는 자들은 자신들의 견해를 옹호하기 위하여 정교하고 교묘한 수단들을 개발한다. 그들에 대한 투쟁은 현대 철학에서 중요한 과제가 되었다.

011 세계의 인식 가능성에 관한 대화

불가지론자와 세계의 인식 가능성의 옹호자들은 각각 자신들의 견해를 어떻게 지켜내는가? 불가지론자들은 주로 주관적 관념론자들이고 세계의 인식 가능성의 옹호자들은 유물론자들이기 때문에, 우리가 이미 알고 있는 인물들[009], 즉 유물론자(M)와 주관적 관념론자(SI)로 하여금 이 문제에 관해 논쟁하게 해 보자.

M : 정상적인 사람이 세계의 인식 가능성을 부정한다는 것은 상상조차하기 어렵습니다. 우리의 모든 생활경험은 우리에게 세계가 인식 가능하다는 점을 가르쳐 줍니다.

SI : 정확히 그 반대죠. 우리의 일상생활상의 경험은 우리를 둘러싼 대상들에 대한 관찰, 그리고 시각, 청각 및 촉각이라는 그것들에 대한 감각지각에 기초해 있으며, 이것은 인식의 극히 신뢰하기 어려운 원천입니다.

M : 왜 그렇죠?

SI : 나는 지금 연필을 쥐고 있습니다. 곧게 보이죠. 이제 그것을 물컵에 절반 정도 넣어 보죠. 연필이 어떻게 보입니까?

M : 각도가 조금 굽었군요.

SI : 그렇죠. 시각은 어떤 경우에는 연필이 곧바르다고, 다른 경우에는 굽었다고 말하게 합니다. 어느 것을 믿어야 할까요? 이런 점에서 볼 때, 그렇게 단순한 대상에 관해서조차 확실한 어떤 것을 우리가 안다고 어떻게 말할 수 있겠습니까?

M : 당신이 든 예는 설득력이 없습니다. 어떤 시각적 인상이 정확한지 어떤 것이 틀렸는지를 검증할 방법은 매우 많습니다. (1)나는 연필을 물속에서 끄집어내지 않고서도 그 굴곡이 가상일 뿐이라는 점을 확신할 수 있습니다. (2)또 연필을 물속에 완전히 가라앉힐 수도 있는데, 그러면 그것도 공기 중에서와 같이 곧바릅니다. (3)물속에 잠긴 연필의 굴곡과 유사하게 조금 굽고 좁은 연필케이스를 만들어, 그것을 물속에 집어넣고 그 속에 연필을 끼워 넣으려 해 봅시다. 그러나 잘 들어가지 않습니다.

SI : 당신은 그것으로부터 무엇을 추론해 내죠?

M : 어떤 인식이 정확하고 올바른가, 즉 실제에 조응하는가를 입증하는 데에는 관찰하는 것만으로는 불충분합니다. 매우 간단하게라도 실험을,

즉 연필과 물컵을 가지고서 특정한 행위를 해볼 필요가 있습니다. 그러면 우리는 사태의 실제 상태로부터 시각적 착각을 분리해 낼 수 있을 겁니다.

SI : (완고하게 계속하며) 인식의 정확성에 의문을 제기할 다른 근거들도 있습니다.

"유물론과 관념론의 대립"

M : 뭐가 있죠?

SI : 1세기 전에 과학자들은 여전히 원자가 분할 불가능하다고 생각했습니다. 그런데 실험을 통해 그들은 원자가 하나의 핵과 전자들 및 더 분할할 수 없는 소립자들로 구성되어 있다는 결론에 도달했습니다. 최근에 이르러서 과학자들은, 소립자들 자체도 독특한 물리학적 원소들과 그것들에 '붙어 있는' 쿼크(quark)와 물리학적 장(gluon)들로 구성되어 있다고 생각하였습니다. 제가 하고 싶은 말은, 19세기에는 올바른 것으로 간주된 것이 20세기 초에는 틀린 것으로 판명되었으며, 20세기 초에 올바른 것으로 간추되었던 것조차 오늘날에는 그렇지 않은 것으로 간주된다는 것입니다. 그러면 우리가 과연 세계의 정확한 인식에 대해 어떻게 설명할 수 있겠습니까?

M : 당신은 과학의 발전패턴을 고려하지 않고 있습니다. 요점은, 우리의 인식이 보다 깊어졌다고 해서 우리가 이전의 틀린 견해를 단순히 던져 버리지는 않으며 오히려 그것들을 정정하고 보다 정확하고 풍부하며 더욱 참된 것으로 만든다는 점입니다. 비유적으로 말하면, 인식은 몇몇 분리된 '조각'이 아니라 끊임없는 회전으로 구성된 나선입니다. 따라서 우리가 상대하고 있는 것은 인식의 과정이며, 그 속에서 우리는 끊임없이 보다 진실되고 풍부한 세계 인식을 향해 나아갑니다. 당신의 예는 단지 현대의 물리학이 50년이나 100년 전보다 원자의 구조를 더 잘 알고 있다는 점을 확증해 줄 뿐입니다. 그러나 그것은 당신이 아니라 오히려 나의 관점을 확증해 줍니다. 우리는 세계를 인식하며, 이러한 인식은 한계가 없습니다.

이 대화로부터 두 가지 중요한 결론이 도출된다.

(1)불가지론은 자신의 견해를 지지하기 위해 감각의 환상(위의 예에서는 시각적 환상)을 이용하여 수동적인 관찰에만 의존하고, 더 나아가 그 관찰도 다른 것들과의 연관이 전혀 없다. 유물론자, 예를 들어 세계의 인식 가능성에 대한 옹호자는 불가지론자를 논박할 때 실험에 의존하는데, 그 실험은 실천, 즉 국민의 사회적 및 생산 활동의 중요한 일부이다. 세계가 인식 가능하다는 점을 설명하는 데 도움을 주는 것은 바로 실천이다.

(2)불가지론자는 과학의 발전상의 상이한 단계들이 서로 아무런 연관도

없다고 간주한다. 불가지론자는 그 단계들의 내적 통일성과 상호연관 혹은 과학의 발전에 대해 주목하지 않는다. 따라서 발전 혹은 진화하는 동안 한 단계는 다른 한 단계를 보충한다는 점, 그리고 어떤 인식은 다른 인식을 심화시키고 더욱 다듬는다는 점을 이해하지 못한다. 결국 인식 그 자체가 발전하며, 우리는 외부세계에 대해 보다 확대된 인식을 획득한다.

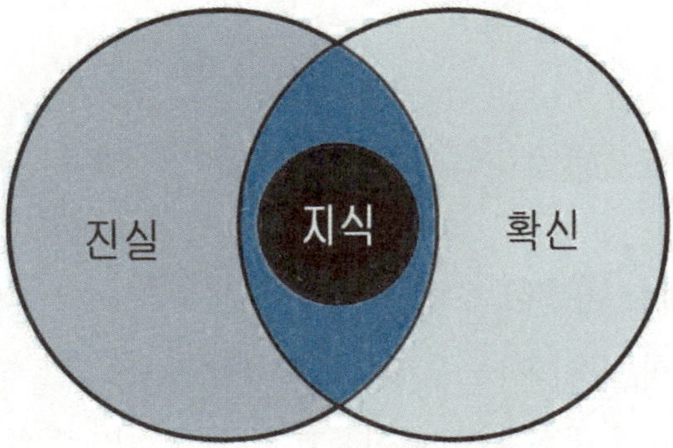

각각의 특수과학은 그 자신의 주제와 현실의 특수한 분야를 연구한다. 물리학자들은 물체와 물질계의 운동과 상호작용을 연구한다. 화학자들은 분자가 원자로부터 어떻게 형성되는지를 해명한다. 생물학자들은 생명이란 무엇이며, 그것을 지배하는 법칙은 무엇인가 등을 이해하려고 한다. 그러나 이러한 과학들 중에 어느 하나도 인간이 외부세계를 어떻게 인식하며 그가 어떻게 어떤 방법으로 그의 인식의 정확성을 검증하는가를 설명해 주지 않는다. 오직 철학만이, 이 근본문제의 두 번째 측면을 적극적으로 검토하고 논증한다. 우리는 인식의 과정과 인식의 정확성을 검증하는 방법론을 연구하는 철학 부문을 인식에 관한 이론, 혹은 인식론(epistemology : 그리스어로 인식을 의미하는 episteme와 담론을 의미하는 logos에서 유래)이라고 부른다. 따라서 철학의 본질을 이해하는 데 있어서 인식에 관한 이론의 중요성을 강조할 때, 우리는 그 근본문제를 인식론적 문제라고 부를 수 있다. 철학은 인식 및 그 원천과 발전에 관한 이론과 정확한 인식, 즉 참된 인식을, 잘못된 즉, 틀린 인식으로부터 구별하고 검증하는 수단을 발전시킴으로써, 다른 어떤 과학도 해결해 주지 않는 중요한 문제들을 다룬다. 그것은 철학의 또 하나의 중요한 기능, 즉 **인식론적** 기능이다. 이것은 제5부에서 보다 상세히 검토될 것이다.

012 철학의 방법 : 변증법과 형이상학의 예비적 개념

위의 대화에서 논자들이 도달한 결과와 결론은 매우 대조적이었다. 이것은 대개 그들이 상이한 논증 및 증명 방법을 사용한 사실에서 기인한 것이었다. 대화에서 유물론자가 사용한 방법을 변증법적 방법이라고 부른다.

변증법적 인식방법은 우리를 둘러싼 세계 속의 모든 현상이 그것들의 상호연관, 상호작용 및 끊임없는 발전 속에서 검토될 것을 요구한다. 이 방법은 인간이 모든 현상을 운동과 끊임없는 변화 속에서(주로 현상들의 상호이행과 상호전화에 주의를 기울이면서) 검토하고 연구할 경우에만 세계와 자기 자신을 인식할 수 있다고 결론짓는다. 그러한 방식으로 변증법적 방법은 각각의 운동형태 속에서, 변화의 각각의 사실 속에서 발전의 내적 원천을 찾으려 하고 실제로 그렇게 한다. 이 원천은 모든 현상 속에 존재하는 내적 모순들로 그 모순들은 서로 투쟁하며 해결된다. 발전 그 자체는 순환운동으로 이루어지는 반복적 운동이 아니라, 질적으로 새로운 모습으로 드러난다. 다시 말해 모든 개별적 측면들은(즉 선행 단계들 속에 이미 존재했던 것)이 여러 차례 되풀이되면서 끊임없이 새롭게 출현한다. 또한 새롭게 발전하는 동안 낡은 것은 파괴되고 소멸되지만, 가치 있고 존속이 필요한 모든 것은 보존된다.

변증법적인 것에 대립되는 방법은 형이상학적 방법이라고 불린다. 이 방법은 각 현상을 고립적으로, 현상들 간의 연관과 상호작용을 배제한 채 취급한다. 그리고 이러한 연관과 상호작용을 고려해야 하는 경우에도 극히 피상적이고 천박하게 고려한다. **형이상학적 방법은 변화와 운동을 다룰 때, 진정한 발전을 보지 못하며, 따라서 역시 자연, 사회 및 인간의 사고 속에서 근본적으로 새로운 현상과 과정이 출현할 가능성을 인정하지 않는다.** 형이상학적 시각에서는 세계의 모든 것은 그저 단순하게 스스로 반복한다고 본다. 즉 모든 것은 하나의 순환 속에서 운동하며, 운동과 변화가 대상과 현상들 내에서가 아니라 오히려 외적 자극에서, 그 현상들에 관한 한 외적인 힘에 의해서 운동한다고 생각한다. 형이상학은 내부와 외부세계 모두에서 스스로 질적 변형과 혁명적 변화가 일어난다는 것을 인정하지 않는다. 모든 것을 평탄한 진화로서, 하찮은 양적 변화로서 나타내려 한다.

형이상학적 방법과 변증법적 방법은 서로 근본적으로 대립한다. 국제관계, 경제, 과학, 공학 및 전체로서의 문화의 심오한 혁명적인 변화와 급격한 발전이 일어나고 있는 오늘날에, 오직 변증법적 방법에 기초하고 자신이 당면한 문제들을 해결하기 위해 변증법적 방법을 채용하는 철학적 주장만이 '당대의 지적 정수'[002]로서 성공적으로 수행할 수 있다.

'변증법적' 및 '형이상학적'이라는 단어들은 그리스에서 유래한다. 전자는 처음에 논쟁 속에서 대립되는 견해들의 비교를 통해 진리에 도달하는 방법 내지는 규칙을 의미했다. 후자(글자 그대로 '물리적 현상 이후'를 의미)는 그리스의 탁월한 철학자 아리스토텔레스(Aristoteles, B.C. 384~322)의 주요 철학저작의 표제였다. 철학은 수 세기 동안 그를 기리는 뜻에서 형이상학으로 불렸다. 그러나 시간이 흐르면서 이 단어들의 의미는 근본적으로 변화하였다. 나는 이 부분에서 사용되는 그 단어들의 뜻과 의미에 있어서 유물론을 따른다. 변증법적 방법은 제4부에서 더 상세하게 검토될 것이다.

013 철학의 주제

우리가 알다시피 맑스-레닌주의는 사회의 혁명적 변화와 사회주의 및 공산주의 건설에 관한 이론이다. 하지만 소련붕괴 후 이에 대한 이론을 고수하는 철학자는 상대적으로 줄어들었다. 하지만 지금도 사회주의가 존재하기에, 또 북유럽은 그들 방법대로 사회주의를 진행하고 있기에 철학은 그에 대하여 그냥 지나칠 수만은 없다. 유물론자들의 주장이나 구성부분들은 다음과 같다. 사회주의 혁명의 유형들과 사회주의 및 공산주의 건설을 연구하는 과학적 공산주의 이론, 사회적 생산과 국민의 경제 행위의 법칙들을 연구하는 정치경제학, 그리고 맑스-레닌주의 철학이 그것이다. 과학적 공산주의의 이론 및 정치경제학과 관련하여, 맑스-레닌주의 철학은 사회주의적 세계관, 방법론 및 이데올로기의 토대로서 기능한다. 앞의 두 가지가 그것들의 모든 과제를 해결하기 위해 채용하는 이론적 원리와 과학적 인식의 방법을 발전시킨다. 맑스-레닌주의는 분리될 수 없으며 밀접한 통일체를 형성한다.

맑스-레닌주의 철학의 학문적 주된 표제는 말할 필요도 없이 변증법적 및 사적 유물론이다.

'변증법적 유물론'이라는 표제는 이 철학적 주장이 철학의 근본문제에 대해 유물론적으로 답한다는 점과, 매우 복잡한 철학적, 세계관적, 방법론적, 이데올로기적 및 인식론적 문제들을 논의하고 해결할 때 변증법적 방법을 사용한다는 점을 강조하는 것이다. 따라서 그것은 선행한 모든 형태와 유형의 철학, 그리고 오늘날 존재하는 다른 모든 반(反)맑스적인 철학적 주장과 근본적으로 구별된다.

유물론적 철학은 맑스와 레닌이 만든 철학이 아니다. 그 역사는 먼 고대에서 발생했다. 그러나 유물론은 자연과 사유의 상호연관에 대한 이해에 도달했을 뿐, 사회에 대한 견해에서는 변증법적 유물론이 탄생하기 직전까지 관념론적 견해가 지배적이었다. 고대의 사상가들은, 그들이 철학의 근본 문제에 대해 어떻게 답하는가와는 무관하게 다음과 같은 점들에 동의했다. 즉 이념, 의식 및 국민의 견해는 일반적 생활에서 결정적인 요인이 된다. 그리고 물질적 활동, 사회적 생산 및 물질적 부의 생산은 이러한 이념과 견해들에 종속되어 진행된다. 이는 결과적으로 국민의 이러한 의식은 자본가의 부를 실현하는 수단에 이용될 뿐이다. 바로 이것이, 정의롭지 못한 사회체제를 변화시키려고 애썼던 인물과 사회집단들이 왜 그들의 변혁을 국민의 의식과 이념 및 견해들의 변화로부터 시작하려 했고 그때마다 실패하게 되었던가에 대한 이유이다. 맑스-레닌주의 철학의 주요 과제가 세계를 단지 해석하는 것이 아니라 그것을 실천(변혁)하는 방법을 구체화하는 것이기 때문에, 그 창시자들인 맑스와 엥겔스는 그들의 선행자들의 경험을 연구하여 다른 길을 걸었다. 그들은 자연과 사유에 대해서뿐만 아니라 인간 사회의 전(全) 역사와 사회적 활동의 모든 형태에 대해서도 유물론적 이해에 도달했다. 따라서 변증법적 유물론은 동시에 사적 유물론이기도 하다. 맑스-레닌주의가 선행한 모든 유물론적 교의와 근본적으로 구별되는 것은, 맑스와 레닌이 역사와 사회생활에 대한 유물론적 이해를 통해, 비유적으로 말하면 유물론의 '건물을 완성했다'는 점에 있다. 따라서 변증법적 유물론과 사적 유물론을 다른 두 철학적 체계 내지는 맑스-레닌주의 철학의 독립된 두 분야라고 생각하는 점은 잘못된 것이다. 이 철학은 하나의 통일체이다. 이 철학은 그것이 인식의 변증법적 방법을 적용·발전시키고 철학의 근본문제에 대해 유물론적 방식으로 답하기 때문에 변증법적 유물론이다. 또한 그것은 동시에, 그것이 유물론을 사회로 확장하고, 물질적인 사회적 존재가 사회적 의식을 규정한다고 간주하며 역사를 발전하는 변증법적 과정으로 보기 때문에 사적 유물론이다.

따라서 맑스-레닌주의 철학은 인간의 세계와의 가장 일반적인 관계를 연구하며 자연, 사회 및 사유의 발전에서의 보편적인 법칙과 연관들을 밝혀낸다. 이것은 오늘날 가장 진보적인 혁명적 이데올로기와 과학적 세계관의 이론적 토대인 맑스-레닌주의 철학의 주제를 구성한다.

014 철학에서 말하는 당파성이란 무엇인가?

일상생활과 더 나아가 정치에서조차 서로 다른 관점을 지닌 사람들이 이러저러한 문제에 동의하거나 심지어 타협적인 결정에 도달할 수 있다. 그러나 그 문제가 관념론적 및 유물론적 관점을 표현하는 세계관의 철학적 원리에 관한 문제가 되면, 그러한 동의나 타협은 불가능하다. 철학의 역사에서는 이러한 대립되고 상호 배제하는 세계관을 화해시키려는 시도가 적지 않게 있었다. 이러한 시도들의 진정한 본질은 언제나 동일한 것임이, 즉 유물론을 관념론에 종속시키고 전자를 후자를 위해 분해시키는 것임이 판명되었다. 따라서 일관된 유물론자와 관념론자는 고대로부터 오늘날까지 화해할 수 없는 첨예한 투쟁을 해 왔고 지금도 여전히 그러하다. 이 두 경향을, 그리스의 유물론자 데모크리토스(Democritos, B.C. 460년경~370년경)와 객관적 관념론자 플라톤(Platon, B.C. 427년경~347년경)을 따라, 데모크리토스적 노선과 플라톤적 노선이라고 불렀다. 오늘날 플라톤의 저작들은 대부분 남아 있으나 당시 지배세력이었던 플라톤이 유물론자들의 도서를 모두 불태워 버려 남는 자료가 거의 없다. 이는 철학에서 화해할 수 없는 최초의 당파성이라고 할 수 있다. 관념론과 유물론은 화해할 수 없다는 것이 당파성에 관한 맑스적 원리의 첫 번째 중요한 특징이다. 이러한 화해할 수 없는 이유는 그 뿌리가 사회생활 자체에 있기 때문이다.

바로 그 기원에서부터 오늘날까지 철학은 특정한 사회 세력, 집단 및 계급들의 정신적, 세계관적 및 이데올로기적 이해와 필요의 대변자로서 봉사해 왔으며 지금도 그러하다. 그러나 다양한 철학적 논거의 창시자들은 언제나 자신들의 견해를 보편적인 인간적 이해의 표현으로 나타내 보이려고(그들의 계급적 본질과 이데올로기적 지향을 숨기면서) 애써 왔다.

선행한 모든 주장과는 달리, 변증법적 유물론은 노동자계급과 그에 의해 지도되는 일반대중의 세계관과 이데올로기를 근거 짓는 것으로서 명백히 모습을 드러낸다. 철학적 견해 및 주장과 계급이해 및 계급투쟁의 연관에 대한 솔직한 인정은 철학에서의 당파성 원리의 두 번째 중요한 특징이다.

우리는 철학에서의 당파성 원리와 정치적 의미에서의 당파성 혹은 당성(특정한 정치조직이나 어떤 정당의 성원임을 표시하는)을 결코 동일시해서는 안 된다. 변증법적 유물론은 노동자정당의 활동의 세계관, 이데올로기 및 방법론의 철학적 토대이며, 진보적인 정치적·사회적 신념을 옹호하지만 그 당들의 구성원들이 아닌 사람들에게도 광범위한 유포를 반대하지 않는다.

서로 다른 철학적 주장과 계급이해 및 계급투쟁과의 연관은 단순하거나 직접적인 것이 아니다. 따라서 각각의 경우에 각각의 철학적 견해를 주의 깊게 연구할 필요가 있다. 그럴 때면 우리는 그 견해가 어떤 사회 세력, 누구의 목적과 이해에 봉사하는지를 확실하게 말할 수 있다. 그래서 당파성의 원리는 각각의 철학자, 과학자, 학자 혹은 공적 인물(이러저러한 철학적 견해를 옹호하고 그것들을 그들의 활동에 적용하는)의 사회적 입장을 규정하는 중요한 수단이다. 나는 다음의 모든 장에서 이 원리에 철저히 따를 것이다.

● 철학의 기원과 발전은 언제부터인가?

015 고대철학

최초의 철학적 원리들은 기원전 6~7세기경 중국, 인도, 그리스에서 생겨났다. 철학의 기원은 원시공동체로부터 노예소유제의 계급사회로의 이행과 동시에 발생하였다. 이 이행기는 가진 자와 못 가진 자의 격렬한 투쟁과 국가제도의 기원, 과학적 지식의 맹아를 동반하였다. 또한 이것들은 또한 새로운 사회적 세계질서를 구체화한 주요한 철학적 원리들의 성격을 규정하였다. 그리스 철학으로부터 이어져 내려오는 철학적 계통은 현대철학을 이해하기 위한 대단히 중요한 사실들을 제공한다.

사람들은 습관적으로 모든 것을 고대 그리스와 로마의 역사에 관련시키려고 한다. 고대철학은 바야흐로 그 모습을 드러내기 시작한 과학적 지식의 기초 위에 형성되었다. 바로 그 출발에서부터 철학은 이전 시기의 원시 무계급 공동체에서 형성되었던 종교적·신화적 세계관에 반대하고 저항하였다. 신흥 과학(주로 수학)은 사실과 증명을 기초로 하였으며, 종교적 신념이나 주관적 소신을 기초로 삼지 않았다. 증명은 그리스 시민국가의 사회 및 정치 생활에서 중요한 역할을 하였다. 지식의 체계화를 위해, 그리고 그것의 구체화와 증명을 위해 여러 가지 규칙들을 발전시킨 철학은, 종교적 신념에 근거를 둔 신화의 비체계적이고 무증명적인 성격과 모순에 빠지게 되었다.

본래 철학은 모든 지식과 지혜를 다 포괄하고 있었다. 철학의 중심문제는 세계는 어떻게 구성되어 있는가, 그것은 '그 자체로' 설명될 수 있는가, 인간은 세계의 구조를 알게 됨으로써 축복과 평안을 얻을 수 있는가 하는 것이었다. 유물론적 지향과 관념론적 지향은 바로 철학의 출발에서부터 나타났다. 유물론적 경향의 대변자들은 우리가 매일 마주치게 되는 물질적 요소들(물, 공기, 불, 흙)이 세계의 원리(또는 실체)라고 생각하였다. 그 뒤 데모크리토스는 분할 불가능한 물질적 입자에 관한 이론, 즉 원자론을 세계의 기본원리로 전개하였다. 고대 유물론자들은 물질세계의 1차성에 대한 자연발생적인, 무의식적인 옹호자들이었다. 그들은 물질이 신에 앞서 존재한다고까지 생각하였다. 관념론자들, 피타고라스(Phythagoras, B.C. 약 570~500년경)와 그의 추종자들인 피타고라스학파, 그리고 플라톤은 이와 반대로 의식의 다양한 형태들이 세계의 기초를 이루는 것으로 간주했다(피타고라스에 따르면 수, 플라톤은 이데아).

세계를 탐구하면서 그리스 사상가들은 세계를 모든 것이 유동하고 변화하며 사라졌다가 다시 나타나는 단일한 우주로 인식하였다. 이 관점은 아직은 소박한 것이었으나, 동시에 유물론적이었다. 고대 사상가들은 개별 현상들의 운동과 변화의 원천이 그것들에 고유한 내적 모순에 있다는 것을 차차 이해하게 되었다. 그러나 발전에 관한 그들의 이해는 제한적인 것이었다. 즉 그들은 우주만물은 조만간 재생되며 어떠한 것도 완전히 새로울 수는 없다고 생각하였다. 그리스의 철학과 과학의 중심문제는 우주의 변화, 운동 및 구조에 관한 것이었다. 그것은 아리스토텔레스의 업적에서 그 정점에 이르게 되었다. 아리스토텔레스는 자신이 알고 있는 모든 지식을 물리학, 생물학, 윤리학과 인문사회과학으로 체계화하였으며, 체계적이고 발전된 증명법을 최초로 만들어 냈다. 그의 스승인

플라톤의 관념론적 견해를 비판하면서도 아리스토텔레스 자신은 관념론을 완전히 떨쳐 내버리지 못하였다. 특히 그는 세계의 운동이 어떤 외적 충격이나 시동인(始動因, 다른 어떤 것이 시작하게 해 주었다는 논리)에 의해 일어나는 것으로 생각하였다. 그의 견해는 그 뒤 철학 발전에 커다란 영향을 미쳤다.

016 동양철학

중국과 인도의 철학적 원리, 그리고 동(東)아랍 민족들의 철학적 원리는 세계문화의 발전에 중요한 기여를 하였다. 그 원리들은 많은 학파와 사상가들에 의해 그 나라들의 전(全) 역사를 통해 발전되었으며, 그 나라들의 경계를 넘어서 아시아의 여러 나라로 퍼져 나갔다. 고대와 중세 동양의 종교적 · 철학적 원리가 갖고 있는 두드러진 특성은 근본적으로 인간의 내면세계를 지향한다는 데 있다. 예를 들어 유교(儒敎)의 경우, 도덕적 · 종교적 원리와 사회정치적 원리들은 밀접히 연결되어 있으며, 심지어 융합되기까지 하는 특징을 갖는다. 즉 유교에서 자아완성의 문제는 가족, 정보, 노동, 명예심, 경로사상 등에 관한 가르침과 밀접하게 결합되어 있다. 그리고 우주적 원리와 인간적 원리들 간의 심오한 통일은 인도의 종교적 · 철학적 학파들에게 특징적이다. 종교적 · 철학적 원리들에 기초하여, 고대와 중세 인도의 사상가들은 영혼과 정신의 평형상태의 문제, 고통으로부터의 해방, 세계와 인간의 통일의 성취 및 그 근본적인 원리에 대해 굉장한 주의를 기울였다. 인간의 주관적, 심리적 내면세계에 깊은 관심을 쏟았기 때문에 인도 철학자들은 인간의 자기완성과 개선의 필요성을 구체화할 수 있었다. 인도 철학사상이 가지고 있는 근본적으로 중요한 또 다른 특성은 평화사상의 구체화, 비폭력적 행동의 구체화, 자신과 타인의 고통을 덜기 위한 노력, 세상의 일반적인 풍습에 속하는 세속적인 열망과 욕구로부터 해방을 위한 노력에 있었다.

의지와 정신의 자기교육과 훈련의 개념적이고 실천적인 메커니즘, 욕망 억제술, 특정한 정서적 문화에 대한 깨우침은 고대 중국과 인도의 철학적, 윤리적 원리들을 배경으로 발전되었다. 그러한 방식의 발전된 명상술과 자기훈련기법은 의심할 여지없이 현대 인간과학의 흥미를 끄는 것이다. 인도의 사상가들은 독립과 자유를 위해, 상이한 사회구조와 정치체제를 가진 나라들 간의 정의와 평화공존의 이상을 위해 정력적으로 투쟁해 왔다. 그리고 인도의 지위와 위신을 높이기 위해 노력해 온 인도의 많은 정치지도자들(간디, 네루, 라다 크리쉬난)은 인도철학의 위대한 제자들이었으며, 그들의 세계관과 정치적 견해를 형성하고 실천하는 일을 계속해서 강조하였다.

7세기에 이슬람교가 창시된 이후, 이슬람철학이 형성되어 동아랍 여러 나라들에서 급속히 발전하기 시작했다. 아랍 사상가들은 그리스의 유산을 깊이 소화하였으며, 수학, 천문학, 의학, 윤리학의 발전에 크게 기여하였다. 이븐 시나(Ibn Sina, 980~1037)와 이븐 루시디(Ibn Rushd, 1126~1198)는 우주론, 논리학, 수학, 그리고 전 범위에 걸친 아주 복잡한 철학적 주제들을 검토하였고, 백과사전적 분량의 저작을 저술하였다. 아랍 사상가들의 저작들은 중세 유럽의 철학에 막대한 영향을 미쳤다. 그들은 고대의 철학적 유산들을 보존하였으며, 그것을 중세 유럽의 학자들이 이용할 수 있도록 만들었던 것이다. 어떤 점에서 이슬람 철학은 르네상스기에 철학에서 발생했던 심오한 문화적 격변을 예비했던 것이라고 우리는 과장 없이 말할 수 있다.

동양의 철학적 사상이 이룩한 업적은 이렇듯 세계문화의 발전에서 실질적이고 상당한 역할을 하였으며 지금도 계속해서 하고 있다.

017 중세철학

자체의 내적 모순으로 인한 고대사회의 쇠퇴는 봉건제를 낳았다. 새로운 중세 봉건문화가 형성되었다. 기독교와 교회는 거기서 지배적인 지위를 차지하였다. 지상의 왕과 귀족들은 천상의 신과 천사들에 해당되었다. 유럽의 지배적 종교가 된 기독교는 지배계급의 이익을 가장 완전히 표현하였으며, 그 이데올로기를 가장 완전하게 구체화하였다. 기독교의 진리를 정당화하고 확증하기 위해, 중세의 신학자들은 과거의 철학적 유산에 의지해야만 하였다. 이를 위해 그들은 플라톤의 관념론적 견해들과 아리스토텔레스의 논리적 증명법을 도입하였다. 그것들은 중세 전 기간(대략 5세기에서 14세기)에 걸쳐서 기독교의 필요에 적응되었다. 그 뒤 철학은 신학의 시녀가 되었다. 그것의 중심적인 관심사는 신(God)에 대한 관심이었다. 그리고 신과 인간에 대한 관계였다. 철학은 여러 대학들에서 연구되기 시작하였다. 그 교사들은 스쿨맨(Schoolmen) 또는 스콜라학자들이라고 불리게 되었다. 신의 존재에 관한 복잡한 증명을 발전시키면서, 스콜라학자들은 곧 생활 및 사회 발전의 실천적 필요와의 모든 연관을 잃고 말았다. 그 뒤로 삶과 격리되고 극도로 복잡하게 뒤얽힌 철학을 스콜라적이라고 부르게 되었다.

하지만 그 전통이 극히 약해지긴 했어도 무신론적 유물론적 전통이 중세에 아주 사라진 것은 아니었다. 교회와 스콜라학자에 의해 박해를 받으면서도 유물론적 전통을 유지하고 있던 철학자들은 인간의 사상, 특히 언어는 실제로 존재하는 사물을 묘사하고 알기 위한 수단이라는 것을 보여주려고 노력하였다. 중세 말기에 이르러 스콜라주의는 결국 새로운 문화와 새로운 사회의 발전을 가로막고 초기의 근대과학이 태동하고 발전하는 데 걸림돌이 되었다.

018 르네상스기의 철학과 문화

14세기와 15세기 무렵에 처음에는 이탈리아에서, 그리고 나중에는 유럽의 다른 나라들에서 부르주아 사회관계들이 형성되기 시작하였다. 새로운 사회계급인 부르주아지는 권력을 손에 쥐기를 몹시 갈망하였다. 르네상스 문화라고 불리게 된 새로운 시민문화는 봉건제를 신성시하였던 낡은 이데올로기와 종교에 맞선 투쟁 속에서 형성되었다. 상승하는 자본가계급의 이데올로기(시민계급의 사상)는 고대의 문화와 철학, 과학의 부흥을 가져왔다. 이 시기의 예술가, 건축가, 철학자, 시인, 학자들은 스콜라주의 및 그와 연관된, 그 생명력과 생활력을 상실한 정체된 중세기의 문화를 본질적으로 일소하였다.

기독교는 신이야말로 세계의 창조자이며, 인간은 비록 영혼을 부여받았을지라도 수동적이고 신에게 복종하는 존재라고 가르쳤다. 이 세상의 모든 것은 신이 작성한 시나리오에 따라 인간이 살아가는 무대에 불과한 것일 뿐이었다. 이와 반대로 르네상스의 철학은 인간이야말로 자신의 운명의 창조자라고 생각하였다. 그것은 창조자인 인간으로서 거칠 것 없는 용감한 모습, 전성기를 누리는 활동적인 인간의 모습

미켈란젤로

을 전면에 부각시켰다. 이러한 인간관은 르네상스기의 미술, 건축, 문학 속에서, 특히 단테, 페트라르카, 레오나르도 다빈치, 미켈란젤로, 라파엘로의 작품 속에서 발견된다. 능동적인 인간적 개성에 관해 말하면서 르네상스기의 사상가들은 신을 뒤로 돌리고 인간을 우주의 중심으로 이동시켰다. 그들이 모든 시대의 모든 인류에게 공통된 이익을 옹호하고 있다고 진지하게 생각하였다. 사실상 그들은 상승하고 있는 부르주아지의 이익을 표현하였으며, 부르주아지의 앞길을 가로막는 봉건적 신분관계, 중세적 편견, 국가, 법과 같은 모든 장애물에도 불구하고 부르주아지의 인간적 이상, 강한 정력적인 개성, 그리고 개인주의적인 자기목표 추구를 찬미하였다. 이런 점에서 그 역사시대의 세계관과 철학의 심오한 연관이 분명하게 드러난다.

019 부르주아 사회의 철학

17세기에서 18세기 사이에 유럽의 가장 발전된 나라들 중 하나인 영국에서 시민(부르주아) 혁명이 일어났다. 그리고 이후 프랑스대혁명을 거치면서 자본가들이 권력을 거머쥐게 되었으며, 즉 자본가들은 자본주의라는 새로운 시대의 지배자가 되었다.

새로운 지배계급의 이익과 필요를 표현한 철학적 원리들은 이중의 역할을 수행하였다. 시민혁명의 준비기 동안에 그것들은 낡은 봉건체제의 이데올로기적 토대들과 세계관을 침식해 들어갔으며, 사회의 주도권을 행사하려는 자본가들의 요구를 정당화하고 구체화하였다. 거기에서 그것들의 진보적이고 비판적인 역할은 과시되었다. 자본가들이 권력을 손에 넣은 뒤에, 현존하는 세계질서의 필연성, 자본의 지배의 영원성을 증명하는 것이 자본주의 세계관과 이데올로기의 임무가 되었다. 하지만 새로운 철학의 역할은 결코 그것만이 아니었다. 자본주의적 생산의 성장은 과학적 지식의 급속한 성장을 동반하였다. 연구와 과학적 탐구의 성공적인 발전은 오직 새로운 인식방법론을 통해서만 가능하였다. 그래서 17세기에서 19세기 사이의 가장 위대한 부르주아 철학자들은 일반적인 방법론과 인식론을 개발하는 데 많은 주의를 기울였으며, 사회발전의 문제들과 함께 거의 모든 철학적 원리들의 전면을 차지하기 시작한 인식론적 문제들에 대해 많은 관심을 쏟았다.

영국의 철학자들은 어떻게 하여 과학적 법칙과 이론이 경험과 실험에 기초하여 생겨나는가를 설명하는 경험적(empirical : 시험을 뜻하는 그리스어 empeirikos에서 온 말) 인식 방법론을 발전시켰다. 18세기의 프랑스 유물론자들은 당대의 과학자들과 서로 긴밀하게 협력하였다. 종교와 교회에 적극적으로 반대하면서 그들, 특히 디드로(Denis Diderot, 1713~1784)는 비유기적 무생물계로부터 생물이 발생하고, 바로 그 생물에서 의식과 사고능력이 기원하였다는 이론을 개진하였다. 그 뒤 이 이론은 반영론으로 불리게 되었다.

17세기와 18세기에 자연과학, 특히 물리학, 천문학, 역학은 빠른 속도로 발전되었다. 그들과 결합된 유물론적 철학은 당시에는 기계론적 성격을 가졌다. 그것은 모든 물질(생물 포함)을 물리학적으로 판단하였다. 운동의 복잡한 형태들도 단순한 공간상의 기계적 이동으로 보았다. 즉 인간도 기계처럼 만들어 낼 수 있다고 생각하였다. 오늘날의 관점에서 돌이켜 보면 17세기와 18세기의 기계론적, 형이상학적 유물론은 명백히 한계를 안고 있고 너무 단순한 것처럼 보인다. 그러나 당시로서는 그것은 진보적이었으며 역사적으로 필연적인 현상이었다. 그것은 관념론, 특히 주관적 관념론과의 투쟁에서 적극적인 역할을 하였다.

맑스주의 이전의 철학은 독일 고전철학, 주로 임마누엘 칸트(I. Kant, 1724~1804)와 프리드리히 헤겔(G. W. F. Hegel, 1770~1831)에서 그 발전의 정점에 도달하였다. 관념론자들과 합리주의자들이 이 경향을 대변하였다. 그들은 사고와 추론의 법칙에 대한 연구에 몰두하였으며, 그 분야에서 중요한 업적을 이룩하였다. 특히 칸트와 헤겔은 변증법적인 인식방법의 몇 가지 중요한 명제들을 제기하고 정식화하였다. 그들의 변증법은 고대의 소박한 변증법보다는 훨씬 더 우월한 것이었다. 그들은 진보적 발전의 복잡한 내적 모순성을 심오하게 이해하고 있었다. 하지만 그들은 관념론자들이었기 때문에, 사고의 변증법과 추론의 변증법만을 다루었을 뿐이며, 발전이 객관적인 물질세계에도 고유한 것이라는 점을 인식하지 못하였다. 그러므로 그들의 변증법적 방법은 관념론인 채로 남아 있었으며 당대의 자연과학에 적용시킬 수 없었다. 관념론적 변증법의 한계성은 또한 특정 계급의 이해를 만족시키는 데서 시작하고 끝나는 내용으로 특히 헤겔 철학의 설명 속에서 드러나게 되었다. 그것은 부르주아 국가제도의 발전에 사회발전의 왕관을 씌웠다. 그 결과 인류가 더 진보적으로 발전해 나갈 길을 빼앗았다.

독일 고전철학의 단점과 결점들 및 그 배경 속에서 정식화된 관념론적 변증법은 1830~1840년대에 좀 더 명확히 드러난다. 그렇기 때문에 초기에 헤겔의 제자라고 자처했던 포이어바흐(Ludwig Feuerbach, 1804~1872)는 그의 선배 철학가들이 지니고 있던 관념론적 견해들과 결별하고 유물론적 입장으로 변화해 갔다. 그러나 그의 유물론은 형이상학적, 즉 비(非)변증법적이었기에 공공생활과 사회적으로 확장되지 못하였다. 사회와 인류 역사에 대한 그의 이해에서 그는 "신이 사람을 만든 게 아니라 사람이 신을 만들었다"라는 유명한 말을 남긴 유물론자임에도 불구하고 여전히 관념론자로 남아 있다. 비록 그가 자본주의 사회의 부당성을 이해하고 있었다고 해도, 그는 인간의 인간에 대한 보편적 사랑에서 출구를 찾았다. 그는 이 사회의 실천적 재건과 혁명적 투쟁에서 출구를 찾지 못했다. 이런 이유 때문에 인간주의(anthropologism : 인간을 뜻하는 그리스어 anthropos에서 온 말)가 그의 철학이었다. 그가 관심을 집중한 것은 생물학적 본능에 의해 지배되는 견해, 희망, 의도, 목표였다. 이는 모두 혼자만의 개별적이고 추상적인 관념이었다. 그렇기 때문에 그는 인간의 사회적 본질을 이해할 수 없었으며, 근본적인 사회적 변혁에 의해서가 아니라 인간의 본성의 변혁에 의해서는 인간이 해방될 수도 사회적 정의가 확립될 수도 없다는 점을 깨달을 수 없었다.

020 철학의 사회적 전제조건들

맑스주의 철학은 19세기 전반기에 생겨났다. 그 기원과 발전은 사회생활의 일반적 발전 경로에 따라 준비되고 조건 지어졌다. 근본적으로 새로운 철학적 원리들의 발전을 낳은 조건들의 총체를 통상적으로 **전제조건**이라고 부른다.

맑스주의 철학의 발생에서 가장 중요한 사회적 전제조건은 산업노동자들(사무직도 포함)의 출현이었다. 이렇게 나타난 노동자들은 점점 의식이 발전함에 따라 그들의 혁명성도 동시에 한발 더 성장해 갔다. 1830년대와 1840년대의 영국처럼 발전된 자본주의 국가들에서는 노동자계급이 전면에 등장하기 시작하였다. 이는 또 하나의 계급이 세계 역사의 전면으로 확실하게 떠오르고 있다는 사실을 보여주었다. 상승하는 산업자본주의의 상황 속에서 노동자계급은 통일되고 조직된 사회세력이었다. 노동자계급이 체계적으로 조직될 수 있었던 이유는 바로 공업 생산의 특징과 연관되어 있다. 공업 생산은 거대한 노동자대중을 한데 모으고 조직화했다. 다른 모든 착취계급과는 달리, **노동자계급**은 특별한 **역사적 사명**을 갖고 있다. 노예, 농노, 길드의 장인은 억압과 착취에 맞서 싸우면서 스스로 착취 일반의 폐지와 무계급사회의 건설을 목표로 세우지는 않았다. 또한 그러한 것을 요구할 만한 객관적 조건들이 존재하지도 않았다. 그러나 이와 반대로 노동자계급은 자신을 해방시키기 위해서는 인간에 의한 인간의 착취를 폐지해야 한다는 걸 알게 되었다. 그리고 소수자의 권력으로부터, 사회적 및 경제적 불평등과 정치적 억압으로부터 모든 근로대중과 모든 인류를 해방시켜야만 하는 사명을 갖게 되었다. 그리고 그것을 위해 노동자계급은 **모든 사회관계들을 근본적으로 변형**시켜야 했다. 하지만 세계를 변화시키려는 이전의 노력들은 우선 국민의 사회적 의식, 그들의 관념과 도덕을 바꾸려는 데서부터 출발하였기 때문에 실패로 끝나고 말았다. 이후 노동자들의 혁명적 운동은 사회적 존재와 사회경제적 관계의 긴급한 변형을 목표로 하는 이데올로기와 세계관의 창출의 임무를 우선적으로 제기하였다. 그러므로 노동자계급의 역사적 사명은 유물론적 역사관의 발전과 사회의 혁명적 변형의 방법론으로서의 철학의 목표에 대한 새로운 이해[004]를 긴급하게 요구하였다. 달리 말하면 그것은 유물론적 세계관과 혁명적 이데올로기 및 인식과 활동의 변증법적 통일을 요구하게 되었다.

두 번째 전제조건은 19세기 중반의 과학 발전의 특수성과 연관되어 있다. 17세기와 18세기의 과학은 역학의 정신[018]으로 충만되어 있었다. 19세기에는 자연과 사회의 모든 현상이 상호 연관되어 있고 끊임없이 발전하였으며, 그 발전과정에서 새로운 것이 부단히 생성되며 낡은 것은 사라진다는 것을 이해하게 해준 위대한 발견들이 이루어졌다. 모든 살아 있는 유기체는 아주 작은 세포들로 구성되어 있다는 발견은 성경과 중세의 신학에도 불구하고, 인간과 모든 생물체 간의 구조적 통일성을 밝혀주었다. 에너지보존의 법칙의 발견과 실험적 증명은 물질의 운동은 영원하며 소멸 불가능하다는 것을 보여주었다. 몇 가지 형태의 운동과 에너지는 다른 것들로 변화할 수 있으나 사라질 수는 없다. 한편에서 그것은 세계의 물질적 통일성을 확증하였고 다른 한편에서는 물질의 존재형태와 운동형태의 다양성을 증명하였다. 다윈(C. R. Darwin, 1809~1882)의 생물학적 진화론의 발견은 생명체의 발전의 기원이 같은 종 내의 특수한 투쟁과 다른 종 사이(interspecific)의 특수한 투쟁이라는 것을 밝혀주었다. 그것은 어떠한 발전도 외적 충격으로 인한 것이라기보다는 내적 모순의 해결의 결과로 일어난다는 사상을 불러일으켰다. 낡은 형이상학적, 기계론적 유물론은 더 이상 새로운 과학적 자료와 합치되지 않았다. 과학은 실제로 유물론과 변증법적 인식방법의 통일을 요구하였다. 멘델레예프의 화학 원소들의 주기율의 발견은 변증법적 발전의 일반법칙이 비유기적 세계에도 작용한다는 것을 증명하였으며, 이로써 유물론과 변증법적 인식방법의 통일에의 요구는 과학적인 일반성을 갖게 되었다.[8)]

세 번째 전제조건은 보통 철학적이라고 불리는 것이다. 요점은 변증법적 유물론 철학의 생성을 위한 필요조건들은 선행한 철학적 원리들 자체의 발전에 의해 준비되었다는 것이다.

인식의 변증법적 발전은 헤겔과 그보다 앞선 철학자들의 저작들 속에서 발전되었다. 맑스주의 철학의 이데올로기적 준비에 대한 헤겔 변증법의 기여는 상당한 것이다. 하지만 그것은 세 가지 주요한 단점들을 안고 있었다. (1)그것은 관념론을 기초로 만들어졌다. 즉 그것은 오로지 사고

8) 이러한 것들에 대한 세세한 설명은 『세계철학사 전 5권 세트』(청사, 2017) 제3권을 보면 당시 격렬했던 서구사회의 철학을 이해하는 데 많은 도움을 줄 것이다.— 엮은이

형태의 발전에 관한 연구에만 집중되어 있었다. (2)물질은 수동적인 것으로 간주되었으며, 그 결과 자연에서의 발전이 부정되었다. 그러나 이는 새로운 과학적 발견과 모순되는 것이었다. (3)사회발전은 과거에만 일어났던 것으로 부르주아 사회를 완성시킨 독일의 부르주아 국가에서 사회발전은 종결되었으며, 따라서 더 정의로운 무계급사회를 건설한다는 것은 불가능하다고 주장하였다. 헤겔은 또한 영국의 산업발전을 "해로운 정열"이라고 비난하기도 하였다.

헤겔과 맑스

이미 언급한 바와 같이, 포이어바흐는 헤겔의 관념론을 거부하였다. 그러나 그는 그와 함께 헤겔의 변증법도 버리고 말았다. 그런 까닭에 그 자신의 유물론은 형이상학적이었으며, 그것은 계급투쟁과 발전의 기원으로서의 사회적 모순들의 역할을 과소평가하고, 사회발전법칙에 관한 이해에까지 미치지 못하였다.

그렇지만 그 역사적 부적합성에도 불구하고, 헤겔의 변증법과 포이어바흐의 유물론은 맑스주의 이전의 철학이 이룩한 가장 위대한 업적이었으며, 맑스와 엥겔스는 그것들을 이용하여 새로운 혁명적 철학을 만들어 냈다. 물론 헤겔의 관념론적 변증법과 포이어바흐의 형이상학적 유물론은 그 내용 그대로 받아들여질 수는 없었다. 소박하게 기계적으로 결합될 수도 없었고, 사회의 혁명적 변형이라는 새로운 사회적 임무들을 적절히 수행하는 데 사용될 수도 없었다. 헤겔의 변증법은 맑스의 적절한 표현을 따르면, 그 머리로 거꾸로 서 있었다. 그것은 뒤집어서 발로 서야만 했다. 포이어바흐의 유물론은 일관되지 못한 한계를 가지고 있었다. 그것 역시 근본적으로 변형될 필요가 있었다. 이들 사상가들의 저작들 속에서 합리적 핵심과 진보적 요소를 끄집어내고 과학이 이룩한 진보들을 일반화함으로써, 그리고 혁명적인 노동운동의 교훈을 철저히 분석하였다. 그렇게 함으로써 맑스와 엥겔스는 그들의 철학, 즉 변증법적 유물론으로 구체화된 근본적으로 새로운 이데올로기와 새로운 세계관을 만들어 낼 수 있었다.

021 변증법의 출현 : 철학의 발전에서의 근본적인 전환

변증법적 유물론의 등장은 철학사에서 근본적인 전환점이었다. 그것의 본질은 다음과 같다.

(1)최초로 의식적인 철학적 유물론과 과학적으로 발전된 변증법의 결합이었다. 철학의 근본문제에 대한 유물론적 해답을 제시하면서 새로운 원리는 모든 사건들, 사물들, 자연의 변화과정들, 사회에 관해 연구하고 조사할 것을 요구하였으며, 그것들의 발전, 운동, 상호연관, 상호규정에 관해 깊이 성찰했다. 새로운 원리는 모든 새로운 것의 기원에 관한 법칙들, 발전의 근원, 연구되는 현상들의 내적 모순들을 해결하는 방법에 관

해 깊이 연구해야 할 필요가 있음을 강조하였다.

(2)최초로 유물론이 사회생활과 역사에 관한 이해로까지 확장되었다. 유물론적 역사관의 출현은 철학의 발전에 있어서 진정으로 혁명적인 결과이다.

(3)세계를 알 수 있는 것으로 인식하면서, 변증법적 유물론을 과학적 지식의 기초로 확립하였다. 그리고 기준 원천이 1차적으로 국민의 사회적 생산 활동, 즉 실천이라는 점을 최초로 밝혀 내었다.

(4)다른 철학적 원리들, 학파들, 경향들과는 달리, 변증법적 유물론은 세계를 설명하는 데 한계를 갖지 않는다. 그것은 모든 국민의 사회적 정의, 평등, 자유에 기초하여 그 혁명적인 변형의 원리들과 법칙들을 발전시키는 데서 자신의 주요한 임무를 발견한다.

(5)변증법적 유물론은 맑스-레닌주의의 한 구성요소이며, 프롤레타리아 이데올로기와 과학적 세계관의 기초이다. 그것은 관념론과 유물론의 화해 불가능성을 승인하면서 철학에서의 당파성의 원리[014]를 선언하고 수호한다.

(6)변증법적 유물론은 발전된 근대과학의 기초 위에서 그 결론과 증거들을 발견한다.

(7)과학적이며 혁명적이라는 특징을 갖는 변증법적 유물론은 과학적 사회주의의 이론적, 방법론적 원리들을 발전시키고, 이데올로기 투쟁과 사회주의 사회의 정신문화 발전의 중요한 무기로 기능하며, 모든 점에서 사회주의 건설을 진척시킨다.

동시에 변증법적 유물론은 협소한 분파적 주장이 아니다. 레닌은 맑스주의가 세계문명의 옆길에서 발생한 것이 아님을 특히 강조하였다. 맑스주의 철학은 과거의 가장 진보적인 원리들의 직접적인 연속이다. 앞선 철학적 사상의 성과를 비판적으로 평가함으로써, 변증법적 유물론은 가치 있는 모든 것과 근대가 당면한 아주 복잡한 임무들을 해결하기 위해 필요하고 유용한 모든 것을 흡수하였다. 그런 뜻에서 그것은 우리 시대의 발전된 사회주의 문화와 과거의 문화유산을 연결시키려 노력하면서, 과거 문화의 전통과 가장 뛰어난 업적들을 보존하고 발전시킨다.

022 철학의 새로운 발전단계

자본주의가 그 최후의 단계, 즉 첨예한 사회적 투쟁, 단일한 자본주의 체제의 붕괴, 러시아 혁명의 승리, 사회주의 국가의 등장을 동반한 신제국주의 단계에 들어간 세기의 전환 무렵에 변증법적 유물론의 새로운 발전단계가 시작되었다. 그것은 자연방사선의 발견, 원자의 분할 가능성, 상대성 이론과 양자역학의 형성 등과 같은 자연과학의 혁명적 진전에 의해 준비되었다. 이 단계는 레닌과 그의 동료들 및 계승자들의 철학적·혁명적 활동과 밀접히 연결되어 있다.

노동자계급의 대의와 사회주의 건설을 목표로 하는 투쟁은 한때 중심적 위치를 차지하였다. 레닌은 새로운 유형의 혁명정당인 러시아공산당의 설립자이며, 세계 최초의 사회주의 국가를 건설한 사람이었다. 그는 새로운 사회주의사회의 기원 위에 우뚝 서 있으며, 우리 시대의 가장 위대한 정치가이자 사회 사상가였다. 그의 활동이 가진 중요한 특성은 당과 국가가 당면한 문제들을 해결하기 위해 창조적으로 접근했다는 점이다. 이러한 특성은 새로운 모든 것을 면밀히 관찰하는 능력, 반대세력과의 투쟁, 실천적, 경제적, 정치적 임무들과 이론을 결합시키려는 끊임없는 노력, 그리고 국민의 근본적인 이익에 관한 깊은 이해 속에서 새로운 모든 것을 입증해 내는 능력에서 잘 드러난다. 또한 이러한 특성들은 맑스주의 철학을 고치고 더욱 발전시키려는 그의 작업에서 완전히 드러났다.

레닌은 주관적 관념론과 불가지론에 맞서 비타협적인 투쟁을 전개하였다. 이러한 경향들은 물리학의 진보적 성과를 그릇되게 해석하고 그것들을 일면적인 방식으로 다루면서, 세기의 전환기에 일어난 과학의 혁명을 자신들의 입장을 공고히 하기 위해 이기적으로 사용하려 애썼다. 레닌은 당파성의 원리[014]를 명확히 정식화하였다. 또한 그는 한편으로 유물론적 철학자들과 자연과학자들, 그리고 다른 분과학문 학자들의 동맹만이 반영론[118]과 변증법의 구체화와 발전을 가져올 수 있으며, 다른 한편으로 과학은 심오한 유물론적 세계관으로 무장되어야 한다는 것을 보여주었다. 그는 현대세계와 같이 복잡하고 급속하게 변화하는 조건 속에서 사고와 증명에 관한 철학적 과학, 인식방법에 관한 철학적 과학, 즉 논리학이 변증법 및 유물론적 인식론과 결합되어야만 한다는 것을, 즉 변증법적 논리학이 되어야만 한다는 것을 끈기 있게 강조하였다.

특히 레닌은 수정주의자와 개량주의자에 맞서 싸우면서, 사회경제구성체론, 즉 사회발전의 특정 단계의 다른 단계에 의한 합법칙적인 연속적 교체과정에 관한 이론을 옹호하고 발전시켰고, 그 수준을 상승시켰다.

노동운동의 기회주의에 맞서 싸우면서 레닌은 철학적 문제들의 정교화와 혁명적 실천을 끊임없이 결합시켰다. 그러한 맥락 속에서 실천과 철학적 이론의 분리는 불가피하게 스콜라주의, 교조주의, 맑스주의의 왜곡을 낳게 된다는 것을 그는 반복해서 보여주었다. 러시아에서 사회주의 건설의 초기에 레닌은 대중과 국제혁명운동 및 노동운동의 풍부한 경험을 일반화하는 한편, 사회발전의 일반적인 객관적 유형들에 기초한 사회주의 혁명의 다양한 형태들에 과한 변증법적 원리를 가다듬었다. 그는 사회주의적 및 공산주의적 의식을 형성하기 위한 일반적, 이론적, 철학적인 원리들을 발전시키는 것과 근로대중의 복지주의적 교육, 새로운 유형의 인간을 창출하는 것의 중요성을 항상 강조하였다. 인간의 문제, 인간의 전면적인 발전에 관해, 그리고 그것을 위한 적절한 물질적·정신적 조건들에 관해 그가 보인 깊은 관심은 휴머니즘을 정점에 서게 하였다.

변증법적 유물론의 발전에서 레닌적 단계는 지금도 계속되고 있다. 오늘날 레닌주의는 맑스주의의 최고의 성과이다. 레닌주의의 심오한 독창성과 역사적 중요성은, 그것이 구체적인 실천적 임무들의 해결과 밀접히 결합되어 있다는 데 있다. 이러한 임무들이란 우선 사회주의 사회의 계속적인 발전, 평화와 핵전쟁의 방지를 위한, 그리고 세계혁명운동의 심화된 발전을 위한 작업들이다. 맑스주의 철학의 레닌적 단계는 실천적 문제들에 대응하기 위한 방법론적 원리들의 발전과 인류 발전의 현 단계에서 제기된 국제적인 문제들 및 사회적 임무들을 다루기 위한 새로운 사고의 필요성의 구체화로 특징지어진다. 다른 나라들의 맑스주의자들 역시 맑스주의 사회철학의 발전과 유물론적 역사관에서, 그리고 변증법적 방법의 완성에서 주목할 만한 위치를 차지한다. 1920년대와 1930년대의 서유럽에는 노동자 계급운동의 전망에 관한 더 깊은 이해를 위한 변증법의 창조적 적용과 노동자당의 전략과 전술의 구체화를 요구하는 상황이 조성되었다. 특히 이탈리아의 안토니오 그람시(Antonio Gramsci, 1891~1937)는 임무들이 해결되는 데 큰 기여를 하였는데, 그의 저술은 레닌에 의해 높게 평가되었다. 나아가 그는 러시아 사회주의 혁명을 주의 깊게 연구하기도 했다. 그의 노동자계급의 진지전(陣地戰, War of Position)에 관한 사상과 서유럽의 발전된 자본주의 나라들에 조성된 새로운 상황에 대한 유연하고 변증법적인 대응에 관한 사상은, 오늘날에도 그 중요성을 유지하고 있으며, 현 시기 맑스주의 이론의 발전에 계속해서 상당한 영향을 미치고 있다.

한편 러시아 사회의 발전은 새로운 단계에 돌입하였다. 제2차 세계대전으로 막대한 손실을 입은 후 경제복구를 마친 러시아는 생산력과 과학 및 문화를 발전시키려는 급속한 경제적 · 사회적 운동을 시작하였다. 그러나 1970년대 중반 이래 경제적·사회적·문화적 발전 속도는 두드러지게 느려졌다. 모든 부분에서 정체가 시작되었다. 사회생활의 부정적 경향들도 나타났다. 많은 민주주의적 기관들이 자신들의 활동을 게을리 하였으며, 근로대중의 창조적 활동들이 약화되었다.

소련 말기 사회발전 속도의 저하, 진보의 저하, 더욱이 물질적 생산 및 지적 생활의 영역에서의 정체는 고대 노예소유제사회, 중세 봉건사회 및 자본주의 사회가 결코 회피하지 못했던 불가피한 사회적 파국으로 귀결된다는 것을 알고 있었다.

하지만 소련은 새로운 사회체제로서 사회주의가 갖는 두드러진 객관적 지위 때문에, 그리고 자신들의 정치권력을 유지하기 위해 민주주의를 약화시켰다. 그리고 과학적 · 기술적 · 사회적 진보를 늦추며 공개성과 공공성 및 사회에 관한 각종 정보의 수준을 낮추기를 원하는 사회세력이 존재했다는 점이다. 당시 소비에트 러시아 사회는 전면적 발전이 정체되어 가고 있었다. 그러므로 다음의 것들, 즉 정체성을 극복하는 것, 경제적 · 공공적 사안들에서 근본적인 재조직과 재건을 이루어내는 것, 민주주의에 새로운 힘과 활력을 불어넣는 것, 우리들 자신의 단점과 실수, 오점들을 예리하게 비판하는 것, 그리고 그것들을 극복하여 현존하는 어려움들을 제거하고 사회경제적 발전을 가속화하기 위해 가장 직접적인, 가장 효율적인 길을 찾아내는 것 등이 필수적으로 요구되었다.

이러한 임무들에 대처하기 위해서는 사회적 · 공공적 사안들과 기술의 발전 및 국가행정부문에서의 인간의 역할과 인간적 요인에 대해 새로운 시각을 취해야 할 필요가 있었다. 인간의식의 능동성을 자극하는 방법 및 보수주의를 극복할 수 있는 방법, 다른 사회와는 달리 민주적 사회주의사회를 만들어 내기 위해 필요한 것들은 무엇인가에 대해 더욱 심오한 이해가 필요하였다. 또한 급속한 사회경제적 진보를 이루면서도 사회적 정의의 유지를 보장할 수 있는 방법과 더 많은 민주주의, 진정한 자유, 모든 개인의 풍요로운 삶을 보증할 수 있는 길을 찾아내야 했었다. 그러나 소비에트 러시아는 그러지 못하였다.

사회개혁의 재조직화가 민중으로부터 요구되고 있음에도, 급변하는 현대세계에 대한 현대인의 태도를 철학적으로 깊이 있게 깨닫지 못한다면, 장기적인 혁명적 변동에 관한 새로운 방법론을 만들어내지 못한다면, 사회발전의 객관적 조건들 및 역사적 유형들에 대한 가치적 태도와 도덕적 원리들의 종속에 관해 이해하지 못한다면, 사회개혁은 불가능하다. 오늘날 철학에 관한 관심이 증대되는 까닭은 이 때문이다. 철학은 현실과 더욱 밀접한 연관을 유지해야 하며, 사회생활 속으로, 개인과 사회적 존재 및 사회적 의식 속으로 더욱 깊숙이 파고 들어가야 한다. 생활로부터의 철학의 격리는 용납될 수 없는 것이다.

제1부

물질과 의식

"물질과 세계란 무엇인가?"

● 물질과 세계란 무엇인가?

101 사고와 범주

개인생활 혹은 공공생활 속에서 벌어진 어떤 사건에 대해 토론하고 어떤 문제에 대해 생각할 때, 사람들은 **개념**이라는 수단으로 그들의 의도, 소망, 그리고 사고를 표현한다. 일상생활 속에서 우리는 '어린아이', '평면', '상점', '구두', '텔레비전' 기타 등등의 개념을 사용한다. 산업에서는 '공구', '노동생산성', '생산물' 등의 개념을 사용한다. 또한 '전자', '화학반응' 등의 특수한 과학적 개념들도 있다.

각각의 개념은 외부 세계의 이러저러한 대상들과 과정들을 일반화하는 하나의 단어 혹은 단어의 조합에 의해 표현된다. 이러한 대상들과 과정들이 개념의 의미를 구성한다. 그것들의 가장 중요한 성질들을 기술하고, 그것들을 다른 현상들과 구별 짓게 해주는 속성들은 개념의 본질을 구성한다. '인간'이라는 개념의 의미는 살아 있는 사람들의 전체 공동체이다. 인간의 본질은 "각종 도구를 가지고 그 도구로 또 다른 도구를 만들어 다양한 대상들을 만들어 낼 수 있는 이성적인 사회적 존재"이며 표현을 통해 전달한다.

철학 역시 **철학적 범주** 혹은 단순히 **범주**라고 불리는 철학 고유의 특수한 개념을 갖는다. 범주와 다른 과학적 개념들 및 일상생활의 개념들 사이의 주요한 차이점은, 범주가 극히 포괄적인 의미를 지닌다는 점이다. 철학적 범주는 우리 주변 세계의 모든 현상과 관련되어 있다. **범주는, 자연과 사회 그리고 사고에서의 현상들의 존재, 운동 및 발전의 일반적이고 보편적인 조건들을 표현하는 매우 광범하고 포괄적이며 보편적인 개념**이기 때문에, 자연, 사회 또는 정신활동의 특수한 분야들과 개별 부분들을 연구하는 모든 특수과학은 자기 고유의 개념들을 발전시킬 때 반드시 범주들에 의존해야 한다. 이것은 또한 철학이 왜 인식과 활동의 일반적 방법론의 역할[004]을 수행할 수 있는가를 설명한다.

어떤 개념이 엄밀하게 규정되지 않았을 때, 그것이 너무 좁거나 너무 포괄적일 때, 그리고 그것의 본질이 산만하거나 불명료할 때, 그것의 의미는 확정될 수 없다. 그러한 개념들은 오류와 혼란을 초래하므로 과학적, 실천적 및 사회적 활동에서 사용될 수 없다. 철학 그 자체에 대해, 그리고 무엇보다도 변증법에 대해 깊고 참되게 이해하기 위해서는 우선 범주들을 규정하고 범주들을 엄밀하게 하는 것이 필요하다. 가장 중요하고 외연이 넓은 범주는 '물질'과 '의식'인데, 이 범주들에 의해 철학의 근본문제가 정식화되고 대답된다.

102 물질이란 무엇인가

'물질'이라는 개념 혹은 범주의 철학적 본질과 의미는 무엇인가?

우리는 동물과 식물, 다양한 기계와 기구들, 화학합성물, 예술작품들, 자연의 여러 현상, 기타 등등의 많은 매우 상이한 사물들과 과정들에 의해 둘러싸여 있다. 우리는 모든 대상이 분자와 원자로 구성되어 있다는 것을 알고 있으며, 현대 천문학은 눈에 보이는 우주에는 수십억 개의

별, 성운, 그리고 은하계가 존재하고 있다고 보고한다. 어떻게 보면 그것은 연관 없는 대상들과 현상들의 이질적 집합으로 보일 수 있다. 따라서 세계는 종종 사람들에게 혼돈, 우연적인 사물들과 과정들의 뒤얽힘으로 보이곤 하며, 그 속에 있는 인간은 단지 한 줌의 모래처럼 보인다. 그러나 모든 대상과 현상은 그 모든 차이에도 불구하고 **그것들이 인간의 의식 외부에 또 인간으로부터 독립해서 존재한다**는 하나의 두드러진 공통된 특징을 지닌다. 다른 말로 하면 우리를 둘러싼 사물들과 과정들의 세계는 객관적 실재다.

그러므로 인간의 외부에 그리고 인간으로부터 독립하여, 인간의 의식의 외부에 존재하는 객관적 실재와, 그에 조응하는 철학적 범주, 즉 실재를 반영하고 일반화하는 특수한 개념을 구별하는 것이 필요하다. 진짜 자동차와 '자동차'라는 개념이 구별되는 것처럼 양자를 혼동하면 안 된다. 우리는 진짜 자동차를 운전할 수는 있지만 사람의 머릿속에 있는 자동차라는 개념을 운전할 수는 없다.

변증법적 유물론의 뚜렷한 성과는 '물질'이라는 철학적 범주에 대한 참으로 과학적인 규정을 발전시킨 것이었다. 레닌은 다음과 같이 물질을 규정했다.

> "물질이란 인간에게 그의 여러 가지 감각을 통해 전달되고, 우리의 감각들에 의해 모사(模寫)되고, 촬영되고 반영되지만 그 감각들과는 독립해서 존재하는 객관적 실재를 나타내는 철학적 범주이다.9)

이 규정으로부터 다음과 같은 사실들이 도출된다. (1) '물질'이라는 범주의 의미는 인간을 둘러싼 전체 세계에 의해, 의식이 아니라 의식 외부

---

9) Lenin, *Collected Works*, Vol. 14, Progress Publishers, Moscow, 1966, p.130.

에 존재하는 모든 것에 의해 형성된다. (2) 이 범주의 의미는, 어떤 물질적 대상, 성질, 관계 또는 과정의 유일하고 가장 중요한 속성은 그것의 객관성 및 의식으로부터의 독립성이라는 점에 있다. (3) '물질'이라는 범주는 자연과 사회의 여러 현상, 인간의 의식의 외부에서 발생하고 존재하며 인간의 의식으로부터 독립적인 사회적 과정들과 관계들에 적용된다. (4) 모든 물질적 과정과 현상은 감각과 감각지각을 통해 인간에게 인식되거나 의식에 반영된다. 이것은 청각, 시각, 촉각 또는 후각을 통해 직접적으로 인간에게 지각되는 대상들과 현상들뿐만 아니라 매우 복잡한 현대적인 기구들(망원경, 현미경, 레이더 등)을 필요로 하는 것과도 관련되는데, 이 기구들은 인간의 지각기관들을 강화한다.

관념론, 특히 주관적 관념론자들은 일반적으로 물질세계의 존재를 부정한다[009]. 객관적 관념론은 인간의 의식의 외부에 그리고 인간의 의식으로부터 독립적인 물질의 존재[009]는 인정하지만, 물질은 절대이념, 세계정신, 혹은 물질세계를 창조한 신의 계획과 연관시켜 볼 때 2차적이고 파생적인 것이라고 주장한다. 즉 세계에 존재하는 모든 물질은 신이 창조했다고 말한다. 그러나 변증법적 유물론의 물질 이해와 관념론의 물질 이해 사이의 근본적인 차이점은, 변증법적 유물론이 물질을 인간의 의식의 외부에 그리고 인간으로부터 독립하여 존재하는 것으로, 영원하고, 누구에 의해서 창조되지 않으며, 소멸하지 않고, 시간과 공간에서 무한한 것으로 인식한다는 점에 있어서 다르다. 이러한 이유로 의식은 영원하지 않으며 의식은 물질로부터 나오고, 물질은 의식에 존재하는 것이 아니라 의식이 물질에 의해 존재한다. 이러한 의미에서 의식은 물질로부터 나온 2차적이고 파생적인 것이다.

이러한 물질 규정이 얼마나 중요한 의의를 지니고 있는가, 그리고 그것이 철학사에서 얼마나 눈부신 성과였는가를 이해하기 위해서는, 그것을 변증법적 유물론이 출현하기 이전에 존재했던 물질 및 물질세계에 대한 관념들과 비교해야만 한다.

103 물질에 대한 견해들은 어떻게 발전했는가?

아주 오래전부터 사람들은 주위의 대상들이 무엇으로 구성되어 있는가, 그것은 단일한 원리 혹은 기초를 갖고 있는가 그렇지 않은가에 대해 생각해 왔다. 고대[015]의 최초의 철학자들은 그들의 가설의 기초를 일상적 경험과 관찰에 두었다. 밀레토스학파의 탈레스(Thales, B.C. 625년경~547년경)는 동물과 사람이 물을 필요로 한다는 것, 바닷물이 해변을 씻어 낸다는 것, 그리고 포도 짜는 기구가 포도에서 즙을 짜낸다는 것에 주목하여, 물이 만물의 원리라고 주장했다. 그의 제자인 아낙시메네스(Anaximenes, B.C. 588년경~525년경)는 공기가 만물의 원리라고 간주하였다. 그리고 유명한 에페소스의 헤라클레이토스(Heraclitus, B.C. 520년경~460년경)는 불이 만물의 원리라고 보았다. 왜냐하면 그의 견해로는, 태양은 천체의 불이었기 때문이었다. 다음으로 흙이 추가되어 만물은 이 네 가지의 원소들로 구성되어 있다고 간주되었다. 그것들은 질료였다. 하지만 아리스토텔레스의 견해에 의하면 질료는 수동적이고 형상 없는 것이었으며, 마치 조각가가 형상 없는 돌로부터 조각상을 만들어 내듯이, 그것에 형상을 부여할 특수한 힘을 필요로 하였다.

레우키포스(Leucippus, B.C. 500년경~440년경), 데모크리토스 및 그들의 후계자인 에피쿠로스(Epicurus, B.C. 341년경~270년경)는 눈에 보이지 않는 원자를 세계의 기초로 간주했다. 하지만 무엇으로부터 사람들은 그것들의 존재를 알았는가? 철학적 지식이 이 물음에 해답을 제공했다. 원자에 대한 자신의 가설을 입증하기 위해, 데모크리토스는 다음과 같이 논증하였다. 우리는 보통 방 안의 공기 중에 있는 먼지를 보지 못한다. 하지만 만약 우리가 커튼을 쳐서 방안을 어둡게 하되 약간의 틈을 남긴다면, 우리는 방에 스며들어 오는 햇빛 속에서 외적인 충격 없이도 움직이는 무수히 많은 미립자들을 볼 수 있다. 원자 역시 눈에 보이지 않지만, '정신의 눈' 또는 이성에 의해 상상할 수 있다. 그것들은 영원히 존재하며, 끊임없는 운동이 그것에 내재한다. 하지만 고대 원자론자들의 이러한 논증은 20세기까지는 단지 가설로서만 남아 있었다.

"만물의 근원은 무엇인가?"

중세 철학[016]은 물질세계를 신의 창조의 산물로 간주했다. 물질적인 모든 것은 천하고, 시시하며, 원죄를 짊어진 것, 따라서 주목할 만한 가치가 없는 것으로 인식되었다.

17~18세기의 과학의 발전과 더불어 세계의 물질적 본성의 문제가 다시 한번 철학적 관심의 중심사가 되었다. 당시의 주도적인 과학적 원리는 역학이었기 때문에, 기계론적 물질관이 역시 지배적이었다. 프랑스의 철학자 데카르트(Descartes, 1596~1650), 영국의 물리학자 뉴턴(Newton, 1643~1729), 그리고 러시아의 과학자 로모노소프(Mikhail Lomononsov, 1711~1765)는 운동하는 미립자, 작고 단단한 공 같은 소립자를 물질의 기초로 간주하였다. 역학이 직선 운동하는 다양한 실체(substance)의 공간상의 이동과 상호작용을 연구했기 때문에, '물질'이라는 개념은 '실체'라는 개념과 완전히 동일시되었다. 실체가 일정한 질량과 기하학적 형태를 지니고, 일정한 선을 따라 운동하며, 공간적으로 제한된다는 한에서, 이러한 동일한 성질들은 모든 물질에도 적용될 수 있다. 바로 이것이 17~18세기의 형이상학적 및 기계론적 유물론의 물질관이었다. 19세기 말과 20세기 초반에 과학에서, 특히 물리학에서 혁명이 일어났으며, 이것은 물질에 대한 이해에 근본적인 변화를 초래하였다. 이전에는 알려지지 않았던 아주 새로운 현상들, 물리적 장이 발견되었다. 현재에는 전자기장, 중력장, 핵장 등이 알려져 있다. 외견상 고립된 많은 현상들도 그것들로 설명할 수 있게 되었다. 예를 들어 라디오의 전파들과 가시광선은 서로 다른 에너지를 갖고 있는 전자기장의 흐름이라는 사실이 판명되었다. 전하를 갖고 있지 않은 중성자, 전하를 갖고 있는 양자와 같은 미립자들은 미세하게 가까운 거리에서 작동되는 강력한 장들에 의해 원자핵들 내에 통일되어 있다. 원자 폭발 혹은 평화적인 목적들을 위해 채택된 조절된 핵 과정들 중에 방출되는 것은 그것들의 에너지이다. 행성, 태양과 다른

행성체 및 천체의 인력은 중력장에 의해 말미암은 것이다.

물리적 장들은 물질(실체)의 미립자들처럼 정지 질량을 갖고 있지 않다. 그것들은 기하학적 형태도, 일정한 차원들도 갖고 있지 않으며, 엄격하게 규정된 궤도를 따라 운동하지 않는다. 따라서 그것들은 낡은 기계론적 물질 개념과 일치하지 않는다. 20세기 소립자가 일정한 조건에서 장으로 전화될 수 있다는 것이 밝혀진 이후, 많은 관념론 철학자들과 몇몇 물리학자들은 물질이 소멸하였고, 에너지(실체가 없다는 이유로 그들이 비물질적이라고 보았던)로 전화되었다고 주장하기 시작했다. 레닌은 이미 20세기 초에 문제의 요점은 물질이 소멸한 것이 아니라 물질에 관한 낡은 형이상학적 개념이 너무 좁은 것이었음이 밝혀졌던 점에 있음을 지적했다. 그것은 세계의 물리학적 구조에 대한 역사적으로 한계 지어진 관념과 밀접하게 연관되어 있었다. '물질' 개념을 '실체' 개념과 동일시하면 물리적 장들이 물질의 특수한 형태라는 것을 이해할 수 없다. 왜냐하면 그것들의 놀라운 특성들에도 불구하고 그것들은(원자나 소립자와 같이) 인간의 의식의 외부에 그리고 그것으로부터 독립하여 존재하기 때문이다. 이것이야말로 무엇이 물질적이고 무엇이 비물질적인가 곧 관념적인가에 대답할 수 있게 하는 유일하고 결정적인 속성이다. 전신주는 질량을 갖고, 빛이 관통할 수 없다는 등의 성질을 갖고 있다. 그 그림자는 질량을 갖고 있지 않으면서 불가입성이라는 개념은 그거에 적용될 수 없다. 그럼에도 불구하고 전신주와 그 그림자가 물질적인 것은, 그것들이 객관적으로 존재하기 때문이다.

형이상학적 및 기계론적 물질 개념은 또한, 역학과 물리학의 틀 밖에서는 사용될 수 없기 때문에 좁고 잘못된 것이다. 인간 사회와 사회적 관계들은 질량, 궤도, 기하학적 형태, 불가입성 등과 같은 성질들에 의해 특징지어질 수 없다. 그러므로 전자의 물질 개념과 낡은 유물론은 사회 및 사회적 과정들에까지 확장될 수 없었으며, 그 결과 역사에 대한 유물론적 관념을 창조하는 데 사용될 수 없었다. 하지만 특히, 무엇으로부터 시작해야 하는가, 물질적인 사회관계인가 아니면 정신생활의 현상들인가라는 문제가 제기되는 거대한 이행의 시대에 무엇보다도 인간의 관심사는 사회 및 사회생활이다. 이러한 이유로 자연과 공공생활의 현상 모두에 적용할 수 있는 유물론자들의 물질 규정은 오늘날 과학적·철학적 의미뿐만 아니라 사회적·정치적 의의를 획득해 왔다.

104 현대의 과학적인 세계상

우리가 살펴본 것처럼, 물질에 대한 철학적 학설은 주어진 시기의 과학에 의해 도달된 세계에 대한 인식 수준과 밀접하게 연관되어 있다. 과학적 관념들은 새로운 발견에 의해 이루어진 이 수준의 변화와 더불어 바뀔 수 있다. 19세기 말과 20세기 초에, 물리학에서의 혁명적인 발견들(자연방사능, X-레이, 원자의 가분성 등)에 충격을 받은 주관적 관념론자들이 물질의 소멸을 주장하기 시작했을 때, 레닌은 그들과 논쟁하면서 물질은 소멸한 것이 아니라 우리가 이전에 그것에 대해 알고 있던 한계들을 변화시켰던 것이라고 지적했다.

과학의 발전의 수준, 즉 물질의 구조에 대해 과학적 관념(그로부터 보다 일반적인 **세계관**이 세워지는)의 발전 수준에 조응하여 각각의 역사적 시대는 물질세계의 구조에 대한 그 고유의 사실적-비유적 관념을 발전시킨다. '세계관'은 중요한 철학적 범주이다. 해당 역사적 시대에 조응하는 세계관은 그것에 의해 구체화한다. 신이 세계를 창조했다는 것이 그 중심적 표상인 관념론적인 세계관은 관념론적인 세계관으로 귀결된다. 과학, 무엇보다도 물리학의 성과에 기초한 유물론적인 세계관은, 물질을 영원하고 창조되지 않으며 파괴될 수 없는 것으로 표현하고, 유물론적인 세계관으로 귀결된다. 그렇다면 현대의 세계상은 어떤 것인가?

현대과학은 모든 현상을 두 가지 수준으로, 말하자면 원자 및 소위 소립자가 속해 있는 미시수준과 분자 및 그것들로 구성되는 보다 큰 물체가 속해 있는 거시수준으로 나눈다. 오늘날의 물리학은 더 이상 우주의 가장 작은 단위, 더 이상 쪼갤 수 없는 것을 탐구하지 않는다. 원자가 핵과 매우 작은 미립자인 전자들로 구성되어 있다는 것은 이미 20세기 초에 발견되었다. 그 이후로 전자뿐만 아니라 많은 다른 소립자들(중성자, 양자, 중성미자, 중핵자, 중간자 등)이 존재한다는 것이 발견되었다. 그중 몇몇은 전하를 갖고 있고 몇몇은 갖고 있지 않다. 미립자들은 크기, 질량, 전자기적 모멘트의 존재 여부 등에서 서로 다르다. 몇몇은 안정적이고 수십억 년 동안 존재하며, 몇몇은 십억 분의 1초 동안만 '존속하고', 끊임없이 생성, 소멸한다. 최근에 미립자들이 극소량의 전하를 가지고 있는 쿼크로 구성되어 있다는 가설이 제시되어 신중하게 검토되었다. 그것은 지금 아주 훌륭한 실험적 검증을 받았다. 이처럼 물질의 구조에 대한 세계관은 끝없이 복잡한 것이다.

다양한 물리적 연관 및 장들을 이용하여 원자들을 결합시켜 상대적으로 안정적인 분자들을 만들어 낼 수 있다. 유기분자들 특히 거대한 중합체 분자들은, 상이한 화학원소로 이루어진 수백 개 심지어는 수천 개의 원자를 포함하고 있다. 생명 있는 유기체의 유전을 조절하는 디옥시리보오스 핵산(DNA)의 분자는, 두 개의 나선형으로 감겨 있고 1/1000㎟라는 극히 작은 부피를 차지하고 있다. 하지만 특수한 실험 속에서 나선이 풀리고 펼쳐질 때 그것은 몇 m나 되는 길이를 갖는다. 식물, 동물 및 인간을 포함하여 주위의 생물계 및 무생물계의 물체들은 다양한 분자로 구성되어 있다. 우주선을 통한 달, 금성, 화성 및 다른 행성들에 대한 연구에 의해 그것들 모두가 저 유명한 멘델레예프의 주기율표에 배열되어 있는 화학 원소들에 의해 형성된 분자들로 만들어진 물체들로 구성되어 있다는 것이 충분히 확인되었다. 다른 별세계와 성운에 대한 스펙트럼 분석은 우리가 알고 있는 모든 우주 구조의 완전한 물리-화학적인 통일성을 보여준다.

현대 천문학은 외부 세계에 대한 우리의 지식을 확장시켜 왔다. 눈으로 볼 수 있는 우주의 반경은 수십억 광년이다. 1광년이 얼마나 엄청난 것인가를 이해하고자 한다면, 빛이 1초에 30만 킬로미터를 여행한다는 것을 기억해 보라. 우주에는 엄청난 수의 별과 은하계가 존재하며, 각각의 은하계는 수백만 개의 별들로 구성되어 있다. 현대의 망원경은 별들과 은하계가 끊임없이 멀어지고 있다는 사실을 확증할 수 있도록 도왔다. 천문학의 장비와 기구들이 발전함에 따라 우리는 우주의 먼 구석까지도 더욱 잘 알게 되었으며, 이것은 우주가 실제로 무한하다고 간주할 수 있게 하였다.

우주는 끊임없이 발전한다. 몇몇 관념론자들이 그러하듯이, 조만간 별들의 모든 에너지가 소진되어 우주의 '열 소멸'(thermal death)이 발생할 것이라고 생각할 근거는 없다. 이 '열 소멸' 관념은 열역학의 둘째 법칙에 기초해 있는데, 이 법칙에 의하면 열은 온도가 높은 물체에서 낮은 물체로 이동하며 그 결과 전체계의 평형상태와 부동성이 발생한다. 사실상 이 법칙은, 단지 제한적이며 고립되고 폐쇄적인 체계에만 유효하며, 전(全) 우주에는 적용될 수 없는 것이다.

이처럼 현대의 천체물리학적인 세계상은 매우 복잡하며, 물론 새로운 천문학적, 물리학적 발견이 이루어짐에 따라 변화하고, 발전하고, 또한 더욱 복잡해지지만, 세계의 물질성에 대해서는 추호의 의심의 여지도 남기지 않는다. 세계의 구조에 대한 과학적인 관념들과 그 위에 세워지는 일반적인 세계상이 물질에 대한 철학적 개념과 일치하지 않는다는 사실을 명확히 이해해야 한다. '물질' 범주는 객관적 실재의 일반적 성질들, 즉 그것이 의식의 외부에 그리고 그것으로부터 독립하여 존재한다는 것을 나타내며, 각각의 새로운 발견에 의해 수정되지 않는다. 반면에 세계상에서는 각각의 새로운 발견에 따라 새로운 윤곽들과 세목 및 새로운 특징들이 나타난다. '세계관'이라는 범주와 '물질'이라는 범주는 밀접하게 연관되어 있고 상호 보족적인 것이지만, 양자를 혼동해서는 안 된다. 왜냐하면 그것들은 세계관의 발전에서 다른 역할을 하기 때문이다.

105 세계의 물질적 통일성

세계상의 발전과 변화를 검토하고, 레닌의 물질 정의[102]에 기초함으로써 우리는 중요한 세계관 및 방법론적 결론을 정식화할 수 있다. **통일성은 세계에 내재해 있는 것이다.** 이것이 의미하는 바는 무엇인가? 무엇보다도 우리를 둘러싼 지구 및 그 너머 우주에 존재하는 대상들의 성징들에 관한 현대의 과학적 관념들에 기초하여, 우리는 그것들 모두가 단일한 물리-화학적 구조를 지니고 있다는 것을 확증할 수 있다. 달리 말하면 모든 물질적 현상과 과정은 분자, 원소, 소립자 그리고 다른 유형의 실체(물질) 및 매우 상이한 물리적 장으로 구성되어 있다. 이로부터 관념론적 견해들을 전혀 받아들이지 않고, 그리고 신비스럽고 초자연적인 어떤 것에 호소하지 않고서도 과학, 실험 및 실천에 기초하여 모든 물질적 현상들을 연구하고, 기술하고, 이해할 수 있다는 사실이 도출된다.

기독교적 세계관 역시 세계는 하나라고 주장하지만, 그것은 세계의 통일성이 인간이 이해할 수 없는 단일한 계획에 따라 신에 의해 창조되었다고 본다. 하지만 실제로는 **세계의 진정한 통일성은 그 물질성에 있다.** 이로부터 단일한 객관세계는 그 고유의 법칙에 따라 발전하는 상호 연관된 전체라는 점이 도출된다. 고대인들은 세계를 알 수 없고 혼란스러우며, 신비스럽고 이해할 수 없는 것으로 간주했다. 왜냐하면 그들은 자연의 맹목적이고 근원적인 힘 앞에서 나약했기 때문이다. 최신의 과학기술과 도구로 무장한 현대인은 더 이상 세계를 혼돈스러운 것, 이해할 수 없는 것으로 간주하지 않는다. 그는 물질세계를 단일한, 상호 연관된 전체로 인식할 수 있고, 그것과 상호작용할 수 있으며 또한 그것을 변형시킬 수 있다.

106 체계, 구조, 요소

내가 물질세계가 하나라고 말할 때, 그것은 무생물에서 생물까지, 천체에서 인간 사회까지 그것의 모든 부분이 다소라도 연관되어 있다는 것을 의미한다. **일정한 방식으로 연관되어 있고 그에 상응하는 법칙들에 의해 지배되는 모든 것은 체계라고 불린다.**

먼 옛날 고대의 사상가들은 '혼돈' 혹은 '무질서'라는 개념을 '전체' 혹은 '체계'라는 개념과 대치시켰다. 이 개념들은 오늘날 일상생활과 기술 및 과학에서 극히 광범하게 채택되고 있다. 한 건물부지에 있는 벽돌들과 시멘트 더미 그리고 건축자재는 전혀 질서가 없을 수 있다. 그것들을 재료로 하여 각각의 벽돌이 다른 것과 확고하게 결합되어 있고, 각각의 대들보들이 엄격하게 제한된 공간을 차지하고 있는 건물은 더 이상 혼돈이 아니라 일정한 체계이다. 모든 동물은 각기 하나의 체계이며, 상호

연관되고 상호작용하며 그 생명활동을 책임지는 각각의 기관들은 살아있는 유기체의 하위체계 혹은 부분들이다. 이러한 연관이 파괴되고 상호작용이 중단되면 유기체는 죽는다. 하나의 커다란 공장은 하나의 체계이고, 작업부서 및 생산부서는 하위체계이며, 하나하나의 공구와 노동자들은 공장체계의 요소들이다. 만약 작업장들이나 부서들 간의 연관들, 관계들 및 상호작용이 붕괴되면, 작업이 중단된다. 모든 현대사회는 하나의 거대하고 복잡한 체계이며, 다양한 관계로 맺어진(예를 들어, 자본주의에서의 계급투쟁의 관계 혹은 사회주의에서의 협동) 사회계급 및 사회 집단들은 그것의 하위체계이다.

한 체계의 부분들이나 하위체계들 간에는 다양한 관계들, 연관들 그리고 상호작용이 존재할 수 있다. **유사하고, 균일하며, 안정적인 관계들, 연관들 및 상호작용은 구조라고 불린다.** 하나의 동일한 체계, 특히 거대하고 복잡한 체계(예를 들어, 전화체계, 수송체계, 사회적 체계 등) 속에는 엄청나게 많은 수의 서로 다른 연관과 관계가 존재할 수 있기 때문에, 많은 구조들이 그 안에서 구별될 수 있다. 그러한 체계들은 다중구조적이라고 불린다. 예를 들어 고래라는 유기체에서 소화기관들의 구조, 신경계의 구조, 이동기관의 구조 등이 구별될 수 있다.

각 체계의 '최하층의 작은 세포, 더 이상 분할될 수 없는 조각'이 요소이다. 각각의 체계는 자신들의 요소들을 가지고 있다. 한 체계에서 요소로서, 즉 조립될 수 없는 어떤 것으로 간주된 현상이 다른 방식으로 접근해 보면 그것이 그 자신의 요소들을 가지고 있는 하나의 복잡한 체계임이 증명될 수도 있다는 것을 이해하는 것은 매우 중요하다. 예를 들어 공구는 공장체계의 한 요소로 간주될 수 있지만, 공구 그 자체의 개별 세부나 요소를 공장체계의 한 요소로 간주하는 것은 옳지 않을 것이다. 이와 유사하게 인간은 사회체계의 한 요소이다. 경우를 달리하여 인간을 체계로 간주할 때, 우리는 인간 신체의 개별 기관들 혹은 세포들을 요소로 간주할 수 있다. 하지만 그것들을 사회의 요소들로 간주하는 것은 커다란 잘못일 것이다.

과학과 공학이 매우 복잡한 다양한 체계들의 구성과 통제의 문제들을 논의해 왔기 때문에, '체계', '구조', 그리고 '요소'라는 개념은 20세기 중반 이후로는 극히 상식적인 것이 되었다. 이러한 체계들은 때때로 수십억 개의 요소들을 포함하고 있으며, 그것들을 연구하고 통제하기 위해서는 매우 복잡하고 세련된 방법들이 요구되나. 이러한 방법들은 단지 공학이나 테크놀로지에만 적용될 수 있는 것이 아님이 판명되고 있다. 그것들은 생산과 우주선을 통제하는 것, 사회를 과학적으로 관리하는 것, 통신체계들의 연구 등에 광범위하게 적용되어 왔다. '체계', '구조' 그리고 '요소'라는 개념은 매우 외연이 넓고, 실제적으로 보편적이라는 사실이 발견되었다. 이로 말미암아 우리는 그 개념들을 가장 중요한 사회과학적 개념 및 철학적 범주에 포함시킬 수 있다.

전체로서의 물질세계는 일정한 일반적인 객관적 법칙들에 의해 지배되면서 끊임없이 변화·운동·발전하는 거대한 초복잡한 체계이다. 철학은 이러한 객관적 법칙들을 연구하는데, 왜냐하면 철학은 전체로서의 세계에 대한 인간의 관계를 다루는 유일한 과학[007, 013]이기 때문이다. 다른 과학들은 예컨대 성운들, 생물계, 사회 등 세계의 개별적인 하위체계들과 그것들을 지배하는 법칙들을 조사하고 연구한다. 하위체계들의 상호연관을 해명하기 위하여 특수 과학들은 서로를 연구하는데, 그 과학들은 세계에 대한, 그리고 물질과 그 법칙들에 대한 철학적 지식에 기초해야 한다. 따라서 객관적 법칙, 즉 전체로서의 물질세계 및 그것의 개별 하위체계들의 변화, 운동 및 발전을 지배하는 법칙이 무엇인지를 이해하는 것은, 세계를 과학적으로 인식하는 데 매우 중요한 조건의 하나이다. 그것이 없다면 인간의 인식활동은 조직될 수 없다. 하지만 법칙이란 무엇인가를 이해하기 위해서는 변증법적 유물론의 가장 중요한 범주들인 '필연성'과 '우연성'을 검토해야만 한다.

107 필연성과 우연성

아주 강력한 돌풍이 민들레의 씨앗을 널리 퍼뜨렸을 때, 그 씨앗들은 사방으로 날아가지만, 그것들이 어디에 떨어질 것인지 예언할 수는 없다. 이 경우에 우리는, 그 장소는 극히 우연적이라고 말한다. 동시에 씨앗이 널리 퍼지는 것은 민들레의 생존에 필수적인 조건이다. 씨앗이 퍼지지 않으면 이 식물 종은 지구의 표면 위에서 사라지게 될 것이다. 사람들은 그러한 예를 무수히 언급할 수 있을 것이다. 주변 세계에서 우리는 **일시적이고, 불안정하며, 외적이고, 가변적이며, 급속히 사라지지만, 그것이 없다면 현상이 존재할 수도 발전할 수도 없는 연관들과 상호작용들**을 쉽게 발견할 수 있다. 우리는 그것들을 우연성이라고 부른다. 하지만 각각의 체계 및 현상에는 **그것들의 존재와 발전에 필수적인** 연관들, 상호작용들 및 관계들, 요소들과 하위체계들이 존재한다. 우리는 그것들을 **필연적**이라고 부른다.

'필연성'과 '우연성'은 변증법적 유물론에서 매우 중요한 범주이다. 그것들은 모두 물질적 체계의 객관적 성질들을 특징짓는다. 세계에는 무수히 많은 상호작용하는 대상들이 있기 때문에, 많은 관념론자들과 형이상학자들이 그러하듯이, 어떤 하나의 유일한 필연성에 대하여 말하는 것은 잘못된 것이다. '필연성'과 '우연성'을 분리시키는 것, 그리고 특히 양자를 대립시키는 것은 잘못된 것이며 비변증법적인 것이다. 필연성과 마찬가지로 우연성도 객관적이며, 인간의 의식의 외부에 존재한다. 양자 사이에는 긴밀한 내적 연관이 존재한다. 양자는 물질의 운동 및 발전 과정 속에서 상호 전화할, 말하자면 위치를 서로 바꿀 수 있다. 어떤 측면에서 그리고 어떤 체계에서는 우연성인 것이 다른 관계 그리고 다른 체계에서는 필연성이 될 수 있으며, 그 역도 마찬가지이다. 이처럼 필연성은 항상 자신의 힘으로 길을 헤쳐 나가고 우연성을 통해 자신을 드러내는 반면, 모든 우연적인 사건은 필연성의 일정한 계기를 포함하고 있다.

형이상학적 방법은 양자를 분리시켰고, 우연적 과정들과 필연적 과정들을 대립시켰다. 변증법적 유물론은 현대 과학과 일치하여, 양자의 연관들을 조사할 필요성을 주장한다. 오직 그러한 접근법만이 자연과 사회를 올바르게 이해하고 인식할 수 있게 한다.

그러므로 과학이 우연성의 적이라고 생각하는 것은 잘못이다. 각각의 우연적인 현상을 주의 깊게 연구하는 과학자만이 우연적인 현상들의 집적들 배후에 놓여 있는 심오하고 안정적인 필연적 연관들을 발견할 수 있다. 이러한 견해를 분명하게 하기 위하여 우연적인 현상에 대하여 진정으로 과학적인 접근법을 보여주는, 한 과학자와 그의 조수 사이의 대화를 인용해 보겠다.

과학자 : (연쇄구균 혹은 포도상구균이 배양되고 있는 투명한 용기 속에 들어 있는 용액을 조사 중이다.) 용기가 잘못 밀봉되어, 어떤 것이 이 안에 들어간 것 같다.

조수 : 죄송합니다, 선생님. 그건 아주 우연입니다. 잘못된 것을 고치겠습니다.

과학자 : 완전히 누르스름한 용액 속에 밝은 색의 거품이 있고, 그 속의 박테리아들이 죽은 듯이 보이는구먼.

조수 : 이 용액을 비우고 새로 만들겠습니다. 그 작은 거품들은 순전히

우연입니다.

과학자 : 여보게, 이 세상에 '순전히' 우연적인 것은 존재하지 않는다네. 이제 이 작은 거품들을 현미경으로 조사해서 무엇이 이것을 만들었는지 살펴야겠네(그리고 거품들을 현미경에 떨어뜨린다).

조수 : 무엇이 보입니까?

과학자 : 어떤 부패유기성 균류의 포자들이 연쇄구균에 치명적인 어떤 물질을 가진 용액으로 들어갔군.

조수 : 어떻게 해야 할까요?

과학자 : 이 현상을 가능한 한 매우 주의 깊게 연구하도록 하세. 만약 이 물질이 균류에 의해 필연적으로 분비되었다는 것이 판명된다면, 우리는 그러한 미생물에 의해 야기되는 질병들과 싸울 수 있는 새로운 약을 만들 수 있을 걸세.

이처럼 그것은 우연히 일어났다. 포자들이 우연히 미생물을 가진 용액으로 들어갔지만 균류에 의해 분비된, 미생물에 치명적인 물질들은 그것들의 생명활동의 필연적인 결과였다. 오늘날 의약품에 광범하게 채택되고 있는 많은 항생제 중의 최초의 것인 페니실린은 이렇게 발견되었던 것이다. 여기서 중요한 점은, 어떤 측면에서는 우연적인 사건이 다른 측면에서는 필연성을 내포하고 있다는 것이다.

필연성과 우연성의 변증법은 사회의 발전에서 엄청난 역할을 한다. 세계사의 관점에서 볼 때 러시아 혁명은 필연적이었다. 그것이 없다면 더 이상 사회 발전은 불가능하기 때문이다. 하지만 그것이 발발한 정확한 날짜와 요일은 이러한 관점에서는 역사적 우연이다. 왜냐하면 그것은 항상 충분히 고려될 수 없는 많은 필요조건들의 상호교차 및 상호관련에 의존하기 때문이다. 1917년 10월에 존재했던 러시아 현실의 특수한 조건들 속에서 레닌은 혁명을 개시할 무장봉기를 일으킬 날짜의 선택이 우연적인 문제가 아니라 그 당시의 일정한 사회적 조건들 및 계급세력들의 구체적인 세력정립에 의해 규정된다는 것을 아주 정당하게 확신하고 있었다. 그리하여 그는 10월 24일에 러시아사회민주당 중앙위원회의 위원들에게 보낸 편지에서 정확히 25일 밤에 봉기를 시작하는 것이 필요하며, 그렇지 않으면 너무 늦을 것이라는 점을 지적했다.[10] 이 날짜의 선택은, 세계사의 관점에서 보면 필연적인 것이었다. 사회 발전에서 필연성과 우연성의 상호관련을 올바르게 이해하는 것은 국민의 의식적인 활동과 사회에 대한 과학적인 지도에서의 매우 중요한 조건이다.

자연 및 사회의 발전에서 우연성의 역할을 부정하는 사람들은 숙명론자라고 불린다. 반대로 일체의 필연성을 부정하고 세계는 우연성과 혼돈의 영역이라고 주장하는 사람들은 비결정론자라고 불린다. 비결정론은 어떠한 안정적이고, 항상적으로 질서 짓고 조절하는 연관들과 관계들을 부정하며, 인간을 그를 둘러싼 사건들 앞에서 무력하게 만든다. 숙명론과 비결정론은 객관적 실재를 단순화시키고 왜곡되게 반영하며, 객관적 실재의 몇몇 측면만을 선택하고, 그러한 측면들을 다른 측면들로부터 분리시키고 또한 대립시킨다. 따라서 숙명론과 비결정론은 변증법적 유물론 및 변증법적 방법과는 근본적으로 양립할 수 없다.

108 객관세계의 법칙들

필연성과 우연성을 해명했으므로, '법칙'이라는 범주에 대한 논의를 시

10) Lenin, *Collected Works*, Vol. 26, Progress Publishers, Moscow, 1977, pp.234-35를 볼 것.

작하자.

'법칙'이라는 말의 뜻은 여러 가지가 있다. 법학에서 그것은 국가가 추인하는 특별한 규범들과 규칙들을 의미하며, 한 사회에서 무엇을 할 수 있고 할 수 없는가를, 그것들을 위반한 사람에게 어떠한 형벌과 처벌이 적용되는가를 규정한다. 또한 우리는 과학의 법칙들과 객관세계의 법칙들에 대해서도 말한다. 과학의 법칙들은 인식론[501]을 고찰할 때 살펴보고 여기에서는 객관세계의 법칙들을 검토하겠다.

객관세계의 법칙들은 물질세계의 서로 다른 현상들 및 과정들 사이의 안정적이고, 필연적이며, 내적인 연관들과 상호작용들이다. 즉 자연과 사회는 모두 연관되어 존재한다. 두 가지의 예를 살펴보자.

기체의 성질들을 연구할 때, 물리학자들은 기체의 부피가 온도에 비례하며 변화한다는 것을 알아차렸다. 다양한 조건에서 매우 상이한 기체를 가지고 실험을 함으로써, 그들은 온도가 높을수록 기체의 부피가 커지고 기체가 압축되었을 때 온도가 오른다는 것을 발견했다. 그들은 오늘날 과학과 공학에서 광범위하게 채택되고 있는 이러한 의존관계를 수학적 공식으로 표현했다. 언뜻 보기에 물리적 체계(기체)의 온도와 그 부피 사이에는 아무런 연관이 없다. 하지만 그 둘 사이에는 심오한 내적 의존과 안정적인 필연적 연관이 존재한다는 것을 실험적으로 증명할 수 있다는 것이 입증되었다. 그것은 이 물리적 체계의 객관적 법칙이다.

부르주아 역사학자들은 지난 19세기 초에 사회의 발전과 역사가 계급투쟁과 밀접하게 관련되어 있다는 것을 이해하고 있었다. 하지만 그들은 그것을 '한탄할 만한 오해'로 묘사하고자 노력했다. 즉 그들에 따르면, 계급투쟁을 그치게 하려면 사람들이 그것이 얼마나 무익한 것인지를 깨닫는 것으로 충분하다. 이러한 견해들은 오늘날에도 자본주의 이데올로그들 사이에 공통적이다. 그것의 지지자들은 과학기술 진보와 새로운 전자혁명이 착취자와 피(被)착취자는 남아 있지만 계급투쟁은 소멸될 것이라고 주장한다. 또한 과학기술 진보와 새로운 전자혁명이 보편적인 번영의 사회를 위한 조건들을 제공하고 있다고 주장한다. 그러나 맑스와 엥겔스는 과학기술 진보와 새로운 전자혁명이 있다고 해서 계급투쟁이 없어진다고 말하지 않았다. 자본주의 사회의 객관적인 법칙이고 자본주의적 발전에 있어서 착취는 필연적이며 따라서 계급투쟁은 사회가 더욱 발전하기 위한 필연적인 조건이라는 것을 입증했다. 계급투쟁은 언젠가는 필연적으로 소멸할 것이다. 하지만 그것은 단지 사회주의 사회에서만, 즉 다른 사회체제가 출현하여 인간에 의한 인간의 착취를 철폐할 때에만 가능하다. 따라서 자본주의 체제에서 작동하고 있는 계급투쟁의 법칙은 오직 그 체제의 소멸과 더불어서만 작동을 멈출 것이다. 계급들 및 사회적 집단들 사이의 다른 법칙들과 상호관련은 다른 사회주의 체제의 특징이다.

법칙들은 이처럼 자연과 사회 모두의 물질적 체계들 자체에 객관적으로 고유한 것이다.

우리의 의식과 사고를 지배하는 법칙들은 존재하는가? 이에 대해 변증법적 유물론은 긍정적으로 대답한다. 사고는 2차적이다. 물질과 달리 그것은 영원히 존재하는 것이 아니라 일정한 법칙들에 따라 출현했고 발전했다. 그것은 논리학, 변증법 및 인식론(제5부를 볼 것)에 의해 연구되는 그 자신의 특수한 법칙에 따라 '움직인다'. 인간이 사고하는 것, 인간이 연구하고 논의하는 대상들과 현상들은 어느 정도는 그의 선택과 의지, 그리고 소망에 의존하지만, 인간의 인식활동과 사고를 지배하는 법칙들은 그의 의지에 의존하지 않는다. 그것들은 객관적이며, 일반적으로 모든 사람에게 동일한 것이다. 그것은 그 자체로 역사발전의 산물이다. 그렇지 않다면 사람들이 서로를 이해하고, 상호작용하고, 세계를 인식하는 것조차 불가능할 것이다. 왜냐하면 각각의 사람들이 그 자신의 사고와 인식의 법칙에 인도되고, 그의 활동의 결과가 다른 사람에게는 아무런 의의도 갖지 못할 것이기 때문이다. 하지만 자연, 사회, 그리고 사고의 법칙들은 객관적이므로 그것들은 일반적인 공통적 특성을 지니고 있다. 철학은 그것들에 내재해 있는 공통적인 특성들을 연구한다. 따라서 외부 세계에 대한 자신의 태도를 정하고자 할 때 우리는 무엇보다도 우선 무엇이 필연적이고, 안정적이며, 항구적인가, 즉 외적인 것, 우연성 및 일시적인 연관들 배후에 숨겨진 체계의 합법칙적인 연관은 무엇인가를 알려고 해야만 한다.[11] 그러므로 우리는 '법칙'이라는 범주가 현상에서의 안정적인 것, '평정한' 것을 반영한다는 점을 올바르게 고려할 수 있다. '필연성', '법칙'과 같은 범주들의 인식과 사용은 인류 오랜 역사적 진화와 발전의 소산이다. 다음의 말을 읽어 보자!

> "법칙이라는 개념은, 인간이 세계과정의 통일과 연관, 상호의존성 및 총체성을 인식해 가는 단계들 중의 하나이다."[12]

물질세계의 규칙적 성격의 부정은 곧바로 불가지론과 주관적 관념론에 도달한다. 모든 물질적 체계의 가장 중요한 특성으로서의 세계의 객관적 패턴들과 규칙성을 부정하는 사람들만이, 객관적 법칙들에 관한 언급은 우리 자아의 산물이라고 하는 한 가지 것만을 생각한다. 그것은 유아론[009]이며, 세계의 일체의 질서 및 심지어 그 존재마저도 완전히 부

---

11) '법칙'과 '규칙성'이라는 개념이 이 책에서는, 우리가 규칙성에 대해서 말할 때 우리는 보통 상호 연관되고, 상호작용하며, 상호 보족하는 많은 법칙들의 존재에 주의를 기울인다는 단 하나의 전제조건을 가지고, 동등한 것으로 사용된다.

12) Lenin, *Collected Works*, Vol. 38, Progress Publishers, Moscow, 1981, pp. 150-51

정한다.

객관적 법칙을 인식한다는 것이 인간은 어떠한 방식으로도 외적 세계와 사회를 변화시킬 수 없다는 것을 의미하는 것인가? 그것은 인간의 수동성을 인식하는 것을 의미하는 것인가? 결코 그렇지 않다. 세계에는 무한히 다양한 매우 상이한 현상들과 과정들이 존재한다. 그것 모두는 다양한 객관적 법칙들과 규칙성에 의해 지배된다. 사람들은 자기 맘대로 이러한 법칙들을 변경할 수도, '폐기'할 수도 없다. 그러나 우리가 그것들을 알 수 있다는 것, 그것들이 작동되는 조건들을 이해할 수 있다는 것, 그리고 이미 알려진 법칙들을 통해서 어느 정도는 이러한 조건들을 변화시킬 수 있다는 것은 의심의 여지가 없다. 더욱이 사람들은 다른 법칙들에 의존해서 몇몇 법칙들, 아니 오히려 그 결과들에 대해 반작용을 가할 수 있다. 예를 들어, 만유인력의 법칙에 의하면 공기보다 무거운 비행기는 땅으로 떨어지게 된다. 하지만 역학과 항공역학의 분야에서 이미 알려진 법칙들의 도움으로 사람들은 비행기로 하늘을 나는 방법을 배웠을 뿐만 아니라 우주선을 쏘아 올릴 수 있게 되었다. 이것은 어떤 법칙이 폐기되었기 때문이 아니라, 반대로 사람들이 법칙들을 알고 이러한 지식에 영향을 미치고 이미 알려진 법칙들을 그들의 목적에 맞게 활용하는 방법을 배웠기 때문에 가능했던 것이다. 자연의 법칙과 공공생활의 법칙에도 그러한 일이 발생해 왔다. 더욱이 사회발전의 법칙들은 적절한 조건이 존재할 때만 작동된다는 것, 그리고 상이한 조건에서는 다르게 발현한다는 점을 명심해야 한다. 이러한 조건들 중의 하나가 사회적으로 중요한 국민의 활동에 대한 지도이다. 공공생활에서는 상이한 법칙들에 의해 지배되는 서로 다른 경향들이 항상 작동하고 있으므로, 주어진 구체적인 역사적 상황 속에서 어떠한 경향이 우세해질 것인가의 문제는 사회세력들의 힘의 균형, 주어진 법칙 혹은 규칙성에 대한 인식 및 이러저러한 방향으로 상황을 변화시킬 때 그것에 의존할 수 있는 능력에 좌우된다. 따라서 사회적 법칙들의 실현에서 주체적 요인을 과소평가하는 것, 그리고 그것들이 국민의 의지 및 의식과는 독립하여 아주 자동적으로 진행될 것이라고 가정하는 것은 잘못일 것이다.

객관세계의 법칙들에 대한 지식은 과학, 철학 및 맑스-레닌주의의 가장 고귀한 목적이다. 세계를 변화시키려는 인간의 의식적인 창조적 활동은 객관적 법칙에 대한 지식에 기초할 때에만 성공한다. 바로 이 점에, 왜 세계의 물질성에 대한 교의와 세계에 대한 인간의 관계에 대한 교의가 객관적 법칙에 대한 교의 및 세계에서 발생하는 변화들 및 운동과 발전의 다양한 형태들의 합법칙적 성격과 분리될 수 없는가 하는 이유가 있다.

● 운동, 시간, 공간이란 무엇인가?

109 물질과 운동

다양한 일을 하고 우리 주변 세계를 관찰할 때, 우리는 대상들이 변하고 있음을 목격한다. 어떤 대상은 공간상의 위치를 변화시키고, 어떤 대상은 색, 맛, 형태, 화학적 구성 등을 변화시킨다. 그리고 다른 어떤 대상들은 움직이지 않고, 변치 않은 상태로 남아 있으며, 자신의 형태, 색 및 내적 구조를 유지하고 있는 것을 볼 수 있다. 고대 철학자들[015]은 그리하여 이미 상반된 두 가지 관점을 표명했다. 그 한 관점에 의하면, 운동은 전체로서의 세계의 하나의 필수적 성질이었다. "만물은 유전(流轉)하며, 정지해 있는 것은 아무것도 없다."고 헤라클레이토스는 말했다. 그러므로 "누구도 같은 강물에 두 번 들어갈 수 없다." 그의 제자인 크라틸로스(Cratylus, B.C. 4세기 초)는 이러한 주장을 극단화시켜 "누구도 강물에 들어갈 수 없다"고 말했다. 세계는 그렇게 운동하고 변화하기 때문에 크라틸로스는 인간은 그의 활동과 지식에서 확고하고 안정적인 어떤 것에도 의존할 수 없다고 간주했다. 그러나 고대나 오늘날에도 주관적 관념론자들은 이러한 주장으로부터, 외부 세계에 대한 인간의 지식은 믿을 수 없다는 것, 그리고 외부 세계 자체도 단지 우리의 환상에 지나지 않는다는 결론을 이끌어 냈다. 왜냐하면 그들은 불안정하며 항상 변화하고 다른 어떤 것으로 전화하는 것은 객관적으로 존재할 수 없다고 보았기 때문이다.

"흐르고 있는 같은 강물에 누구도 두 번 들어갈 수 없다."

다른 관점의 지지자들은 외부 세계와 운동이 환상이라는 것에는 동의하면서도, 인간에 의존하지 않는 어떤 객관적인 것, 즉 움직이지 않고, 변화하지 않으며, 영원한 세계가 존재한다고 주장했다. 플라톤과 관련되어 있던 관념론자들에게, 이 세계의 기초는 변하지 않는 이데아의 영원한 영역이었다. 엘레아학파(그들이 살았던 지명인 엘레아를 본 뜬 것임)의 경우에는 세계는 변화하지 않고 움직이지 않는 것으로, 기초는 영원하고 변화하지 않는 자기 동일한 존재로 보았다. 두 관점은 합쳐져 하나가 되었다. 양자는 운동을 정지로부터 완전히 분리시켰으며, 인간이 활동하는 과정에서 운동하고 변화하는 사물들을 직면했을 때, 그가 확고하고 믿을 만한 어떤 것, 예컨대 물질세계의 객관적 법칙들에 의존할 수 있는가 그렇지 않는가에 대해 말할 수 있는 가능성을 박탈했다. 운동과 정지를 대립시키고 분리시키는 것은 형이상학적 방법의 기본적 특징이다. 그것에 집착하는 어떤 사람도 조만간 물질은 존재하지 않는다고 결론지을 수밖에 없다. 이것은 바로 물질이 에너지로 전화되어 소멸했다고, 에너지는 아무런 물질도 없는 순수한 운동이라고 주장했던 19세기 말과 20세기 초의 마하주의자[13)]들의 결론과 똑같은 것이다. 레닌은 마하주의자들을 날카롭게 비판했고, 에너지도 실체와 같이 물질적[102, 104]이라는 것, 인간 의식의 외부에 객관적으로 존재하는 것임을 입증했다. 그는 운동 없는 물질도 물질 없는 운동도 존재할 수 없다고 말했다. 이러한 결론은 현대 물리학의 발전에 의해 충분히 확인되었다. 에너지와 실체의 상호전화는 물질과 운동의 통일성 및 상호연관이라는 명제를 확증했다. 운동이란 무엇인가?

'운동'이라는 범주는 무엇보다도 객관세계에서 일어나는 모든 변화를 반영한다. 운동을 물체의 단순한 공간상의 이동으로 좁게 이해하는 기계론적 유물론과는 달리 변증법적 유물론은 운동을 위치의 변화로서뿐만 아니라 화학적·물리적 변화, 살아 있는 유기체의 성장 및 신진대사 과정, 계급투쟁, 경제적 변화들과 같은 사회적 과정들, 그리고 인간 활동의 모든 다른 형태들로 이해한다. 우리의 의식은 이러한 변화들을 개념을 통해 반영하는데, 그 개념들 중에서 가장 중요하고, 가장 공통적이며 보편적인 것은 자연, 사회 그리고 사고에 적용되는 '운동'이라는 범주이다.

하지만 만약 세계의 모든 것이 운동하고 변화한다면, 그것은 위에서 언급된 운동과 정지에 대한 상반된 견해들과 같은 것인가? 아니면 운동의 보편성에 대한 인식은 인간에게 그가 그 자신의 활동 속에서 의지할 어떠한 토대도 제공해 주지 않으며, 객관적 법칙들에 대한 인식을 가능하게 해 주지도 않는다(왜냐하면 그러한 법칙들이란 물질적 체계의 필연적이며

13) 오스트리아의 철학자이자 물리학자였던 에른스트 마하(Ernst Mach, 1838~1916)의 이름을 본떠서 이르는 학파.

안정적이고 항상적인 연관이기 때문에)고 주장하는 사상가들이 옳은 것인가?

110 운동과 정지에 관한 대화

이러한 물음은 변증법적 유물론자(DM)와 형이상학적 유물론자(MM)에 의해 논의된다.

MM : 우리 모두는 세계가 물질적이며, 객관적으로 존재하고, 우리의 상상력의 산물이 아니라는 것을 알고 있습니다.

DM : 옳은 말입니다.

MM : 하지만 나는 세계의 어떤 대상과 현상들은 움직이지만(예를 들어, 천체는 회전하고, 파도는 넘실거리며, 구름은 하늘에 떠다닌다.), 다른 사물들은 정지해(이집트의 피라미드는 수천 년 동안 움직이지 않았고, 우리가 앉아 있는 의자는 움직이지 않고, 그리고 우리 자신도 어제와 다르지 않다.) 있다고 주장합니다.

DM : 당신은 운동으로부터 정지를 완전히 분리시켰고, 그것이 당신의 오류입니다.

MM : 그건 어떻게 입증될 수 있죠?

DM : 나는 세계의 모든 것이 끊임없이 변화하며, 영원하고, 끊임없는 운동과정에 있다고 주장합니다.

MM : (말에 끼어들며) 하지만 정지 중인 물체들에 대해서도 그런 말을 할 수 있겠습니까?

DM : 정지 역시 객관적으로 존재하지만, 우리는 그것을 올바르게 이해해야 합니다. 운동은 절대적입니다. 운동은 언제 어디서나 일어나지만, 반면에 정지는 상대적입니다.

MM : 그것이 무슨 말이죠?

DM : 정지의 상대성이란, 하나의 현상이 어떤 다른 현상에 대해서 상대적으로 정지해 있다는 것, 하나의 변화가 다른 하나와 관련해서는 지각될 수 없다는 것을 의미합니다. 정지는 영원히 계속될 수 없습니다. 정지는 존재하되 단지 일시적으로, 상대적으로, 영원히 운동하는 세계의 하나의 계기, 하나의 상태로서만 존재합니다. 이것이 내 말의 요지입니다.

MM : 예를 들어 설명해 보시죠.

DM : 운동과 정지는 일견 대립되고 아무런 연관이 없는 것처럼 보이지만, 그렇지 않습니다. 만약 돌풍에 내몰려 하늘에 떠다니는 두 개의 구름 사이의 거리가 변하지 않을 때, 그것들은 서로에 대해서는 상대적인 정지 상태에 있지만 땅과 관련해서는 운동하고 있는 겁니다. 이집트 피라미드와 우리가 앉아 있는 의자들도 지구와 관련해서는 정지해 있는 것이지만, 그것들은 지구와 함께 지축과 태양의 주위를 회전하고 있습니다. 사람의 신체에도 끊임없는 변화가 일어나고 있습니다. 신진대사, 산소의 동화, 그리고 이산화탄소의 배출, 피는 혈관을 흐르고 있고, 세포는 분열되고 새로운 세포들이 형성됩니다. 원자들 안에서는 전자가 움직이지 않는 핵 주위를 끊임없이 움직이고 있습니다. 원자 자신도 자유롭게 공간을 운동하거나 그것들이 분자나 결정체의 부분을 형성할 때 중간 위치 사이에서 진동합니다. 우리 태양계의 움직이지 않는 중심이며 그러한 의미에서 정지 중인 태양도 우리 은하계의 일정한 궤도를 따라 움직이고 있으며, 은하계도 우주라는 척도에서 보면 운동하고 있습니다. 한 지점에 정지 중인 나무는 계속해서 성장하며, 그 잎새들은 바람에 흔들리고 꽃은 피고 집니다.

MM : 결론은 뭡니까?

DM : 결론은 아주 명확합니다. 운동과 정지는 대립되는 동시에 통일체입니다. 운동은 절대적이고 정지는 상대적입니다. 정지 역시 운동처럼 객관적이며, 따라서 어떠한 체계나 어떠한 과정들 속에서도, 그것들이 아무리 중요하고, 안정적이며, 상대적으로 변하지 않고, 필연적이라 해도, 모든 변화를 규정하고 그 토대가 되며 우리로 하여금 물질세계의 객관적 법칙들[108]에 대해 말할 수 있게 하는 연관들과 관계들은 구별될 수 있습니다. 이러한 이유로 나는 형이상학적으로 운동과 정지를 대립시키는 것 혹은 양자를 분리시키는 것은 오류일 뿐만 아니라 해롭다고 간주하는 것입니다.

111 형식과 내용

이와 같이 우리 주변의 세계는 끊임없는 운동 중에 있다. 이 운동은 다양한 형식으로 일어난다. 우리는 종종 문학과 음악작품들의 형식과 내용, 대중정치작업의 형식과 내용, 자본주의적 경쟁의 형식 등에 대하여 이야기한다. 일상생활에서 우리는 이러한 말들의 엄밀한 과학적 의미에 대해서 거의 숙고하지 않는다. 하지만 이론적·철학적인 문제들을 논의할 때에는 숙고해야 할 필요가 있다.

형식과 내용이란 무엇인가? 우리 주변의 현상들은 매우 복잡하다. 내가 이미 말한 것처럼, 그것들은 수많은 부분들과 요소들—이것들 사이에는 구조라고 불리는 안정적인 관계, 연관 혹은 상호작용이 존재한다[106]—로 구성되어 있다. 구조들은 내적인 측면과 외적인 측면을 지니고 있다. **구조의 외적인 측면은 형식이며, 내적인 측면은 구조를 구성하는 요인들과 과정들과 더불어 내용을 이룬다.** 따라서 모든 현상의 내용과 형식은 비록 일치하는 것은 아니지만 밀접하게 연관되어 있다. 그리고 더욱이 양자는 분리될 수 없다. 모든 대상은 서로, 그리고 인간과 상호작용하며(말하자면 그 외적 측면에서) 내적 측면, 즉 내용은 직접적으로가 아니라 외적 측면, 즉 형식의 매개를 통해서 드러난다. 형식과 내용은 분리될 수 없기 때문에, 형식은 항상 의미를 함축하며 내용은 형식과 질서를 가지고 있다. 따라서 현상들의 내적인 측면은 그것들의 형식을 통해서만 알 수 있다. 객관적 법칙들이 항상 현상들의 내용을 내포하기 때문에, 과학은 형식으로부터 내용으로 나아가고 외적 현상들의 근저를 파악함으로써 그것들의 가장 안정적이고, 반복되는, 필연적인 연관들, 즉 법칙들을 인식한다. 나중에 내용을 연구하고 법칙들을 인식하면 과학은 형식 및 인간의 감각적 활동에 의해 지각된 외적인 것들을 보다 깊이 있고 확실하게 설명할 수 있다.

'내용', '필연성' 그리고 '법칙'이라는 범주들은 이처럼 동일한 서열의 개념들이다. 그 범주들은 현상의 가장 깊고 중요하며 안정적인 성질들을 특징짓는다.

동일한 내용이 다른 형식들로 표현될 수 있다. 예를 들어 젊은 두 사람의 사랑과 그에 관련된 사건들은 다양한 문학적 형식(소설, 희곡 혹은 시)의 작품의 내용을 제공할 수 있다. 이와 반대로, 내용상 서로 다른 세계관, 정서적 경험 및 삶에 대한 접근법들이 하나의 동일한 문학적 형식, 예컨대 소설 속에서 표현될 수 있다.

내용은 일체의 현상 혹은 과정의 규정적인 측면이다. 낡은 형식 내에서 발전하고 있는 새로운 내용은, 조만간 전자와 질곡에 빠지게 되고 새로운 형식에 의해 그것의 변화 혹은 대체를 준비한다. 새로운 형식은 내용의 발전에 적극적인 영향을 미치며, 그것을 고무한다. 하지만 내용은 모든 경우에서 규정적인 측면이다. 형식과 내용의 변증법, 즉 양자의 상호작용과 상호전화는 사회적 현상들을 이해하는 데 가장 중요하며, 이 범주들은 뒤[206, 207, 227-232, 406, 409]에서도 여러 번 언급될 것이지만, 지금은 물질의 운동 형태들의 상호작용과 변화를 논의해야 한다.

112 물질운동의 형태들

우리 주변 세계에서 일어나는 변화들은 서로 다른 내용과 형식을 갖고 있다. 그것들의 내용은 물질의 유형에 의해, 그리고 다양한 물질적 대상과 과정의 성질에 의해 규정된다. 하지만 형식은 이러한 대상과 과정들의 상호작용의 성격에, 그리고 그것들 안에서 일어나는 변화와 변형들의 성격에 좌우된다. 따라서 각각의 물질의 형식은 그에 상응하는, 다소 뚜렷한 운동의 형태를 갖고 있다.

엥겔스는 100여 년 전에 당시 과학의 수준에 비추어 물질 운동의 여섯 가지 형태들을 구별했다. 그는 기계적 운동 형태를 고체, 기체 및 액체의 공간상의 이동 및 상호작용과 관련시켰다. 운동의 물리학적 형태는 분자 및 전자기적 과정들의 상호작용, 열에너지의 전달 및 전화 등을 포괄했다. 화학적 형태들은 원자로부터의 분자의 형성 과정 및 몇몇 화학적 원소들의 다른 원소로의 전화를 포괄했으며, 생물학적 형태들은 식물과 동물 유기체의 생명 활동의 모든 유형들을 포괄했다. 운동의 사회적 형태는 인간의 사회적 활동의 모든 유형의 집합이라고 엥겔스는 간주했다. 그는 또한 사고는 본래 물질적인 것이 아니라 관념적인 것(사고의 이와 같은 특성은 다음 절에서 볼 것이다.)이지만, 사고를 물질 운동의 특수한 하나의 형태로 간주했다.

지난 100여 년 동안 세계의 구조에 대한 과학적 관념들[104]에서 엄청난 변화가 있었다. 우리는 지금 원자-내부의 과정들과 연관된, 쿼크,

다양한 물리적 장들 및 소립자들의 상호작용과 관련된, 그리고 무생물과 생물의 접합점에서 일어나는 물질운동의 다른 형태들과 관련된, 복잡한 우주의 과정에서 일어나는 엄청나게 많은 수의 물질운동의 새로운 형태들을 알고 있다. 물질의 새로운 형태들과 물질운동의 새로운 형태들에 대한 과학적 관념들이 끊임없이 생겨날 것이다. 그러므로 얼마나 많은 물질운동의 형태들이 존재하며 그것들이 무엇인가에 대한 물음은, 각 시대에 세계에 대한 과학적 인식의 도달 수준에 따라 새로운 해답을 얻는다. 철학적 관점에서 우리는 물질세계의 진화과정에서 새로운 형태의 물질적 대상들과 과정들, 즉 물질의 새로운 형태 및 그에 따른 운동의 새로운 형태들이 나타난다는 엥겔스의 매우 중요한 견해에 주목해야 한다. 보다 복잡한 대상들과 과정들은 그에 상응하는 보다 복잡한 운동 형태를 갖는다. 물질의 형태가 보다 복잡할수록 운동의 형태(물질의 형태는 이 속에 그리고 이것과 동시에 존재한다)는 더욱 다양하다. 예를 들어 살아 있는 유기체는 분자, 결정체 등으로 구성된 어떤 물리적 합성체보다도 더 복잡하다. 그것들에 고유한 것은 생물학적 운동 형태이지만, 그것들은 동시에 물리학적 법칙들(예컨대 중력법칙)과 동물 혹은 식물의 기관을 형성하는 분자들의 결합을 지배하는 화학적 법칙 등에 의해서도 지배된다. 인간은 사회적 운동 형태에 포함되지만, 동시에 (살아 있는 피조물로서는) 생물학적 형태에도 포함된다. 태양계의 행성들도 이와 마찬가지인데, 그것들은 특수한 행성적 운동 형태(예를 들어 지질학적 형태로서의 지구)에 포함된다. 동시에 그것들은 그것의 부분들 및 요소들이 물리적, 화학적 및 다른 운동 형태들과 관련을 맺고 있는, 매우 복잡한 체계들이다.

보다 고차적인, 보다 복잡한 운동 형태들은 그 자체 내에 진화 및 발전 과정의 선행단계에서 확립된 보다 단순한 형태들을 내포하고 있다. 하지만 보다 복잡한 형태들은 보다 단순한 형태로 환원될 수 없다. 운동의 특수한 하나의 형태로서의 사회는 생물학적 형태로 환원될 수 없다. 그렇게 하려는 시도는 사회를 제멋대로 분해시키고 인간을 동물로 전화시키려는 것과 같다. 물질 운동의 각각의 형태는 그에 상응하는 특수한 객관적인 법칙들을 갖고 있다. 물질 운동의 보다 복잡한 형태들을 보다 단순한 형태들로 환원시킬 수 없는 것과 마찬가지로, 보다 복잡한 운동 형태들의 법칙을 보다 단순한 형태들의 법칙으로 환원시킬 수 없다. 하지만 이러한 법칙들 사이에는 아무런 내적 연관이 존재하지 않는다고 생각하는 것은 잘못일 것이다. 그러한 연관은 발전 중에 발생하며, 그것의 연구는 변증법(제4부를 볼 것)의 중요한 과제이다.

운동은 시간과 공간에서 일어난다. 물질과 운동 및 발전 법칙들에 대한 더 이상의 논의는 따라서 과학과 철학 양자에 가장 중요한 문제 중의 하나인 시간과 공간은 무엇인가라는 물음에 대한 해답을 요구한다.

113 시간과 공간

전자기기, 컴퓨터, 인공지능, 자동차 등은 변증법과 현대과학이 완전히 일치하고 있음을 보여준다. 시간과 공간이 객관적으로 존재한다는 것을 확증한다. 운동처럼 그것들 역시 물질로부터 분리될 수 없다.

우리는 운동하는 물질의 존재양식 및 객관적 성질로서의 시간 및 공간을, 철학적 범주로서의 '시간' 및 '공간'과, 그리고 또 각각의 역사적 시대에 특징적인 시간과 공간에 대해 일상적 · 과학적 관념들과 명확하게 구별해야 한다.

객관적인 시간과 공간은 그 자체로 물질적이다. 즉 인간의 의식의 외부에 존재하며 인간의 의지로부터 독립적이다. '시간'과 '공간'이라는 철학적 범주는 객관적인 시간 및 공간의 가장 중요하고 보편적인 특징을 반영한다.

'시간' 범주는 물질 운동의 모든 형태에서의 다소간 불가역적인 변화들의 존재를 반영하며, 또한 객관세계의 사건들의 일정한 연속성의 존재, 즉 그것들이 일정한 질서로, 순서대로 일어난다는 점을 반영한다. 그러므로 시간은 일정한 방향을 가지며 시간상 과거로 운동하는 것은 불가능하다. 시간의 역방향을 발견하고자 한 모든 실험적인 시도들은 실패했다.

'공간' 범주는 운동하는 물질의 또 다른 특성, 즉 어떠한 사건, 대상, 과정 혹은 현상이 동시에 존재하고, 그것과 함께, 그 곁에, 다른 사건들과 대상들 및 과정들 그리고 현상들이 존재한다는 것을 반영한다. 위치이동과 같은 공간적 변화는 전도될 수 있다. 흔히 우리는 어떠한 물질적 대상도 3차원(길이, 넓이, 그리고 높이)을 갖는다고 말한다. 각각의 차원에서의 전후, 좌우, 그리고 상하로의 그 반대로도 운동은 가능하다.

시간과 공간에서의 변화는 밀접하게 연관되어 있고 통일성을 형성한다. '시간'과 '공간'이란 범주들은 단일한 운동과정의 단지 다양한 측면들, 다양한 '단면들'을 반영할 뿐이다. 본질상 그것들은 자연, 사회 그리고 사고에서 재현될 수 있는 것과 재현될 수 없는 것이 존재한다는 사실, 가역적(可逆的, 물질의 상태가 한번 바뀐 다음에 다시 본래의 상태로 돌아갈 수 있는 것)인 과정들과 불가역적(不可逆的)인 과정들이 존재한다는 것을 반영한다.

특정한 현상들이 시간적으로 반복될 수 있다는 반론이 제기될 수도 있다. 동일한 대상이 시간의 다양한 계기들 속에서 사용될 수 있고, 한 영화는 여러 번 상영될 수 있으며, 한 사람이 똑같은 기계에서 몇 년씩 일할 수 있다 등등. 하지만 이러한 반론들은 잘못된 것이다. 아무리 불변적인 것으로 보인다 하더라도 모든 대상은 시간적으로 변화한다. 비록 그러한 변화들이 지각될 수 없는 경우에도 마찬가지이다. 우리가 반복해서 사용하는 그릇은 닳고, 필름은 낡게 되고, 기계도 마찬가지이다. 불가역적인 시간의 변화는 자연과 사회에서 엄청나게 중요하다. 역사의 불가역성이 그것들과 연관되어 있다. 개개의 사회생활의 현상들은 반복될 수 있지만, 그 반복이 결코 절대적으로 동일한 것은 아니다. 따라서 시간의 문제는 엄청나게 중요하다. 시간상 근본적인 변화(예컨대 사회혁명)를 경험한 사회는 과거로 되돌아갈 수 없고 역사적 발전의 과거의 단계들을 그대로 반복할 수 없다. 세상의 잡다한 일의 과정들은 불가역적이기 때문에, 시간의 문제는 산업, 행정, 교육 등을 포함한 사회생활의 조직화에 중요하다. 이 때문에 외부 세계에 대한 인간의 관계를 연구하는 철학이 시간과 공간이 무엇이며, 그것들에 대한 관념들이 어떻게 변화했고 형성되었는가에 대한 논의에 그토록 주의를 기울이는 것이다.

114 관념론과 유물론의 화해 불가능성

유물론과 관념론은 시간과 공간에 대한 상반된 입장을 갖고 있다. 관념론자의 견해는 시간에 대한 기계론적 이해를 그릇되게 해석함으로써 야기된, 일정한 시대의 산물이다.

고전 역학의 창시자인 뉴턴은 시간과 공간을 기계적 물체의 운동의 외적 조건으로 간주했다. 공간은 물체가 세 차원의 각각에서 앞뒤로 운동할 수 있는 거대한 빈 상자와 다소 유사한 것으로, 시간은 풀린 태엽과 같은 어떤 것으로 묘사되었다. 뉴턴은 시간, 공간 그리고 그 속에서 운동하는 물체들을 인간 의식의 외부에 존재하는 것으로 묘사했다. 시간의 척도는 시계이며, 공간의 척도는 통치자이다. 이 견해는 전체적으로 유물론적이었으나, 그것의 기계론적 본성 때문에 관념론의 가능성을 담고 있었다. 그 가능성은 어디에 있었는가? 시간과 공간이 물체의 위치 이동의 외적 조건들로 간주되었고, 물체의 물질적 성질들과 연관되지 않았으며 그리고 그것들에 의존하지 않았기 때문에, 시간과 공간은 무엇에 의존하는가 하는 의문이 제기되었다. 만약 그것들이 물체에 의존하지 않고 그것들에 대해서 외적인 것이라면, 그것은 단지 인식의 주체인 인간에만 의존한다는 대답이 저절로 제시될 것이다.

18세기의 독일의 위대한 철학자인 임마누엘 칸트(Immanuel Kant, 1724~1804)는 시간과 공간이 물질적 현상들의 성질이 아니라 그것들에 대한 인간의 직관의 조건이라고 간주함으로써, 바로 그러한 주관적 관념론의 해답을 제시했다. 그에 따르면 우리는 사물과 관계할 때 감각을 받아들인다. 시간과 공간은 이러한 감각들을 일정한 질서(순서)로 담을 수 있게 한다. 시간은 차례대로, 공간은 하나 곁에 또 다른 하나를 놓는 식으로 감각들을 '배분한다'. 따라서 시간과 공간은 우리의 감성과 직관력에 고유한 일종의 도식으로, 그것에 의해 우리는 감성과 직관의 무질서한 흐름 속에 질서를 부여한다. 칸트와 그의 후계자들의 견해로는 외부 세계의 객관적 질서에 대해 이야기하는 것은 무의미하다.

객관적 관념론자들은 시간과 공간이 세계이성 혹은 절대정신에 의해 창조되었으며, 절대정신의 기본적 성질이지 물질의 존재형식이 아니라고 간주한다. 그러므로 시간과 공간은 물질이 출현하기 이전에 그리고 물질로부터 독립해서 존재할 수 있다.

레닌의 저서 『유물론과 경험비판론』은 공간과 시간에 대한 관념론자들의 견해에 대한 결정적인 반박을 내포하고 있다. 현대과학은 시간과 공간에 관한 유물론적 이해가 옳다는 확실한 근거를 제공한다. 우리의 별세계는 100억 년 동안, 지구는 약 50억 년 동안 존재해 왔다. 지구상에 최초로 생명체가 출현했던 것은 약 30억 년 전이었으며, 인간의 직접적인 조상은 약 550만 년 전에 출현하였다. 따라서 지구와 별세계는 사유하는 인간(호모 사피엔스)과 시간과 공간에 대한 그의 이념과 관념이 출현하기 훨씬 이전에 공간적으로 존재했고 시간적으로 발전했다. 그러므로 그것들은 인간 의식의 외부에 그리고 그것으로부터 독립해서 존재한다. 전파천문학과 천체물리학의 최신의 발견들은, 새로운 별세계의 생성 및 낡은 것들의 소멸과정이 우주에서 끊임없이 일어나고 있다는 것을 보여준다. 이러한 과정들이 시간적으로 시작과 끝을 가지고 있고 공간적으로 제한되어 있다고 생각할 근거는 아무것도 없다. 변증법적 유물론은, 현대의 과학적인 자료들과 일치하여, **시간과 공간은 운동하는 물질과 분리될 수 없으며, 운동하는 물질은 시간적으로나 공간적으로나 무한하다**고 확증한다.

115 시간과 공간에 대한 현대의 과학적 관념들

기계론적 견해들은 시간과 공간이 물체의 성질들과 물체들의 운동의 특유성에 의존하지 않는다는 관념에 기초해 있다. 고대 그리스의 유클리드(Euclid, B.C 330년경~B.C 275년경)가 창시한 기하학은 모든 기계적인 운동을 기술하는 데 사용되었다. 그에 따르면 주어진 한 직선에 대하여, 평면 위의 한 점에서 그을 수 있는 그것과 평행한 직선은 하나뿐이다. 삼각형의 내각의 합은 180도이며, 그것은 삼각형의 크기에 의존하지 않는다. 그리고 관념상의 직선을 그릴 수 있는 어떤 두 개의 점을 지나는 눈에 보이지 않는 거대한 평면들이 모든 공간을 관통한다. 하지만 러시아의 수학자 니콜라이 로바체프스키(N. Lobachevsky, 1792~1856)는 19세기 전반기에 새로운, 비유클리드 기하학을 발견했다. 그는 한 직선 밖의 한 점을 통해서 그 직선을 교차하지 않는 많은 직선들을 그릴 수 있는 공간적 구조가 가능하며, 삼각형의 내각의 합이 크기에 의존하며 180도보다 작을 수 있다는 것을 증명했다. 비유적으로 말하면 이것은 '구부러진' 것이거나 '휘어진' 공간이었다.

한동안 로바체프스키의 기하학은 객관적 실재와는 무관한 것으로 간주되었다. 20세기 초에 특수상대성이론과 일반상대성이론이 창조되었다. 그것들과 일치하여 시간, 공간 그리고 운동은 객관적이며 불가분하게 연관되어 있다. 그것들의 연관은 인간이 일상생활에서 관계하고 있는 통상적인 운동 속도에서는 거의 눈에 띄지 않는다. 광속(30만km/s)에 근접하는 속도에서는 운동하는 물체의 부피가 축소되고 시간이 느려진다. 이것은 현대의 소립자가속기에 의해 실험적으로 검증되었다. 게다가 공간의 성격은 물체의 질량에 따라 변화한다. 질량이 클수록, 공간은 유클리드적 공간으로부터 이탈하여 비유클리드 기하학에 기술되어 있는 성질을 지닌다. 동시에 공간의 '만곡'과 함께 시간의 궤도도 바뀐다. 이러한 결과들은 실제의 실험을 통해 확인되었다. 금성에 쏘아 올린 러시아의 우주연구선의 궤도 및 그것이 금성 표면에 부드럽게 착륙했던 것은 이것들을 통해 계산되었다.

공간, 시간 그리고 운동의 연관성이 물질적 현상과 매우 밀접하고 그것으로부터 분리될 수 없기 때문에, 물리학자들은 종종 단일한 공간-시간 연속에 대해 이야기하고 운동을 세 개의 공간적 지표가 아니라 그것에 시간이라는 지표를 덧붙인 네 개의 공간적 지표에 의해 측정한다. 이것이 4차원적 공간이란 관념을 산출했다. 따라서 시간과 공간은 물질 운동의 성격에 의존하는 물질의 객관적 성질임이 판명된다.

운동, 시간 및 공간의 상호 연관에 대한 과학적 이해는 철학의 근본문제에 대한 유물론적인 해답을 확고히 실증해 주며, 철학적 유물론이 의식은 2차적이며 운동 중인 물질의 오랜 발전과 점증하는 복잡성의 산물이라고 확고하게 주장할 수 있게 한다.

116 원인과 결과

자연, 사회 및 사고의 모든 현상과 사건 혹은 과정은 다른 현상과 사건, 즉 다소간 뚜렷한 원인들에 의해 야기되고 지배된다. (1) **한 현상**(과정, 사건)**이 시간적으로 다른 한 현상**(과정, 사건)**에 앞서고,** (2) **전자가 후자의 발생, 변화 및 발전의 필수적인 전제조건 혹은 토대가 될 때, 우리는 전자를 후자의 원인이라고 부른다.** 달리 말하면 전자는 후자를 낳거나 혹은 후자를 야기한다.

원인과 결과는 객관적이다. 양자 간의 관계는 인과적 연관이라고 불린다. '원인'과 '결과'라는 철학적 범주들은, 보편적 의의를 지니며 물질 운동의 모든 형태에 존재하는 객관적인 인과적 연관을 반영한다. 이러한 연관들의 연구는 자연과학, 기술과학 및 사회과학의 매우 중요한 과제이다.

모든 현상에는 원인이 있다. 역으로 물질세계의 모든 변화는 일정한 결과를 갖는다. 하지만 어떤 현상들은 항상 원인일 뿐이고 다른 현상들은 항상 결과일 뿐이라는 것은 아니다. 국민의 경험과 역사적 실천 그리고 과학의 진보에 기초한 유물론적 변증법은, 어떤 현상(예컨대 비구름 속에서의 습기의 축적)이 다른 현상의 결과(즉, 지구 표면에서의 수분의 증발)이며, 그 자체가 비라는 새로운 현상의 원인일 수 있다는 것을 보여준다. 그러한 의미에서 원인과 결과가 말하자면 자리를 바꾼다고 할 수 있다.

한 계기에서는 결과인 것이 다른 계기에서는 원인이 될 수 있다. 이것은 인간의 삶에서 엄청나게 중요하다. 보다 높은 수준의 교육적·직업적 훈련은 일을 더 잘할 수 있게 하고, 승진과 대개의 경우 생활수준의 증진에 도움을 준다. 그것은 교육과 직업훈련의 향상이 이룰 수 있는 가장 개연성 있는 결과이다. 하지만 보다 높은 생활수준과 번영은 이번에는 작업수준, 교육 및 정보 제공의 향상을 가져오며, 그것들은 다시 그의 개인적·사회적 생활에서의 새로운 가능성들을 창조한다.

'원인'과 '결과'라는 범주는 '조건'이라는 범주와 밀접하게 연관되어 있다. **조건이란 그것이 없이는 원인이 결과를 낳을 수 없는 다양한 물질적 현상과 과정들의 집합이다.** 하지만 조건이 결과를 산출하는 데 능동적이고 규정적인 역할을 하는 것은 아니다.

동일한 원인도 상이한 조건에서는 상이한 결과를 초래할 수 있다. 예컨대 산업에서의 화학의 적용은 효력 있는 약품의 제조, 곡물수확의 증대, 그리고 새로운 인공물품들의 창조를 가져오지만, 그것은 환경, 수질, 대기 등의 오염을 야기할 수 있다. 반대로 상이한 원인들에 의해 동일한 결과가 나타날 수도 있다. 예를 들어 곡물 수확의 증대는 다양한 다수확 품종의 사용, 비료 및 증진된 토지경작법 등의 적용으로부터 생겨날 수 있다. 자본주의와 사회주의의 상이한 사회적 조건하에서 현대의 과학기술적 진보[312]는 아주 상이한 결과, 즉 자본주의 사회에서의 실업 및 착취의 증대, 사회주의 사회에서의 전면적인 발전에 이를 수 있다. 그러므로 조건, 원인 및 결과의 상호연관에 대한 이해는 현상들, 무엇보다도 사회적인 현상들에 대한 올바른 평가를 위해, 특히 단 하나가 아니라 엄청나게 많은 원인들이 우리 주변 현상들의 배후에 존재한다는 사실을 감안할 때 극히 중요하다.

관념론자와 유물론자, 형이상학자와 변증법론자는 인과관계에 대해 대립적인 견해를 갖고 있다. 형이상학자들은 어떠한 현상도 그것의 특수한 원인을 갖고 있으며, 반대로 모든 원인은 일정한 결과를 낳는다고 간주한다. 기계론적 결정론으로 알려진 이와 같은 관점은 형이상학적 유물론의 특징이다. 불가지론자와 주관적 관념론자는 이와 대립되는 견해를 갖고 있다. 그들은 다음과 같이 주장한다. 어떤 씨앗이 자라 식물이 될 수 있을지 아니면 불리한 조건들 때문에 씨앗이 죽을 것인지에 대해 결코 확실하게 말할 수 없다. 첨예한 계급투쟁은 몇몇 경우에는 무력충돌에 이르지만 다른 경우에는 평화적인 형태를 띤다. 이어 그들은, 현대과학은 흔히 엄청나게 상호 연관되고, 상호 영향을 미치는 과정들과 현상들을 가진 복잡한 체계들을 다루기 때문에, 확신을 가지고 그것들 중 어느 것이 새로운 현상을 초래할 수 있는지 말할 수 없다고 주장한다. 따라서 이러한 견해를 견지하는 사람들은, 자동적으로 발생하며 어떠한 다른 현상들과 과정들에 의해 필연적으로 야기되거나 산출되지 않는, 원인 없은 현상들의 존재한다고 주장하는 경향이 있다. 이것은 비결정론으로 불린다.

기계론적 결정론은 극히 협애하다. 실제로 원인과 결과 사이에는 엄격하게 제일적인 연관들은 결코 존재하지 않는다. 변증법적 유물론은 원인과 결과가 발전의 과정에서 자리를 바꾼다는 것을 입증한다. 어떠한 현상도 매우 다양한 원인에 의해 초래될 수 있고, 동일한 원인도 다양한 결과를 낳을 수 있다. 그러므로 그것은 변증법적 결정론이라 불리는 견해를 지지하는데, 이것은 인과적 연관 및 관계들의 복잡성, 끊임없는 변화와 발전을 용인한다.

비결정론의 대변자는 더 큰 잘못에 빠져 있다. 현대과학, 특히 양자물리학이 보여주듯, 소립자와 원자-내적 현상들의 세계에서의 인과적 상호작용들은 이주 명백하고, 일의적인 성격이 아니라 애매모호한 성격을 갖고 있다. 어떠한 고립적인 원인의 결과를 확실하게 예견하는 것은 어렵다. 그러한 현상들을 기술할 때 과학자들은 개연성 이론을 채택하는데, 그것은 그들이 이러한 불확정성의 정도를 평가하는 데 도움을 준다. 하지만 이것은 인과성이 원자물리학의 세계에서는 개연성 혹은 통계학적 성격을 지닌다는 것을 의미하는 것이지, 거기에 아무런 인과적 연관이 존재하지 않는다는 것은 결코 아니다. 그렇게 된다면, 과학자들이 새로운 현상들을 예견하고, 원자적 및 다른 에너지 과정들을 통제하는 것은 말할 것도 없고 심지어 새로운 미립자를 발견하는 것도 일반적으로 불가능할 것이다.

뒤에서 의식의 기원, 사회의 발전, 사회혁명의 원인들 그리고 사회주의 건설의 패턴들을 검토할 때, 우리는 '원인'과 '결과'라는 범주의 역할이 얼마나 커다란 것인지 계속해서 알게 될 것이다.

● 물질의 일반적 성질로서의 반영

117 'IT 시대'에서의 철학의 근본문제

학문적인 목적으로, 인공감지기와 인공 지능계를 장치한 인공 전자쥐들을 그 속에 넣고 작동시킨, 작고 매우 복잡한 미로가 설치되었다. 이 장치는 어떤 문제들을 결정하고 오류들을 정정할 수 있었다. 전자쥐들의 임무는 미로를 빠져나오는 길을 발견하는 것이었다. 시간이 가장 적게 걸리고 실수를 가장 적게 한 쥐가 승자로 간주되었다. 놀랍게도 승자는 가장 원시적이고 단순한 '쥐'로 판명되었다.

그와 같은 실험들을 통해 다음의 질문에 대해 생각하게 된다. 의식과 사고란 무엇인가? 전자기계는 그것들을 갖고 있는가? 전자기계가 인간 이성과 지성을 대체할 수 있는가?

이 모든 문제는 최근 수십 년 동안 과학 및 철학 문헌에서 격렬한 논쟁의 대상이었다. 그리고 그 논쟁은 지금도 이어지고 있다. 오늘날 많은 지적 업무가 컴퓨터에 의해 실제로 수행되는데, 컴퓨터는 그 세대를 거듭함에 따라 더욱 신속해지고 더욱 소형화되고 있다. 다양한 관념론 학파의 대변인들과 과학자들은 이로부터 의식과 사고는 인간으로부터 독립적으로 존재할 수 있다는 결론을 내린다. 그들 중 몇몇은 심지어 신이나 절대이성이 세계의 창조에 선행했던 보편적인 기계 프로그램 외에 다름 아니고, 우주와 태양계 및 인간 그 자체도 단지 이러한 프로그램을 실현하는 구조물이자 고안물이라고 설교한다.

초강력 컴퓨터의 개발과 연관된 거대한 사회변동 및 과학기술혁명의 시대에, 의식과 존재의 상호관계라는 오래된 철학적 문제는 따라서 새로운 고리, 새로운 사회적 의미, 그리고 특별한 철학적 및 방법론적 중요성을 획득하고 있다. 연구의 몇 가지 조류와 사회적 문제들을 이해하는 것은 이러한 문제의 해결에 달려 있다. 이 모든 문제에 대해 변증법적 유물론은 어떠한 입장을 취하며, 이러한 질문들에 대해 어떠한 대답을 제시하는가?

118 반영이란 무엇인가

반영이라는 사전적 의미는 "현실의 반영", "시대상의 반영" 등으로 이해된다. 18세기의 철학자들은 의식이 물질(대상) 없이 존재할 수 있는가, 만약 물질 없이 존재한다면 그것은 어디에서 유래하는가 하는 것에 관해 격렬하게 논쟁을 벌였다. 프랑스의 유물론자인 디드로(Denis Diderot, 1713~1784)는, 외부 물질세계가 우리의 감각들의 복합체이며 단지 우리의 상상 속에만 있는 것[009]일 뿐이라는 아일랜드의 추기경 버클리(George Berkeley, 1685~1753)의 주장을 논박하면서, 주관적 관념론자들을 '감각의 하프시코드'에 비유하였다. 하프시코드(인간)는 피아니스트(자연)가 그 키(감각기관)들을 두드릴 때 소리를 내며, 조화로운 음악(감각과 사고)을 만들어 낸다. 감각의 하프시코드(즉, 주관적 관념론자들)는 모든 소리와 음악이 저절로 이루어지는 것으로 생각했다. 물질이 생명 없는 것이라면 의식은 어디에서 유래하는가라는 주관적 관념론자들의 질문에 대답하면서, 디드로는 물질의 바로 그 기저에 본질적으로 감각과 유사한 특별한 성질이 존재한다는 가설을 세웠다. 감각능력, 그리고 나아가 사고능력은 그것으로부터 유래한다. 자신의 가설을 옹호하기 위해 그는 달걀과 닭의 예를 제시하였다. 달걀은 세계를 감각하고 지각할 능력을 갖지 못한 데 비해, 닭은 그러한 능력을 갖고 있다. 따라서 그는 감각능력이 생명 없는 물질로부터 유래한다고 주장하였다. 오늘날에 비해 18세기의 과학은 생명과 의식의 기원에 관한 정보를 거의 갖지 못했기 때문에, 디드로는 의식과 물질의 연관에 관한 하나의 완성되고 실증된 철학적 이론을 제시할 수 없었다.

그러한 이론은 디드로에 이어 레닌에 의해 창조되고 발전되었다. 그것은 반영이론이라고 불리게 된다.

반영이란 물질의 보편적인, 근본적인, 양도할 수 없는 객관적 성질이며, 물질의 다른 성질들(운동, 시간, 공간)과 마찬가지로 객관적이다. 더구나 반영은 시공간에서의 물질적 현상들의 운동 없이는 불가능하다. 이러한 반영이란 무엇인가? **반영이란 모든 물질적 대상(반영의 주체)의, 그것과 상호작용하는 다른 물질적 대상들의 영향에 대해 특정한 방식으로 반응하는 특별한 성질이다.** 물질세계의 오랜 진화와, 물질의 운동형태가 더욱 복잡해지는 동안, 이 성질은 궁극적으로 인간의 의식과 사고의 기원이 되었던 것이다. **의식은 반영의 최고 형태이다.**

세계의 물질적 본성과 그 변증법적 발전에 관한 이론은 반영이론과 밀접하고 뗄 수 없이 연관되어 있다. 관념론자들, 그리고 마찬가지로 형이상학자들은 이러한 연관을 이해할 수 없으며, 따라서 의식의 기원이라는 문제에 대해 현대과학에 상응하는 올바른 대답을 제시할 수 없다.

119 무생물계에서의 반영

반영의 가장 단순한 형태는 물질의 기계적, 화학적, 물리적 및 기타 운동형태들로 포괄되는 무생물계에서의 반영형태이다. 이러한 반영형태의 특징이 무엇인가를 이해하기 위하여 네 가지 예를 살펴보자.

(1) 큐대로 당구공을 친다. 공은 일정한 방향으로, 그리고 타격의 힘에 비례한 거리만큼 구른다.

(2) 두 개의 소립자, 즉 음전기를 띤 전자와 양전기를 띤 양전자가 일정한 조건하에서 충동하고 대소멸(對消滅), 즉 두 개의 빛의 광자나 양자로 변형된다.

(3) 부식방지가 되지 않은 철 조각에 물이 떨어지면, 그 조각은 산화라는 화학반응의 결과로 녹슬 것이다.

(4) 가장 단단한 바위로 이루어진 절벽일지라도 개개의 모래 알맹이와 자갈들을 운반하는 바람, 물, 태양의 작용에 의해 점차 부서지고 무너지며 풍화되고 작은 파편들로 바뀌며 결국에는 모래가 된다.

이 네 가지 예에서 물질운동의 다양한(기계적, 물리적, 화학적, 그리고 이 세 가지의 일종의 조합인 소위 지질학적) 형태들을 접하게 된다. 첫 번째의 경우에는 공간에서의 공의 위치변화만이 있다. 따라서 반영의 주체(공) 자체는 변화하지 않는다. 다른 세 가지 예에서 외부 작용의 주체(입자들 중의 하나, 철 조각, 절벽)는 객관적 요인들의 영향에 대해 일정한 방식으로 반응할 뿐만 아니라, 그 요인들의 영향에 의해 파괴되어 다른 어떤 것(광자, 녹, 부서진 바위)으로 전화된다. 모든 경우에 반영의 주체는 외부 영향에 일정한 방식으로 반응한다. 그 네 경우들에 일어난 변화들은 외부 영향의 성격에 상응한다. 철 조각이 큐대에 맞았다면 녹으로 뒤덮이지 않았을 것이고, 상아공이 물에 부딪혔다면 그 위치를 바꾸지는 않았을 것이다. 반영의 주체가 외부 영향에 어떻게 반응하는가 하는 것은 대상의 성격에 달려 있을 뿐만 아니라 주체의 성질들, 즉 그것의 기계적·물리적·화학적 특징들에 달려 있다. 다양한 과학의 입장에서 볼 때, 우리의 이 예들은 물질의 몇 가지 운동형태들을 보여주는 것이다. 철학의 입장에서 볼 때, 이 예들은 다음과 같은 하나의 특징, 즉 주체는 객체의 영향에 대해 일정한 방식으로 반응한다는 것, 다시 말하면 반영 과정에 참가한다는 것, 따라서 위치를 바꾸거나(첫 번째 예) 다른 어떤 것으로 전화되면서 깊은 질적 변화들을 겪는다(소립자들이 빛의 양자들로, 철이 녹으로, 절벽이 자갈과 모래로)는 것으로 통일된다. 반영과정에서의 주체의 파괴나 질적[411] 변형은 무생물계에서의 반영의 독특한 특징이다.

120 생물계로의 이행과정에서의 반영의 복잡화

생명은 약 30억 년 전에 지구상에 출현했다. 이와 관련해 기적적인 것이란 없었다. 더운 바다에, 그리고 수증기로 적셔진 지구의 대기에는 풍부한 탄소, 수소, 질소, 산소, 그리고 다른 원소들이 있었다. 복잡한 물리-화학적 반응의 결과, 그것들로부터 유기 화합물들이 출현했다. 홀데인(John Haldane, 1860~1936), 바흐(Alexei Bach, 1857~1946), 젤린스키(Nikolai Zelinsky, 1861~1953), 오파린(Alexander Oparin, 1894~1980), 유리(Harold Urey, 1893~1981), 그리고 다른 과학자들의 작업을 통해 현대과학은 실험실에서 이러한 화합물들을 얻는 방법을 개발해 왔다. 수십억 년 동안 지구는 일종의 거대한 실험실이었고, 태양에너지의 작용, 화산의 에너지, 대기의 전하(電荷)와 다른 자연적 요인들의 영향 아래에서 많은 다양한 화합물들이 '시행착오'를 통해 형성되었다. 그것들 가운데 초복합 분자들이 있었다. 그것들 중에서 어떤 것들은 급속히 파괴되었고, 다른 것들은 오랫동안 잔존했다.

이러한 분자들, 무엇보다도 모든 생명 있는 유기체의 한 부분을 형성하는 단백질은 우리에게 매우 중요한 성질을 띠었다. 외부 대상들의 충격하에서도 그것들은 부서지거나 질적으로 다른 조직으로 변화되지 않고, 보존되고 계속 존재했다. 단지 그 개별 구조들의 일부만이 변화되었다. 이는 변화가 복합 분자나, 이러한 분자들로 이루어진 물체의 원소들이나 그 부분들 상호 간의 내적 구성에서 일어났다는 것을 의미한다. 즉 원소들과 입자들 간의 에너지 결합은 변화되었지만, 체계 자체(작용의 주체)는 그 구성 부분과 원소들로 부서지지 않았다. 그러한 변화를 일으키는 요인이 작용하기를 멈추면, 주체는 그 원래의 자리로 되돌아간다.

따라서 비유기적 세계와 무생물계로부터 유기적 세계와 생물계로의 이행기를 반영의 발전에서의 특수한 단계로 특징지을 수 있다. 복합유기체의 수준에서 반영은, 그 내부 구조들의 일부에서의 역전 가능한 변화에 의해 주체가 객체들의 작용에 반응하는 것으로 나타난다. 작용이 그치면 이러한 구조들은 그 원래의 상태로 되돌아가고, 따라서 반영의 주체는 존재하고 발전할 수 있게 된다.

121 생명의 진화와 신경계의 기원

반영의 더 한층의 발전은 생명의 진화와 관련되었다. 생명은 물질의 존재 및 운동의 특수한 형태이다. 그것의 기본적인 물질적 매개자는 생명 있는 유기체의 재생산과 형질의 유전에 대한 통제를 보장하는 단백질과 핵산이다. 생명 있는 유기체를 구별 짓는 특징들은 물질대사, 성장,

자극 반응, 증식 능력, 자기재생산, 자기조절, 환경에의 적응이다. 가장 단순한 생명 있는 유기체는 단세포이다. 생명의 더 한 층의 완성은 생물학적 진화로 알려진 길고 복잡하며 모순적인 발전의 과정을 통해 이루어진다.

진화가 이루어지는 동안 생명 있는 유기체는 더욱 복잡해지고 완전하게 된다. 환경과 모든 생명의 조건들이 점점 변화되었기 때문에, 오로지 이러한 변화에 가장 잘 적응한 형태의 유기체만이 생존했다. 환경에 대한 적응은 두 가지 과정, 즉 세대에 걸쳐 전달되는 유기체의 성질들과 특징들의 보존(유전), 그리고 변화 가능성(변이)에 근거하고 있다. 유기체의 개별 특성들은 다양한 원인들의 충격하에서 갑자기 돌발적인 방식으로 변화될 수도 있다. 이러한 변화는 전체로서의 종(種)의 관점에서 볼 때 하나의 우연적인 것일 수 있다. 만약 어떤 뜻밖의 변화가 유용하다고 판명되면(외부 환경에 대한 더 나은 적응 및 유전을 통한 전달 능력), 이 유기체의 자손은 다른 종의 식물 및 동물과의 생존경쟁에서 더 쉽게 생존했다. 그리하여 우연은 필연으로 성장 전화했다[107].

생명 있는 유기체들은 외부 환경의 작용에 종속될 뿐 아니라, 그들 또한 그것에 영향을 미친다. 그들의 생명활동 동안에 그들은 환경에 적응하면서 일정한 작용을 미치고 특정 기능을 수행한다. 이것은 반영이론의 관점에서 볼 때 특히 중요한데, 왜냐하면 반영은 동물들 사이에서 내부 구조들의 역전 가능한 변화들뿐 아니라 그 생명 기능들과도 관련되어 있기 때문이다.

유기체들이 더욱 복잡해지고 생존을 위한 투쟁에서 더욱 완전하게 되었을 때, 단세포 유기체에서 다세포 유기체로의 이행이 이루어졌다. 다세포 유기체의 세포군과 개별 기관들은 구분된 기능들을 수행하기 위해 특화되었다. 어떤 것들은 이동 기능을 수행하고 다른 것들은 급식 및 영양 기능을, 또 다른 것들은 재생산 기능 등을 수행한다. **시간이 흐름에 따라 반영 기능을 수행하기 위해 특화된 신경세포라고 불리는 특수한 세포군이 출현한다.** 생명 있는 유기체에서 반영은 자극반응(irritability)이라는 성질, 즉 유기체가 환경의 영향에 대해 반응하면서, 일정한 기간 동안에 그 영향에 더 잘 적응하고 생존하며 자신을 보존하는 그러한 방식으로 자신을 변용시키는 능력으로서 발현된다. 물질적인 생체 전기적 과정들은 자극반응의 기초를 이룬다.

진화의 다음 단계에서 복잡하게 갈라진 신경계는 더욱 발전된 동물들(곤충류, 어류, 양서류, 포유류)에서 출현했다. 새로운 특화와 '의무 분화'로 인해 어떤 신경세포는 환경의 빛 작용만을 지각하기 시작하고, 다른 것은 소리 작용만을, 또 다른 것은 기계적 작용 등만을 지각하기 시작했다. 어떤 특수한 세포군은 다른 것들 간의 연결을 중개했고, 특수한 기능들, 즉 신경자극을 다른 기관들에 전달하는 것, 이전의 작용들에 대한 정보를 저장(기억)하는 것, 환경으로부터 획득된 신호들을 처리하고 변경시키는 것 등을 수행했다. 고등동물에서 환경의 반영 및 환경과의 상호작용을 통제하는 특수한 기관은 이러한 특수한 신경세포들로부터 출현했다. 이 기관이 두뇌이다.

신경계, 특히 두뇌의 기원과 동시에, 반영은 새롭고 보다 높은 수준에 도달했다. 외부 세계의 객관적 작용에 대한 반작용으로서 역전 가능한 구조적 변화들은 유기체를 보호하고 유지하는 것뿐만 아니라 유기체가 서식지에 더 잘 적응하고 그것과 상호작용하는 것에 적합한 기능적 변화들에 의해 보충되었다.

122 실재의 능동적 반영과 수동적 반영

신경계와 두뇌의 기원은 고등동물이 사고와 이성을 소유하고 의식적으로 행동할 수 있다는 것을 의미하는가? 현대 러시아 동물학자는 자신의 저서에서, 크고 붉은 아마존 노예주개미가 어떻게 작고 검은 보통 개미들을 잡아서 자신의 언덕으로 이주시키고 그것들을 '노예'로 전화시키는가를 밝히고 있다. 그러나 '노예들' 또한 자신의 행동에서 어떤 독특한 행위를 보여준다.

"어느 날 아침 나는 아마존 개미언덕으로 가서 관찰을 했다. 두 마리의 검은 '노예들'이 어떤 아마존 개미를 그 집의 입구로부터 다리를 써서 끌어당기고 있었고, 아마존 개미는 저항하고 있었다. 그러나 그것들은 놓아주지 않았고, 아마존 개미의 저항은 수동적이었다. 그것들은 3.5cm 남짓 집의 입구로부터 끌어내고서야 멈추었다. 그러자 아마존 개미는 재빨리 돌아가려고 했다. 그러나 '노예들'은 그것을 잡아 다리를 붙잡고는 다시 입구에서 더 멀리 끌어내었다. 그러고는 멈추었다. 이번에는 아마존 개미가 스스로 그 필요성에 체념하는 것처럼 보였다. 그것은 잠시 그 자리에 앉아 있다가 단장을 하고는 정글 속 어딘가로 (내 판단에 의하면) 식량이나 노예 수색을 위해 사냥하러 나갔다. 나는 검은 개미의 이 모든 이상한 활동을 달리는 설명할 수 없었기 때문에(그리고 그것들은 여러 번 그 일을 반복했기 때문에), 마치 '노예들'이 '주인'으로 하여금 일하러 가도록—부랑자가 되지 않고 식량을 구하기 위해 근처 언덕들을 수색하러 가도록—끌어내는 것처럼 보였다.[14]

얼핏 보기에 이러한 묘사는 개미나 다른 곤충들이 이성을 갖고 의식적인 행동을 한다고 생각하는 데 근거를 제공하는 것처럼 보인다. 그러나 사실은 그렇지 않다.

가장 단순한 단세포 유기체에서 실재의 반영은 극히 원시적인 형태로

---

14) Akimushkin, *Prichudy prirody*(*Whims of Nature*), Moscow, 1981, p.35.

존재한다. 단세포 유기체인 아메바를 담은 병의 일부에 산(酸)의 농도가 증가하면, 아메바는 산의 농도가 더 낮은 곳으로 이동할 것이다. 아메바가 우연히 먹이와 마주치면, 신체의 일부로 그것을 빨아들인다. 아메바는 특정한 운동방향을 선택하지 않으며 특정한 목적을 설정하지도 않는다. 자극반응의 토대 위에서는 단지 실재의 수동적 적응만이 가능하다 [121]. **수동적 적응**이란 동물유기체가 환경에서 이용 가능한 그 존재조건들로부터 단지 더욱 좋은 조건들만을 선택하고, 그것들을 창조하지 않는 것은 물론이고 찾아 나서기조차 하지 않는다는 것을 의미한다. 식물을 포함한 다세포 유기체 또한 자극 반응을 갖고 있다. 창문에 놓인 제라늄은 그 생명활동에 필요한 햇빛을 더 많이 받기 위해, 줄기의 햇빛을 받는 쪽에서 그늘진 쪽으로의 호르몬의 움직임을 통해, 그 잎사귀를 돌린다. 이것 역시 선택적이지만 여전히 수동적인 적응의 형태인데, 왜냐하면 제라늄이 빛을 찾아 움직이지 않으며, 더구나 빛이 부족할 때 필요한 빛을 창조하지도 못하기 때문이다.

신경계가 더욱 복잡해지고 발전하여 두뇌가 출현했을 때, 수동적 적응에서 **능동적 적응**으로의 점차적인 이행이 이루어졌다. 고등동물(조류와 특히 포유류)에서 능동적 적응은 서식을 위해 더 좋은 조건들의 추구와 연관되어 있으며, 매우 복합적인 행동 형태들의 발전으로 귀결된다. 훨씬 더 복합적인 행동 형태들이 가장 고도의 포유류 가운데서 발견된다. 예를 들어 늑대는 자신의 영역을 표시하고 다른 늑대들이 그 안에서 사냥하지 못하게 한다. 어떤 연구자는 배고픈 암늑대가 '호기심 많은' 야생 거위들의 주의를 끌어 그것들을 물에서 어느 정도 떨어진 둑 위로 유인하기 위해 둑 위에서 '아마추어 독주회'를 개최하는 모습을 관찰했다. 풀밭에서 뛰고 이쪽저쪽으로 구르고 춤추고 하여 암늑대는 거위들을 물에서 더욱더 멀리 끌어내었고, 그것들과의 거리가 좁혀졌을 때에야 사냥감을 덮쳤던 것이다. 우리가 알기에 개미와 벌은 매우 복잡한 건축물을 세운다. 비버는 물속으로 통하는 수중입구와 지붕이 있는 굴을 지을 뿐 아니라 진짜 댐을 세운다. 특별히 자른 막대기들은 강이나 내의 바닥에 빠뜨린 후에, 가지들로 그것들을 짜고 돌로 채워서 진흙으로 댐을 뒤바른다. 더구나 물을 유출하기 위한 통로까지 만들어 두고는, 연못의 수위에 따라 그것을 조절한다. 이 모든 것은 소위 동물의 합리적·의식적 행동에 대해 말할 수 있는 근거들을 제공한다. 사실상 그것은 고도로 발전된 반영형태에 기초한 고등동물의 환경에 대한 능동적 적응의 문제일 뿐이다. 능동적 적응은, 고등동물이 자신의 서식을 위해 환경의 요소들을 적극적으로 이용하는 것, 더 좋은 조건들을 추구하고, 비록 제한된 규모일지라도 환경을 자신의 생명활동에 적응시키는 것이다.

"본능의 포로"

그러나 그들은 활동의 계획을 갖고 있지 않으며, 외부 실재를 근본적인 방식으로 변형시키지도 못한다. 수많은 동물행동의 복잡한 형태들은 선천적이고, 수백만 년 동안의 진화에 걸쳐 발전되었으며, 유전으로 전달되었다. 이러한 행동의 선천적인 형태들은 본능이라고 불리며, 매우 복잡할 수 있다. 그러나 생활조건에 심각한 변화가 일어나면 동물은 자신의 본능의 '포로'라는 것이 판명되고, 새로운 조건들에 적응함으로써 본능을 변화시킬 수가 없다. 더구나 그들은 조건들을 결정적으로 변화시켜 자신의 필요에 적응시킬 수도 없다. 그것을 설명하기 위해 고도로 유기적인 곤충들의 생활로부터 다른 예를 인용해 보겠다. 줄지어 다니는 솔나방 모충들이 먹이를 찾아 조밀한 대열을 이루어 행진한다. 각 모충은 바로 앞의 모충을 머리로 건드리면서 뒤따른다. 모충들은 뒤따르는 모충들에게 안내선으로 쓰이는 얇은 실을 분비한다. 우두머리 모충은 굶주린 무리들을 소나무의 꼭대기에 있는 새로운 '목초지'로 인도한다.

저명한 프랑스의 곤충학자 파브르(Jan Faber, 1823~1915)는 우두머리 모충의 머리를 대열의 맨 뒤에 있는 모충의 '꼬리'에 갖다 붙였다. 그러자 그것은 안내선을 붙들고는 재빨리 '장군'에서 '졸병'으로 변신하여 자신이 붙잡은 모충을 좇아 뒤따랐다. 대열의 머리와 꼬리는 닫혔고, 모충들은 큰 항아리의 가장자리를 여행하면서 같은 장소에서 끝없는 원을 그리기 시작했다. 본능은 그것들이 이 어리석은 상황을 빠져나오는 데 무익한 것으로 판명되었다. 먹이가 바로 근처에 있었지만, 모충들은 그것에 전혀 주의를 기울이지 않았다.

한 시간, 또 한 시간이 지나고 며칠이 가도 모충들은 계속 돌고 또 돌면서, 문자 그대로 황홀경에 빠진 듯했다. 그것들은 일주일이나 돌았다! 그 다음에야 대열이 분리되기 시작했는데, 왜냐하면 모충들이 너무 쇠약해져서 더 이상 움직일 수 없었기 때문이었다. 그래서 이 절의 서두에 제기된 문제에 대해서는 오직 부정적인 대답만을 할 수 있을 뿐이다.

123 심리적인 것과 물질적인 것, 관념적인 것과 물질적인 것

신경계와 두뇌는 물질적이다. 다양한 물리적·화학적 작용들, 즉 물질대사, 생체전기 자극의 전달 등이 거기에서 발생한다. 두뇌와 외부 물질세계의 상호작용의 결과는 심리(정신)라고 불리며, 심리의 기능은 정신적 또는 심리적 활동으로 일컬어진다. 정신은 다음의 것들을 표현한다. (1) 객관적인 물질세계에서 일어나는 과정들과 사물들에 대한 시각적, 광학적, 청각적, 촉각적 및 후각적 심상(image)들, (2)합목적적인 행동을 하는 고등동물들에게만 고유한, 목적들을 선택하고 성취하는 능력(인간의 경우 의지와 의지적인 행위는 이 능력으로부터 발전되었다), (3)동물들이 환경의 작용에 직접적으로 반응할 때 의존하는 감정, 경험, 느낌들(예를 들면 노여움, 즐거움, 두려움, 애착 등), (4)행동을 통제하고 환경에 적응할 수 있게 하는 정보, 무엇보다도 우선 규칙, 규범, 기준들을 저장하고 처리하는 능력(인간의 경우 인식과 사고는 이 능력으로부터 유래한다).

정신은 두뇌 활동의 산물이므로 외부 실재의 단순한 수동적 반영으로 축소될 수 없으며, 거울에 비친 듯이 정확한 심상도 아니라는 점을 이해하는 것은 매우 중요하다. 정신은 우리의 행동규칙들을 작동시킬 수 있게 하는 정보를 수용하고 변형하는 능력과, 정신적 심상들과 반응들을 능동적으로 결합하고 재조직하는 능력을 지니고 있다. 이러한 능력들은 오랜 진화를 거쳐 인간의 출현과 동시에 창조적인 직업과 활동을 위한 특유한 인간적 능력으로 전화되었다. 그러나 그 능력의 맹아는 고등동물들의 심리적 활동에서도 볼 수 있다. 인간의식의 출현에도 불구하고 그것과 함께 의식을 포함하지 않고 의식의 통제에 종속되지 않는 다양한 수준과 형태의 정신활동과 무의식적인 정신활동의 영역이 잔존한다. 정신의 기원과 기능, 정신활동에서의 의식과 무의식의 관계는 특수한 과학, 즉 심리학이 연구한다.

'의식'과 '사고'라는 개념은 일반적으로 동의어로 간주된다. 그것은 엥겔스가 철학의 근본문제를 정식화할 때 사용했던 방식이다[007]. 그러나 그것들 사이에는 일정한 차이가 있다. 사고(생각하는 것)는 대체로 외부 실재에 관한 지식을 만들어 내는 과정, 즉 개념들, 판단들, 결론들을 창조하는 과정을 의미한다. 그 과정의 첫 단계는 감각과 감각지각의 형성이다[101, 505, 507]. 반면에 의식은 이 과정의 결과를 의미하며, 그리고 외부 세계를 이해하고 변화시키기 위하여 이미 획득된 외부 세계에 대한 개념들, 판단들, 결론들을 적용하고 사용하는 활동을 의미한다.

따라서 사고와 의식은 최고 수준의 정신이자 정신적 활동이다. 그것들은 오직 인간에게만 고유한 것이다. 동물은 단지 맹아들, 가장 단순한 요소들, 또는 오랜 기간에 걸쳐 발전된 인간의 본능적 사고와 의식의 출발점이 된 능력들만을 가지고 있을 뿐이다.

사고와 의식을 포함하는 정신은 관념적이다. 사고와 의식이 물질적인 두뇌와 물질적 외부 세계의 물질적인 상호작용의 결과로서 발생할지라도, 그것들은 모든 물질적 현상에 고유한 성질들과 특징들(공간상의 확장, 기하학적 모양, 부피, 정지 질량, 운동)을 가지고 있지 않다. 정신적 현상들은 어떠한 물리적 또는 화학적 성격들도 가지고 있지 않다. 그것들은 전하를 띤 원자들, 분자들, 소립자들, 쿼크, 물리적 장들 등을 포함하고 있지 않다. 요컨대 그것들은 오늘날 물질의 '조각들'로서 간주될 수 있는 것이 아니다. 정신적 현상들은 물리적, 화학적, 생물학적 운동의 법칙들에 의해 지배되지 않는다. 물질적 현상들은 어떤 동물의, 심리나 다른 변화들과는 무관하게 항구적이고 끊임없는 운동 상태에 있다. 반대로 정신에서의 변화는 물질적인 두뇌와 외부의 물질적인 대상들에서의 변화에 의존한다.

정신은 물질적인 물리적 세계에 대하여 2차적인데, 왜냐하면 후자가 전자에 의존하지 않고 또 1차적이기 때문이다. 정신은 모든 물질에 고유한 반영이라는 성질의 발전의 결과물이다. 그러나 그것은 모든 물질에 의해서가 아니라 가장 복잡한 형태의 생명 있는 물질인 두뇌에 의해서만 발전된다. 이와 같은 레닌의 반영이론의 결론으로부터, 모든 물질은 생명을 갖고 있으며 심리적 성징들을 지니고 있다고 주장하는 물활론(hylozoism : 그리스어로 hyle은 나무 또는 물질을, zoe는 생명을 의미한다.)을 부정할 수 있게 된다.

레닌의 반영이론은 한편으로는 기계적 및 속류 유물론과, 다른 한편으로는 객관적 및 주관적 관념론이 완전히 근거 없다는 것을 드러낸다.

이원론의 입장[008]에 섰던 프랑스의 철학자 데카르트는 인간(이른바 불멸의 신성한 영혼을 지니고 있는)과 '영혼 없는' 동물을 대비시킬 때, 동물이 환경의 작용과 영향에 대해 그의 행위 속에서 기계적으로만 반응하는 단지 복잡한 기계일 뿐이라고 주장했다. 프랑스의 기계론적 유물론자인 라메트리(La Mettrie, 1709~1951)는 이러한 기계론적 이론을 인간의 행동에까지 확장했는데, 그의 견해에 따르면 인간은 거대한 태엽장치와 같은 매우 복잡한 기계에 다름 아니다. 19세기의 속류 유물론자들(포크트 Karl Vogt, 뷔히너 Ludwig Buchner, 몰레스코트 Jacob Moleschott)은 사고와 의식이 물질적이며 심지어 유기체 활동의 실체 있는 물질적 산물이라고까지 주장했다. 담즙이 간에 의해서 분비되는 것과 똑같이 사고는 두뇌에 의해서 분비된다고 주장했다.

20세기의 후반기에 그러한 공공연한 속류 유물론은 더 이상 나타나지 않았다. 그러나 심지어 지금도 기계론적 유물론 및 물리주의적 견해들, 즉 정신활동 특히 사고가 지닌 질적으로 특수한 성격을 부정하는 견해들이 서구 철학자들 가운데 상당히 존재하고 있다. 예를 들어 오스트레

일리아의 철학자 암스트롱(D. M. Armstrong, 1926~2014)은 이성이 두뇌에 다름 아니며, 사고가 두뇌의 물리적 성질들의 묘사로 환원될 수 있다고 공공연하게 주장한다.

기계론적 유물론과 속류 유물론은 현대과학이 발견한 사실들에 의해 완전히 반박된다. 이러한 사실에 의거하여 반영이론은 관념론에 대해서도 반박할 수 없는 논거를 제시한다. 그 이론에 의하면 정신은 그 물질적인 매체 없이는 발전할 수 없고, 역시 두뇌 없이는 정신이 존재할 수도 없다. 이것에 의해 의식과 세계이성이 물질 밖에서 독립하여 영원히 존재한다고 주장하는 객관적 관념론과, 그리고 물질의 존재 자체를 부정하며 사고를 발생시키는 신경활동 없이도 사고가 가능하다는 것을 인정하는 주관적 관념론자들도 반박되는 것이다.

변증법적 유물론은 현대과학이 발견한 사실들에 의거하는 동시에, 정신은 2차적일지라도 그 자신의 법칙들에 따라 발전하고 작동하며, 물리적·화학적·생물학적 현상 및 과정들로 기계적으로 환원될 수 없다고 확증한다.

그리하여 반영의 발전에 대해 고찰하면서 우리는 실재의 반영의 최고 형태로서의 인간의식의 독특한 본성이라는 문제에 도달하게 되었다.

● 인간의식

124 정신활동의 물질적 기관으로서의 두뇌

고래의 두뇌는 자신의 몸체보다 약 500배 정도 가벼우며, 사자의 두뇌는 약 150배가량 가볍고, 인간의 두뇌는 단지 60 내지 65배 정도 가볍다. 이러한 사실은 고등포유동물의 생활에서 다른 기능들에 비해 정신적 활동 혹은 정신적 기능이 갖는 '비율'이 매우 다양하다는 것을 보여준다. 물론 중요한 것은 두뇌의 용량이나 무게가 아니라, 그것이 수행하는 활동이다. 인간의 정신적, 심리적 혹은 영적 활동과 고등포유동물의 그것 사이에는 근본적이고 질적인 차이가 존재한다. 인간은 자연에 존재하지 않는 것을 창조할 수 있고, 수학적 정리(定理)를 입증할 수 있으며, 예술에 몰두할 수도 있고, 기계를 만들 줄 알고, 더욱이 지구의 한계를 훨씬 벗어난 외부 우주로 날아갈 수도 있다. 동물들에는 이러한 능력이 없다. 동시에 그것은 모두 두뇌활동을 통해 이루어진다. 두뇌는 생명 있는 물질의 가장 고도의, 가장 복잡하고 유기적인 형태이다.

조건반사를 발견한 러시아 생리학자 파블로프(Ivan Pavlov, 1849~1936)와 그의 제자들이 밝혀낸 바와 같이, 두뇌의 무조건반사 및 조건반사가 정신활동의 기초를 이룬다. 외부의 대상들이 감각기관의 신경말단에 작용하면, 정밀하게 규정된 생체전기 자극들이 신경체계를 경유하여 두뇌에 전달된다. 그것들은, 받아들여진 자극(신호)이 변화되어 유기체의 응답반응을 일으키는 동안, 다수의 복합적인 물리-화학적 변화를 가져온다. 두뇌는 이 신호를 토대로 상응하는 내부기관 혹은 전위(轉位)기관으로 응답자극을 보내어 가장 적절한 행동을 일으키게 한다. 동물은 먹이를 보면 침을 흘린다. 인간은 아주 뜨거운 물체를 만지게 되면 즉시 손을 뗀다. 이러한 과정은 무조건반사 혹은 본능으로 알려져 있다.

무조건반사를 일으키는 신호들은 유기체의 전체 활동에 극히 중요한 객관 현실의 대상 혹은 과정들이다. 조건반사는 무조건반사로부터 형성된다. 예를 들어, 만약 개에게 먹이를 주기 전에 언제나 종을 울리면, 그 개는 때가 되면 먹이가 없더라도 종소리에 대한 응답으로 침을 흘리게 된다. 본래 그러한 조건반사는 동물들이 환경의 급속히 변화하는 조건에 적응하도록 돕는다. 위의 예에서 종소리는 고기의 '대용품'이며, 극히 중요한 대상의 조건적 신호였다.

조건 및 무조건 반사는 고등동물과 인간의 두뇌의 반구의 피질(cortex)에 의해 만들어진다. 시각, 청각, 촉각 그리고 후각의 자극을 지각하는 두뇌의 부분들은 지금은 상당히 정확하게 알려져 있으며, 여러 기관들(팔, 다리, 혀 등)의 작용을 통제하는 부분들도 마찬가지이다. 실험용 동물이나 사람의 그 부분들이 손상되면(질병 혹은 상처에 의하여), 그에 상응하는 기능들이 심한 장애를 받게 되는데, 이것은 관념적인 정신활동이 그 본성상 물질적 두뇌의 활동의 결과라는 사실을 극명하게 보여준다.

고등동물과 인간의 대뇌의 좌우 반구(半球)는 상이한 기능을 수행한다는 사실이 최근에 입증되었다. 외부 세계에 대한 상징적·감각적 정보(소리, 감각, 냄새, 시각심상 등)는 우반구에서 축적·처리되어 기억의 형태로 저장된다. 일종의 행위 규칙 및 규범들은 좌반구에서 저장된다. 두뇌와 정신활동에 대한 우리의 지식은 이런 식으로 심화되고 있으며, 앞으로도 더욱 심화될 것이다.

125 의식의 토대로서의 노동

그런데 어째서 동물들은 사고의 맹아만을 가지고 있으며, 인간이 대처하고 행할 수 있는 문제를 푼다거나 그런 행위를 수행할 수 없는 것일까? 이에 대한 대답은 다음과 같다. 즉 인간의 사고와 의식은 노동으로 인하여 동물들의 정신활동과 질적으로 다르다는 것이다. 하지만 동물들은 정말로 노동할 수 없는 것일까?

흰머리독수리는 부리로 둥근 자갈을 물고 날아올라, 자신의 부리로 깰 수 없는 큰 타조 알을 향하여 내려오다가 그 목표물의 수 미터 위에서 마치 조그만 폭탄처럼 그 돌을 떨어뜨린다. 알의 껍질은 깨지고, 독수리는 그 맛있는 먹이를 즐긴다. 침팬지는 야생에서나 실험실에서나, 높이 달려 있는 바나나를 쳐서 떨어뜨리기 위해 선뜻 막대기를 집어 든다. 그리고 부지런한 꿀벌과 개미들에 관한 우화들도 있다. 그럼에도 불구하고 역시 동물들은 노동하지 않는다. 그들은 살기 위하여 필요로 하는 자연물질을 흡수하며, 먹이를 획득하고, 자신의 자연적 기관(어금니, 발톱, 주둥이, 부리)을 이용하여 보금자리를 짓고 굴을 판다. 인간 노동의 두드러진 특징은, 인간은 자신과 자연 사이에 도구를 끼워 넣는다는 데 있다. 인간은 도구를 이용하여 자연에서 물질을 흡수할 뿐만 아니라, 그것을 변화시키고, 자신의 욕구를 만족시키는 데 필요한 특수한 형태를 그것에 부여한다. 그는 노동과정 속에서 자연을 인간화시키고, 더구나 자연에 전혀 존재하지 않는 것을 종종 창조하기도 한다. 자연에 대한 동물의 관계는 직접적이다. 동물들 그 자체는 자연의 일부이다. 하지만 인간과 자연 사이에는 생산도구들(용구, 기구, 복잡한 장치들, 그리고 기계들)이 있다. 그러므로 자연에 대한 사람의 관계는 간접적이며 매개적이다. 즉 도구를 통하여 이루어진다. 인간은 이런 식으로 자연으로부터 자신을 분리시키며 스스로를 자연에 대립시킨다. 그런데 위에 언급한 독수리나 침팬지의 예는 이러한 사실에 모순되는 것이 아닐까?

우리의 먼 선조들을 인간으로 전화시킨 진정한 노동과정은 바로 노동을 목적으로 하는 특수한 도구의 제작 및 다듬질과 연관되어 있지, 자연상태에서 손으로 찾아낸 대상들의 이용과 연관된 것은 아니다. 독수리는 자신의 돌멩이를 마련하지는 않는다. 침팬지는 자신의 막대기를 대패질하거나 끌질하지는 않는다. 하지만 우리 인간은 먼 선조들조차도 원시석기를 제작했으며, 한 돌멩이로 다른 돌멩이를 손질할 줄 알았다. 그들은 부싯돌로 된 깎는 기구를 이용하여 막대기의 끝을 날카롭게 했으며, 그것을 단단하게 만들기 위해서 불에 달구었다. 원숭이(anthropoid ape)를 포함한 가장 개화된 어떤 동물들도 이러한 일은 해낼 수 없었다. 바로 이 점이, 동물들이 때때로 야생에서 발견한 대상들을 이용하는 행동이 어째서 인간의 노동과 질적으로, 원칙적으로 다른가에 대한 이유이다.

노동은 주위 대상들을 변화시키고 개조하는 것을 가능하게 해 줄 뿐만 아니라 인간 그 자체의 변화 및 발전을 불러일으키기도 한다. 특정한 조작을 수천 년에 걸쳐 무수히 많이 반복함으로써 사람은 자신들의 여러 기관들을, 그리고 무엇보다도 손을 완성시켰으며, 그럼으로써 인간의 두뇌도 역시 발달되었다. 이것은 손의 행동을 제어하는 두뇌의 동일한 부분이 인간의 말과 언어도 조절하기 때문에 발생했는데, 이 언어야말로 인간의 정신활동의 중추를 이룬다. 두뇌의 발전은 다시 노동기술, 도구의 제작 방법, 집단적 상호작용의 습관, 그리고 주위 환경 등에 대한 정보를 축적하여 다음 세대에서 전수해 주는 것을 가능하게 해 주었다. 노동하는 동안 인간은 다양한 대상들을 개조·변화시키는데, 이는 인간이 동물들로서는 이해하기 어려운 그 대상들의 제반 성질을 인식하고 연구하는 것을 도왔다. 이렇게 하여 노동과정은 정신활동의 최고 형태로서의 사고 및 의식의 발전의 토대가 되었다. 자신을 자연으로부터 분리시킴으로써 인간은 자연과 자신의 대립을 알게 되었을 뿐만 아니라, 의식을 소유한 특수한 생물(creature)로서의 자신을 인식하게 되었고, 그로 말미암아 스스로를 다른 생물과 구별 짓게 되었다.

그러므로 의식의 출현은 실재에 대한 보다 높은 반영 형태로의 이행을 의미한다. 이러한 이행은 인간이 자신을 실재에 수동적으로(능동적인 경우마저도) 적응시키는 것 대신에 자신의 필요에 맞게 실재를 적응시키는 것, 자신의 목표에 따라 실재를 변화시키는 것, 그리고 자연에 존재하지 않는 대상들을 창조하는 것을 배우는 것이다.

126 언어와 사고

의식 발전의 또 다른 강력한 수단은 언어이다. 그것은 사고의 직접적 실재이다. 달리 말하면, 사고(관념)는 언제나 언어로 표현된다. 역으로 **언어는 사고의 표현 형태이다.**

언어는 특수한 신호체계이다. 모든 언어는 고립된 단어들, 즉 상이한 대상 및 과정들을 의미하는 관습적인 음성상징들과, 그 단어들로 문장을 만드는 것을 도와주는 규칙 혹은 문법으로 구성되어 있다. 사고 표현의 수단이 되는 것은 바로 문장이다. 사람들은 의문문을 사용하여, 질문을 하기도 하고 어리둥절한 일이나 모르는 것을 표현하기도 한다. 명령문을 사용해서는 지시사항이나 훈령을 전하기도 한다. 이야기체의 문장 혹은 진술들은 외부 세계를 묘사하는 데에, 그리고 그것에 대한 우리의 지식을 전달하고 표현하는 데 유용하다.

한 언어의 단어 전체가 어휘를 이룬다. 아주 발전된 현대 언어들의 어휘는 수만 개의 단어를 헤아린다. 그것들을 이용하여, 단어를 문장으로 조합하고 결합시키는 규칙에 준거해서, 무한히 많은 의미 있는 어절들을 말하거나 쓸 수 있게 되며, 수백만 권의 책과 논문들이 그것들로 채워진다. 언어 덕분에, 극히 다양한 사고를 표현하고, 사람들의 감정과 경험을 묘사하며, 수학적 정리를 정식화하고, 나아가 과학적이고 기술적인 지식을 형성하는 것이 가능해진다.

비록 사고와 의식은 관념적일지라도, 그것을 표현해 내는 언어는 물질적이다. 말 언어와 글 언어는 인간의 감각기관에 의해 감지될 수 있다. 집단적 노동활동 중에 생겨나고 발전된 언어는 사고발전의 주요 수단이었다. 지식은 언어에 의하여 저장되고 처리되며, 또한 이 사람에게서 저 사람에게로, 한 세대에서 다음 세대로 전달된다. **언어**는 사회 속에서 생겨났다. **그것은 사회적 현상이다.** 그리고 그것은 두 가지의 극히 중요한 기능, 즉 의식을 표현하고 정보를 전달하는 기능을 수행한다. 고등동물들에게도 맹아적인 소리신호가 존재한다. 암탉은 위기감을 나타내거나, 병아리를 부를 때, 혹은 먹이의 유무를 알릴 때 몇몇 소리를 낸다. 돌고래와 같은 고등포유동물에게는 수백 개의 소리부호가 있다. 하지만 이러한 것들은 참된 의미에서의 언어는 아니다. 동물들의 신호는 감각에 기초하고 있다. 파블로프는 그것을 1차적 신호체계라고 불렀다. 그것은 결합상의 규칙을 갖고 있지 못하다. 그래서 그것을 통해 전달되는 정보는 매우 한정되어 있다. 동물의 신호는 고립된 부호들이 존재하는 만큼의 정보의 조각 혹은 단위만을 표현할 수 있는 반면, 인간의 모든 언어는 무한한 양의 다양한 지식을 전달하고 표현할 수 있다.

인간언어는 2차적 신호체계이다. 그것은 노동과정 중에, 그리고 사람의 사회활동 중에 역사적으로 생겨났으며, 외부 세계와 인간 자신을 인식하고 변형시키는 주요 수단이었다. 이 신호체계의 주요한 구별되는 특징은, 인간이 조건적인 신호어(conditional sign-word)들과, 그것들로 구성된 말(utterance)에 의지하여 본능의 한계를 넘을 수 있다는 점, 그리고 양과 다양성의 면에서 무한한 지식을 발전시킬 수 있다는 점에 있다.

원숭이에게 말(oral language)을 가르쳐 보려는 모든 시도는 성공할 수 없었는데, 그 이유는 원숭이의 음성기관이, 사람의 말이 지니는 다양한 분절음을 재생해 낼 능력이 없기 때문이었다. 최근에 몇몇 침팬지에게 가장 간단한 감정들(배고픔, 두려움 등)을 표현하기 위하여 수화(deaf-and dumb language)로부터 몇몇 개별적인 제스처를 사용하는 것을 가르치는 것이 가능하다는 사실이 입증되었다. 이 언어로 원숭이들이 해낼 수 있는 대부분의 표현들은 제스처로 전달되었으며, 그것은 '마실 것을 달라', '저 인형을 치워라' 등을 의미하는 것이었다. 좀 더 복잡한 명제들, 즉 사고의 발전에 필수적인 그러한 추상적 개념을 포함하는 명제들은 그들에게 커다란 곤란을 주었다. 원숭이의 언어활동의 발전에 있어서 극복할 수 없는 장애는 그들의 두뇌가 인간의 언어를 숙달할 만큼 크지 않고, 발전되어 있지 못하다는 점이다. 일정한 과학적 흥미를 끈 이러한 종류의 연구는, 그러나 동시에 고등의 원숭이가 인간의 정신활동의 근저에 놓여 있는 2차적 신호체계를 독립적으로 발전시킬 수 없을 뿐만 아니라 그것을 숙달하는 것도 불가능하다는 것을 보여준다.

사고와 의식 발전의 토대 및 수단인 노동 속에서 발생한 언어활동은 인간과 다른 동물이 구별되는 특징이다.

생산경험의 교환을 위한 상호이해의 필요, 상호 협력적으로 통제를 수행할 필요, 그리고 극히 중요한 정보를 축적하고 전달할 필요 등이 발생한 것은 바로 노동 중에서였다. 그것은, 본래 직접적으로 노동활동 속에 섞여 있던 언어의 점차적인 발전 및 복잡화로 귀결되었다.

노동과 언어는, 실재의 가장 고도한 반영형태로서의 인간의식의 발전을 심화시키는 기본 요인이었다.

127 물질과 의식의 대립의 상대성에 관하여

따라서 의식은 물질과는 달리 영구적이지 않다. 그것은 물질의 발전의 산물이다. 그것은 물질의 특수한 성질, 즉 반영의 가장 고도하고 복잡한 형태이다. 물질은 의식 없이도 존재하며, 진화 및 발전에 있어서 의식에 선행하지만, 의식은 물질 없이는 존재할 수 없다. 의식이 부차적이고 파생적이라고 하는 것은 바로 그런 의미에서이다. 그리고 그 속에 물질과 의식의 대립이 존재한다. 우리를 둘러싼 대상들은 물질적인 데 반하여, 의식(우리의 두뇌 속에서 발생하는)은 관념적이다. 따라서 물질과 의식의 대립은 그러한 것으로 발현된다. 그러나 이 대립은 그 자체로 절대적이지 않고 상대적이다. 그것은, 우리가 어느 것이 1차적인가, 물질인가 의식인가, 의식은 어떻게 물질과 관계되어 있는가, 그리고 그것이 우리를 둘러싼 세계를 알 수 있는가 없는가 하는 데 관심을 가질 때의 철학의 근본문제의 맥락 속에서만 유의미하다.

우리가 우리 주위의 대상들을 반영하고, 조사하며, 연구하고 있다고 가정해 보자. 그것들은 우리 외부에 있으며, 우리의 의식에 의존하지 않고, 또한 우리는 우리의 감각기관을 통하여 그것들로부터 정보를 얻고 있으므로, 우리는 확실히 그것들이 모두 물질, 즉 객관적 실재라고 말할 수 있다[102]. 이 대상들에 대한 상(像), 그것들의 개념, 그리고 우리의 지식을 표현하는 판단과 진술들은 우리의 두뇌 속에 존재하고 우리 의식의 부분을 형성하며, 그런 의미에서 그것들은 주관적이다. 따라서 주관적인 것은 특정 조건에서의 객관적 실재의 반영이다. 또한 그런 의미에서 의식은 객관적 샐재로서의 물질에 대립된다.

한편, 우리가 우리의 관심을 끄는 물질적 대상을 연구하는 동안, 다른 사람이 우리를 관찰하고 조사·연구하며, 우리의 행동과 말, 활동을 주시하고 있다고 가정해 보자. 그 사람과 그의 의식에게는 우리 자신, 그리고 우리의 두뇌와 그 활동이, 우리 주위의 물질세계의 여타 대상들과 마찬가지로 물질적인 것이 된다. 그러므로 그는 우리, 그리고 우리 두뇌의 활동의 산물을 객관적인 실재로, 그의 의식과 그의 정신활동의 외부에 놓여 있는 어떤 것으로 간주할 수 있다. 결론적으로 우리의 사고와 정신은 한편으로는 우리의 관심을 끄는 대상과 관련해서는 우리의 두뇌 속에서의 그것의 반영으로서 기능한다. 다른 한편으로는 우리의 사고와 정신 그 자체가, 다른 관찰자에게는 그 자신의 의식의 외부에 독립적으로 존재하는 객관적 실재로 간주될 수 있다. 역으로 우리가 이 관찰자의 의식과 정신활동에 정확히 똑같은 방식으로 관계할 수 있다는 사실을 덧붙여 보자.

따라서 철학의 근본문제의 맥락 속에서, 의식이 물질로부터 독립적으로 그것에 선행해서, 혹은 그것 없이 존재할 수 있는가라는 질문에 대답할 필요가 있을 때, 우리는 의식이 물질의 장구한 발전의 산물이라는 사실을 아주 명확히 밝히지 않으면 안 된다. 여기서 주관적인 것과 객관적인 것을 명확히 대립시키고 의식이 2차적이고, 파생적임을 드러낼 필요가 있다. 물질의 그러한 측면이 명료해지고 유물론의 진리가 입증되면, 이러한 대립을 과장하는 것은 엄청난 오류가 될 것이다. 그것은 의식,

사고 또는 의지나 감정 등과 같은 정신활동의 다른 발현들에 대한 과학적 연구를 방해할 것이다. 정신은 인간의 물질적 활동, 즉 노동, 다양한 행동, 언어활동 등 속에서 발현되므로, 물질과 정신 혹은 물질적인 것과 정신적인 것의 대립, 그리고 그 둘의 완전한 분리는 의식이나 기타 정신현상에 대한 과학적 연구를 방해할 뿐이다.

128 컴퓨터는 사고할 수 있는가?

이제까지 물질의 객관적 발전의 결과로서 의식이 어떻게 발생했으며, 어떠한 원리와 요인들이 그것의 형성에 영향을 끼치는지를 설명하였다. 이제 우리는 앞 장의 서두[117]에서 제기되었던 문제로 되돌아갈 수 있다.

20세기 중반에 새로운 과학 분야들이 생겨나 급속히 발전하기 시작했다(사이버네틱스, 정보이론, 인공지능이론 등). 그것들의 발전은 고속전자 컴퓨터의 형성과 연관된 것이다. 컴퓨터의 독특한 특징은 그것이 다른 기계들과는 달리, 인간의 육체노동보다는 정신노동을 수월하게 하기 위하여 만들어졌다는 점이다. 최초의 컴퓨터는 속도 면에서 인간을 능가하여 1초 동안에 수천 가지의 수학적, 논리적 조작을 수행할 수 있었다. 현대의 컴퓨터들, 특히 아주 작은 크기의 마이크로컴퓨터들은 이전의 것들을 수천 배 능가하며 1초 동안에 수천만 가지의 조작을 수행한다. 약 25만 개의 기억장소를 갖는, 우표보다도 크지 않은 실리콘 칩(Silicon chip)이 만들어졌다. 그리고 지금은 여러 과학자와 설계자들이 그런 칩으로 수백만 개의 트랜지스터 단말기를 보유하는 초거대 종합회로(integral cicuit)를 만드는 데 착수했으며, 그것들이 만들어지면 어마어마한 분량의 정보를 갖는 극히 복잡한 논리적인 컴퓨터 조작을 눈 깜짝할 사이에 수행해내는 마이크로컴퓨터와 마이크로프로세서를 만들 수 있다는 사실이 입증되었다. 정보이론과 인공지능이론은 복잡한 컴퓨터 프로그램의 개발을 돕고 있는데, 그 프로그램들은 특별한 인공적인 수학언어로 쓰여 있으며, 그리고 문제를 해결할 때 컴퓨터에 의해 수행될 조작들의 세트와 시퀀스(sequence)를 명령하는 수천 가지 규칙의 집합체이다. 현대의 컴퓨터들은 수많은 생산과정과 매우 복잡한 계산들을 완전히 자동으로 해낼 수 있다. 입력된 프로그램으로부터 새로운, 더 나은, 그리고 더 복잡한 프로그램을 작성하고, 프로그래머에 의해 야기된 실수를 교정하며, 자동으로 조작되는 다른 전자장치들을 구성하기까지 하는 자동프로그래밍 컴퓨터도 있다. 수많은 전기 자동조작 장치와 로봇들이 세계 도처에서 움직이고 있으며, 조립공정에 배치된 공장노동자의 일부를 대신하기도 하고, 완전자동 용접이나 기타의 어려운 일들을 해내고 있다. 은행에서의 복잡한 사무를 수행할 수 있는 로봇도 있다. 20세기 말에 이르면 로봇의 숫자는 몇 배가 늘어날 것이며, 훨씬 더 개선될 것이고, 새로운 더 복잡한 프로그램들이 나올 것이다. 그리고 더 작고 빠른 컴퓨터와 제어장치들이 선보일 것이다.

이러한 맥락에서 종종, 컴퓨터가 사고할 수 있는가라는 질문이 던져진다. 그것들이 사고하는 존재로서의 인간을 대체하지는 않을까? 그리고 지구상에서 조만간 인간을 대신할 것인가? 이런 질문들은 비단 철학적인 연관뿐만 아니라 사회-정치적인 연관도 가지고 있다. 비록 인공지능이론 영역에서의 연구와 복잡한 과제들을 처리해 낼 수 있는 전문적 시스템의 창조 및 자동로봇의 건설 등이 상당히 진척되어 있고, 이들 영역에서 놀라운 진보가 있을 것이라고 생각하는 것에 타당한 근거들이 있긴 하지만, 그런 유의 두려움은 적어도 가까운 미래에는 근거가 없다.

우리가 이 문제를 사고와 의식의 본성에 대한 분석의 시각에서 다루어 보면, 그 질문에 대한 대답은 다음과 같다. 인간의 정신활동은 그 고도의 형태, 즉 특정한 규칙에 따라 진행되는 논리적 사고뿐만 아니라, 실재에 대한 다양한 형태의 감성적 반영(행복, 분노, 공포, 만족, 사랑, 우정, 증오, 기아, 포만 등), 그리고 다양한 종류의 무의식적인 정신 과정들도 포함한다. 인간의 창조성은 특별한 의미를 갖고 있다. 그것은 미리 확립된 규칙에 지배받지 않는 현상이다. 반대로, 새로운 규칙이 만들어지고 행위의 질적으로 새로운 이념과 원리가 발전되는 것은 바로 창조과정에서이다. 만약 그렇지 않다면 사람은, 아마 동물과 마찬가지로, 유전에 의해 전수된 생득적 유형의 행위의 동일한 틀(set)만을 반복수행할 것이다. 결국 창조성은, 환경을 질적으로 변화시키고, 완전히 새로운 어떤 것을 창조할 수 있는 능력으로 발현되는, 인간의 정신적 및 심리적 독특성이며, 이것으로 말미암아 인간은 모든 생물들로부터 근본적으로 구별된다. 바로 여기에, 가장 뛰어난 컴퓨터의 가능성과 모든 평범한 인간의 그것을 갈라주는 명확한 선이 존재한다. 컴퓨터는 스스로 생각할 수 없다. 그것은 오직, 프로그램에 내장되어 있는 규칙에 따라, 종합회로나 전자장치들에 의해 작동될 따름이다. 컴퓨터는 작업을 수행하는 속도의 면에서, 기억능력의 면에서(기억장치), 지치지 않는다는 면에서, 그리고 수 년 동안 지속적으로 활동할 수 있는 능력 등의 면에서 인간을 능가한다. 그러나 창조의 과정이란, 규칙에 전적으로 종속된다거나 그것을 통해 지정될 수 있는 것이 아니어서, 프로그램화된다거나 컴퓨터에게 '양도될' 수 없다. 그리고 창조 없이는 과학, 공학, 그리고 예술은 발전될 수 없다. 또한 그것 없이는 참된 사고 역시 불가능하다. 설령 정해진 규칙에 따라 음악을 작곡하는 컴퓨터가 있다 하더라도, 베토벤을 대신할 수 있는 컴퓨터란 없다. 조리에 맞는 문구를 지을 수 있도록 프로그램된 컴퓨터라 할지라도 톨스토이의 『전쟁과 평화』와 같은 작품을 쓸 수는 없다. 일반적으로 컴퓨터는 입력된 프로그램에 의해 제공되지 않은 문제는 풀지 못한다.

"컴퓨터는 사고할 수 있는가?"

15세기 말에 파리에서 일어났던 사건들을 묘사하고 있는 빅토르 위고(Victor Hugo, 1802~1885)의 소설 『파리의 노트르담』에서는 그중의 한 등장인물이 펜으로 쓴 책과 인쇄된 책을 비교하면서, 인쇄기(막 발명되었을 뿐인)로 인하여 사람들이 쓰는 방법을 잊게 되어, 읽고 쓸 줄 아는 능력을 상실하게 될지도 모른다는 우려를 나타낸다. 지금 우리는 이러한 우려와 예상이 실현되지 않았다는 것을 알고 있다. 읽고 쓰는 것을 아는 사람들의 숫자는 전 세계적으로 계속 늘어나고 있으며, 교육의 전반적인 수준이 높아지고 있다. 이는 바로 인쇄술 덕분이다. 이와 유사하게 어떤 사람은 '사고하는 컴퓨터'에 관해 이야기할지도 모른다. 일정한 논리적인 제어작업의 실행을 넘겨받음으로 해서 로봇과 소형컴퓨터들이, 일상적이고 따분하면서도 어려운 일에서 사람을 대신하고 있다. 도서 출판이 글을 읽고 쓸 줄 아는 능력을 전반적으로 제고시켰던 것과 마찬가지로, 컴퓨터의 보급은 인간 사고의 심화된 발전을 촉진시키고 있다. 인간에 의한 인간의 착취와 억압이 없는 사회에서는 그것은 오직 긍정적인 결과만을 낳는다. 사람들의 교육과 문화에서, 그리고 그들의 창조적 능력의 발전에서 도약이 있을 것이다. 그것은 인간의 정신활동의 발전 및 완성의 도상에서, 그리고 압도적 다수 국민의 이해에 맞게 세계를 인식하고 그것을 합리적으로 변화시키는 도상에서, 인류의 또 다른 진보를 도와줄 것이다. 그러므로 우리는 컴퓨터의 발전과 특히 마이크로전자공학의 발전에서, 인간 사고의 경쟁자라는 위험을 볼 것이 아니라, 그것의 더 한층의 발전 및 개선을 위한 토대를 보아야 할 것이다.

129 몇 가지 결론. 철학의 종합기능

철학의 근본문제의 첫 번째 측면에 대한 토론을 마치면서 우리는 다음과 같은 결론들을 끌어낼 수 있다.

이 장에서 검토된 범주들은 방법론적으로 아주 중요하다. 그것들은 우리의 인식활동의 일반적인 방향이 무엇인지를 보여준다. 과학자나 일반대중, 그리고 능동적이고 의식 있는 모든 사람들은 외부세계를 탐구할 때 그것을 우발적인 사건들의 우연한 집합으로서가 아니라, 그것의 고유한 법칙에 따라 객관적으로 존재하고 발전하는, 단일하며 상호 연관된 물질적 과정으로서 다루어야 한다. 전체로서의 세계만이 거대한 물질적 체계인 것이 아니라, 그것의 개별 부분들도 필연적이고 내적인, 안정된 연관을 지니는, 그리고 그 자신의 구조와 요소들을 갖고 있는 특수한 체계이다. 주관적 관념론의 입장을 가지고서는 세계를 알거나 인식할 수 없다. 왜냐하면 그것은 우리 주위 현상의 객관성을 부인하기 때문이다.

또한 객관적 관념론의 견해를 가지고도 우리는 세계에 대한 인식에 접근할 수 없다. 그것은 주위 현상에서 단지 의식의 현현(顯現)만을 볼 뿐이며, 사고와 의식 그 자체가 물질세계의 복잡한 발전의 산물이라는 점을 이해하지 못하고 단지 사고의 양태만을 발견하기 때문이다.

마지막으로, 변화와 발전의 보편성을 부인하는 형이상학적 유물론은 사고와 인식이 어떻게 발생하는가에 대해 대답하지 못하며, 우리의 이성을, 운동과 발전의 객관적 법칙들에 대한 연구(이것이 현대과학의 가장 중요한 과제임에도 불구하고)로 이끌지 못한다. 자연과 사회의 변화, 운동, 그리고 발전의 보편성과 일반성에 주의를 기울이지 못하는 사람은 실제로 사회적, 정치적 문제들에 대한 판단에서도 오류를 범할 것이다. 급속하게 변화하는 현대세계에서 사회 체제 및 구조의 변화를 지배하는 객관적인 법칙에 대한 지식은 성공적인 활동의 필수조건이다.

이 장에서 개관된 변증법적 유물론의 범주들은 그것의 세계관적 및 방법론적 기능 외에도 또 다른 중요한 기능을 수행한다. 아주 다양한 과학적 지식들은 이 범주들에 의하여 단일한 세계상—이것은 전체로서의 물질의 모든 운동형태(가장 단순하고 기계적인 것에서부터 고도의 가장 복잡한 것에 이르기까지)를 연구하는 것을 가능하게 해 준다—으로 종합·통일된다. 무생물과 생물, 반영의 가장 저차적인 형태와 가장 고차적인 형태, 의식, 생명의 발생과정, 사회적 활동으로서의 노동, 그리고 사고의 물질적 전달수단(vehicle)으로서의 언어 등, 이 모든 것은 단일한 상(相)에 '새겨진' 것으로, 단일한 세계관으로 종합되고 통일된 것으로 입증된다.

물리학, 화학, 생물학, 천문학, 역사학, 사이버네틱스 등의 과학은 각각 고유의 특수한 방법들에 입각하여 자신의 문제들을 처리하며, 연구대상들에 대한 특수한 다소 폭넓은 개념 및 관념들을 발전시킨다. 그러나 이들 중 그 어느 것도 다른 과학의 결과들을 단일한 세계상 속으로 통일시키고 종합시키지 못한다. 철학은, 보편적인 세계상과 관련되며 전체로서의 그것에 대한 관념을 제공하는 개별 과학들의 주요한, 기본적인 결론들을 종합할 수 있게 해주는 범주들을 발전시킬 때 다른 과학을 대치하지도 않으며, 자신을 다른 과학으로 치환하지도 않는다. 철학은 그런 방식으로 극히 다양한 현상들을 단일한 세계관으로 종합시키고 통일시켜 낸다. 그것은 우리로 하여금 변화하는 세계 내에서의 그 현상들의 위치와 내적 연관을 이해하도록 해주며, 그것들의 장래의 발전을 정확히 예견할 수 있도록 해 준다. 이리하여 철학은 인식의 종합기능도 수행하는 것이다.

지금까지 우리는 철학의 근본문제의 첫 번째 측면에 대해 철학이 어떻게 답하고 있는지를 설명하였다. 그런데 인간은 사회 속에서 살고 있으며, 따라서 사회발전의 법칙들은 인간에게 최대의 관심사이다. 그 법칙들을 이해하기 위해서는 철학의 근본문제를 사회생활과 관련하여 검토하는 것이 필수적이다. 이는 우리가 존재와 사회적 의식간의 상호연관 및 관계가 무엇인지를 해명해야 한다는 것과, 사람들의 활동과 사회의 역사에서 무엇이 1차적이고 규정적인지를 해명해야 한다는 것을 의미한다. 그 해답은 사적 유물론에 의해서, 즉 역사에 대한 유물론적 이해에 의해서 이미 주어져 있다.

제2부

사회적 존재와 사회적 의식

"노동과정이란 무엇인가?"

● 사회와 역사를 어떻게 이해할 것인가?

201 사회에 대한 관념론적 이해와 유물론적 이해

사적 유물론은 역사적 관념론과 근본적으로 대립하며 결코 양립할 수 없다. 유물론적 사회관과 관념론적 사회관의 근본적 차이를 해명하기 위해 우리에게 이미 친숙한 가상적 인물들, 즉 변증법적 유물론자(DM)와 객관적 관념론자(OI) 및 주관적 관념론자(SI) 사이의 대화를 들어 보자.

OI : 자연과 의식에 관한 유물론적 견해는 과학에 부합하는 것은 맞지만, 그렇다고 해서 그 견해가 사회의 생활과 역사적 발전에도 그대로 적용될 것이라고는 결론지을 수 없습니다.

DM : 바로 그런 생각이 형이상학적 유물론자들의 사고방식이었고 현재에도 모든 관념론자들이 사고하는 방식입니다. 그러나 그들의 입장은 아무런 근거도 갖고 있지 못합니다.

SI : (이 논의에 끼어들며) 물질적 대상들은 서로 유사합니다. 그렇지만 사람들에게 가장 중요한 것은 그들 서로를 구별해 주는 비견할 데 없는 독특한 개성입니다. 따라서 다음과 같은 결론이 나옵니다. (1)인간의 행위에 관한 객관적 법칙이란 결코 존재하지 않습니다. 왜냐하면 사람들은 개인적인 독특한 목표에 따라 움직이며, 그 목표는 결코 반복될 수 없고, 따라서 우연은 법칙에 의해 지배되지 않기 때문입니다. 그러므로 (2) 나는 사회 속에서 중요한 것은 개인의 목표, 의지, 의도라고 생각합니다. 우리의 관심을 가장 끄는 사람들은 위인들입니다. 그들은 자신의 주위에 군중을 모으며, 그들은 창조적인 인격체이기 때문에 결코 예측할 수 없는 선택된 길을 따라 그 군중을 인도합니다. 그리고 (3)사회의 발전에 관해 논하는 것은 무의미한 일입니다. 우리는 단지 고립된 개인들의 발전에 관해서 이야기할 수 있을 뿐입니다.

OI : 내 생각은 당신과 다릅니다. 사람들은 일반 법칙들에 종속되어 있으며 그것들에 의해 지배받고 있습니다. 그러나 그 법칙들은 관념의 발전, 즉 사회적 의식의 발전에 관한 법칙들이며, 모든 시대에 걸쳐 인격적·개인적 욕망 및 의지를 지배하는 법칙들입니다. 예를 들면 중세에는 사람들이 대체로 종교적이었는데, 그 까닭은 신이라는 관념이 지배적이었기 때문입니다. 부르주아 혁명의 전야에 영국과 프랑스에서는 자유라는 관념이 가장 지배적이었고, 부르주아지는 봉건군주제에 대항하는 투쟁에서 그 관념을 이용하였습니다. 오늘날 보편적인 복지와 계급 사이의 화해의 관념이 일반화되어 있는 것을 생각해 보십시오. 만일 이러한 관념들이 인간이 마음을 정복한다면, 노동운동과 같은 계급투쟁을 포함한 모든 투쟁들이 종식될 것이며 현재의 사회는 영구히 안정화될 것입니다. 바꿔 말하면, 사람들이 하는 모든 행동은 사회 속에서 이미 그렇게 하도록 만들어진 지배적인 관념에 따르는 행위일 뿐입니다. 우리는 이러한 관념들을 올바로 이해하는 일이 필요할 뿐입니다.

DM : 당신들의 주장 속에서, 당신들은 현실의 한 측면만을 취하고 그것을 다른 측면과 대립시키고 있습니다. 이는 형이상학적 접근입니다. 따라서 당신들의 주장은 중요한 점을 놓치고 있습니다. 예를 들면, 주관적 관념론과 객관적 관념론은 도대체 어떤 이유 때문에 사회가 노예제,

봉건제, 자본주의, 복지사회주의의 단계를 거쳐 이행하는지를 설명하지 못합니다. 만일 사회에 아무런 객관적 법칙 및 경향이 존재하지 않는다면, 도대체 영국과 프랑스와 미국과 네덜란드 등지에서 발생한 시민혁명의 특징들의 유사성을 어떻게 설명할 수 있습니까? 만일 모든 것이 개인적인 자의성에 달려 있다면, 일정한 차이들에도 불구하고 공통의 목표인 휴머니즘을 향해 움직여 가는, 즉 공통의 유사한 법칙들에 의해 운동을 수행하는 이유는 무엇입니까? 그리고 마지막으로 몇몇 관념들이 어떤 한 역사적 시대에 지배적이고, 흔히 이와는 상반되는 다른 관념들이 또 다른 시대에 지배적이라는 사실을 당신들은 도대체 어떻게 설명하겠습니까? 또한 이를테면 과학기술 진보에 관한 관념이 고대에 발생할 수 없었던 이유는 무엇입니까? 도대체 왜 맑스-레닌주의는 그 지지자들뿐만 아니라 반대자들까지도 인정하고 있듯이 오늘날 전 세계적으로 가장 널리 유포된 이데올로기가 되었겠습니까? 물론 굴곡도 있습니다. 하지만 관념론적 견해는 하나의 역사적 시대에 대중이 특정한 지도자들을 추종하며 다른 지도자들의 견해와 요구를 거부하는 이유가 무엇인지를 설명하지 못합니다. 역사상에는 대중이 자기 계층 출신의 사람들에 의해 지도되는 사회운동에 참여한 시기들이 있었습니다. 주관적 관념론과 객관적 관념론은 이러한 문제들의 어느 것에 대해서도 제대로 대답하지 못합니다. 이와는 반대로 사적 유물론은 사회적 문제들의 극도의 복잡성을 인정하면서, 이 문제들에 관한 자신의 능동적인 입장을 발전시키고 정교화 시킬 수 있는 이론들을 구체화하고 있습니다.

202 인간과 활동. 유물론적 역사이해의 전제조건

사적 유물론의 주요 원리들은 무엇인가? 사회와 그 역사에 대한 유물론적 이해의 의미는 어떠한 것인가?

이 문제에 답하기 위해서 우리는 우리의 논의를 시작해야 할 출발점 혹은 전제들을 먼저 규정해야 한다. 무엇이 인간 활동의 독특한 특징인가?

자연의 모든 변화들은 객관적이다. 그것들은 사상이나 어떤 형태의 의식과도 무관하다. 이와는 반대로 **인간 활동의 주요한 독특한 특징은 그의 모든 개별적인 행동 혹은 행위가 상호 연관된 두 측면, 즉 물질적 측면과 사고를 포함하는 관념적 측면을 동시에 갖고 있다는 점이다.** 잠들어 있거나 병적인 무의식 상태에서 행해지는 행위를 제외한다면, 건강한 정상적 인간의 모든 행위는 의식의 어떤 활동과 연관되어 있다. 누구든 행동하기에 앞서서, 어떤 목표를 세운다. 목표란 실재하지는 않지만 인간이 획득하고자 하는 그 무엇에 관한 상상, 개념, 사고이다. 개인의 목표는 물건을 획득하는 것일 수도 있고, 집을 짓는 것 등일 수도 있다. 집단적 작업의 목표는 생산과정을 개선하는 것이거나 새로운 공업단지를 건설하는 것 등일 수 있다. 한 사회의 목표는 생활의 물질적 조건을 변화시키는 것일 수도 있고 새로운 사회체제, 예를 들면 사회주의를 건설하는 것일 수도 있다. 즉 전체로서의 활동과 그 구성부분으로서의 개별 활동은 모두 두 가지 측면, 즉 물질적인 것과 관념적인 것의 통일이다. 한 개인의 모든 물리적 행위(동작, 톱질하기, 선반 작업 등)는 수행되고 있는 행동의 의미를 이해할 것, 그 활동의 규칙들을 알고 있을 것, 특정한 기능을 습득하고 있을 것, 그 자신의 목표를 인지하고 있을 것을 요구한다. 그렇지 못하다면 그의 활동은 불가능하다. 또한 이와는 반대로 만일 물질적인 육체적 활동이 없거나 물질적 수단 및 도구를 사용하여 노동하지 않는다면, 한 인간의 어떤 단 하나의 생각이나 희망도 실현될 수 없고 어떠한 목표도 성취될 수 없다. 한 개인의 생각 그 자체가 다른 사람들에게 이해될 수 있으려면 다름 아닌 물질적인 언어활동을 통해야만 한다. 이처럼 물질적 측면과 관념적 측면은 인간의 활동에서 서로 밀접하게 연관되어 있고 분리될 수 없는 것이다. 이것이 바로 대립물들이 상호 보완해 주며 상호 연관되어 있는 변증법적 통일인 것이다[404].

인간 활동의 물질적 측면과 관념적 측면의 관계에서 어느 것이 먼저인가? 또는 규정적인가? 이 질문에 대해 영국의 역사학자이며 철학자인 콜링우드(R. G. Colling-wood, 1889~1943)는 인간의 활동에서 중요한 것은 '내적 측면', 즉 사상, 감정, 동기, 의도, 의식적 결단이라고 주장하였다. '외적' 측면, 즉 물질적인 감각지각적인 행동 및 행위는 오로지 그것들이 인간의 의식세계에 침투될 때에만 고려할 가치가 있다는 것이다. 이러한 그의 주장에 따른다면 역사를 이해하는 것은 인간의 동기와 의도와 목표를 이해하는 것을 의미한다. 이는 전형적인 관념론적 역사관이다. 이러한 기반 위에서는 도대체 왜 유사한 역사적 조건에 처한 사람들 사이에서 유사한 목표와 열망과 의도가 발전되었던가를 설명할 수 없다. 또한 서로 다른 사회집단 및 계급에 속한 사람들이 왜 서로 다른 목표, 열망, 의도를 지녔던가도 설명할 수 없다. 그리고 마지막으로 어떤 사람들의 목표와 의도는 실현되고, 다른 사람들의 것들은 특정한 조건 아래서 실현되지 않으며 예측하지 못한, 때로는 심지어 상반되는 결과에까지 이르게 되는 원인이 무엇인지를 설명할 수 없다. 이로부터, 인간이 자신의 생활의 물질적 조건으로부터 자기 자신을 추상화시킬 수 있는 것은 오직 상상 속에서나 가능하다는 결론이 나온다.

사회의 생활과 역사의 특수한 본성을 이해하기 위해서는 인간 활동의 두 측면인 물질적 측면과 관념적 측면의 통일성 속에서, 그들의 상호 연관 속에서, 서로를 분리시키거나 대립시키지 않고 검토하는 것이 필수적이다. 이를 위해서는 이러한 활동의 어느 측면이 1차적이고 규정적인지,

그리고 어느 것이 2차적이고 피규정적인지에 대해 답하는 것이 필요하다. 그리고 자연사적 과정으로서의 사회발전에 관한 이론이 그 해답을 제공한다.

203 자연의 역사와 사회의 발전 관계

자연 속에서 발생하는 과정들 가운데 인간의 의지나 의식에 의존하는 것은 하나도 없다. 따라서 자연현상을 지배하는 법칙들은 객관적이다. 그렇다면 사회발전의 객관적 법칙들, 즉 사람들의 의식에 의존하지 않는 법칙들이 존재할 수 있는가? 사람들의 활동 자체는 상호 연관된 두 측면, 즉 물질적 측면과 정신적 측면을 갖고 있다. 따라서 진보적 철학자들은 이러한 질문에 대해 긍정적으로 대답하였다. 그들은 역사의 경험을 일반화시킴으로써, 사회발전의 법칙들이 자연법칙들과 마찬가지로 객관적이고도 필연적으로 작용하며, 그 법칙들이 다만 인간의 행위를 통해서 작용한다는 점만 유일한 근본적 차이라는 결론에 도달하였다. 바로 이 때문에 그들은 사회의 발전을 자연사적 과정이라고 불렀던 것이다. 사람들은 그들의 행위가 자신의 의지나 의도와는 무관한 객관적인 사회적 법칙들에 의해서 지배된다는 사실을 인식하지 못할 수도 있다. 이러한 경우에 사람들은 사회가 **자생적으로**(spontaneously) 발전한다고 이야기한다. 여기서 자생성이 의미하는 것은 사람들이 완전히 무의식적으로 행동한다는 것이 아니다. 그런 것은 정상적인 건강한 사람들에게는 불가능하다. 자생적 단계에서 사람들은 그들의 직접적인 혹은 개인적 혹은 집단적 목표만을 인식하고 있을 뿐이고, 그 목표만을 명확히 정식화하며, 그것들을 달성하기 위해 사회발전의 법칙들에 관한 지식에 기반하지 않은 수단들을 선택한다. 이러한 경우에 그들의 활동의 결과는 애초에 설정된 목표와 부합되지 않는 것임이 드러날 수도 있다. 사람들이 사회발전의 현실적이고 진정한 경향을 의식하고 있을 때, 그들의 활동은 그 말의 본래적인 의미에서 **의식적인** 것이라 할 수 있다. 의식적인 사회적 활동의 단계에서 그 결과는 설정된 목표에 완전히 부합되고 그 목표들의 성취에 이르게 된다. 왜냐하면 이 경우에는 그 목표 자체가 객관적인 역사적 경향을 적절히 고려하여 설정되고 정식화되기 때문이다.

사회의 역사를 자연사적 과정으로 이해하는 것은 인간 활동의 물질적 측면의 규정적 역할을 인정하는 것에 기초해 있다. 이와 동시에 그것은 이 활동의 정신적 측면이 중요한 능동적 역할을 수행한다는 사실도 고려한다. 그 정신적 측면의 영향력 자체가 인간의 생활 활동의 물질적 조건에 의해서 규정되고 제한되는 것일지라도, 그것은 물질적 측면에 뚜렷한 영향을 미칠 수 있다. 자연사적 과정의 이러한 두 측면의 상호작용 및 상호영향을 좀 더 잘 이해하기 위해서, 우리는 맑스와 엥겔스가 제시하고 풍부히 한 다음과 같은 중요한 명제들을 염두에 둘 필요가 있다.

(1) '역사'란 말하자면 그 자신의 목표를 성취하기 위한 수단으로서 인간을 이용하는 고립된 인격체가 아니다. 역사는 목표를 추구하는 인간의 활동에 다름 아니다.15)

(2) 따라서 인류는 해결할 수 있는 과제들만을 설정할 수밖에 없다. 왜냐하면 더욱 상세히 검토해 보면, 문제 그 자체가 등장하는 시기란 오직 그 해결을 위한 물질적 조건이 이미 갖추어져 있거나 적어도 형성 중일 때라는 사실을 알 수 있기 때문이다.16)

---

15) Karl Marx and Frederick Engels, *Collected Works*, Vol. 4, Progress Publishers, Moscow, 1975, p.93.

우리는 이러한 명제들로부터, 맑스와 엥겔스가 사회적 의식에 대해서 그리고 사회발전의 목표 및 과제를 설정하는 일에 대해서 얼마나 커다란 역할을 부여했는지를 알 수 있다. 동시에 그들은 이러한 과제들의 성격 및 내용이 인간 활동의 물질적 조건 및 수단에 의해서 규정된다는 점을 끊임없이 강조하였다. 그러므로 사적 유물론의 반대자들이 이 철학적 교의가 인간 활동의 정신적·지적 측면의 중요성을 과소평가한다고 비난하는 것은 사태의 진상에 대한 명백한 왜곡이다. 이와 동시에 인간의 합목적적 활동을 역사의 진정한 내용으로 인정한다는 것은, 이 활동의 규정적 측면이 그 실현의 물질적 조건 및 수단이라는 점과 결코 모순되지 않는다는 사실을 그들은 이해하지 못한다.

제1부에서 물질과 의식의 관계에 관해 논하면서[127], 우리는 물질이란 인간 외부에 존재하는 것으로, 즉 인간으로부터 독립된 객관적 실재라는 점을 확증하였다. 또한 이와는 반대로 의식(정신)이란 두뇌 활동의 결과이며, 이런 의미에서 주관적이다. 이러한 서술에서 유추해 볼 때, 우리는 인간 활동의 객관적인, 즉 물질적 측면과 주관적인, 즉 정신적 측면이 무엇인지에 관해서도 같은 얘기를 할 수 있을 것이며, 또한 사회발전의 객관적 요인과 주관적 요인에 관해서도 같은 얘기를 할 수 있을 것이다. 우리는 이들의 상호작용을 좀 더 잘 이해하기 위해서 인간 활동의 다양한 형태들을 더욱 상세하게 검토해야 하며 그 형태들의 근저에 있는 객관적인 법칙 및 경향을 파헤쳐야 한다.

204 사회의 발전 및 작동의 토대인 생산양식

16) Karl Marx, *A Contribution to the Critique of Political Economy*, Progress Publishers, Moscow, 1984, p.21.

사람들은 실생활에서 가사활동, 생산, 정치, 과학, 교육, 종교, 군사, 스포츠 부문의 활동 등 다양한 종류의 활동을 수행한다. 이러한 활동을 수행하면서 그들은 서로 특정한 관계를 맺게 된다. 초창기 사상가들(흔히 사회의 지배계급의 이해를 대변했던 사람들)은 지적 활동에 주요한 역할을 부여했다. 이러한 일이 일어난 까닭은 정신적 문화를 생산하는 활동, 다시 말해서 철학적, 종교적, 정치적, 과학적 사상 등을 정교화하는 활동이 지배적인 통치계급의 특권이었기 때문이다.

사적 유물론의 탁월한 업적은 사회발전의 현실적 토대(그리고 지적 활동을 포함하는 여타의 모든 유형의 활동의 토대)가 노동과정, 즉 물질적 부(副)의 생산이라는 사실을 밝혔다는 점이다. 이러한 명제는 오늘날 우리에게 매우 단순해 보이고 쉽게 이해할 수 있는 것이지만, 당시로서는(맑스와 엥겔스가 이를 제시했을 때는) 사회생활을 이해하는 데 하나의 진정한 혁명이었다.

제1부에서 이미 살펴본 바와 같이 노동과 그러한 대상지향적인 실천활동은[125] 인간을 동물의 왕국으로부터 분화시킨 주요 원인이었고 의식이 발생하게 된 토대였다. **노동은 사회의 역사적 발전 및 작동의 토대이다.** 노동과정이란 무엇인가? 또한 그 구조는 어떠한 것일까? 이 노동과정의 기본 요소들은 다음과 같다. (1) 인간과 그의 지식 및 기능, (2) 도구, 기계, 기구, 기계장치, (3) 인간이 자연 속에서 찾아내거나 창조해 내며, 도구를 사용하여 완제품으로 변형시키는 노동대상, **도구와 노동대상을 함께 묶어서 생산수단이라고 부른다.** 그것들은 물질적인 것이며 객관적으로 존재한다. **인간과 그의 지식 및 기능, 그리고 적절한 생산수단은 사회의 생산력을 구성한다.** 이것이 바로 인간이 자연에 영향을 미치는 생산의 한 측면이다. 인간은 도구를 사용하여 외부 세계에 작용을 가함으로써 그 세계를 변

화시키며, 외부의 현상 및 과정들에 대해 자신의 필요를 충족시키는 데 적합한 형태를 부여한다. 그는 자신을 둘러싼 세계를 변화시킴으로써 자기 자신도 변화시킨다. 근로국민의 지식 및 기능의 변화 및 발전은 도구의 변화 및 전체 생산수단의 변화의 결과로서 생겨난다. 그 결과, 생산력의 발전 수준이 상승하며, 생산력은 개선되며 완성된다. 예를 들어 캐프론 섬유 같은 새로운 합성소재(노동대상)의 창출은 새로운 직조기의 발명을 초래했으며, 그것은 또한 새로운 생산 지식 및 기능을 요구하였다. 후자는 다시 이러한 기계들과 전체 생산기술을 개선시켰으며, 이러한 개선은 일반적으로 생산력의 발전을 촉진하였다. 그리하여 생산력은 물질적 구성부분들(도구, 기계 등)뿐만 아니라 정신적·지적 구성부분들(생산 지식 및 기능)도 포함한다는 것을 알 수 있다. 그러나 **생산의 발전에서 주도적이고 규정적인 측면은 물질적 구성부분들이다.** 더욱이 **인간, 즉 노동자는 주요한 생산력인데,** 왜냐하면 도구를 움직이고 전체 생산수단으로 변화시키는 자가 바로 노동자이기 때문이다. 우리 시대에 생산력을 발전시키기 위해서는 전문적인 과학적 지식이 필요하다. 바로 이 때문에 과학은 직접적 생산력이 되고 있고 지식의 역할은 끊임없이 증대되고 있다[311].

생산 활동을 수행할 때, 인간은 그들의 의지 및 의식과는 무관한 생산관계에 들어간다. **따라서 물질적 부의 생산과정, 혹은 생산양식은 상호 연관된 두 측면, 즉 생산력과 생산관계를 포괄한다.** 생산력은 생산양식의 내용을 구성하고, 생산관계는 그 형식을 구성한다[111]. 내용은 모든 현상의 규정적이고 주도적인 측면이지만, 형식 또한 중요한 적극적 역할을 수행한다. 형식은 내용과 조응될 때 현상의 발전을 촉진하지만, 이러한 조응이 깨어질 때는 오히려 그 발전을 제어한다.

생산양식의 두 측면 간에는 일종의 객관적이고 필연적인 연관, 즉 합법칙적인 연관이 존재한다. 이러한 연관은 맑스에 의해서 최초로 발견되고 연구되었으며, 모든 생산양식의 발전을 지배하는 특수한 객관적 법칙으로서 정식화될 수 있다. 이 법칙은 **생산력의 성격 및 발전수준에 대한 생산관계의 조응 법칙**이라고 불린다. 이 법칙에 따르면, 생산관계가 생산력에 보다 충분히 조응할수록 물질적 생산은 더욱 성과적으로 발전한다. 그러나 이러한 조응은 결코 충분하고 항상적인 것이 아니다. 모든 생산양식의 가장 기동력 있는 측면인 생산력은 조만간 생산관계를 넘어서서 발전하게 된다. 양자 사이에 부(不)조응 혹은 부(不)조화가 나타나는 것이다. 생산관계는 처음에는 생산의 추동력이었지만 나중에는 생산에 대한 제동장치로 변화되며, 이렇게 되면 새로운 생산관계를 창출할 객관적 필연성이 등장하는 것이다. 그 결과 새로운 생산양식이 발생하며, 이와 동시에 모든 사회적 관계와 모든 형태의 사회적 활동도 바뀌게 된다. 주지하다시피, 생산관계는 생산양식의 발전 및 완성에서 매우 중요한 역할을 수행한다. 이러한 생산관계가 사람들의 의지와 희망과는 무관하게 확립된다고 말할 때, 우리는 그것의 객관적·물질적 성격을 강조한다. 그러나 사람들은 예를 들면 협력관계 혹은 대항 및 경쟁관계, 상호원조 혹은 투쟁의 관계를 서로 맺고 있으므로, 결국에는 그들이 하고 있는 일이 무엇인지를 이해하게 되며 자신들의 행위를 상당 정도로 인식하게 된다. 그렇다면 생산과정 속에서 수립된 그들의 관계가 객관적이라고 말하는 것은 도대체 무슨 이유 때문인가?

이제 생산관계에 대해 좀 더 상세하게 검토해 보자. 생산관계를 구성하는 것들은, (1) 기본적인 생산수단, 특히 노동도구의 소유관계, (2) 생산과정에서 직접적으로 발생하는 관계, (3) 노동생산물의 분배와 관련된 관계, 즉 분배관계이다. 이러한 생산관계들 중에서 규정적인 관계는 소유관계이며, 나머지 관계들은 이에 종속된다. 사회 발전의 모든 단계에서 존재하는 생산양식의 유형은 소유의 유형에 의존한다. 그것들은 **소유**

의 다섯 가지 주요 유형, 즉 원시공동체적, 노예소유제적, 봉건제적, 자본주의적, 공산주의적(사회주의적) 유형으로 구분된다.

소유란 많은 자본주의적 철학자 및 경제학자들이 주장하는 바와 같은 사물이 지닌 독특한 특질이 아니라는 사실을 이해하는 것은 중요하다. 어떤 동일한 기계도구라 하더라도 자본주의 체제에서는 사유재산이지만, 사회주의 생산체제에서는 사회주의적인 사회적 재산이다. 소유란, 객관적인 역사적 필연성에 따라서, 즉 생산력의 성격 및 발전수준에 따라서 사람들이 생산수단에 대해 맺게 되는 관계의 특수한 한 형태이다. 예를 들면 원시사회에서 석기도구가 존재했던 때 사람들은 사적 소유 및 자본주의적 이윤의 전유에 기반을 둔 자본주의적 관계에 들어갈 수가 없었다. 당시에 존재하던 낮은 생산력 수준으로는 이윤의 생산을 확보하는 것조차 불가능했다. 생산수단의 공동소유에 기초한 원시사회의 집산주의적 관계는, 따라서 원시인의 의지 및 의식에 의해 확립된 것이 아니라 물질적 생산력의 성격 및 발전수준에 조응하여 확립된 것이었다.

현대 자본주의 사회에서 생산력은 자동기계 및 로봇을 사용한 복잡한 테크놀로지에 기초해 있다. 수백만 명의 사람들이 생산과정에 들어가 있다. 그 결과 생산력은 사회적 성격을 지닌다. 그러나 생산관계는 자본주의 발전의 초기단계에 수립된 생산력의 성격 및 발전수준에 조응하는 사적 자본주의적 소유형태에 기초해 있다. 당시에는 자본주의적 생산관계가 사회의 생산력에 가장 완전하게 조응하였고, 따라서 생산력이 급속히 발전될 수 있는 기회를 제공하였다. 이제 자본주의적 생산관계는 생산력의 성격 및 발전수준에 더 이상 조응하지 않는다. 이러한 관계들은 비록 기술적 진보를 중단시키는 것은 아닐지라도, 그 진보를 지체시키고 생산력의 발전을 방해한다. 결론적으로 새로운 집산주의적, 사회주의적인 생산수단의 소유형태를 확립해야 할 객관적인 역사적 필연성이 사람들의 의지 및 소망과는 무관하게 등장해 있다. 이는 새로운 생산관계가 자본주의적 착취 및 경쟁 관계를 대신해서 등장해야만 한다는 것, 즉 상호원조 및 협조의 관계와 사회주의적 경쟁 및 협력의 관계가 객관적으로 등장해야만 한다는 것을 의미한다.

언제든지 새로운 소유의 유형은 생산력에 대한 생산관계의 조응의 법칙 아래서 확립되고, 따라서 소유관계에 의해 규정되는 여타의 관계들도 변화된다. 후자의 변화는 주로 물질적 부의 분배영역에서 발생한다. 자본주의사회에서는 대자본을 소유한 사람들이 가장 큰 이윤을 획득한다. 부자는 더욱 부유해지고 빈자는 더욱 가난해지는 것이다. 이와는 반대로 사회주의사회에서는 물질적 부와 사회적 기금이 무엇보다도 지출된 노동의 양과 질에 조응하여 분배된다. 물론 두 경우 모두에서, 즉 자본주의하에서든 사회주의하에서든, 분배형태는 구체적인 상황, 시장조건, 노동력의 수요공급, 여타의 수많은 조건들에 따라서 달라질 수 있고, 임금수준과 기업의 수익성 등도 달라질 수가 있다. 그렇지만 분배가 지배적인 소유의 유형에 깊이 의존한다는 것은 변함없이 유지된다. 결국 생산양식의 변화에 따라 생산관계는 전적으로 달라진다.

사람들은 이러한 광범위한 사회변혁의 불가피성을 인식하고 그것을 촉진할 수 있다. 그러나 또한 사람들은 변혁에 반대하고, 낡은 생산관계를 유지하는 데 이해가 있는 지배계급의 이익을 방어할 수도 있다. 그러나 그들은 사회주의적 생산관계의 확립을 방해할 수 없다. 왜냐하면 그것의 확립은 생산력 발전의 객관적인 성격에 의해서 조건 지어져 있기 때문이다. 이와 똑같은 의미에서, 생산양식을 특징짓는 생산관계의 유형과, 특히 여타의 모든 생산관계들을 규정하는 소유의 유형은 객관적인 성격을 지니며 인간의 의지나 소망에 의존하지 않는다. 사람들은 생산의 발전에 관한 객관적 법칙들, 특히 생산력의 발전수준에 대한 생산관계의 조응의 법칙이 작동하는 것을 어느 정도 촉진하거나 지체시킬 수가 있다. 그러나 그들은 이 법칙들을 폐기하거나 변형시킬 수 없으며 그 작동을 멈추게 할 수도 없다.

유물론적 역사이해에 정말로 정통하기 위해서 매우 중요한 것은, 각각의 역사적 시대가 사람들이 무엇을 생산하는가 하는 점에서가 아니라 사람들이 어떻게 생산하는가 하는 점, 즉 생산양식의 측면에서 서로 구별된다는 사실을 이해하는 것이다. 사람들은 물질적 대상만을 생산하는 것이 아니다. 그들은 종교적·철학적·정치적 견해와 예술작품과 도덕적 규범 및 기준과 법률 등도 '생산', 즉 창조하고, 발전시키며, 정교화한다. 이러한 것들의 창조는 지적·정신적 생산에 속하지만, 이러한 생산은 대개 물질적 부의 생산양식에 의존한다. 물론 예술 및 문학 작품을 창조하기 위해서는 절적한 물질적 대상 및 조건이 요구된다. 결국 부의 생산양식의 변화는 정신적 생산의 변화에도 영향을 미치며, 생산과정 속에서 수행되는 사람들의 활동과 그 과정에 기반하여 발생하는 관계들은 그 밖의 모든 형태의 사회활동 및 사회관계를 규정한다. 이처럼 물질적 생산양식은 사회의 발전 및 작동의 토대임이 입증되며, 생산양식을 지배하는 객관적 법칙은 여타의 사회발전의 경향 및 법칙성의 기초가 된다.

205 토대와 상부구조

역사를 관념론적 입장에서 바라보면 사회란 결정을 내리고 위험과 모험을 무릅쓰면서 그 결정을 수행하는 독립된 개인들과 고립된 인격체들의 총합에 불과하다. 이러한 각 개인은 무인도에서 혼자 살아가는 대니얼 디포(Daniel Defoe, 1660~1731)의 로빈슨 크루소(Robinson Crusoe)

와 같은 인간이다. 극단적인 개인주의가 이러한 견해로 표출되는 것이다. 물론 사회 내의 생활에서 개인적인 창의와 발명과 진취성은 중요한 역할을 수행해 왔다. 결코 적지 않은 복잡한 문제들이 이러한 개인적 능력들에 의해서 해결되었다. 하지만 개인주의라는 의미는 개인적 활동의 중요성을 인정하고 정당화하는 데 있는 것만이 아니다. 개인주의는 공동의 집단적 행위나 사람들의 연대를 막는 데 이용하고 대립시키는 데 있다. 그러나 계급투쟁과 노동조합의 활동과 민족해방운동 등의 기초가 되는 것은 다름 아닌 공통의 목표 및 이해를 가진 집단에서부터 실천되는 연대인 것이다.

관념론적 · 개인주의적 이해와는 반대로 사적 유물론은 사회를 복합적 체계 혹은 사회유기체로 간주하는데, 그 속에서 각 개인은 다양한 사회적 끈이나 관계에 의해 다른 사람들과 연관되어 있다고 말한다. 사회를 이해하기 위해서나 그 발전 및 작동의 법칙을 연구하기 위해서는 우선 기존의 사회적 관계 및 연계와 과정을 파악하는 것이 필수적이다. 사회가 세대들의 교체에도 불구하고 자신의 주요 특징들을 수세기 동안이나 유지하며 동일한 객관적 경향에 의해서 지배되는 것은 바로 사람들 사이에 안정적 연계 및 관계가 존재하기 때문이다. 따라서 사회의 생활을 이해하는 열쇠는 각각의 고립된 로빈슨 크루소들을 연구하는 데 있는 것이 아니라 다양한 인간집단들과 각각의 개인들을 모두 포괄하는 사회적 관계 및 연관을 연구하는 데 있다.

이러한 관계들 가운데서 어느 것이 규정적 관계인가? 사적 유물론은 생산양식을 사회의 발전 및 작동의 토대로서 인정하기 때문에 생산관계를 규정적 관계라고 본다. 그 밖의 모든 활동의 관계 및 형태, 예를 들어 가족 및 가정, 법적 · 도덕적 · 정치적 · 예술적 및 미학적 · 군사적 · 민족적 그리고 또한 그것에 조응하는 의식의 형태들은 마치 건물의 각 층들이 그 기초의 위에 세워지듯이, 말하자면 생산관계의 위에 세워져 있다. 따라서 **사회의 경제체제를 형성하는 사회관계는 사회의 토대**라고 통례적으로 칭해지고 있다. **이데올로기적·법적·정치적 관계들과, 이 관계들이 실현되는 수단인 공적 조직 및 제도들은 상부구조라고 불린다.** 거기에는 물론 객관적인 사회적 현상 및 과정들을 반영하는 다양한 형태의 사회적 의식도 포함된다.

상부구조는 토대 위에서 발생하고 토대에 의해 규정될 뿐만 아니라, 토대에 능동적인 반작용을 가한다. 그러므로 우리가 명심해야 할 점은 계급사회의 상부구조가 다양한 사회 집단 및 계급들의 이해를 표현하며, 따라서 토대에 상이한 작용을 미치는 사회적 및 공적 조직과 제도들을 포함한다는 것이다. 어떤 것들은 토대를 강화하고 공고화시키는데, 그런 상부구조들은 그 토대 덕분에 사회 속에서의 지배적 위치를 보장받는 계급들 및 사회집단들의 이해를 표현하는 것들이다. 상부구조의 다른 요소들은 권리와 권력을 갖지 못한 피착취계급 및 사회집단의 이해를 표현하는데, 이런 것들은 토대를 침식하고 토대를 변화시키는 데 기여하며 궁극적으로 새로운 생산관계, 새로운 생산양식, 요컨대 새로운 사회체제를 확립하고자 노력한다. 계급사회에서 상부구조의 가장 중요한 요소는 국가와 정당이다. 이제 상부구조 가운데 가장 중요한 이런 현상들에 관해 검토해 보자.

206 계급과 계급투쟁

국가와 정당이 등장하고 작동하는 원인은 계급과 계급투쟁이다. 사회의 여러 가지 사건들에서 계급이 중요한 역할을 수행한다는 것, 그리고 계급투쟁이 사회의 역사에 영향을 미치고 그 방향을 규정한다는 것은 사적 유물론의 등장 이전에 이미 부르주아 역사학자 및 경제학자들에 의해서 밝혀졌다. 대체로 그들은 계급 분열의 원인을, 일부 사람들의 다른 사람들에 대한 정신적 혹은 인종적 우월성이나 그들의 타고난 '고귀함'에서 찾아냈다. 프랑스의 계몽주의자인 루소(Jean Jacques Rousseau, 1712~1778)는 사회적 불평등과 계급 분열은 사적 소유가 발전된 결과라고 올바르게 주장하였다. 맑스는 이러한 주장을 높이 평가하였다. 그러나 루소의 오류는 사적 소유의 확립이 개인적 전횡의 결과라고 생각했다는 점이다. 만일 최초의 재산소유자가 저항을 받았더라면 이후의 인류 역사는 완전히 달라졌을 것이라고 그는 주장하였다. 현대의 자본주의 이데올로기들은 사회의 계급 분열을 인정하지만, 그것을 영구한 것 혹은 폐지 불가능한 것으로 간주하거나, 사유재산에는 손끝 하나 대지 않은 채 보편적 번영을 구가하는 사회를 창출함으로써 계급 이해의 대립을 제거할 수 있다고 주장한다. 사적 유물론의 가장 위대한 업적은, 계급 및 계급투쟁의 기원에 관한 객관적 원인들을 규명하고, 이러한 원인들을 제거할 때 세계사는 궁극적으로 새로운 단계, 즉 계급 없는 공산주의 사회로 돌입할 것이라는 명제를 입증한 점에 있다. 그렇다면 이러한 원인들은 무엇인가? 또한 계급이란 무엇인가?

사적 소유가 발생하기 이전에는 사회에 계급이란 존재하지 않았다. 생산력이 어느 정도 높아져서 의·식·주 등의 급박한 필요를 충족시키는 데 필요한 최소한의 생산물을 초과하여 특정한 잉여물이 생산될 수 있게 되었을 때 비로소 사적 소유가 발생하였다. 이러한 생산력 수준에 도달하였을 때, 타인의 노동을 사용하고 착취하는 일이 유리하게 되었던 것이다. 이에 따라 부(副)는 소수의 수중에 축적되었고, 사회의 나머지 구성원들에 대한 경제적 권력 및 권위를 획득하기 위해 사용되게 되었다. 바로 이 순간부터 **사회는 상이한 계급들로 분열되었다.**

모든 사회집단이 계급인 것은 아니다. 레닌이 지적하였듯이, 계급이란 역사적으로 규정된 사회적 생산체계 속에서 사람들이 차지하는 위치에 의해서, 그리고 생산수단에 대한(대부분 법으로 정해지고 정식화된) 그들의 관계에 의해서, 또한 노동의 사회적 조직 내에서 그들이 수행하는 역할에 의해서, 마지막으로 그들이 처분할 수 있는 사회적 부의 분배량에 의해서 서로 구별되는 대규모 인간집단을 가리킨다.17)

이러한 속성들 가운데 가장 중요한 것은 생산수단의 소유이다. 그러한 재산을 소유하고 이를 이용해서 타인의 노동의 결과를 전유할 수 있는 계급들이 착취자이고, 반면에 그러한 재산을 갖고 있지 못한 계급들은 피착취자이다. 따라서 특정한 생산관계는 사회의 계급 분열의 기초를 이루며, 생산력의 성격 및 발전수준을 규정한다.

일정한 역사적 시대에 지배적인 각각의 생산양식은 그에 조응하는 기본 계급들을 갖는다. 그 계급들은 처음 시대에는 노예와 노예소유주이고, 다음 시대에는 농노와 봉건영주이며, 세 번째 시대에는 자본가와 임금노동자이다. 생산수단에 대한 사적 소유가 존재하지 않으며 따라서 어떠한 착취계급도 존재하지 않는 사회주의 사회에서 기본 계급들은 노동자계급과 협동농장 농민이다.

기본 계급들 외에도, 기본 계급이 아니며 타인의 노동을 착취하지 않는 다른 계층들(상품생산자인 개별 농민, 수공업자, 장인들)이 존재하며, 생산체계 내에서 엄밀히 규정된 위치를 점하지 않는 특수한 사회계층, 예를 들면 인텔리겐치아도 존재한다. 착취사회에서 이 계층들은 통상 지배계

---

17) V. I. Lenin, *Collected Works*, Vol. 29, Progress Publishers, Moscow, 1977, p.421.

급에게 협력하며 그들의 이해를 위해 봉사한다. 인간에 의한 인간의 착취가 존재하지 않는 사회주의 사회에서는, 인텔리겐치아가 노동자와 농민으로부터 형성되며 그들의 이해 및 목표는 근로국민의 이해 및 목표와 일치한다.

사회의 계급 분열은 사회적 생산의 객관적 발전에 기인하는 것이기 때문에, 계급은 특정한 객관적 조건들 아래에서만 소멸될 수 있다. 이 가운데 가장 중요한 것은 생산수단에 대한 사적 소유의 폐지이다. 사적 소유가 지배적인 사회에서 기본 계급들의 경제적 이해는 적대적이며 화해될 수 없는 것이기 때문에, 계급이 등장한 이후로 그들 사이에는 처절한 투쟁이 있어 왔다. 일부 계급들이 다른 계급들의 희생 위에 존재하는 그런 사회에서는, 계급투쟁은 폭력적이고 무자비하다. 그런 사회는 적대적이라고 불린다[218-220]. 생산력과 생산관계 사이의 본질적인 적대적 모순은 이러한 계급투쟁을 통해서 해결되고, 낡은 형태의 사회 조직은 붕괴되며 새로운 사회 조직이 창출된다. 계급들에 관해서 말하자면, 그들은 자신의 경제적·정치적 목표를 잘 인지하고 있으며, 이러한 목표를 성취하고 자신들의 계급적 적대자들을 패배시키는 데 필요한 특정적 견해, 교리, 이론을 만들어 낸다. 계급투쟁은 생산 및 경제활동으로부터 사회적 의식까지를 포괄하는 사회생활의 모든 측면에 영향을 미친다. 따라서 계급투쟁은 **역사의 가장 중요한 추진력**임이 입증되고 있다.

착취계급은 대체로 사회에서 소수이기 때문에, 역사발전의 각 단계에서 그들은 자신의 경제적 이익을 방어하고 사회적 생산체계 내에서의 지배적 위치를 유지하기 위하여 특별한 제도와 조직을 필요로 한다. 이들 사회제도 가운데 가장 중요한 것들은 국가와 정당이다. 이것들은 모든 계급사회의 상부구조의 일부이며, 중요한 법적·정치적 기능을 수행한다.

207 상부구조 체계 속에서의 존재와 사회적 의식

국가가 언제나 존재했던 것은 아니다. 수십만 년이 지난 뒤에야 사회는 계급으로 분열되었고, 이러한 분열 이전에 사람들은 국가와 통치 조직체 및 기관 없이도 잘 살았던 것이다. 그렇다면 국가가 등장하게 된 이유는 무엇인가? 또한 국가란 도대체 무엇인가?

영국 철학자 홉스(Thomas Hobbes, 1588~1679)의 주장에 따르면, 자연 상태에서 사람들은 끊임없이 서로 투쟁하였는데, 이는 인간의 조건 자체가 "만인에 대한 만인의 투쟁" 상태이며 "각인은 각인에 대해 적"이기 때문이라는 것이다.[18] 끊임없는 투쟁 속에서 멸망하지 않기 위해 사람들은 불가피하게 사회계약을 체결하였고 보편적 화해의 조직체로서 국가를 창출하였다. 이러한 사상을 그 후 부르주아 이데올로기들에 의해서 다양한 모습으로 세련화되었고, 오늘날까지 그대로 전해져 내려오고 있다. 그들의 주장은 국가는 계급모순과 적대적 모순을 포함하는 사회 내의 모든 모순들을 화해시키고 규제하는 조직체이다. 따라서 국가는 일부 사적 집단 및 계급들의 이익을 위해서가 아니라 전체 사회와 모든 개인의 이익을 위해서 행위하는 제도로서, 모든 사회계층에 의해 지지되어야 한다. 이러한 견해는 현실에 전혀 부합되지 않는다. 사실들이 보여주는 바대로, 최초의 노예소유제 국가는 사회의 계급들로의 분열과 더불어 등장했다. 국가란 지배계급의 이익을 위해서 싸우고 그것을 방어하는 특수한 인간집단들의 총체이다.

---

18) Thomas Hobbes, *Leviathan*, Routledge & Sons, London, 1894, p.64.

레닌에 의하면 국가는 “다른 계급에 대한 한 계급의 지배를 유지하기 위한 장치”이다. 착취국가는 여러 가지 국내적 기능들과 대외적(외부적) 기능들을 수행한다. 그것의 주된 국내적 기능은 근로국민의 계급투쟁을 억압하는 것이다. 이러한 기능을 실행하기 위해서 국가는 무장력(군대), 경찰, 첩보 및 방첩 부서, 법정, 검찰, 정부 및 행정부, 사법부와 같은 다양한 기구와 조직과 제도들로 이루어져 있다. 사법부는 지배계급의 이익 및 견해를 사회적 입장인 양 표현하는 법률 체계(법령, 규범, 규칙)를 정교화하며, 지배계급의 의지 및 권위를 공고화한다. 법정과 법률 집행 기구들은 이러한 법률들이 엄격히 준수되도록 감시하고 그 위반자들을 가차 없이 처벌·응징한다. 지배계급의 개별 성원들이 그 계급에게 유리한 법률들을 위반하거나 법으로 정해진 행위기준을 준수하지 않는 경우에는, 이러한 처벌은 물론 그들에게도 적용된다. 국가는 개인들의 개인적 이익을 방어하는 것이 아니라 지배계급의 공통된 이익을 방어한다. 따라서 자본주의 이데올로기들이 지배계급의 개별 성원에 대해서 국가의 조치들이나 징벌이 가해진다는 사실을 계급사회에서의 국가가 지닌 전 국민적 성격의 증거라고 내세우는 것은 아무런 내용이 없는 천박한 주장에 불과하다.

모든 착취국가는 일부 지배계급의 독재이다. 착취국가의 세 가지 주요 유형은 노예소유제적, 봉건적, 자본주의적 국가로 구분된다[218-220]. 요컨대 국가의 유형은 국가의 토대를 이루는 지배적인 소유의 유형과 지배적인 생산관계에 궁극적으로 의존한다. 국가는 자신의 기능들을 수행함으로써 토대를 강화하고 방어한다.

사회주의 사회로의 이행과 더불어, 새로운 유형의 국가, 즉 사회주의 국가가 등장한다. 그 국가는 전체 국민의 정치적 권위를 실행하는 조직이다. 자본주의사회에서 만들어진 국가장치들은 그 나라의 구체적인 조건들, 정치세력들의 배치, 국제정세에 따라 일정 정도 심도 깊은 변화를 겪게 되며, 새로운 법률이 통과된다. 그렇지만 모든 나라와 민족에게 적합한 단 하나의 의무적인 국가권력 조직의 모델이란 존재하지 않으며 존재할 수도 없다. 사회주의 국가의 건설은 매우 다양한 형태 및 단계들을 전제로 하며, 민족적 전통, 정치투쟁의 첨예도, 기타 많은 요인들에 의존한다. 더욱이 결정적인 요인은 착취계급의 저항의 정도이다. 민족부르주아지, 쁘띠부르주아지 농민들, 인텔리겐치아의 구성원들이 사회개혁의 기본 원칙들을 받아들일 경우에, 개혁은 새로운 국가체제에 기꺼이 협력하고자 하는 모든 국민층을 포괄하는 광범한 민주적 토대 위에서 점진적으로 진행될 수 있다. 그렇지만 만일 사회주의적 개혁에 반대하는 저항이 첨예하다면, 국가는 당연히 타도된 착취자들을 억압하기 위한 지극히 정당한 조치들을 취해야만 한다. 그러나 사회주의 국가의 주된 기능은 억압의 기능이 아니며, 그 억압 기능은 단지 일시적, 과도적, 방어적 성격을 지닐 뿐이다. 오히려 그 주된 기능은 창의적 기능, 즉 사회적 정의와 평등과 민주주의와 인간주의의 원칙 위에서 새로운 사회를 건설하고자 하는 대중을 지도하는 기능이다.

프롤레타리아독재는 새로운 사회를 창출하는 데 결정적인 역할을 수행하며, 새로운 사회가 공고화되면서 스스로 변화를 겪는다.

프롤레타리아독재는 자신의 역사적 사명을 수행한 뒤에 전체 근로국민의 정치적 조직으로 발전해 가며, 프롤레타리아국가는 만인의 이익을 표현하는 전 국민의 국가가 된다. 사회가 공산주의를 향해 발전해 감에 따라, 그 국가의 행정적 · 조직적 · 교육적 기능들이 강화되고 확대된다. 이러한 기능들 중의 일부는 다양한 사회조직들과 작업집단들에 의해서 더욱 대대적으로 수행되기 시작한다. 사회주의 사회의 민주적 특성은 이 점에서 잘 드러난다.

필수적인 사회정치적·이데올로기적 조건들이 갖추어지고 행정 및 관리에 대한 모든 시민의 참여가 이루어진다면, 그리고 외적 위험이 제거되고 적절한 국제 정세가 존재한다면, 사회주의 국가는 국가로부터 비국가(non-state)로 이행하는 형태를 취하게 될 것이며, 또한 국가가 상부구조의 특수한 정치적 요소가 될 필요는 점차로 사라질 것이다. 그렇지만 현재의 단계에서 사회주의의 확대발전과 공산주의로의 전진은 전 국민의 사회주의 국가가 다방면에서 발전·강화되는 것과 관련되어 있다. 바로 이것이 사회주의를 완성하고, 발생할 수 있는 모순들을 해결하기 위한 가장 중요한 도구이다.

사회주의 국가는 대외적 기능들도 수행한다. 그것은 착취국가와는 달리 영토적 정복을 추구하지 않는다. 왜냐하면 그것의 대외적 기능들은 단지 자국의 영토를 방어하는 것, 무엇보다도 사회주의 국가들과 국제적 연대를 유지하는 것, 마지막으로 국제적 평화 및 안보를 위해 노력하는 것만을 포함하고 있기 때문이다.

국가의 유형이 재비적인 생산관계에 따라서 결정되는 것과는 대조적으로, 그 형태는 특정한 역사적 발전단계에서의 계급세력들의 관계에 따라서, 그리고 사회의 역사가 지닌 특징들과 그 사회의 전통 및 구체적인 국내외적 정치상황에 따라서 달라진다. 착취국가의 가장 일반적인 형태들에는 군주제(한 사람에 의한 통치), 귀족적 혹은 과두적 공화제(귀족들이나 부유한 시민들의 소규모 집단이 국가의 수뇌부를 점하는 형태), 그리고 입법부 및 행정부가 상당수의 투표자들에 의해 선출되는 민주주의적 공화제가 있다. 오늘날 대다수 자본주의 나라들에는 다양한 부르주아 공화제들이 존재한다. 영국과 스웨덴과 다른 몇몇 자본주의 나라들에서 유지되고 있는 입헌군주제는 그 외형적인 전통적 형식에서만 부르주아 공화제와 차이가 난다. 즉 거기에서는 공화제의 대통령의 기능이 세습적인 왕(여

왕)에 의해 수행되는데 그의 실제의 권력은 대단히 제한적이다.

부르주아민주주의는 자본의 권력 행사를 위해 대단히 편리한 것이다. 그것은 근로대중에게 형식적 참정권을 부여함으로써 그들이 국가의 행정에 선출되거나 참여할 수 있는 기회를 최대한 제한한다. 오늘날의 자본주의 사회에서, 법 앞의 형식적 평등은 실재적인 경제적 평등에 의해서 뒷받침되지 않는다. 그러나 계급모순이 첨예하게 격화될 때, 자본가계급은 이러한 온건한 민주주의를 집어치워 버리고 공공연한 군사-경찰독재 혹은 파시스트 독재 형태로 이행한다. 금세기 초반기에 이탈리아와 독일에서 파시스트국가가 등장한 역사와 그들에 의해 야기된 제2차 세계대전은, 이러한 독재정권이 대독점자본가들의 이익에 봉사한다는 점을 설득력 있게 입증해 준다. 부르주아민주주의라는 일상적 수단이 근로대중의 투쟁에 대처하는 데 성공하지 못한 몇몇 나라들에 존재하는 군사-경찰국가도 이와 동일한 집단에게 봉사한다.

모든 다양한 부르주아민주주의와는 대조적으로, 사회주의적 민주주의는 근로대중에게 매우 광범위한 권리를 부여할 뿐만 아니라 그들에게 모든 수준의 사회의 행정에 직접 참여할 기회를 보장해 준다. 바로 이것이 대중의 사회주의적은 자치정부이다. 이러한 보장들은 소련의 헌법(기본법)에 가장 잘 구현되어 있다. 소비에트 시민들의 권리 및 의무는 사회의 실제적인 계급구조에 엄밀하게 부합된다. 진정한 사회주의적 민주주의는, 모든 의식적이고 적극적인 시민들이 사회의 입법 활동 및 행정에 참여할 뿐만 아니라 행정부의 법령과 결정을 적극적으로 토론한다는 사실로 표현된다. 사회주의 국가체(statehood)의 발전의 한 형태인 사회주의적 민주주의는, 이와 동시에 공산주의적 자치정부의 형태로 이행하는 길을 준비한다.

208 상부구조 체계 속에서의 정당

정당은 국가와 마찬가지로 사회의 계급 분열의 한 산물이다. 정당이란, 특정한 계급 혹은 개별 계층에 의해 구성되어 그들의 이익을 대변하는 가장 잘 조직된 의식적인 집단이다. 정당의 가장 중요한 독자적인 특징(바로 이것이 상부구조 체계 속에서의 정당의 위치를 규정하는 것인데)은 정당이 자기 계급의 정치적·경제적 목표를 가장 잘 인지하고 그 내용을 구체화하며, 권력투쟁에서의 그 계급의 전략 및 전술을 개발하고, 사회생활에 관한 적절한 이상을 제시하여 정당화하며, 대중 속에서 영향력을 쟁취하기 위해 자신의 모든 역량을 동원하고 조직한다는 점이다.

거의 모든 계급사회에는 이러저러한 형태의 정당들이 존재하지만, 그것들은 자본주의 사회와 사회주의 사회 모두의 상부구조에서 가장 뚜렷한 위치를 점하고 있다. 자본주의적 민주주의는 다양한 자본주의 정당들의 출현에 가장 유리한 조건을 제공한다. 오늘날의 자본주의 나라들에서 어떤 정당들은 극도로 반동적인 우익적 입장을 견지하며, 또 다른 정당들은 좀 더 자유주의적인 정치적 입장을 선호한다. 정치적 다원주의라고 알려져 있는 수많은 정당들의 존재는 근로대중에게 선택의 외양을 제공한다. 그렇지만 사실상 이 정당들은 정치적 임무 및 문제들에 접근하는 수단 및 방식에서만 다를 뿐, 지배적인 경제적 토대와 자본주의 국가를 공고화하는 데 매진한다.

몇몇 자본주의 나라들에서 근로대중이 완강한 계급전쟁을 벌여 획득한 기본적인 민주적 자유들(언론, 집회, 결사의 자유) 덕분에, 그들은 자기 자신의 정당을 결성할 수 있다. 과학적 사회주의를 자신의 이론적 발판으로 인정하지 않는 다양한 사회민주주의 정당과 사회주의 정당은 피상적인 사회개혁 정책을 추구한다.

이것의 의미는, 그러한 정당들이 집권할 때조차도 자본주의의 기초(대기업)를 그대로 남겨둔 채 계급투쟁을 '완화시킬' 속셈으로 제한적인 개혁을 수행할 뿐이라는 것이다. 바로 이로부터, 도대체 왜 그러한 정당들이 집권할 때조차도 근로대중의 지지를 얻지 못하며 대중 속에서의 자신의 영향력을 점차 상실하는지가 설명된다.

오늘날의 세계에서 정당의 역할은 한 나라 혹은 한 지역의 첨예한 사회적 문제들을 해결하는 데 그 정당들이 기여하는 것에 의해서 그리고 또한 전 지구적 문제들에 대해 그들이 취하는 입장에 따라서 규정된다. 이 가운데 가장 중요한 문제들은 평화 및 핵무기철폐를 위한 투쟁, 생태계 파괴에 대한 방지, 더욱 공정한 경제 질서의 수립, 인권을 위한 투쟁, 상이한 사회경제체제를 갖는 나라들 사이의 유연하고 평등한 협력관계의 확립 등이다. 사회변혁을 위한 투쟁에서 근로대중의 이익을 대변하는 진보적인 정당들이 수행하는 역할이라는 문제는 특별한 중요성을 띠어가고 있다. 이러한 정당들의 역할과 전략 및 전술은 구체적인 역사적 조건에 의해서, 그리고 그들의 일반적인 이데올로기적·사회정치적 교의에 의해서 규정된다. 많은 사회주의 나라들과 비자본주의적 발전의 길을 택하고 있는 나라들에서, 공산당과 노동자당 그리고 민족적-혁명적 정당들은 상부구조 체계 속에서 결정적인 위치를 차지한다. 그러나 일당제 사회주의 모델만이 유일하게 가능한 모델은 아니다. 구체적인 역사적 조건 속에서 다른 모델들이 가능하며, 사회당과 노동자당이 다른 정당들이나 사회조직들과 효과적으로 협력하면서 민주적 제도 및 광범한 대중층의 지지에 의존하는 모델도 그것들 가운데 하나일 수 있다. 이와 관련해서 강조되어야 할 중요한 사실은 과거 소련공산당에 의해 자신의 가장 중요한 이데올로기적 · 철학적 · 정치적 원칙으로서 주창된 새로운 사고 및 혁신 이데올로기의 가장 중요한 원칙이 모든 혁명정당과 공산당과 노동자당의 완전한 평등 및 독립이라는 점이다. 그러나 이러한 정당들은 그들의 전략 및 전술, 정치활동의 노선, 그 사회의 상부구조, 즉 사회정치 체제 내에서 다른 정치적 조직들 및 기구들에 대해 맺는 관계를 독자적으로 실행하였다. 소련공산당이 1980년대 중반까지는 러시아를 발전시켜왔으나 소비에트의 재조직화(페레스트로이카)는 관료제와 몇몇 보수적 인물들로부터 일정한 저항을 받았다. 따라서 소련공산당은 특별히 복잡한 과제에 직면했음에도 이를 해결하지 못하는 오류를 범하며 몰락하였다.

209 상부구조 체계 속에서의 사회조직들

계급사회에서는 국가와 정당들 외에도 다양한 사회조직들이 상부구조의 일부를 구성한다. 그 조직들은 착취계급과 피착취계급 모두에 의해서 결성될 수 있다. 착취자들의 이익을 옹호하는 사회조직들의 예로는 귀족들의 결사체, 교회조직, 상인길드(중세사회), 자본주의 사회에서의 사유재산 소유자들과 자본가들의 다양한 협동조직들(제조업자 및 대농장주 등의 연합체)이 있다.

계급투쟁이 발전되고 첨예화됨에 따라서, 또한 근로대중의 계급의식이 성장함에 따라서, 근로대중도 자신의 이익을 옹호하는 조직들을 결성했다. 자본주의 사회에서 이러한 조직들 가운데 가장 중요한 것은 노동조합인데, 그 주된 목표는 노동자계급의 경제적·사회적 지위를 개선하기 위해 그 계급의 투쟁을 조직하는 것이다. 노동조합의 활동의 성격은 대체로 어떤 정당이 그 조합들에게 영향력을 행사하느냐에 의존한다. 레닌은 노동조합 내에서 수행되는 이데올로기적, 교육적, 정치적, 조직적 작업의 중요성을 거듭해서 강조하였다. 부르주아 이데올로기들, 개량주의자들, 그리고 수정주의자들은 노동조합을 자본가들의 목표에 굴복시키고자 하며, 조합을 혁명적 투쟁의 길로부터 끌어내서 자본주의의 기초를 침해하지 않는 사소한 경제적 개량을 위한 싸움으로 인도하고자 노력한다. 따라서 자본주의 나라들에서 노동자당이 수행해야 할 가장 중요한 임무는 노동조합 운동에 대한 자신들의 영향력을 증대시키는 일이다.

노동조합 외에도 청년, 여성, 예술가, 문학가, 음악가, 반전(anti-war), 스포츠 등등의 수많은 조직체들 및 기구들이 오늘날의 서방 사회의 상부구조의 일부를 구성한다. 그것들은 다양한 사회적, 집단적, 전문적 이해를 대변하기 때문에, 사회현상에 대한 그들 각각의 태도가 상이하며 사회의 토대에 각기 다른 영향을 미친다. 그렇지만 그들의 활동이 직접적으로든 간접적으로든 자본가계급의 근본적이고 기저적인 이익을 건드리게 될 경우, 그 활동은 자본주의 국가와 그 정당들로부터 단호한 반대를 받게 된다.

사회주의 사회에서는 근로대중의 이익을 대변하는 사회조직들의 역할이 끊임없이 증대하고 있다. 노동조합, 체육회, 환경보존회, 다양한 협동조합 등과 같은 조직들의 활동은 거의 모든 주민들을 포괄하며, 바로 이 때문에 사회주의적 상부구조에서 그 조직들이 차지하는 비중은 점차 증대되고 있는 것이다. 우리는 집단농장, 소비자조합, 주택조합 및 주택협회, 생산자들의 조합적 조직 및 협회와 같은 다양한 형태의 조합들이 수행하는 역할을 특히 강조해야 하는데, 왜냐하면 이것들은 사회적 자주관리의 중요한 형태들이며 경제를 발전시키는 효과적인 수단들이기 때문이다. 자발적 조직들 서로 간의 상호작용, 그리고 국가 간의 상호작용이 지니는 독특한 특징은, 그것들의 목표가 조화롭게 조정된다는 것, 그리고 그 조직들이 상부구조의 매우 중요한 요소들인 국가 및 정당의 지원에 의존하고 있다는 사실이다. 이는 사회주의 사회의 토대에서, 그리고 그 토대 위에서 발생하는 사회적 관계들의 구조에서 적대적 모순이 존재하지 않는다는 것에 의해서 설명된다[406, 407].

사회가 사회주의적 민주주의를 향해 더욱 발전해 갈수록, 사회조직들은 사회의 행정 및 통치에서 한층 더 복잡하고 전면적인 기능들을 수행하게 되며, 상부구조에서 차지하는 그것들의 비중도 꾸준히 증대될 것이다. 철학적 관점에서 중요한 점은, 객관적 요인들과 주체적 요인들이 이러한 활동에서 어떻게 결합되고 발현되는지를 이해하는 것과, 모든 사회적 제도 및 조직들의 작동에서 규정적인 요인은 무엇인지를 이해하는 것, 그리고 이들의 활동에서 객관적 법칙 및 경향들이 발견될 수 있는지를 이해하는 것이다. 바로 이 지점에서 우리는 사적 유물론의 가장 중요한 범주들인 '사회적 존재'와 '사회적 의식'에 직면하게 된다.

210 사회적 존재와 사회적 의식

상부구조의 주요 요소들, 즉 국가, 정당, 사회조직들의 활동에서는 두 가지 측면(정신적인 것과 물질적인 것)의 상호작용이 발견된다. 사회발전의 전체 과정에 걸쳐 있는 모든 형태의 사회활동에서 그 요소들의 관계 및 상호작용을 규제하는 가장 일반적인 경향을 정식화하기 위해서는, 사적 유물론의 이 두 가지 범주를 검토할 필요가 있다. **사회적 존재란, 생산력의 물질적 요소들과 생산관계의 토대 위에서 발생하는 객관적인 사회적 및 실천적 관계들의 총체를 뜻한다.**

사회적 의식이란 사회적 존재의 반영을 통해서 발생하는 사회 성원들의 모든 교

리, 이론, 견해, 지식, 경험의 총체를 의미한다. 사회적 의식은 단지 특정한 시기에 특정한 사회에서 살고 있는 사람들의 개별적 심리들의 총합에 불과한 것은 아니다. 그것은 모든 특정한 역사적 시대에 살고 있는 사회 성원, 계급, 사회집단의 의식 속에 포함된 일반적인 것 혹은 공통된 것을 가리킨다.

이러한 범주들은 사적 유물론의 중심을 이룬다. "사회적 의식은 사회적 존재를 반영한다.—이것이 맑스의 가르침이다"19)라고 레닌은 말했다. 사적 유물론의 반대자들은 이 이론이 사회적 의식을 경제로부터 직접 연역해내며 사회생활의 모든 측면을 단순히 경제적 생산 활동으로 환원시킨다고 여러 차례에 걸쳐 비난하였다. 실제로 이러한 유치한 '경제적 유물론'의 잘못을 범하고 있는 사람들은 바로 자본주의 학자들 자신이다. 예를 들어 미국의 사회학자이자 경제학자인 로스토우(Walt Whitman Rostow, 1916~2003)는 성장단계론을 제시한 사람인데, 사회의 전체 발전이 공업발전의 수준에 의해 규정되며 또한 (계급 모순을 포함한) 모든 사회적 모순이 단지 경제활동의 진보와 물질적 부의 풍요에 의해서 해결될 수 있다고 주장하였다. 자본주의 나라들에서 창출된 막대한 부는 근로대중이 접근조차 할 수 없는 것이기 때문에, 바로 이같이 생활에 의해서 이러한 견해가 부정되고 있음에도 불구하고, 이러한 견해는 여전히 통용되고 있다. 사회적 의식의 본질에 관한 진정한 유물론적 이해를 특징짓기 위해서, 몇 가지 예를 살펴보도록 하자.

러시아에서 사회주의혁명과 내전이 끝난 뒤, 나라의 생산력은 황폐화되었다. 즉 대부분의 공장과 작업장이 가동되지 않았고 농업생산성도 급강하였다. 경제는 위험상태였다. 그럼에도 불구하고 대중의 의식은 혁명

---

19) V. I. Lenin, *Collected Works*, Vol. 29, Progress Publishers, Moscow, 1977, p.478.

적이었다. 그들의 의식은 역사적 낙관주의, 사회주의 건설 가능성에 대한 신념, 새로운 사회를 건설하려는 의지로 충만해 있었다. 이와 같은 시기에 미국, 영국, 프랑스와 같은 주요 자본주의 나라들의 경제는 훨씬 양호한 상태였다. 그 나라들의 생산력 수준은 상당히 높았다. 그러나 그 사회적 의식은 일반적인 비관적 복합심리와 모든 정신문화의 위기로 특징지어졌다. 만일 사회적 의식의 상태와 내용이 단지 생산력 및 경제의 상태에 의해서만 규정된다면, 사태는 이와 정반대가 되었을 것이다.

또 다른 예를 들어 보자. 사회주의의 길을 걸어온 나라들과 민족해방 및 반식민지 투쟁을 시작한 나라들에서, 사회적 의식은 혁명적 감정의 굳건한 증대로 특징지어지며, 또한 사회적 목표와 일반적 과제들 및 그것들을 수행할 수단에 대한 증대되는 단결로 특징지어진다. 서방의 산업화된 나라들에서, 위기 현상이 극복되고 인플레이션율이 부분적으로 감소하고 실업의 증대가 중단되고 일정한 경제적 부흥이 성취된 때에는, 공적인 의식 및 공적인 분위기는 보편적이고 평온한 낙관주의로 특징지어질 것이다. 그러나 실은 사태가 꼭 이와 같지는 않다. 집약적인 과학기술혁명과 사회의 정보입력의 증대는 공적·전문적 집단의 특정한 계층들 사이에 상당한 불안정성과 내일에 대한 믿음의 결여를 초래하고 있다. 특정한 피고용인들에게는 공업의 자동화, 로봇화, 컴퓨터화와 연관된 실업의 끊임없는 위험이 존재한다. 새로운 테크놀로지가 추가적인 직업들을 만들어낸다는 사실조차도, 많은 사람들이 직업 없는 방관자가 되거나 사회구조 내에서의 '잉여물'로 전락하지 않으리라는 보장을 해주지 못한다. 따라서 이 나라들의 공적 심리에서는 비관적 분위기가 낙관적 분위기를 압도해 버리기 일쑤이다.

이러한 예들로부터 도출되는 결론은 모든 사회적 견해, 모든 교리, 이상, 정치이론을 토대로부터, 즉 생산관계로부터 직접 연역해 낼 수는 없다는 것이다. 이러한 생산관계와 그에 조응하는 물질적·실천적 활동은 다른 모든 관계 및 활동형태들과 사회적 과정들의 기저를 이룬다. 그러나 이것이 의미하는 바는, 사회적 의식에는 생산관계 및 생산 활동이 반영될 뿐만 아니라 여타의 객관적인 사회적 관계들과 활동형태들(그리고 이것들과 연관된 사회적 현상 및 과정들), 즉 사회적 존재도 반영된다는 것이다. 따라서 '토대'의 '상부구조'라는 범주들은, 사회적 의식이 어떻게 사람들의 활동을 반영하는지, 그리고 무엇을 반영하는지, 그 의식이 이러한 활동에 어떻게 영향을 미치는지에 관해 설명하기에 부적합하다. '사회적 존재'라는 범주는 '토대'보다 광범위한데, 왜냐하면 그 범주는 생산관계뿐만 아니라 생산력의 물질적 요소들과 그 밖의 사회적 관계들과 제도들, 그리고 다양한 종류의 활동을 포괄하기 때문이다. 이와는 반대로 '사회적 존재'라는 범주는 '상부구조'보다 협소한 것이다. 왜냐하면 상부구조는 사회적 의식을 포함할 뿐 아니라, 사회적 의식의 '생산'과 관련된 또한 다양한 이론, 견해, 교리의 창출과 관련된 국가와 정당과 그 밖의 제도 및 조직들을 포함하며, 그러한 이론, 견해, 교리를 실현시키고 그것들에 생명력을 부여하는 투쟁도 포함하기 때문이다. 그러나 이들 제도 및 조직 자체는 객관적으로, 의식 외부에 존재하고, 그것들의 물질적 요소들은 사회적 의식을 반영한다. 이처럼 사회적 의식과 사회적 존재의 관계는 단순하지 않다. 즉 그 관계는 다양한 사회집단 계급, 사회제도들의 활동에 의해 매개된다.

사회적 의식은 사회적 존재를 반영할 뿐만 아니라 그것에 반작용을 가하기도 한다. 예를 들면 자본주의의 내적 위기를 반영하는 혁명적 이념이 사회적 의식의 체계 내에서, 또 자본주의 시기의 견해 및 교리들의 총체 속에서 발생할 수 있다. 이러한 이념들이 대중의 마음을 사로잡게 되는 경우에, 그 이념들은 혁명적 활동으로 구현될 수 있으며 존재 그 자체의 변화를 초래할 수 있다. 그 결과, 새로운 존재, 즉 사회주의 사회의 존재가 자본주의적 존재에 대신하여 등장하는 것이다. 사회적 의식이 사회적 존재를 엄밀하게 반영할수록, 그것은 사회적 존재에 더욱 강하게 영향력을 미친다. 바로 이러한 이유 때문에, 사회적 존재의 본질을 가장 심오하고 진실되게 반영하는 맑스-레닌주의 이론이 존재에 대해 가장 강력한 혁명적이고 변혁적인 영향력을 미치게 되는 것이다. 이는 일부 국가들에서 말하는 공산주의혁명이나 빨갱이란 의미로 그냥 넘어갈 이론은 아니니다. 이상에서 말한 것을 요약하면서, 이제 사적 유물론의 기본 원리를 정식화해 보자.

211 사적 유물론의 기본원리

'사회적 존재'라는 범주는 일반적인 철학적 범주인 '물질'을 사회현상에도 확장시킨 결과물이다. 이와 마찬가지로 '사회적 의식'이란 범주도 더욱 일반적인 철학적 범주인 '의식'을 사회현상에 확장시킨 결과물이다. 변증법적 유물론은 현대 과학에 완전히 일치되게 철학의 근본문제에 응답하면서, 물질이 1차적이고 의식이 2차적이라는 점을 확증해 주고 있다. 이것의 의미는 무엇보다도, 진화과정에서 물질이 의식에 우선하며, 물질은 의식의 이전에, 그 외부에, 그것과는 독립적으로 존재할 수 있다는 것이다. 이와는 반대로 의식은 물질과 독립해서 존재할 수가 없다.

그렇지만 사회적 존재가 사회적 의식에 앞서서 또한 그와는 완전히 독립적으로 존재할 수 있다고 생각하는 것은 오류일 것이다. 비록 사회적 관계와 물질적 현상이 사회적 존재의 일부를 형성하는 것으로서 객관적으로 존재한다고 할지라도, 그것들은 인간의 합목적적 활동, 즉 생각하는 존재에 의해 수행되는 활동의 과정에서 사람들에 의해서 창출된다. 우리는 사회적 존재는 형성되어 있으나 사회적 의식은 존재하지 않는 인간사회를 상상조차 할 수 없다. 그러한 사회는 정말 존재할 수 없을 것이다. 그렇다면 철학의 근본문제에 대한 유물론적 대답은 사회생활에 어떻게 확장되는가?

우리는 이미[204] 물질적 부의 생산양식이 정신적 활동을 포함하는 모든 다른 형태의 인간 활동의 토대이며, 마찬가지로 사회의 경제적 토대가 사회의 정치적·법적 상부구조가 발생하는 기초라는 것을 살펴보았다[205]. 활동의 모든 다른 형태 및 양식을 조건 짓는 생산양식은 궁극적으로 사회생활에서의 변화의 가장 심층적인 원인이자, 한 사회체제의 다른 사회체제로의 이행의 원인이며, 바로 이런 의미에서 결정적인 역할을 수행한다. 이와 꼭 마찬가지로 물론 상부구조 자체가 토대에 능동적인 영향력을 미칠 수 있음에도 불구하고, 토대에서의 변화는 상부구조 변화의 첫 번째 원인으로서 그 변화에 영향을 미친다. 토대의 규정적 역할은 바로 이 점에서 잘 드러난다.

이제 철학의 근본문제가 사회생활에 어떤 방식으로 적용될 수 있는지, 그리고 이에 대해 유물론적 대답은 어떻게 지시될 수 있는지를 쉽사리 이해할 수 있을 것이다. 사회와 관련해서 이 문제는 다음과 같은 것이 된다. "무엇이 규정적인가-사회적 존재인가, 아니면 사회적 의식인가?" 이 질문에 답할 때 사적 유물론은 역사적 관념론과는 대조적으로, 인간의 의식이 인간의 존재를 규정하는 것이 아니라 그 반대로 인간의 의식을 규정하는 것이 그들의 사회적 존재라고 확증해 준다.[20] 맑스의 이러한 명제는 인류의 역사적 경험 전체의 과학적 일반화이며, 동시에 사회

20) V. I. Lenin, *Collected Works*, Vol. 14, Progress Publishers, Moscow, 1963, p.323

의 발전 및 작동의 기본 법칙이기도 하다. 사회적 존재는, 그것이 사회적 의식의 내용 및 형식에서의 변화를 규정하며 심지어 사회적 존재에 대한 사회적 의식의 반작용의 성격까지도 규정한다는 의미에서, 물질적이고 1차적이다. 바로 이러한 이유 때문에, 사회적 의식에 대한 사회적 존재의 규정적 역할에 관한 명제는 사적 유물론의 기본 원리인 것이다.

"**무엇이 규정적인가**?—사회적 존재인가, 아니면 사회적 의식인가?"

이 원리로부터 다음과 같은 많은 명제들이 도출된다. (1)사회적 존재는 객관적으로, 사회적 의식의 외부에 존재한다. (2)사회적 의식은 사회적 존재를 반영한다. (3)사회적 존재는 1차적이고 물질적이기 때문에, 그것이 사회적 의식의 내용과 형식을 지배한다. (4)사회적 의식의 모든 변화는 직접적으로든 간접적으로든 사회적 존재의 변화에 의해 초래된다. (5)사회적 의식은 사회적 존재의 변화 및 발전에 능동적으로 영향을 미칠 수 있지만, 이러한 영향 자체가 궁극적으로는 사회적 존재의 발전 및 작동의 객관적인 법칙들에 의해서 규정된다. (6)사회발전의 모든 법칙들은 사적 유물론의 기본 원리에 의존하며 그 속에서 자신의 과학적 설명을 찾아낸다. 사적 유물론의 기본 원리는, 사회의 발전이 자연사적 과정이라는 명제의 올바름을 강조하고 입증한다[203].

이러한 견해는 사회경제 구성체에 관한 교의 속에 가장 완벽하게 구현되어 있다.

● 사회구성체란 무엇인가?

212 개별, 특수, 일반

우리 주위의 대상들을 둘러보면 대체로 그것들이 어느 정도 서로 다르다는 것을 쉽게 확인할 수 있다. 두 개의 같은 당구공만 하더라도 정밀하게 무게를 달아 보면 1/1000g 정도의 차이가 있음을 알 수 있다. 비록 양자역학에서 비슷하게 명명된 소립자들을 서로 구별할 수 없다고 하더라도, 어떤 주어진 시점에서 서로 다른 장소에 있다면, 그것들은 다른 원자들의 부분을 이루고, 그 원자들은 다른 분자들의 부분을 이루며, 그 분자들은 다른 물질적 대상들의 부분을 이룬다는 것을 망각해서는 안 된다. 물론 사람들도 서로 다르다. 그들은 외모, 성격, 기술, 운명, 민족체, 언어 등에서 서로 다르다. 요컨대 우리 주변의 모든 현상과 과정들은 다소간 그것들에 내재하는 독특한 특성 및 속성, 즉 **개성**(individuality)을 지니고 있다. 이러한 성질(property)은 **'개별'**(혹은 유일, 단일) 범주에 반영된다.

동시에 서로 아무런 유사성도 없는 대단히 개별적인 현상들과 과정들이 있다. 예를 들어 모든 까마귀는 검은 날개를 갖고 있고, 모든 액체는 유동성이라는 유사한 성질을 지니고 있다. 모든 개별적 차이가 사람들을 서로 다르게 만들지만 그들은 또한 유사한 특성과 성질, 이를테면 몇몇 그룹으로 그들을 분류할 수 있게 해주는 독특한 특성을 갖고 있다. 마치 화학원소들이 비록 그 화학구조에서 서로 다르더라도(각각 독특한 화학적 성질을 지닌) 알칼리금속, 할로겐, 불활성기체로 그룹 지을 수 있듯이, 사람들도 연령, 성, 피부색, 모발의 색, 혈연집단, 민족체, 언어 등으로 그룹 지을 수 있다. 비록 그들의 운명, 외모 및 구체적 행위가 다르더라도, 알렉산더 대왕, 줄리어스 시저, 나폴레옹 및 수보로프(Suvorov)의 퍼스낼리티에서 다음과 같은 몇몇 유사한 특성을 발견할 수 있다. 즉 그들로 하여금 위대한 장수가 되도록 한 의지, 용기, 군사적 재능, 조직력 등이 그것이다. 따라서 개별적 혹은 단일한 현상들은 서로를 구별할 뿐만 아니라 서로를 유사하게 만드는 속성 및 성질을 내포하고 있다. 이에 근거하여 우리는 그것들을 분류할 수 있고, 그 그룹을 특징지을 수 있다. **어떤 현상들과 과정들의 그룹에 내재해 있는 객관적인 특성과 성질은 '특수' 범주에 반영된다.**

각각의 현상들과 과정들의 그룹에 내재해 있는 성질 및 속성과 더불어, 객관적 실재에는 **하나의 주어진 종류의 모든 현상과 과정들에 특징적인 관계, 특성 및 성질이 있다. 그것들은 '공통' 혹은 '일반' 범주로 반영된다.** 원자는 하나의 원자핵과 그 주위를 둘러싸고 있는 하나의 전자망으로 구성된 구조를 갖고 있다는 사실은 모든 화학원소에 공통적이다. 성, 언어, 인종, 민족체 등에 관계없이 모든 사람이 도구를 이용하여 다양한 대상들을 만들 수 있는 이성적인 사회적 존재라는 것은 모든 사람에게 공통적인 것이다. 따라서 우리는 다음과 같은 중요한 결론에 도달한다. 즉 '개별', '특수' 및 '일반' 범주는 우리 주변 세계의 객관적 성질을 반영하고 있다는 것이다.

공통(일반), 특수 및 개별 사이에는 실제로 심오한 변증법적 연관이 있다. **일반과 특수는 개별 속에 존재하고, 개별을 통해 자신을 드러낸다.** 그리고 **역**

으로, 어떠한 개별적 대상과 과정도 특수하고 일반적인 어떤 것을 내포하고 있다. 이러한 진술은 자연, 사회 및 사고에 적용될 수 있다. 모든 개별적 식물과 동물은 일반적인 생물학적 법칙의 지배를 받으며, 또한 동시에 그 종(種)에만 특징적인 특수한 법칙의 지배를 받는다. 같은 방식으로 모든 개별 인간은 아무리 그의(또는 그녀의) 개성이 독특하더라도 그의(또는 그녀의) 행동과 성격 및 사회적 활동에서 그의(또는 그녀의) 민족체, 직업 및 작업집단에 독특한 하나의 특수성, 그리고 또한 그의(또는 그녀의) 문화, 역사적 시대 및 사회계급의 사람들에 내재해 있는 일반적 특성들을 드러낸다. 동시에 일반과 특수는 개별 없이는 그 자체가 존재하지 않으며, 개별과 분리되지 않는다. 사회주의 사회의 일반적 유형들은 각각의 작업집단과 그것을 구성하고 있는 개인들의 활동 속에서 나타난다.

이제까지 일반, 특수 및 개별의 관계와 그것이 자연 및 사회 모두에서 작동됨을 살펴보았다. 이제 사회발전의 가장 일반적인 법칙으로 넘어가자. 이 문제는 사회경제구성체의 교의와 불가분의 관계에 있다.

213 사회경제구성체란 무엇인가?

우리가 과거, 현재, 미래의 인간의 운명이나 사회에서의 그의 지위 또는 주변 세계에 대한 그의 태도를 곰곰이 살펴보면, 우리는 매우 다양한 역사적 사건과 인간의 행동 또는 모든 사람들과 국가의 생성, 발전, 심지어 사멸에 직면하게 된다. 이 모든 것의 이면에서, 자연에서의 일반적 법칙들만큼이나 객관적인 어떤 일반적 법칙을 확인할 수 있을까? 맑스주의 사회철학이 제기되기 이전에는 그러한 법칙을 발견하려는 어떠한 시도도 성공하지 못했다.

외면적으로 다양하고 급속도로 변하는 역사적 사건들과 사람들의 행위들 속에서 어떤 공통적인 것, 다른 것이 아니라 바로 이러한 사건들과 활동 형태들의 가능성을 결합시켜 해석해 내는 어떤 것을 발견하기 위해서는, 사회를 이해하는 데서 진정으로 혁명적인 변화가 요구된다. 이 공통적인 것은 사회경제구성체라고 불리게 되었다.

사회경제구성체란 객관적이고 안정적인 사회적 관계, 과정, 제도, 사회집단, 어떤 역사적 시대에 지배적인 생산양식[204]**에 근거하여 생성되고 발전하는 모든 유형 및 형태의 사회적 의식의 총합이다.**

결과적으로 사회경제구성체는 하나의 극도로 복잡한 체계이다. 각각의 시대에는 단 하나의 생산양식이 아니라, 여러 생산양식이 존재한다. 예를 들어 자본주의 사회에는 지배적인 자본주의적 생산과 나란히 소품생산, 가부장적, 즉 자급자족적 생산 및 봉건적 생산의 잔재가 또한 존재할 수 있다. **이들 부차적 혹은 비지배적인 생산양식은 보통 부문**(sector)**이라 불린다.** 그것들은 한 구성체에서 다른 구성체로의 이행기에 특히 다양하다. 하지만 부문들 그 자체는 지배적인 생산양식에 종속되어 있고, 그것에 의존하고 있다. 따라서 이 지배적인 생산양식이 하나의 구성체의 토대와 상부구조를 이루는 모든 사회적 관계, 과정, 제도 및 의식형태를 규정한다[205].

하나의 단일한 사회체계 또는 사회유기체로서의 사회는 상호 연관된 여러 하위체계를 내포하고 있다. 이들 하위체계는 서로 연계되어 있다. 예를 들어 그것에는 계급, 정당, 국가, 교회 및 종교기관, 가족 등등이 포함되나, 그것 모두는 궁극적으로 생산양식에 의존한다[204-09]. 생산양식과 더불어 하나의 체계를 형성하고 있는 다양한 하위체계들의 연계는 더욱더 복잡하며, 다양한 관계들과 의존을 통하여 실현된다.

'사회경제구성체'는, 지배적인 생산양식에 의해 규정되나 여러 개별 나라들에서 독특한 방식으로 발현되는 가장 공통적이고 일반적이며, 객관적이고 필연적인 특성들과 성질들을 반영하는 범주이다. 이 특성들은 민족적 및 역사적 조건에 의존할 뿐만 아니라, 그 구성체가 발생한 시기 및 상황에도 의존한다.

사회경제구성체의 이론은 모든 종류의 역사적 관념론을 혁파하는 데 기여하였다. 자본주의적 이데올로기들, 특히 독일 사회학자 베버(Max Weber, 1864~1920)의 추종자들은 사회경제구성체의 이론을 반박하기 위하여 그것을 '이념형', 즉 객관적인 역사적 실재로서 존재하지 않는 사회에 대한 하나의 상상적 모델이라고 불렀다. 관념론자들은 반박하면서 레닌은, '사회경제구성체' 개념을 통하여

> 사회적 현상들에 대한 서술(그리고 이상—理想—의 관점으로부터의 그것에 대한 평가)로부터 엄밀한 과학적 분석, 즉 예를 들면 한 자본주의 나라를 다른 자본주의 나라와 구별해 주는 것을 분리해 내고 그들 모두에 공통된 것을 탐구하는 분석으로 나아가는21)

것이 가능하다고 쓰고 있다.

하나의 동일한 구성체, 예를 들어 자본주의 또는 공산주의 구성체라도 나라마다 각각 다르게 발현되고 다르게 발전하지만, 공통적인 특성과 안정되고 필연적인 연관이 존재하기 때문에, 모든 나라와 민족에 공통적인 구성체의 작동의 법칙과 하나의 구성체로부터 다른 구성체로의 이행의 법칙은 정식화될 수 있다.

---

21) V. I. Lenin, *Collected Works*, Vol. 1, Progress Publishers, Moscow, 1964, p.140.

214 사회혁명

구성체들은 사회발전의 기간 동안 작동할 뿐만 아니라 잇달아 계승되며, 더구나 특정하고 객관적이며 합법칙적인 순서로 계승된다. **하나의 구성체로부터 다른 구성체로의 이행을 사회혁명이라 불린다.** 그렇다면 사회혁명을 규정하는 유형은 무엇이며, 그것은 무엇에 의존하고 있는가?

하나의 사회경제구성체로부터 다른 사회경제구성체로의 변동은 하나의 지배적인 생산양식의 다른 것으로의 교체에 의하여 규정된다. 다섯 가지 사회경제구성체는 다섯 가지 주요한 생산양식들(즉 원시공동체, 노예소유제, 봉건적, 자본주의적, 사회주의적 생산양식)**에 따라 구별된다**[204].

나라와 역사적 시기에 따라 하나의 구성체로부터 다른 구성체로의 이행은 서로 다른 길을 걷는다. 때에 따라서 이행은 수십 년, 혹은 수세기 동안 지속된다. 하나의 사회혁명은, 그것이 평화적 방식으로 수행되는가 또는 폭력적 방식으로 수행되는가, 장기간에 걸쳐 수행되는가 또는 단기간에 수행되는가에 의해서가 아니라, 그 기간에 일어난 생산양식, 무엇보다도 먼저 경제적 토대의 변동에 의해 규정된다는 것을 이해하는 것이 중요하다. 맑스가 규명하고 있듯이, 이러한 토대의 변동은 과학적으로 정확히 분석될 수 있다. 하나의 사회혁명이 진행되는 동안에 사회적 상부구조의 모든 단계에서 복합적이고 대단히 난해한 변동이 일어나고, 사회의 계급구조[206]가 급진적인 방식으로 변화된다. 따라서 계급구성에서의 이러한 변동은 처절한 계급투쟁을 수반한다. 하나의 구성체로부터 다른 구성체로 이행할 때 사회적 의식의 다양한 형태들의 내용도 또한 변화된다. 즉 예술, 종교, 도덕 및 철학 그 자체는 새로운 사회적 존재, 사람들 사이의 새로운 관계 및 새로운 국가권력과 정당의 체계를 반영하기 시작한다. 혁명 기간 동안의 생산양식과 모든 사회적 관계에서의 변화는 선행한 사회경제구성체 내의 조용한 발전기보다 수십 배, 수백 배 더 빠르고 더 깊이 사회의 생활에서 일어난다. 전통적인 관계들, 활동양식 및 사고방식이 깨지고, 사회의 심리와 이데올로기가 바뀐다. 요컨대 새로운 구성체를 위한 길을 닦는 사회세력들 사이의 처절하고 격렬한 투쟁과정에서, 이전의 모든 생활은 급진적인 타격을 입는다. 이러한 파괴는 또한 새로운 구성체가 발전할 수 있게 해주는 가장 중요한 전제이자 조건이다. 따라서 사회혁명은 하나의 객관적인 역사적 필연이다. **다음의 더 높고 역사적으로 더 발전된 구성체로의 이행은 사회혁명 없이는 불가능하다.**

215 사회혁명의 구조

하나의 새로운 사회경제구성체를 탄생시키는 사회혁명은 사회생활의 모든 측면에 영향을 미치며, 복잡다단한 구조를 갖고 있다.

낡은 생산양식의 파괴와 새로운 생산양식의 생성을 우리는 **경제혁명**이라 부른다. 그것의 주요 과제는 낡은 생산관계를, 생산력의 성격과 발전수준에 일치하는 새로운 생산관계로 교체하는 것이다.

선행한 구성체의 부분을 이루었던 법적 및 정치적 조직들로 구성된 법률적 및 정치적 상부구조를, 새로운 구성체의 토대에 조응하는 새로운 상부구조로 교체하는 것을 우리는 **정치혁명**이라 부른다. 레닌은, 혁명의 근본문제가 권력을 장악하는 것, 낡은 국가기구를 분쇄하고 새로운 국가기구를 창출하는 것이라고 계속적으로 강조하였다. 그리고 경제적 및 사회적 문제들을 결정하는 데 국가권력이 가장 중요한 도구[207]이기 때문에, 국가권력을 위한 투쟁 그리고 새로운 국가의 건설은 각각의 사회혁명에서 본질적인 것이다. 문제의 이러한 측면이야말로 사회의 혁명적 변화에 반대하는 사람들이 숨기려고 노력했던 것이다. 그들은 마치 사회혁명, 특히 사회주의 혁명의 가장 중요한 문제가 낡은 국가를 분쇄하지 않고, 그것을 개혁하고 개선함으로써 해결될 수 있는 것처럼 보이게 하려고 했다. 그들은 국가의 계급적 본성을 은폐했다. 근로대중을 정치적으로 억압하는 도구인 자본주의 국가는 그 본성상 적대적 모순을 제거할 수 없고, 생산수단의 사적 소유를 철폐할 수 없으며, 무계급사회의 건설을 촉진할 수 없다. 따라서 자본주의적 국가기구를 (노동자계급이 주도적 역할을 하는) 근로대중의 국가로 교체하는 것은 일련의 사회혁명 중에서 가장 심원한 필연적인 역사적 조건이다[219, 220].

하나의 구성체로부터 다른 구성체로의 이행과정에서 이데올로기에서의 변화를 포함하여 사회적 의식과 사회의 정신문화 전체도 또한 심각한 질적 변화를 겪는다[005, 224]. 물론 도덕, 예술, 철학 등등은 새로운 사회적 존재를 반영하고 그것의 발전을 능동적으로 촉진하는 새로운 사회적 및 이데올로기적 내용으로 채워진다. 사회의 문화적 심상(image)은 바뀐다. 통상적으로 이 과정을 우리는 **문화혁명**이라 부른다. 자본주의로부터 사회주의로의 이행기에 특히 사회의 지적, 문화적 심상의 심각한 변화가 일어난다. 하지만 문화혁명이 이전의 문화적 전통에 대한 거부, 혹은 그것과의 완전한 단절을 의미한다고 생각해서는 안 된다. 진정한 문화혁명은 선행하는 문화에 의해 창조된 모든 가치를 축적해야 하고, 세계 및 민족 문화의 최고의 업적에 모든 사회집단과 광범한 층의 공중(公衆)이 접근할 수 있게 해야 한다.

경제, 정치 및 문화 혁명은 사회혁명의 가장 중요한 요소이자 측면이며, 그것들의 실현에서 서로 밀접하게 연관되어 있다. 각각의 혁명의 시기는 때때로 어긋나고, 때때로 일치한다. 즉 그것들 중의 하나는 구체적인 역사적 상황에 따라 다른 것들을 앞지를 수도 있고, 다소간 장기간에 걸쳐 지속될 수도 있다. 그러나 모든 경우에 사회혁명은 경제에서의 사회적 발전, 사회적 및 정치적 생활 그리고 문화에 의해 제기된 과제들이 해결된 뒤에만 비로소 완결된 것으로 판명된다. 이들 과제의 제기와 해결은 또한 하나의 새로운 사회경제구성체의 창출을 의미한다.

사회경제구성체의 연속적인 변화와 광범위한 사회혁명을 통한 사회의 발전은 하나의 객관적인 역사의 법칙이다. 특정한 조건하에서 사회혁명은 역사적으로 필연적인 것이다. 특정한 조건이 사라지게 되면, 하나의 구성체로부터 다른 구성체로의 이행의 형태인 혁명의 객관적 필연성도 또한 없어지게 된다. 구성체들의 기능과 계승에 관한 객관적 법칙들이 어떻게 작동되는가를 이해하기 위하여, 우리는 인류사회의 기원으로부터 오늘날에 이르는 인류사회의 발전의 기본적 단계들을 검토하지 않으면 안 된다.

216 인류사회의 형성

하나의 현상이 생겨나서 형태를 띠나 아직 성숙하지 못하고 최종적으로 완성되지 못하며 그것의 진정한 특성을 획득하지 못한 기간 동안의 과정을, 우리는 그것의 형성 또는 생성이라 부른다. 생성 또는 발전, 즉 형성의 과정에 있는 현상에 관하여, 아무도 자신 있게 그것이 존재하지 않는다고 말할 수 없으나, 그것이 충분히 발전된 형태로 존재한다고 말하는 것도 역시 잘못된 것이다. 생성 또는 형성이라는 개념은 발전하고 있는 모든 현상, 특히 최초의 발생 단계에 있는 모든 현상에 적용되는 하나의 철학적 범주이다. 이제 인류사회의 형성 경로를 고찰해 보자.

인류 발생의 최초의 시기에 관해 우리가 아는 것은 고고학적으로 발굴된 유물에서 얻어낸 것이다. 인간의 가장 오래된 선조의 유물들은 4반세기 전에 발굴되었다. 그들은 생물학적 특성상 동물에 가까운 것이었으나, 동시에 최초로 식량을 얻고 다양한 물건을 만들기 위해 매우 단순한 석기를 사용하기 시작하였다. 과학자들은 이 피조물들을 '선인류'라고 부른다. 그들의 생활방식은 동물들의 군집적인 생활 형태에 가까웠다. 그들의 두뇌의 크기는 고도로 진화한 유인원의 두뇌보다 거의 크지도 않을 뿐만 아니라 그 구조도 거의 다르지 않았다. '선인류' 단계에서는 아직 엄밀한 의미의 생산 관계가 없었으며, 결과적으로 인류사회의 특성인 다른 사회적 관계 및 제도도 또한 없었다. '선인류'는 대략 550만 년 전에 살았으며, 뒤이은 대략 350만 년 전의 시기는 인류사회의 형성기로 간주될 수 있다. 그 시기에 도구의 개선과 생산 활동의 발전이 시행착오를 겪으면서 대단히 천천히, 자연발생적으로 진전되었다. 그러나 그 말미에 이르러 사회의 생산력은, 그 성장이 모든 노동과 사회적 과정의 특정한 조직화라 불릴 정도로 빨리 발전하였다. 이렇게 인간의 경제적 활동과 사회적 관계의 창출을 위한 전제, 그리고 최초의 생산관계는 생산력의 발전을 통하여 창출되었다. 인간의 존재는 사회적 존재가 되었으며, 그것에 근거하여 사회적 의식이 형성되기 시작하였다.

인류사회 형성의 과정은 가장 오래된 원시인(피테칸트로푸스)이 출현한 대략 100만 년에서 150만 년 전에 완결되었다. 이들 원시인은 또한 고대인 또는 팔레안트로프스(palaeanthropes)라고도 불린다. 골격에서 그들은 '선인류' 및 동물과 확연히 달랐다. 인류의 형성은 최초의 사회경제구성체인 원시공동체의 출현에 의해 완결되었다.

217 원시공동체

원시공동체 구성체의 기초는 생산도구의 사회 집단적 소유였다. 가장 단순한 석기(손도끼, 칼, 화살촉, 창 등), 뼈 도구, 나무 화살 및 창을 통해 인간은 동물의 왕국으로부터 스스로를 구별 정립할 수 있게 되었다. 동시에 그것들은 낮은 노동생산성을 제공하였다. 그것들은 단지 인간의 공동 활동을 통해서만22) 효율적으로 사용되었다. 생산력의 이러한 성격은 또한 생산관계의 유형을 미리 결정하였다. 모든 도구와 무기는 원시집단의 성원이 공동으로 소유하였다. 이 집단의 핵은 모든 성원이 혈연적 관계로 연계된 씨족이었다. 부족과 부족연합체는 씨족공동체에 뒤이어 형성되었다.

선사시대의 인간은 자연력 앞에서 대단히 유약했다. 사람들은 자연력에 오직 집단적으로만 대항할 수 있었다. 공동노동을 통해 획득한 식량은 씨족 또는 부족의 모든 성원들 사이에 분배되었다. 생산관계의 모든 요소, 즉 소유, 직접적인 교환 또는 물물교환 활동, 분배는 생산력 발전의 수준과 성격에 조응하였다[204]. 원시공동체 구성체의 상부구조는 이들 생산관계에 조응하였다. 씨족과 부족은 족장에 의해 영도되었는데, 그는 힘, 경험 및 지혜가 뛰어났다. 그의 권위는 선거에 의해 뒷받침되었다. 때때로 권위는 아버지로부터 아들로 상속되어 계승되기도 했다. 공동체의 모든 성원은 최대한의 능력을 다하여 작업, 초목채집, 사냥 등등에 참여하였다. 모든 성인, 육체적으로 건강한 남성은 동시에 전사였다. 따라서 원시집단의 성원들 사이에는 어떠한 내적인 사회적 모순도 없었다. 그들의 의식은 거친 자연과의 투쟁 속에서 형성되었다. 자연 현

22) 인간이 작동시킴으로써만 – 역자

상(천둥, 번개, 혹한, 혹서, 홍수 등)에 대한 설명은 신화적 형태를 띠었다. 초기의 원시종교는 세계에 대한 이러한 설명에서 생겨났다. 동시에 모든 행동에서 준수해야 할 가장 단순한 규범과 규칙이 사회적 의식의 일부를 이루었다. 이것들은 원시적 도덕성 및 도덕의 기초였다. 그것들 중의 어떠한 것을 위반하더라도 엄중한 벌을 받았다. 원시예술도 또한 생겨났다. 사냥, 전투, 종교의식의 요소들 등등에 관한 일화를 묘사한 벽랑 및 동굴 벽화가 오늘날까지도 많이 전해지고 있다.

불의 사용은 원시 기술 및 생산 전체의 발전에서 대단히 획기적인 진전이었다. 불을 사용함으로써, 인간은 음식을 요리하는 것뿐만 아니라, 주거를 따뜻하게 하고, 토기를 굽고, 뒤에는 금속을 녹이고 동 및 철제 도구 및 무기를 만드는 법을 배웠다. 그로 말미암아 생산력의 발전에서의 비약적인 도약이 일어났다. 그 결과들 중의 하나는 인간의 원래 거주지인 따뜻한 열대지역으로부터, 거칠고 주거하기 어려운 지역을 포함하여 세계의 모든 지역으로 인간이 급속하게 흩어져간 것이었다.

생산력의 발전은 분업과 밀접하게 관련을 맺고 있었다. 종족들은 1차적으로 사냥을 가거나 식량을 채취하면서 출현하였다. 수렵과 농경 사이의 분화가 생겨났다. 수공업이 분화되었다. 즉 병기공, 도자기공, 구두장이 등등이 분화되었다. 결과적으로 여러 원시공동체들 사이의 노동생산물의 교환이 발생하였다.

대략 6,000년 전에 생산력의 발전은 최초로, 인간의 직접적인 의식주의 욕구를 충족시키고도 남을 정도의 생산물을 생산하는 수준에 도달하였다. 이들 잉여를 저장하고 축적하는 것이 가능하게 되었다. 이 잉여는 씨족 및 부족장의 수중에 집중되었다. 결과적으로 부가 축적되고 소유의 불평등이 생겨날 전제조건이 창출되었다. 잉여의 생산수단은 타인의 노동을 착취하기 위하여 사용되었는데, 그것은 새로운 생산관계(더 이상 집단소유에 근거한 것이 아니라 사적 소유에 기초한)의 맹아가 생겨났음을 의미하였다. 새로운 생산양식이 형성되기 시작하였다. 낡은 원시공동체 구성체는 그 가능성이 소진되었고, 역사의 객관적인 경로는 인류를 신천지로 인도하였다. 계급으로의 분화와 계급사회가 생겨났다.

218 노예소유제적, 구성체

사적 소유에 기초한 생산관계가 지배했던 최초의 사회경제구성체는 노예소유제 사회였다. 그것들 중에서 가장 오래된 것은 기원전 2, 3세기의 이집트, 메소포타미아, 인도, 중국과 기원전 2세기의 고대 그리스, 그리고 기원전 1세기의 고대 로마에서 발전하였다. 노예의 원천은 전쟁과 채무였다. 원시사회에서는 죄수를 부족의 성원으로 만들거나, 죽이거나 또는 몸값을 받고 석방한 데 반하여, 노예소유제 사회에서는 죄수를 노예로 만드는 것이 더 이익이 되었다. 왜냐하면 그러한 생산력의 수준에서는 노예노동이 잉여의 노동생산물을 창출할 수 있었기 때문이다.

노예제 생산양식의 창출은 서로 화해할 수 없는 계급들, 즉 노예소유자와 노예로 사회를 분열시켰다. 뒤이은 이들 사이의 투쟁은 특수한 사회제도, 즉 노예소유자의 국가(노예제 국가)의 창출을 야기하였다. **이 국가는, 지배적인 노예소유자계급의 경제 및 정치권력을 유지하기 위하여 피착취자, 무엇보다도 노예를 정치적으로 억압하는 하나의 무기였다.**

노예소유제 사회의 초기 단계에서 이 구성체에 공통되는 특징은 구체적인 역사적 조건에 따라 이미 특수한 형태를 드러내기 시작하였다. 농업을 위해 대규모 관개 및 배수로가 건설되어야만 했던 이집트, 바빌론, 아시리아 및 기타 국가에서는 국가노예가 지배적이었다. 고대 동양의 땅에 건설된 이러한 사회경제체제를 맑스는 '아시아적 생산양식'이라고 불렀다. 그것의 가장 독특한 특성은 하나의 동일한 생산관계를 재생산하고 거의 변하지 않는 낮은 생산력 수준을 유지하는 능력이었다. 한편으로 그것은 일정 정도 사회의 안정성과 불변성을 보장해 주었기 때문에, 외부 세력의 공격에 의해서만 붕괴될 수 있었다. 다른 한편 아시아적 생산양식은 전체 사회경제체제의 정체를 촉진하였으며, 사회의 전체 정신생활에도 또한 다음과 같은 것을 각인하였다. 즉 개인의 이니셔티브와 정신적 및 사회적 자유에 대한 그의 욕구를 최소한으로 줄이며, 염세주의적 세계관 및 도피주의와 객관적인 사회적 정의로부터 내적 경험과 주관주의적인 자기 수양의 세계, 종교적 명상과 탐미주의의 세계로의 도피 경향을 강화시켰다. 정체된 아시아적 생산양식은 노예소유제 구성체보다 오래 존속하였는데, 아시아의 몇몇 나라에서는 중세시대 내내 '지속'되었다. 그 결과 이 지역은 고도의 정신문화를 창출했지만, 보다 역동적인 유럽 및 북아메리카의 나라들에 비해 경제적 및 사회적 영역에서 뒤떨어졌다. 동방의 전제군주는 단지 전체 지배계급의 이해만을 지켰다. 동시에 가족, 가부장적 노예제도도 또한 존재했다. 반대로 고대 그리스와 로마에서는 개별적 노예소유가 지배적이었다. 노예들은 작업장(ergasteria), 채석장, 광산, 토목 및 건설 등등에서 일했다. 특정한 단계에서 그리스와 로마에서는 민주주의적인 노예공화국이 확대되었다. 그러나 민주주의와 정치적 평등은 노예에게가 아니라, 자유 시민에게만 주어졌다.

아시아 국가들과 유럽 국가들 사이의 일정한 차이에도 불구하고, 노예제 구성체의 일반적 특성은 고대 세계의 모든 국가에서 두드러졌다.

노예의 노고는 노예소유자를 힘겨운, 일상의 생산적 노동으로부터 해방시켰다. 그 결과 지배계급의 성원들은 예술, 문학, 철학, 과학 등등의 발전에 상당한 기여를 할 수 있었다. 지배적인 이데올로기는 노예제를 정당화하였다. 아리스토텔레스는 노예가 단지 말하는 도구에 불과하다고 말했다. 그것은 명백히 그 시대의 의식이 그 시대의 사회적 존재에 의해 어떻게 규정받는가를 드러내주고 있다.

노예제 사회에서 지적 활동과 통치는 지배계급의 특권인 데 반하여, 육체노동은 노예와 빈민의 몫이었다. 따라서 육체노동은 경시되었고, 단지 지적, 정신적 활동만이 자유인의 존경을 받았다. 육체노동에 대한 멸시는 사회가 착취자와 피착취자로 나누어진 것의 역사적 산물이다.

노예와 빈민계층은 종종 그들의 억압자에 대해 반란을 일으켰다. 그 반란은 무자비하게 짓밟혔다. 그러나 반란이 노예의 승리로 끝나는 몇 안 되는 경우에도 그것이 노예제의 종말을 의미하는 것은 아니었다. 승자 자신은 귀족이 되어 자신의 억압자들을 노예로 만들었다. 그 당시의 생산력의 성격과 발전 수준을 감안할 때는 다른 가능성은 전혀 없었다.

단지 점진적으로, 극히 느린 생산수단의 개선을 거쳐서만 새로운 봉건적 사회경제구성체가 탄생할 수 있는 객관적 조건이 형성되었다.

219 봉건적 구성체

생산자, 즉 농민에 대한 충분한 소유가 아니라, 가장 중요한 생산수단, 주로 토지에 대한 충분한 사적 소유가 봉건적 생산관계를 떠받친다. 이러한 소유형태는 이미 로마의 노예제 사회와 몇몇 동양의 노예제 국가에서 점진적으로 창출되기 시작하였다. 노예들은 단지 조야한 도구를 사용해서만 작업하였고, 주로 낮은 생산성의 원시적 작업만 수행하였다. 그들은 부자유를 혐오하였고, 노동을 강요받았으며, 그 결과에 아무런 관심이 없었다. 생산수단이 개선됨에 따라 노예보다는 예속된 생산자의 노동에 적응하는 것이 더 높은 수익률을 보장해주었다. 토지와 도구의 소유자들은 생산자가 사용하도록 토지와 도구를 주었고, 그리하여 생산자가 소유자에게 예속되는 새로운 생산관계가 형성되기 시작하였다. 하지만 전적으로 그의 주인의 소유물이 아니며 생산물의 일부를 자신이 전유할 수 있는, 법적으로 예속적인 그러한 노동자는 노예보다 그의 작업에 대한 이해관계가 더 컸다. 유럽에서 새로운 생산관계의 발전은 3~5세기에 아시아에서 온 야만족의 침략으로 촉진되었다. 로마 노예제국을 파멸시킨 이들은 그 폐허 위에 장수들(왕, 공작, 남작)이 영도하는 몇몇 새로운 국가를 만들었다. 그들은 서로 의존하고 있었다. 상급자는 그의 군대의 부하에게 토지 보유권 또는 봉토(封土)를 나누어 주었고, 봉토의 보유자는 가신(家臣)이 되어 군사적 용역을 제공해야만 했다. 이러한 의존체계는 매우 복잡하였고 위계적이었다. 그 정상에는 황제 또는 왕이 있었고, 그의 가신은 공작이었는데, 그 다음 순서에 백작, 남작 등등이 그의 가신으로 있었다. 가장 낮은 수준에는 고생하는 자, 농노가 있었다. 농업은 봉건제의 토대였으나, 봉건적 관계는 또한 도시에서도 강화되었으며 중세의 직인조직(길드)의 생성을 야기하였다. 그것은 또한 위계적 관계를 복잡하게 만들었다.

모든 직위의 봉건영주는 새로운 통치계급, 지배계급을 형성하였다. 반면에 농노와 가난한 직공은 피착취계급이었다. 농노와 직공은 봉건영주에 맞서서 격렬하게 투쟁하였으며, 종종 무장봉기를 일으켰다. 이러한 반란은 근로대중의 패배로 끝났다. 왜냐하면 그들이 승리하기에 필요한 객관적인 조건이 존재하지 않았기 때문이다.

봉건 사회는 극도로 쪼개지고 분할된 국가로 특징지어졌다. 각각의 영주는 정치적 독립을 추구하였다. 영주들은 서로 끊임없이 전쟁을 하였고, 그로 말미암아 생산력의 발전과 생산관계의 개선이 억제되었다. 봉건 사회는 대단히 보수적이고 정체되었으며, 그 발전이 느렸다. 그러나 사회발전이 완전히 정체되고 지연된 것은 결코 아니었다. 이것은 1차적으로 느리나 계속적으로 이루어진 도구, 용구 및 기술의 개선에서 드러났는데, 그것의 하나의 결과가 국내 및 국가 간 교역의 확대였다. 봉건적 분할, 단일한 화폐 체계와 통신망의 부재, 입법의 다양성 등등은 점차적으로 공업과 상업의 발전에 장애가 되었다. 생산력의 더 이상의 객관적인 발전과 새로운 생산양식의 형성은 사회의 토대와 상부구조의 급진적인 재편 및 재건을 필요로 했다.

크리스토퍼 콜럼버스(Christopher Columbus, 1451~1506)가 아메리카를 발견할 당시를 전후로 15~17세기에 새로운 자본주의적 생산양식이 서유럽에서 형성되기 시작하였다. 다양한 기계장치와 기계의 발명, 도구와 용구의 개선 등등으로 인하여 농노와 길드장인의 작업은 타산이 맞지 않게 되었다. 봉건적 사회관계는 사회의 발전에 장애가 되었다. 새로운 착취계급, 즉 고용된 노동자와 임금 노동자를 착취하고 새로운 자본주의적 생산양식을 강화하는 데 관심이 있었던 부르주아지는 봉건제에 맞선 투쟁을 영도하였다. 대중대중이 적극적으로 참여한 17~18세기의 몇몇 부르주아 혁명의 결과, 유럽과 아메리카의 많은 나라에서 봉건적 사회체제는 붕괴되었고, 봉건 국가는 부르주아 국가에 자리를 넘겨주었다. 사적 소유의 자본주의적 형태에 근거한 생산관계는 생산의 체제에서 지배적인 것이 되었다.

220 자본주의 구성체

현재 우리가 살고 있는 자본주의적 생산양식은 원래 봉건제 안에서 하나의 특수한 구조 내지 형태로서 발생하였다. 그것이 하나의 새로운 사회경제구성체의 토대가 되자마자 그것은 모든 사회적 관계를 급진적으로 재건·재편하였다. 고용된 노동자계급과 부르주아지가 기본 계급이 되었다. 생산력이 발전함에 따라, 그들은 성격이 변화하였다. 기계제생산은 집단적인 결합노동을 요구하였다. 생산력의 사회적 성격은 생산수단의 사적 자본주의적 소유와 점차적으로 첨예하게 모순되었고, 그 모순은 계급투쟁의 첨예화에서 발현되었다. 자본주의가 발전함에 따라 노동자계급이 급속하게 성장하고 사회생활에서의 노동자계급의 상대적 비중은 증대하였다. 노동자계급의 계급의식도 또한 성장하였다. 공업생산은 프롤레타리아트로 하여금 거대한 연대, 조직, 행동의 협력 및 높은 교역기술과 지식의 기준을 요구하였다. 자본주의는 봉건적 분할 및 분열, 사회의 복잡한 위계조직 및 법률에서의 다양성을 철폐하였으며, 노동 및 자본의 단일한 세계시장을 창출하였다. 이 모든 것들로 말미암아 노동자계급은 자신의 이해관계가 자본가의 이해관계와 근본적으로 대립함을 훨씬 더 쉽게 이해하게 되었다. 맑스와 엥겔스에 의한 과학적 사회주의 이론, 즉 기존 체제의 혁명적 변혁과 무계급사회 건설에 관한 이론의 개발은 프롤레타리아의 계급의식의 성장을 촉진하였다. 과학적 사회주의는 노동자계급의 정당을 통해서 노동자계급의 운동과 결합되었다. 노동자계급의 정당은, 과학적 사회주의를 대중에게 가져다줌으로써 혁명적 의식의 성장과 계급투쟁의 확대 및 심화를 도왔다.

19세기 말에서 20세기 초에 이르러 자본주의는 더 이상 진보적이고 급속히 발전하는 구성체이기를 그쳤다. 자본주의적 생산관계와 그 성격상 사회적인 생산력 사이의 심각한 모순으로 말미암아, 사적 자본주의적 소유가 폐지된 사회보다 생산력이 훨씬 천천히 발전하기 시작하였다. 자본주의의 발전에서 하나의 새로운 단계인 제국주의가 개시되었다.

제국주의는 독점체제의 지배, 산업-금융과두제의 권력 장악, 식민지의 약탈을 위한 전쟁, 식민지 재분할을 위한 전쟁, 계급투쟁의 격화와 근로 대중에 대한 착취의 강화, 경제 및 사회 발전의 불균등 등등으로 특징지어졌다. 제1차 세계대전(1914~1918)이 보여주듯이, 제국주의 단계에 있는 자본주의는 인류의 평화적인 진보적 발전을 보장할 수 없었다. 자본주의의 사회적 모순은 극도로 첨예화되었다. 제국주의 체제의 가장 약한 고리였음이 판명된 러시아에서는 1917년에 러시아 혁명이 일어났고 사회주의의 건설이 개시되었다. 이것은 자본주의의 일반적 위기, 자본주의 세계체제의 붕괴의 제1단계였다.

가장 호전적인 제국주의 국가들(파시스트 독일 및 이탈리아와 군국주의 일본)에 의해 촉발된 제2차 세계대전(1939~1945) 이후에 자본주의의 일반적 위기의 제2단계가 개시되었다. 사회주의는 단 하나의 나라라는 제한으로부터 벗어났다. 즉 유럽, 아시아, 라틴 아메리카의 몇몇 국가를 포함한 사회주의 체제가 형성되었다. 식민지체제의 붕괴의 결과, 해방된 신생국들이 탄생되었는데, 그들 중의 몇몇 나라는 사회주의 지향의 길을 택하고 있다. 그리고 일부는 실패하고 있다. 사회주의의 실패의 이유는 장기적인 독재와 전체주의에서 찾아볼 수 있겠다.

현대 자본주의는 20세기 초반과 중반의 자본주의와는 본질적으로 다르다. 국가독점 자본주의하에서 거대하게 성장한 생산력과 자본주의적 생산관계 사이의 충돌은 더욱더 격화되고 있다. 물론 이것은 생산력 및 특히 최근의 기술과 테크놀로지의 발전이 중단되었음을 의미하는 것은 아니다. 반대로 생명공학, 전자공학, 우주 및 정보 테크놀로지와 같은 산업들은 매우 급속히 발전하고 있다. 그렇다면 이러한 생산력과 생산관계 사이의 모순은 과연 어디에 존재하는 것일까? 그것의 부정적인 결과는 과연 어떻게 발현되는가? 문제는 거대기업(Big Business)이 최대의 이윤, 높은 경쟁성, 그리고 국내 및 세계 시장에 대한 지배를 보장해 주는 공업들을 주로 발전시키고 있다는 점이다. 그리고 그것들은 주로 사회의 군사화를 촉진하고, 자본주의 국가의 군사력을 증대시키는 모든 것을 내포하고 있다. 거대 독점체들은 발전도상국의 대중뿐만 아니라 자기 나라의 근로대중의 이해관계를 전혀 고려하지 않는다. 자본주의적 조건에서의 생산의 로봇화와 컴퓨터화는 전례 없는 실업의 증대를 초래하고 있다. 주요한 서구의 전문가들의 예견은 바로 그것을 지적하고 있다.23)

또 다른 부정적 결과도 있다. 자본주의 사회에서 생산력의 발전 속도는 사회적 소유에 근거한 생산관계 위에서 이루어지는 발전 속도보다 훨씬 떨어진다. 이러한 발전은 증대하는 폭락, 주기적 및 구조적 공황, 국가채무의 증대, 예산 결손 그리고 천정부지로 치솟는 인플레이션을 수반한다. 동시에 자본은 집중되고 국제화되고 있으며, 발전도상국뿐만 아니라 발전된 자본주의 나라들의 경제를 통제하고 전 세계에 걸쳐 근로대중을 착취하는 초국적기업들이 보다 강력하게 성장하고 있다. 현대 사회의 엄청난 부와 과학기술 진보는 사회적 정의를 달성하고 빈곤을 일소하며 (여러 역사적 원인 때문에) 발전이 지체된 사람들과 나라들을 돕는데 사용될 수 있을 것이다. 그러나 자본주의 아래에서는 그것이 수행될 수 없다.

오늘날의 자본주의 사회의 지도자들은 다양한 경제적 및 정치적 방책들에 의거하여 이들 모순과 그것의 해로운 결과를 완화시키려고 노력하고 있다. 그러나 현대 자본주의의 깊은 적대적 모순[406]을 해결하기 위해서는 사회의 근본적인 개혁이 요구된다.

---

23) 이 부분에 대해서는 앞으로 많은 연구가 필요하겠으나 자연과학이 발달된다고 해서 실업률이 증가하지 않을 것이라는 점도 이미 맑스가 지적한 바 있다. —엮은이

221 사회주의 구성체

각각의 새로운 사회경제구성체는 객관적인 역사적 법칙의 결과이다. 그런 의미에서 사회주의 구성체는 모든 선행한 구성체들과 마찬가지로 불가피하고 필연적으로 생겨났다. 그러나 그것의 기원은 하나의 주요한 특성, 즉 하나의 의식적인 과정이라는 것으로 특징지어진다. 그것은 사회적 존재[210]가 그 과정에서 주도적인 역할을 상실했음을 의미하는 것이 아니다. 새로운 사회의 성격과 선행한 구성체들과의 그것의 근본적인 차이로 말미암은 공산주의 구성체의 탄생의 가장 중요한 조건은, 사회발전의 객관적 법칙과 사회를 변혁시키는 방법을 밝혀주는 과학적 사회주의와 노동자계급 및 근로대중 대중의 혁명적 운동의 결합이다. 이러한 조건의 실현은 공산당 및 노동자당의 작업의 내용을 이룬다.

그렇다면 공산주의 구성체는 어떻게 생겨나고 발전하는가? 맑스주의의 창시자들은 그것에 답하면서, 그것이 두 개의 주요한 국면을 통과한다는 것을 해명하였다.

그 첫 번째 국면은 사회주의이다. 그것은 사회주의 혁명의 결과로 발생하고 형성된다. 사회주의 혁명이 성공함으로써, 근로대중의 국가(프롤레타리아 독재)가 역사상 최초로 탄생하였다[207]. 타도된 착취자들을 억압하면서, 프롤레타리아 독재는 사회주의적 토대와 상부구조의 계획화와 목적의식적인 건설에 주요한 노력을 기울였다.

공산주의 구성체의 첫 번째 국면은 몇 가지 발전단계를 거치는데, 그것은 특수한 역사적 상황, 즉 국내 및 국외의 계급세력들의 협력과 민족적 및 문화적 전통에 의해 규정된다.

이와 관련하여, 레닌은 각 나라와 지역마다 사회주의를 건설하는 길과 방법이 다르다고 지적하였다. 하지만 이러한 특성과 개별적 특징에도 불구하고, 이 과정에는 몇몇 일반적인 유형이 있다[207, 212-15]. 그것에는 노동자 계급이 주도하는 근로대중의 권력의 확립, 사회의 발전에서 사회당 및 노동자당의 주도적 역할, 주요한 생산수단에 대한 사회적 소유의 확립과 대중의 이해관계에 따른 경제의 발전, "각자는 능력에 따라, 각자에게는 노동에 따라"라는 원칙의 실현, 사회주의적 민주주의의 발전, 민족과 국가에 대한 우호와 평등, 계급 적(敵)으로부터 사회주의 조국의 방어가 포함된다.

사회주의를 건설하는 동안에는 주체적 요인—즉 사회주의적 의식, 맑스주의 이데올로기, 교육작업—의 역할이 엄청나게 늘어난다. 공산당 및 노동자당의 지도적, 조직적, 동원적 역할[605]이 증대한다.[24]

사회주의는 다음과 같은 것들이 수행되는 사회이다.

(Ⅰ) 대중이 생산수단을 소유하고, 경제적 및 사회적 억압과 불평등이 종결됨.

(Ⅱ) 생산력이 급속히 발전할 여지가 열려 있으며, 과학기술 진보가 모든 대중의 복지를 지속적으로 증대하는 것이 보장됨.

(Ⅲ) 평등한 노동의 권리와 노동에 대한 공정한 보상이 보장됨.

(Ⅳ) 노동자계급, 농민, 인텔리겐차 사이의 밀접한 동맹이 확립됨.

(Ⅴ) 모든 민족과 사람, 여성과 남성의 평등이 보장됨. 젊은 세대에게는 신뢰할 만하고 희망찬 미래가 보장되고, 노동으로부터 은퇴한 사람들에게는 사회보장이 마련됨.

(Ⅵ) 실질적인 민주주의가 발전됨. 산업, 사회 및 공공 업무의 관리와

---

24) 여기서 중요한 것은 소련 등 동구권의 몰락은 아이러니하게도 이 때문이라는 점이다. 현재의 중국 역시 이 방법을 고수하고 있다.— 엮은이

집행에 광범위한 시민의 참여가 보장됨.

(VII) 인권이 충분히 실현됨. 모든 사람은 하나의 동일한 법률, 도덕성의 기준, 규약을 준수함.

(VIII) 진정으로 휴머니즘적인 맑스주의 이데올로기가 지배함. 그리고 선진적이고 진보적인 문화와 과학이 창조되고 발전됨.

(IX) 사회적 정의, 집단주의, 동지적인 상호 원조 및 지원에 근거한 사회주의적 생활양식이 형성됨.

소련은 사회주의 지향의 사회가 역사적으로 단기간에 후진성을 극복하고, 강력한 공업적 및 기술적 기초와 현대 과학을 창조하고, 거대한 국제적 권위를 획득할 수 있다는 것을 보여주었다. 동시에 그것은, 공공업무에서 주체적 요인이 긍정적으로도 부정적으로도 엄청난 역할을 수행하고 있었음도 보여주었다. 따라서 스탈린(Joseph Stalin, 1879~1953)과 그의 추종자들의 주관주의적 오류는 레닌의 경고에도 불구하고 10월 혁명에 뒤이은 내란기에 형성된 명령적-행정적 방법을, 1930년대 및 40년대에 공업, 농업 및 사회발전의 영역으로 이전시키는 결과를 초래하였다. 그로 말미암아 대중이 억압받고, 사회주의적 적법성이 파괴되고, 사회주의적 민주주의가 권위주의적 지도방법으로 대체되고, 공공성이 거부되고, 광범위한 대중의 이니셔티브와 활동이 엄청나게 위축되었다. 제2차 대전의 승리와 경제의 성공적인 재건에도 불구하고, 이러한 오류들은 그 뒤 수십 년 동안 소련 대중의 감성에 남아 있었고, 소련을 위기 직전 상태에 이르게 한 경제에서의 정체를 야기하였다. 이러한 부정적 현상의 원인을 이해함으로써, 소련의 지도부는 1980년대 중반에 신사고의 강령을 제출하고 혁신의 이데올로기를 제안하였다. 거기에는 사회적 현실을 사회주의의 원칙에 일치시키기 위한 사회생활의 모든 영역에서의 혁명적 변동, 사회적으로 주요한 문제에 대한 토론의 광범위한 공개,

그리고 사회주의적 민주주의와 휴머니즘의 강화가 포함되어 있었다.

사회주의 구성체의 두 번째 국면은 공산주의의 물질적 및 기술적 기초가 마련되고 그것에 적합한 사회생활(그리고 의식)의 조직형태가 창출될 때 탄생할 것이다. 공산주의는 생산수단에 대한 단일한, 국가적, 국민적 소유와 사회의 성원들의 충분한 사회적 평등으로 이루어지는 무계급의 사회체제이다. 즉 그것은, 사회적 자치가 확립될 것이고 사회의 선(善)을 위한 노동이 모든 사람에게 1차적으로 필연적인 것이 될, 자유롭고 의식적인 노동자들의 고도로 조직화된 사회이다. 그것은 사회와 개인 모두에게 합리적으로 필요한 것을 충분하게 만족시켜 줄 수 있는 생산력의 창출을 전제한다. 모든 생산 활동은 고도로 효율적인 기술과 테크놀로지를 사용하여 수행될 것이고, 인간과 자연의 조화로운 상호작용을 보장할 것이다. 따라서 활동의 원칙 및 물질적 부의 생산과 분배의 원칙은 "각자는 능력에 따라, 각자에게는 필요에 따라"가 될 것이다. 공산주의로의 이행은, 자본주의하에서보다 더 높은 노동생산성이 달성되고, 사회적으로 균질적인 사회가 창출되며, 각 개인과 전체로서의 사회의 도덕적·정신적 심상, 그리고 사회구조가 엄청나게 변화해야만 하는 복잡하고 장기간에 걸친 과정이다.

222 '사회경제구성체' 범주와 역사적 실재

사적 유물론의 반대자들은 사회경제구성체와 그것의 발생, 발전 및 사회혁명을 통한 계승과 교체의 객관적 성격에 관한 이론을 격렬하게 공격한다. 세계에는 서로 연속적으로 계승되는 다섯 개의 구성체의 틀(scheme)에 딱 들어맞지 않는 수백 개의 사회·국가체제가 있다고 그들은 주장한다.

그들이 보기에 맑스주의 이론은 다양하고 복잡한 역사적 실재를 단순화시킨다. 중세 시대 중국의 사회, 언어, 문화, 권력구조 및 전통은 당시의 유럽의 그것들과 확연히 달랐다. 1789년의 부르주아 혁명 직전의 프랑스에서의 자본주의 발전은 1905년 혁명 또는 1917년의 러시아혁명 직전의 러시아에서의 자본주의 발전과 본질적으로 달랐다. 따라서 그들은 사회경제구성체의 이론이 역사적 실재와 양립할 수 없다고 주장한다. 게다가 자본주의 이데올로기들은 모든 사회, 국가, 민족이 구성체의 각각의 발전단계를 거쳐 연속적으로 나아가지 않으며, 따라서 역사적 구성체의 연속적인 변화의 법칙은 역사적 실재를 반영하지 않고 기껏해야 몇몇 발전된 나라에서만 제한적인 의미를 가진다고 주장하고 있다.

이러한 반론은 일반, 특수, 개별[212, 213] 사이의 변증법적 연관에 대한 완전히 잘못된 이해에 근거해 있다. 18세기 프랑스에서의 자본주의 발전과 20세기 초 러시아에서의 자본주의 발전을 비교함으로써, 우리는 공통적인 특성, 즉 공통의 자본주의적 생산양식의 존재를 도출해 낼 수 있다.

동시에 우리는 특수성을 또한 설명할 수 있다. 첫 번째 경우에는 부르주아 혁명 직전의 자본주의 구성체의 확립과 봉건제로부터 자본주의로의 이행이 문제였는 데 반하여, 두 번째 경우에는 제국주의, 즉 자본주의적 구성체의 몰락 단계와 공산주의 구성체로의 이행을 특징짓는 사회주의 혁명이 문제였다. 따라서 이러한 차이 자체는 특정한 구성체의 발전에서 단지 단계로서의 의미만을 지닌다. 같은 방식으로, 예를 들어 국가조직과 경제 및 문화의 특수성에서 발현되는 중국과 유럽의 중세사의 모든 차이에도 불구하고, 우리는 본질적으로 유사한 사회적 및 경제적 관계의 발전, 그리고 결과적으로 그것들이 하나의 동일한 봉건적 구성체에 속한다는 것을 다소간이나마 정확하게 추출할 수 있다. 따라서 사적 유물론에 반대하는 사람들의 주장이 천박한 것임을 알 수 있다.

이제 각각의 나라에서의 구성체의 발전에 대해 살펴보자. 사적 유물론은, 모든 나라와 민족이 반드시 구성체들의 발생과 변화의 모든 단계를 연속적으로 거쳐야만 한다고 결코 생각하지 않는다. 그러한 진술은 단지 교조주의에나 적합한 것이지, 맑스주의 변증법과는 양립할 수 없다. 사적 유물론에서는 세계사, 즉 인류의 발전이 원시공동체, 노예제, 봉건제, 자본주의 및 공산주의 구성체의 연속적인 합법칙적 변화 혹은 교체를 통해 진행된다고 주장하고 있다. 보다 발전된 나라와 민족이 그들의 사회적 활동에서 이미 하나의 구성체를 체현한 다음에 더 높은 발전단계로 나아갔을 때, 그 발전에서 뒤쳐져 있는 대중은 어떤 단계를 '비약'할 수 있고, 보다 발전된 국가의 도움을 받아 그 수준까지 자신을 끌어올릴 수도 있다. 그렇다면 이 과정의 메커니즘은 과연 무엇인가? 중요한 것은 여러 나라 및 민족, 그리고 그들의 문화적 및 역사적 전통이 폐쇄적이고 고립된 체제가 아니라는 점이다. 그들은 보다 발전된 것도 포함하면서 사회적, 경제적, 정치적, 기술적, 문화적 및 기타의 유대에 의해 서로 연계되어 있다. 그렇기 때문에 그들은 보다 발전된 나라의 역사적 경험, 기술적 · 경제적 · 문화적 · 정치적 업적을 받아들일 수 있고, 적절한 도움을 받아서 보다 급속하게 자신의 역사적 발전을 이룰 수 있다. 예를 들어 20세기 초에 부족적 및 봉건적 조직이 혼합된 단계에 있었던 몽고는 소련의 도움을 받아 자본주의 단계를 건너뛰고 사회주의 사회의 건설에 착수하였다. 그러한 발전의 길은 식민지적 억압과 착취로부터 해방된 지 얼마 되지 않은 저발전 국가에서도 또한 가능했다. 따라서 사회경제구성체의 이론은 이들 나라가 걸어갈 길 앞에 놓여 있는 후진성과 난관을 극복하는 데서 이론적 토대가 된다.

사회경제구성체의 발생, 발전, 기능 및 변화의 일반적 유형을 검토했으므로, 우리는 이제 사회적 의식의 주요한 기능과 형태를 보다 자세히 살펴보자.

● 사회적 의식의 기능과 형태

223 사회적 의식과 사회의 발전

사회적 의식은 사회적 존재에 의해서 규정될 뿐만 아니라 그 자체가 사회의 생활에 적극적인 영향을 미치기도 한다[210, 211]. 사회적 의식의 작용은 각각의 역사적 시기에 따라 다르며, 사회가 발전함에 따라 성장한다. 어떻게 해서 이러한 일이 일어나는가? 중요한 것은 사회적 존재의 생활조건들에서의 변화가 사회적 의식의 변화까지도 포함하고 있다는 사실이다. 곧, 지식의 양이 증가하고, 하나의 세계관이 형성되며, 막대한 정보량과 다양한 사회적 문제들을 극복하기 위한 응용지식의 기량이 축적되고, 그리하여 인간의 역사적 경험은 깊어지는 것이다.

사회주의 사회의 성립과 더불어 사회적 의식의 역할은 더더욱 성장한다. 사회의 계획된 변형을 성취하기 위하여, 그리고 생산관계와 생산력의 성격 간의 완전한 조응을 이룩하기 위하여, 또 사회주의적 상부구조의 완성을 위하여 각 개인의 의식수준과 전체로서의 사회주의 사회의 의식수준을 끊임없이 제고시키는 것이 필요하다. 그러나, 의식상의 변화는 극히 복잡한 과정이다. 개인적 의식과 사회적 의식은 일정한 안정성과 보수성을 갖는 복잡한 구조들이다. 이 구조들의 변화는 가끔 수십 년 혹은 심지어 수세기까지 걸친다. 역사의 엄중한 전환점, 즉 기존의 상황에 대해 근본적으로 혁명적인 재고와 재평가가 요구되는 시기에 의식, 특히 공공심리 속의 도덕적, 사회적, 미적인 가치들의 변화는 첨예한 모순들을 발생시키며 보수적인 사고방식과 혁명적인 사고방식 사이의 충돌을 야기한다. 대중은 복잡하고 모호한 존재이다. 그들의 행동은 합리적인 목표와 기준에 의해서 좌우될 뿐만 아니라, 다양하게 감춰진 열정, 욕망, 교훈, 편견, 그리고 서로 모순되는 감정과 기분, 즉 공포와 기쁨, 열광과 비관, 신뢰와 불신, 희망과 절망을 야기하는 복잡한 정신상태에 의해서도 좌우된다. 사회적 의식을 목적의식적으로 변화시키기 위하여, 그리고 첨예한 사회적 문제들에 대한 의식적이고 적극적인 태도와 또 그 문제들을 사회적 이해에 맞게 해결하려는 욕구를 형성하고 유지하기 위해서는 사회적 의식의 본질과 구조 및 기능, 그리고 사회적 의식과 개인적 의식 간의 연관에 대한 깊은 철학적 분석이 요구된다.

사회적 의식은 발전하며, 다양한 역사적 시기에 따라 다르게 나타난다. 인간의 역사를 고찰할 때 우리는 종교의 교의들, 정치적 및 예술적 활동의 형태들, 그리고 가장 다양한 법적·도덕적 기준들과 규범들의 엄청난 다양성을 발견하게 된다. 이 같은 사실들을 지적하면서 관념론자들은, 대중의 사회적 의식과 지적인 활동이 일반적인 법칙 및 규칙성에 의해서 규정되지 않으며 따라서 객관적인 연구를 수용할 필요가 없다고 주장한다. 그들은 사회적 존재의 발전과 사회적 의식의 다양한 발현 사이에 아무런 연관이나 객관적 의존관계도 없다고 우긴다. 그러나 그들의 이 같은 논증은 비판을 감당할 수가 없다. 일반, 특수, 개별의 변증법 [212]도 이 경우에 관념론을 논박하는 데 도움을 준다. 그것은, 사회적 의식의 구체적 발현들의 그 모든 다양성에도 불구하고 사회적 의식의 주요 형태들이 추출될 수 있다는 것, 사회의 발전과 생활에서의 그 역할과 기능이 이해될 수 있다는 것을 증명해 준다. 사회적 의식의 가장 보편적이고 중요한 형태들은 다음과 같은 것들이다. 즉, 정치적, 도덕적, 법적, 예술적, 종교적, 철학적 그리고 과학적 의식들이다. 우리는 여기서, 철학적 의식(이것에 관해서는 서론에서 말한 바 있다.)과 과학적 의식(이것은 제5부에서 다룰 것이다.)을 제외한 모두를 고찰할 것이다. 사회적 의식의 다양한 형태들의 구조와 기능에 대한 적절한 이해를 위해서, 우리는 그것들과 이데올로기 및 사회심리 사이의 연관을 명확히 해야만 한다.

224 사회적 의식의 체계 속에서의 이데올로기

사회의 특정한 계급들의 이해를 표현하고 그 계급들의 목표에 의해 규정되는 이데올로기는 특수한 수준의 사회적 의식이다[005]. 계급사회에서 지배적인 이데올로기는 지배계급의 이데올로기이기 때문에 그것은 사회적 의식의 모든 형태의 내용에 침투하고 그것을 규정한다. 그러므로 공산주의 이전의 모든 사회구성체에서 지배계급의 이데올로기가 사회적 존재를 항상 왜곡되게 반영한다는 것을 이해하는 것은 대단히 중요하다. 그러한 것은 착취계급이 자신의 지위를 영구화하는 데 관심을 가지고 있기 때문에 일어나는 것이다. 그들은 자신의 이데올로기를 필수불가결하고 신에 의해서 이룩된, 그리고 인간의 본성 자체와 상응하는 것으로 묘사하려고 애쓴다. 그리고 그들은 종교, 도덕, 예술 그리고 정치를 그러한 목적에 종속시킨다.

사회의 피착취계급도 또한 계급투쟁의 과정에서 그들의 계급의식과 그들 자신의 이데올로기, 가치체계 그리고 사회발전에 관한 파악을 발전시킨다. 그러나 공업프롤레타리아트가 창출되고 나서야 비로소 근로대중은 그들 자신의 과학적 이데올로기와 사회에 관한 정확하고 깊은 이해를 발전시킬 수 있었다. 그들의 이데올로기가 일관되게 혁명적인 것은 아니었다. 몇몇 착취형태, 가령 노예제나 농노제로부터 해방되기를 시도했을 때 근로대중이 인간에 의한 인간의 착취 일반의 폐절을 위해 노력한 것은 아니었다. 착취 일반의 폐절을 위해서는 객관적인 역사적 조건들이 요구되었던 것이다. 그러므로 그들의 이데올로기는 생활에 관한 많은 비사실적이고 왜곡되며 환상적인 관념들을 만들어 내었고, 그리하여 그들의 의지에도 불구하고 사태의 기존상태를 대단히 강화시켰던 것이다.

노동자계급의 발생과 더불어 비로소 사태는 근본적으로 바뀌었다. 프롤레타리아트가 객관적으로 모든 착취형태를 끝장내고 일소할 수 있는, 그리고 무계급사회를 건설할 수 있는 역사상 최초의 계급이고, 기존 질서를 영구화하지 않으려고 하는 존재였기 때문에, 프롤레타리아트는 역사발전에 대한 정확한 이해에 관심을 가졌다. 그러므로 그 이데올로기들은 심혈을 기울여 역사상 처음으로 과학적인, 즉 진정한 이데올로기를 완성해 냈고 또한 발전시켰다. 사회주의의 승리와 더불어 이 이데올로기는 어떤 한 계급이 아니라 전체로서의 사회의 견해, 교의, 그리고 이론을 표현하기 시작한다. 노동자계급과 대다수 인류의 이해를 반영하는 맑스-레닌주의 이데올로기와 부르주아 이데올로기는 기본적으로 또 원칙상 양립 불가능하기 때문에, 화해할 수 없는 이데올로기 투쟁은 사회적 의식의 모든 형태에서 발현되는 하나의 객관적 경향이다.

근대 자본가계급의 이데올로기들은 과학적인 맑스-레닌주의 이데올로기와 비과학적인 부르주아 이데올로기의 대립을 은근히 얼버무리려고 다양한 이론들을 제시하고 있다. 탈(脫)이데올로기화를 내거는 주창자들은 근대 사회에서는 어떤 이데올로기도 필요 없으며 어떠한 이데올로기도 있을 수 없다고 주장한다. 그들은, 이데올로기가 과학과 기술에 관한 지식에 그 자리를 넘겨주었으며, 이것에 의해 인간이 직면한 모든 문제와 맞서 싸우고 그것을 해결할 수 있다고 주장한다. 그러나 현실 자체가 이러한 주장들을 논박한다. 완전히 동일한 기술의 진보가 사회체제가 다름에 따라 다른 결과를 야기한다[312]. 과학 자체의 적용과 사회에서의 그것의 역할은 주로 다양한 이데올로기적 교의에 의해 규정된다. 탈이데올로기화 이론의 붕괴로 인해 부르주아 이데올로기들은 다른 이론인 재(在)이데올로기화 이론을 제시할 수밖에 없었다. 그 주창자들은 모든 인간에게 공통된 하나의 이데올로기가 필요하다는 것을 온갖 방식을 다 써서 강조한다. 그러나 사실상 그들은 그 이데올로기 내에 존재하는 서로 이질적이고 경쟁적인 경향들 중에서 주인 노릇을 하는 단 하나의 부르주아 이데올로기를 창조하려고 노력하고 있다. 탈이데올로기화와 마찬가지로 재이데올로기화는 궁극적으로 맑스-레닌주의, 즉 근대의 가장 발전된 그리고 유일하게 과학적인 이데올로기에 대항하는 것을 목표로 하고 있다. 그러므로 어떤 사회적 의식형태를 분석하려는 사람은, 그것이 격렬한 이데올로기 투쟁의 영역에 있다는 것을 항상 명심해야 한다. 이 투쟁에서 맑스-레닌주의 철학의 목표는, 부르주아 철학이 겉으로 어떤 형태를 띠든지 간에 그것의 가면을 벗기고 그 정체를 폭로하는 것이다.

225 사회심리와 일상의식

이데올로기가 한 사회의 모든 구성원에 의해서 발전하는 것은 아니다. 오히려 그것은 사람들 가운데서 특별한 그룹, 즉 일정한 계급을 위하여 봉사하는 이데올로기들에 의해 발전한다. 그러나 이 이데올로기들은 어디로부터 그들의 사상의 재료들과 사회나 인간 등에 대한 단초적인 확신 및 관념을 수집했을까? 그들은 그 재료를 사회심리와 일상적이고 범용한 의식으로부터 모은다. 근대 사회에서 과학 그리고 특히 사회의 인식에 관련된 분과과학들은 이데올로기의 형성에 중요한 기여를 하였다. 그러므로 과학과 이데올로기의 상호연관은 맑스-레닌주의 철학의 특별한 관심 대상이 되었다[005, 515].

사회심리는 다양한 사회집단 속에서 그들의 생활 활동(가령, 노동이나 정치적 투쟁이나 상호작용 등) **중에 일어나는 기분, 경험, 감정 및 견해들의 총체이다.** 그것은 사회적 존재의 즉자적 반영의 직접적 형식이다.

사회의 각 성원은 가령, 가족, 집단적 생산단위, 노동조합, 정당의 지부, 스포츠클럽이나 팀 등과 같은 다양한 사회적 그룹에 동시적으로 속해 있다. 모든 형태의 집단 활동에서 대중은 서로 다양한 관계들 속으로 편입되게 된다. 그리고 그 결과 사회적 기분과 가치가 복잡하게 얽히는, 하나의 복합적인 '아말감'이 생긴다. 그것들 중에 가령 축구팬들의 기분과 같은 것들은 상대적으로 유동적이고, 다른 것들은 보다 안정적이다.

자본주의 나라들에서 상존하는 기분의 한 예는 새로운 기술과 테크놀로지 및 산업의 컴퓨터화와 로봇화에 대한 끊임없는 공포이다. 이러한 공포는 직업을 잃어버릴지도 모른다는 두려움에서 생겨난 것이다. 새로운 정보 및 테크놀로지를 도입하고 이용하는 자본주의적 양식에 의해 야기된 긴장과 스트레스에는 '테크노스트레스'라는 특별한 심리학적 명칭이 부여되었다.

긍정적인 사회적 기분과 태도들도 있다. 그것들 중에는 예컨대, 프랑스 혁명, 러시아의 10월 혁명 혹은 몇몇 나라의 대중에 의해 지금 수행되고 있는 민족해방투쟁이나 반식민지 투쟁 등과 같이 승승장구하는 혁명적 운동들의 참가자들로부터 일어나는 혁명적 약동의 기운도 있다. 이러한 사회적 태도는 직접적으로 사회적 존재의 변화를 반영한다. 사회심리는 한 민족의 역사적 경험에도 크게 의존한다. 그것은 민족심리에서 나타난다. 그런데 민족심리는 한 민족이나 대중의 발전과 형성의 특유한 경로에 대한 상대적으로 안정된 반영인 것이다. 민족심리의 특징은 정신문화, 언어, 조형예술, 일상생활의 영위, 민족적인 전통이나 관습 및 취미 등에서 가장 명료하게 드러난다. 그러나 우리는 사회심리의 민족적 요소들을 과장하거나 분리시켜서는 안 된다.

한 대중의 심리적 특질, 그리고 그 민족성과 전체적인 정신적·지적 생활의 특징은 궁극적으로는 사회발전의 특수성, 한 나라의 지위 그리고 한 대중의 생명활동에서의 안정적인 경향들에 의해 규정된다. 1917년 10월 혁명의 이전과 그 직후에 러시아 대중의 민족심리, 언어, 문화는 현저한 변화를 경험하지는 않았다. 그러나 무감동, 억압, 후진성 및 문화와 정보의 낮은 수준 등과 같은 사회 심리적 성격의 중요한 특징들이 혁명 이전의 러시아에서는 지주와 자본가의 권력에 의해 유지되었다. 그런데 그러한 것들은 혁명 이후에 의식과 사회활동의 급격한 성장, 문화수준의 급격한 상승 등으로 변화하게 된다. 이러한 예들은 다음의 사실을 확신하게 한다. 즉 일정한 민족적 문화 및 민족심리에 고유한, 일정한 안정적인 특징들이 존재할 때, 그것들은 역사적 과정의 객관적 내용, 사회생활의 조건들 그리고 민족의 역사에 영향을 미치는 중요한 사건들에 의해 궁극적으로 규정된다는 것이다. 이 같은 사실로부터 사회심리의 내용은 사회적 존재의 발전에 따라 변화한다는 결론을 분명히 내릴 수 있다.

이른바 통상적 내지는 일상적 의식 혹은 '상식'이라고 하는 것은 사회적 의식의 가장 낮은 수준을 이룬다. 그것은 현상을 전유하는 과정에서 한 개인이 일상생활과 부딪치면서 형성된다. 일상의식은 좀처럼 이러한 현상들을 설명해 주지는 않고 일정한 일상적 경험을 축척하는 것에 국한된다. 대중의 일상적 행동과 교제의 규칙들은 일상의식의 수준에서 만들어진다. 그러나 그것은 사회현상에 대한 깊은 과학적 설명과 이해를 제공해 줄 수는 없다. 그것은 상대적으로 보수적이며 사회의식의 '보다 고차적인' 단계들보다 더욱 느리게 변화한다. 이 점이야말로 일상의식과, 이데올로기적인 수준에서 발달하는 사회적 존재에 대한 이론적 이해 사이의 가장 현저한 차이 중의 하나이다.

사회적 존재를 사회적 의식이 따라가지 못하는 현상은 사회주의 사회에서의 일상의식의 수준에서 가장 현저하게 나타난다. 경제적인 혹은 일상적 질서에서의 일시적인 어려움, 일정한 물건들의 부족이나 결핍, 일상적인 서비스나 쾌적함의 부족, 관료적인 풍토, 법률의 파괴 등과 맞닥뜨릴 때, 일상의식은 사실들을 반영하기도 하지만, 또한 그러한 것들의 진정한 원인과 사회주의 사회의 발전법칙들 사이의 내적인 양립 불가능성을 설명할 수 없기 때문에 그 같은 사실들의 중요성을 과장하려는 경향을 갖는다. 이와는 정반대로 맑스-레닌주의 이론은 이 같은 현상들을 설명할 수 있으며 그것들을 극복하는 방법을 제시할 수 있다.

역사적인 발전의 과정에서 이데올로기와 사회심리 및 일상의식의 각기 상이한 수준 사이에 복잡한 상호작용이 발생한다. 한편으로 이데올로기는 그 사실적인 내용들을 사회심리나 일상의식으로 끌어온다. 다른 한편으로 이데올로기는 메스미디어를 통한 선전에 의해 그것들에 영향을 미친다. 사회심리나 일상의식에서의 변화는 주로, 어떠한 이데올로기가 그것들에 압도적인 영향을 미치는가에 의해 규정된다. 이데올로기와 사회심리는 다양한 형태로 표현되며, 사회적 의식의 특질들을 고려할 때 항상 이것을 염두에 둘 필요가 있다.

226 정치의식과 정치

계급사회에서 사회적 의식의 가장 중요하고 가장 통상적인 형태는 정치의식이다. 신문, 라디오, 텔레비전은 현대인에게 정치적 정보의 홍수를 쏟아붓는다. 그는 집에서나 일터에서 정치적 사건들을 토론하고 그 자신이 정치적인 일에 참여한다. 그렇다면 정치와 정치의식이란 무엇인가?

정치란 계급들과 사회집단들의 근본적인 경제적 이해와 연관된 인간 활동의 매우 중요한 형식이다. 정치의 가장 중요한 임무는 한 특정한 계급의 이해와 결부되어, 국가권력을 창조하고 유지하고 행사하는 것이다. 정치적 활동은 사회혁명의 기간에 가장 격렬해진다. 사회혁명의 가장 중요한 구조적 요소는 정치적 혁명이며 그 주요한 문제는 국가권력의 문제이다[215, 207]. 한 시대의 가장 첨예한 모순들은 정치적 활동을 통하여 해결된다. 그리고 이것이 바로 사람들이 정치적 문제나 사건들을 논의하면서 왜 그렇게 흥분하는가 하는 이유이다.

흔히 국내 정책과 대외 정책을 구분하는 것이 보통이다. 국내 정책과 정치는 한 나라에서 국가나 집권정당에 의해 지배계급의 이해에 기초하여 행해지는 방책들의 총체이다. 그것은 통치, 행정, 재정, 피착취계급의 저항에 대한 억압, 공공질서의 유지 등을 포함한다. 현대 사회의 국내 문제들이 매우 복잡하기 때문에 국내 정책은 종종 '부문적인 성격'을 지닌다. 농업, 사회, 과학, 국방 그리고 다른 정책들이 발전되고 수행된다. 대외 정책은 타국과 관련하여 국가의 이익을 옹호하기 위한 목적을 지닌 방책들의 총체를 포함한다. 국내 정책과 대외 정책은 밀접히 연관되어 있고 항상 그 사회의 계급적 본성에 의해서 규정된다. 활동의 특별한 형식으로서의 정치와, 국가 및 정당 등과 같이 정치를 실현시키는 수단인 사회제도는 상부구조의 일부를 형성한다. 정치가 의식적이고 목표지향적인 활동이기 때문에, 또한 정치의식으로 알려진 그것에 조응하는 사회적 의식의 특수한 형태가 있다.

정치의 주요 목표와 내용은 가장 광범위한 대중의 소유물이 되어가고 있으며 모든 대중으로부터 적극적인 지원을 받고 있다. 정치의식의 발전과 정치적 지식의 확산과 심화는 이렇게 경제적, 사회적, 그리고 문화적 과제들을 해결하기 위해 대중을 동원하는 가장 중요한 수단인 것이다.

공산주의 사회의 건설, 자본주의 국가들의 소멸과 더불어 정치적 활동과 정치의식에 대한 욕구는 소멸할 것이다. 그러나 사회주의의 발전기간 동안 정치의 역할은 끊임없이 성장할 것이다. 공산당과 그 국가의 전술과 전략은 정치의식의 맥락 안에서 발전한다. 그것은 평화의 유지와 공고화를 지향하는 경제, 문화, 과학 및 국방 정책과 사회주의 사회를 공고히 하기 위한 정책을 포함한다. 그것을 통하여 정치의식은 소비에트 대중의 다양한 형태의 사회적 활동과 다른 형태의 사회적 의식에 광범위한 영향을 미친다.

227 법의식과 법

법의식과 법은 사회생활에서 중요한 역할을 한다. 대중은 사회적인 생활에서 일정한 행위 규칙이나 규범들과 역사적으로 형성되고 사회의 발전과 더불어 변화하는 규칙들을 가지고 있다. 계급의 발생과 더불어 규범과 규칙들의 특수한 체계(그리고 또한 그것을 위반하는 행위에 대한 응징도)가 형성되었다. 그런데 그 규범과 규칙은 지배계급에게 유용한 것이었고 국가에 의해 채택되고 재가되었다. 이러한 규범과 규칙들이 법을 형성한다. 따라서 법은 항상 존재해 온 것은 아니다. 그것은 계급사회에서만 발생했고 국가의 활동, 정치, 정치투쟁과 밀접하게 연관되었다(그리고 연관되어 있다). **법이란 국가에 의해서 채택된, 그 사회의 지배계급의 의지를 표현한 법령**(법률)**의 체계이다.** 국가기능이 발달함에 따라 법을 기초 짓거나 검토하는 특수한 조직체나 기관(입법기관), 법의 준수를 감독하는 기관(검찰), 법의 위반과 파괴를 응징하는 기관(법정, 공공질서를 위한 기관) 그리고 법에 의해서 재가된 공공질서를 유지하는 기관이 나타난다. 이러한 모든 제도 및 이것들과 연관된 법적 활동과 법 자체는 사회적 의식의 특수한 형태인 **법의식**으로 반영되고 파악된다. 그것은 '정의', '적법성', '공공질서', '죄', 그리고 '벌' 등의 개념, 그리고 다양한 법적 견해 및 이론들을 발전시킨다. 그러한 법적 견해나 이론들에 의해서 해당 사회에 널리 보급되어 있는 정의, 적법성, 질서 등의 관념과 병행하여 법규범과 법은 기초 지어졌으며 발전되었던 것이다.

법적 의식, 법 그리고 법제도는 해당 사회경제구성체에 조응하는 상부구조의 일부이며 토대의 강화에 기여한다.

또한 지배계급의 이데올로기들은 법을 영원하고 고정적인 것으로 속여 넘기려고 노력해 왔다. 그들 중의 어떤 사람은, 법이 인간의 불변의 본질을 표현하는 것이라고 주장해 왔다. 다른 사람들은 법의 신적인 기원이나 성서의 권위에서 자신들의 주장의 근거를 찾고, 또 다른 사람들은 아직까지도 법 가운데서 모든 시대에 불변하고 영속하는 대중의 의지의 표현을 찾아왔다. 그것은 사실인가?

우선 우리는 이 같은 견해들이 객관적 실재나 역사적인 사실들에 조응하지 않는다는 사실을 지적하지 않을 수 없다. 예컨대 우리는 역사의 발전에서 지체되어 왔던 많은 대중이 계급분해를 겪지 않았다는 사실을 알고 있다. 그들에게는 국가당국이라는 것도 없고, 따라서 법이라는 것도 없다. 일상생활에서 그들은 도덕규범, 관습 및 전통에 의해 인도된다. 그러나 또한 우리는 정의나 적법성 등의 관념이 시대에 따라 변화해 왔음을 알고 있다. 노예제 사회에서 노예의 매매는 정당하고 적법한 행위로 간주되었다. 근대사회에서 사람을 매매한다면 법과 정의의 엄청난 파괴로 간주될 것이다. 봉건제 사회에서 법은 왕국의 신분과 결부된 성격을 가졌다. 농노나 자유농민 또는 시민을 죽인 데 따른 속전은 귀족을 죽인 데 따른 속전에 비해서 하찮은 것이었다. 말하자면 봉건적인 법은 왕이나 봉건영주의 권위를 옹호했던 것이다. 각각의 역사시대의 법이나 법의식은 결과적으로 일정한 사회적 존재의 토양에서 성장했고 또 그것을 반영했다. 그렇기 때문에 적극적인 피드백으로 사회적 존재에 영향을 미칠 수도 있는 것이다.

부르주아 법의 전형적인 특질은 그 형식성에 있다. 즉 부르주아 법이 모든 시민의 법 앞의 평등, 집회, 시위 및 운동의 자유, 개인의 불가침 등을 선언하고 인구의 대다수의 참정권을 승인할 때, 그것은 결코 그러한 것들을 보장하지 않고 또 선언한 대로의 '권리'나 '자유'의 이행을 보장하지는 않는다는 것이다. 사회가 부자와 빈자로 분열되어 있고 수백만의 실업자와 무주택자가 있는 사회에서 진정한 평등을 논하는 것이 가능한가? 이것이야말로 바로 왜 자본주의적인 법이 편협하고 형식적인가 하는 데 대한 대답이다. 그러나 이렇게 제한된 법이나마 자본주의적 민주주의하에서 근로대중이 그들의 이해를 위하여 싸우고 그들 자신의 법적·정치적 조직이나 노동조합 조직을 창출하는 데 이용될 수 있다. 따라서 계급투쟁이 첨예화되고 혁명적 정세가 성숙해 가면 자본가계급은 파시즘 형태의 군사·경찰 독재를 수립하려고 기를 쓰며, 그것에 의해 부르주아민주주의적인 법이나 법의식의 규준과 절연하는 것이다. 그러한 조건에서 민주주의적인 권리들을 위한 싸움은 노동자계급과 모든 근로대중의 가장 중요한 과제의 하나가 되는 것이다.

사회주의 사회의 창출과 더불어 법과 법의식의 성격에 본질적인 변화가 나타나게 된다. 입법활동은 우선적으로 사회주의적 소유, 공공질서, 개인의 권리, 개인의 인격적 존엄성과 자유 및 독립성의 보호와 관련되어 있다. 그러나 새로운 법질서에 의해 선언된 목표들의 성취가 자동적으로 실현된다거나 실현될 것이라고 생각해서는 안 된다. 사회주의적 사회관계의 건설은 장기적이며 복잡하고 변증법적으로 모순된 과정이다. 하나의 예로 스탈린과 그의 가까운 측근들의 권위주의적 통치의 시기에 발생했던 인권에 대한 심각한 침해를 들 수 있다. 1985년 이래 소비에트에서 발생되어 온 혁명적인 재구조화와 재조직화 기간에 인권의 파괴와 사회주의적 적법성으로부터의 일탈은 거대한 사회적 위험을 가져온다는 것이 이해되어 가고 있었다. 그 같은 사실을 깨닫고 도덕적 원리와 법적 원리의 심원한 정합성 및 분리 불가능성을 이해하는 것은, 신사고의 주요한 하나의 성취이고 신사고의 철학적인 깊이와 성숙함의 증거이다.

228 사회적 의식의 한 형태로서의 도덕성

사회적 의식의 다른 형태인 도덕성은 법 및 법의식과 밀접하게 연관되어 있다. 도덕성이란 무엇인가?

어떤 사람에게 거짓말하거나 훔치거나 약자를 괴롭히거나 사기 치거나 상급자에게 아부하는 것이 좋은 것인지를 물어보라. 그에게 사람을 배반하거나 다른 사람에게 폐를 끼치는 것이 좋은지를 물어보라. 그리고 그가 위선, 오만, 허욕과 탐욕을 용인하는지를 물어보라. 대부분의 사람들은 이 같은 형태의 행위, 행동 및 성격적인 특성을 부정적이고 유해하며 극히 바람직하지 못한 것으로 간주할 것이다. 한편 사람들은 부지런함이나 열심, 정직함, 선량함, 공손함, 관용성, 친절함, 친근함, 의무에의 헌신, 애국심, 공동의 대의에 대한 관심 등을 긍정적인 행위 및 그러한 성격적 특성으로 여길 것이다. 이러한 평가들은 도덕적인 것이고, 어떤 사회나 어떠한 사람들이 모여 있는 데서도 존재하며, 또 인간사회가 형성되어오는 동안에 처음부터 형성된 도덕적 가치 및 행위 규칙의 체계에 속한다.

따라서 **도덕성**은 개인들 상호간, 그들의 노동집단, 계급, 국가 및 전체 사회와 관련된 **사적·공적 생활에서의 대중의 행동의 규칙, 규범, 가치 및 이상들의 체계이다.** 무엇이 도덕성과 법 및 법적 권리의 인식을 구분해 주는가? 우선 법은 국가에 의해서 공식화되고 강제화되는 반면, 도덕은 여론의 권위에 근거한 것이다. 법은 일정한 역사적인 각종 조건에서 발생하며 지배계급의 의지를 표현하고, 국가와 마찬가지로 완전한 공산주의 사회의 건설과 더불어 소멸할 것이다. 반면에 과거, 현재, 미래의 어떠한 사회도 도덕성 없이는 존재하지도 발전하지도 못할 것이다. 왜냐하면 사람들은 특정한 조건에서 다양한 행동들을 행하고 각기 다른 방식으로 자신을 통제하며 다른 사람과 그들 자신의 행위를 평가하고 승인해야 하기 때문이다. 그러나 이러한 사실들에서 도덕성 및 그 주요 명제나 원리들이 영원하고 부동이라는 결론이 나오는 것은 아니다. 도덕성의 원리, 규칙, 규범들은 대중의 사회적 존재에 의해 규정되고 그것에 따라 변한다. '살인하지 말지어다'나 '도둑질하지 말지어다'와 같은 원리들은 역사적 기원을 가진다. 원시공동체 사회에서는, 사유재산이 없었기 때문에 도둑질은 불가능했고 그것의 금지는 전혀 무의미했다. 오랫동안 적에 대한 살해뿐만 아니라 동료 부족원이나 같은 종교의 신자에 대한 종교의식상의 살해는 몇몇 나라에서 도덕성의 규범과 모순되지 않았고, 또한 어떤 경우에는 부족의 추장을 죽이는 일까지도 도덕성의 규범에 어긋나지 않았다. 그러나 각각 시기와 민족의 도덕체계에서 분명히 추적될 수 있는 계급적 및 역사적 차이(가령, 중세 귀족들의 상업에 대한 도덕적 경멸이나 다른 종교의 신자에 대한 가혹한 취급의 정당화)에도 불구하고, 다양한 사회경제구성체에, 그리고 상이한 민족들이나 사회계급들 간에 적합한 보편적인 인간의 도덕적 가치, 기준 및 교의는 존재한다.

우리 시대에 이러한 가치들은 한 개인의 인격적 존엄성, 인격의 불가침성, 건강의 보호, 정서세계, 아동의 안전, 전 세계적인 평화의 유지, 핵파국에 의한 인류의 절멸의 방지 등이다. 가장 중요한 인간적 목표들의 달성을 위한 협력의 기초를 이루는 것은, 공통되는 인간의 이해의 존재와 영속하는 도덕적 가치들이다. 도덕성의 계급적 성격에 대한 인정이 결코 보편적인 인간적 가치와 이해의 존재를 배제하는 것은 아니다.

계급사회에서 도덕적 원리들은 계급적이고 집단적인 성격을 가진다. 무엇보다도 착취계급의 지위가 복잡하고 내적인 모순성을 가지기 때문에, 도덕성은 적대적인 사회구성체에서는 내적으로 모순적인 것이 된다. 가령 '살인하지 말지어다'나 '눈에는 눈, 이에는 이'와 같은 원리들은 양자가 서로 모순될 뿐만 아니라 또한 똑같이 성서의 권위에 의해 재가되어 있기도 하다. 이러한 도덕성의 모순적 성격은 종종 지배계급으로 하여금 주어진 상황에서 그들의 계급적 이해에 가장 잘 부합하는 행동과 행위들을 정당화하도록 하고 있다. 지배계급의 도덕의식의 가장 특징적인 모습은 도덕적 원리, 규범, 교의들과 현실적이며 실제적인 행위 사이의 모순과 심각한 불일치로 특징지어진다. 예컨대 부르주아 도덕성은, 말로는 그면, 성실한 노동 그리고 사업상의 정직성을 최고선으로 떠들면서도, 자본가계급 성원의 대다수가 타락과 정직하지 못한 주식교환 책동에 깊이 탐닉하며 타인의 노동을 착취해서 살아간다는 사실과 도덕성

자체를 기꺼이 화해시키는 것이다.

반면에 사회주의적 도덕성은 도덕적 원리와 도덕적 행위의 통일성 및 내적 일치에 의해 특징지어진다. 이 도덕성은 원래 근로대중의 도덕적 원리와 행위의 규범의 체계로서 창출된 것이기 때문에, 사회주의 사회에서 보편성의 형태를 획득해 가고 있다. 성실한 노동, 정직, 선량함, 상호 존중, 한 개인의 고유의 가치에 대한 수용, 인권에 대한 존중, 국제주의, 집산주의, 개인의 능력과 재능에 대한 존중, 위선과 경건한 체하는 것에 대한 거부 등이 그 최고의 덕이며 원리들이다. 이러한 원리들을 선언하는 것은 손쉬운 일이다. 그러나 그것들을 실천 및 실제의 복합적이고 모순된 사태 속에서 실현하는 것은 훨씬 더 복잡한 일이다. 그러므로 사회주의 사회의 중심 과제는 한편으로는 이러한 도덕적 기준들을 실현하는 데 진정한 전제인 객관적 조건들을 제공하여 그 모순들을 풀어내는 것이고, 다른 한편으로는 높은 자기 규율이라는 정신과, 실제적인 행위와 도덕적인 원리 사이의 차이를 용납하지 않겠다는 정신으로 각 개인을 체계적으로 교육하는 것이다.

229 경제의식

인간사회의 발생 이래로 끊임없이 대중은 물질적 생산 및 경제 활동에 관한 지식을 축적, 발전시키며 완성시켜 오고 있다. 물질적 부의 생산 및 분배 과정의 가장 본질적 측면을 반영하고 생산 및 경제 활동을 조직하고 관리하는 데 사용되는 이 지식은 사회적 의식의 한 특수한 형태, 즉 경제의식을 이룬다. 계급사회에서 이 의식은 명백하게 계급적 성격을 드러내며 이데올로기 투쟁과 법칙, 정치적 및 도덕적 의식과 뗄 수 없을 정도로 얽혀 있다.

고대의 가장 위대한 사상가인 아리스토텔레스는 노예를 단지 생각하는 도구로 간주했다. 노동은 자유민의 몫일 수 없었고 노예들의 몫이었다. 아리스토텔레스는 경제행위의 중요성을 잘 이해했고 돈의 기능 등에 대해 깊이 생각했다. 경제의식은 특히 자본주의 시대에 급속히 발전하기 시작했다. 정치경제학(경제행위 및 생산과 경영의 과학)을 기초 지었던 애덤 스미스(Adam Smith, 1729~1790)나 데이비드 리카도(David Ricardo, 1772~1823) 등은 맑스와 엥겔스에 의해 높이 평가된 바 있는 노동가치설을 발전시켰다. 레닌은, 이 경제학자들의 견해가 맑스주의의 한 원천(비판적인 재구성을 거쳐)이었다고 지적했다. 그러나 적대적 사회구성체에서 형성된 경제에 관한 견해들은 대체로 지배계급의 관점에서 경제활동을 반영했다. 그들은 사적 소유의 역할을 과장했고 그것을 어떤 사회에서도 영원하며 필수적이며 신성한 것으로 간주했다. 자본주의 사회에서 부르주아적 경제의식은 근로대중을 착취자에게 종속시키는 가장 강력한 무기이며 그들의 계급의식을 분열시키는 수단이다. 부르주아적 경제의식은 사적 소유와 개인적 치부를, 심지어 그것들이 자연을 파괴하게 되거나 근로대중에게 이루 말할 수 없는 재앙을 가져올 때조차도, 모든 경제활동의 기초이자 목표로 간주한다.

경제의식은 사회주의 사회에서 판이하게 다른 성격을 갖고 있다. 경제의식은 사회적 의식의 다른 형태와 마찬가지로 사회적 존재와 그것이 겪는 변화를 반영한다. 경제의식은 나아가 주로 사회주의 경제의 발전경향과 그것을 조직하고 관리하는 방식을 반영하고 인식한다. 인간, 즉 근로대중이 사회의 주요한 생산력인 까닭에, 그들의 경제의식의 전면적인 발전은 전체로서의 생산력의 발전에서 강력한 주체적 요인이다.

현재 사회주의 사회의 경제구조는 매우 복잡하다. 사회에 필요한 압도적인 부분의 생산물을 생산해 내는 국영기업체와 더불어 협동조합기업과 개인의 자영업이 있다. 소련에는 또 소비에트와 외국기업에 의해서 설립된 혼합기업도 있었다. 한 기업의 경제 상태에 대한 가장 중요한 기준 중의 하나는 수익성, 자신을 급속하게 재조직해낼 수 있는 능력, 최신의 과학기술 진보의 도입과 노동생산성의 끊임없는 향상, 극히 다양한 욕구와 수요를 충족시킬 수 있는 생산물과 상품을 만들 수 있도록 해주는 최신의 자원절약적 및 과학집약적인 테크놀로지의 도입 등이다.

소비에트의 노동자들은 최신의 법률에 따라 (그들이 직접 선택한) 경영 및 관리 체제와 더불어 자신의 기업의 경제적·기술적 정책을 제안한다. 그들은 양질의 전문적이고 경제적인 지식을 필요로 한다.

이 모든 것에서 볼 때 현대 소비에트의 사회생활에서 경제의식의 역할에 관해 다시 살펴보아야 한다. 왜냐하면 소비에트 사회에서 경제적 과업들 그리고 각 기업, 상사, 합동체 및 전체 산업을 관리하고 발전시키는 일은 한줌의 사업가나 관리자들에 의해서라기보다 모든 근로대중에 의해 결정되었기 때문이다. 이러한 과제들은 각 개인의 비중이나 중요성이 그의 주식소유의 규모에 의해서라기보다 노동활동에 대한 그의 경험, 지식 및 개인적 헌신에 따라 규정되는 폭넓은 사회주의적 민주주의의 기초 위에서 수행되고 있었다.

철학적 입장에서 특히 사회주의 아래에서의 경제의식과 사회생활에서 그것의 역할에 관한 탐구는, 우리가 다른 무엇에서보다 바로 그것 속에서 사회적 존재, 사회의 경제적 기초 및 생산력에 대한 사회적 의식의 능동적 영향을 더 잘 볼 수 있다는 점에서 중요하다. 이 영향이 보다 현저하고 유효할수록 경제의식은 보다 충분히, 보다 정확하고 심오하게 객관적인 경제법칙들과 사회주의적 사회경제 발전 도상에서 발생하는 실제적인 모순들과 난관들을 반영하고, 그것들을 취급하는 수단 및 가장 신속하고 조화로운 경제발전의 방법들을 발견할 수 있도록 도와준다.

230 사회적 의식의 한 형태로서의 종교

사회적 의식의 한 형태로서의 종교는 인간의 정신적 생활에서 중요한 역할을 한다. 몇몇 시기에 그것은 사회적 의식의 보편적 형태였다. 그러나 이것이 종교가 영원히 존재해왔다는 사실을 의미하는 것은 아니다. 현대 과학은 종교가 원시공동체 사회의 후기로부터 존재한 것이라 추정한다. 그 시기에 처음으로 주위 세계와 인간 활동의 현상들을 이해하고 싶은 욕구가 생겨났다. 필요한 지식을 못 가졌고 경제와 사회의 발전이 낮은 수준에 있었기 때문에 사람들은 자신을 둘러싼 세계에 대해서 과학적인 설명을 할 수가 없었고, 대신에 그것에 초자연적인 특질을 부여하고 그것을 신비적인 영적인 힘의 탓으로 돌리면서 자신들과 유비하는 방식으로 그것들을 설명하기 시작했다. 자신에 적대하는 자연과의 투쟁에서 연약하고 무력했기 때문에, 고대인은 가령 비, 번개, 천둥, 강물, 냇물, 나무, 돌 등과 같은 자연현상을 신성시했다. 그는 하나하나의 대상을 떠받들고 그것들의 보호를 얻으려고 노력하면서 그것을 숭배하게 되었다. 인간의 영혼 및 의지와 유사하지만 보다 공포스럽고 신비적이고 이해할 수 없는 어떤 영혼의 존재나 자연현상의 의지라고 생각되는 관념들이 그 과정에서 생겨났다.

계급사회에서 인간은 자연력뿐만 아니라 훨씬 더 낯설고 무자비한 계급 착취와 세력들과 대립하기 시작한다. 종교는 인간의 연약함과 무기력함을 찬양하고 숭배하기 때문에 이러한 세력들 앞에서 인간의 비굴과 복종을 요구한다. 종교는 이렇게 해서 지배계급의 이데올로기의 확산,

공고화 및 설득을 촉진하는 의식형태로 전화했다.

불교, 기독교 및 이슬람교와 같은 유일신교는 적대적인 계급이 존재하는 사회구성체에서 가장 널리 퍼지게 되었다.

종교의 조직화된 형태, 즉 종교적 숭배를 유지하고 종교적 믿음을 확산시키며 종교의 열성적 지지자들을 통합시키는 사회제도가 교회이다. 다양한 발전단계에 있는 다양한 사회의 역사 동안에 다양한 구체적인 상황에 따라 종교와 교회의 사회적 역할은 변화해 왔다. 지배적인 교회는 국가와 경제력을 장악한 계급의 이해에 다소간 봉사해왔다. 그러나 사회생활의 심원한 모순적 성격과 가변성으로 인하여 몇몇 종교적 경향(과 그에 상응하는 종교적 조직)이 지배적 교회와 종교에 반대하는 일도 가끔 일어난다. 이러한 경향은 가끔, 특정한 이유로 인하여 그들 자신의 이해나 공적인 일의 객관적 상태를 과학적인 방식으로 파악할 기회를 가지지 못하고, 권력의 획득이나 기존의 사회체제의 변화를 위해 싸우는 피압박자나 그 집단 및 계급의 이해를 표현하기도 했다. 몇몇 민족해방운동에 참가하거나 착취에 대항해 싸운 전사들은 종교에다 혁명적이고 해방적인 색채를 불어넣어 왔다. 계급투쟁이나 해방투쟁 및 그것에 상응하는 이데올로기는 이런 경우 종교적 이단의 형태나 대안적 종교운동으로 나타나거나 지배적 교리나 종교에 대한 반항의 형태를 취하고 또 양심의 자유라는 권리를 위한 싸움을 시작한다. 종교적 외피를 가진 정치적 반항의 출현은 일정한 발전 단계에 있는 모든 민족들에 고유한 현상이다. 심각한 사회적 모순들로 가득 찬 세계인 현대 세계에서 종교와 종교조직은 다른 역할을 할 수 있다. 맑스주의 사상의 대변자들은 (그들의 반대자들이 그들에게 덮어씌우듯이) 종교와 강제적 박멸을 요구한 것이 아니라 그 사회-종교적 지도자들 및 경향들과 대화하기를 요구했다. 그 경향들이란 열핵전의 위협에 대항하여 평화를 수호하기 위한 싸움, 민족해방운동과 전체주의 및 압제에 대항한 싸움, 사회정의의 성취 및 신식민지주의로부터 민족의 독립과 해방을 위한 싸움에 참가하는 경향들이다. 당시 소련헌법(제52조)은 주요한 권리의 하나로서 양심의 자유를 선언하고 있었다. 각 시민은 미적·종교적 신념을 가질 수 있다. 종교적 입장에 관한 어떠한 적대와 학대도 법으로 금하고 있고 교회는 국가로부터 분리되어 있다.

231 예술적 의식과 예술

예술이란 인간 활동의 가장 유구하고 가장 보편적인 형태 중의 하나이다. '예술'이란 용어는 활동뿐만 아니라 그 결과, 즉 예술작품까지도 의미한다. 예술이란 무엇인가? 사회와 개별적 민족의 생활에서 예술의 역할은 무엇인가?

대중은 일상적인 생산 활동에서 물질적 필요(음식, 집 등)를 충족시키기 위하여 그것을 위한 대상을 만들 뿐만 아니라, 가능한 한 그것을 거의 완벽하고 합목적적인 것으로 만들기 위해 노력한다. 그 대상물이 보다 좋고 적합할수록 그것을 만드는 데 필요한 기능은 더욱 많아질 것이며, 생산과정의 성격은 보다 창조적으로 될 것이고 그 창조자인 인간에게 재능, 창조력 및 상상력이 더욱 요구될 것이다. 인간의 이성과 의지 및 인간 고유의 힘과 정력은 완벽해졌다. 인간이 자연으로부터 보다 많이 뽑아낼수록 또 인간이 자연보다 그 자신을 고양시킬 수 있게 될수록, 그 자신과 그의 숙련 지식, 행동의 표준은 더욱 완벽해지고, 따라서 그는 자신을 하나의 사회적 창조물로 형성시켜간다. 인간의 이러한 모든 특수성, 무엇보다도 그의 사회적 본질과 그의 지식의 힘, 상상력과 문화, 그리고 또한 활동의 완벽성과 숙련됨은 그가 만든 대상에, 구조에, 도구에 그리고 개선되고 변형되고 인간화된 자연에 체현되어 있다. 이러한 체현이 충만해질수록 그의 노동에 의한 물질적 생산과 그의 창조적 활동은 더욱 훌륭해지고 더욱 아름다운 것이 된다. 역사적으로 조건 지어진 분업을 통하여 유용물의 생산과 심미적인 사물의 생산의 분리가 발생한다. 활동의 특수한 형태, 즉 '미적인 것의 생산'인 예술은 물질적 생산으로부터 분리되었다. 예술을 직업으로 삼은 대중의 특수한 집단이 생겨났는데, 예술가, 조각가, 건축가, 작가, 시인, 음악가, 배우 등이 그들이다.

계급사회에서 지배계급은 예술의 특수한 소비자이다. 그들은 예술가, 작가 및 배우의 활동에 자금을 대고 그들의 창조적 노동을 구매하며, 동시에 그들로 하여금 특정한 계급적 목표에 봉사하도록 강제하고 일정한 세계관과 이데올로기에 대한 의식적·무의식적 매개자가 되도록 만든다. 그러나 예술, 즉 예술적 활동이 전적으로 물질적 생산으로부터 분리되어 있다고 생각하면 잘못일 것이다. 착취가 행해지는 사회에서도 직공, 장인 및 농민의 노동은 완전성을 추구하고 창조적인 인간적 요소를 표현한다. 노동이 자유와 창조성의 요소를 포함하는 한 그것은 또한 예술적 특질들을 함유한다. 노동이 보다 자유롭고 보다 창조적일수록 그것은 보다 밀접하게 예술에 근접해간다.

예술 활동의 요소들은 노동의 기초 위에서 발전하는 인간 활동의 모든 발현에 고유한 것이다. 이 활동의 산물인 모든 인간의 사회적 존재에는, 많든 적든 창조적이고 예술적인 요소가 스며들어 있다. 그리고 그 요소는 사회적 의식의 특수한 한 형태, 즉 **우리 주변의 실재를 예술적 이미지의 체계로서 반영하는 예술적 의식**에 반영되고 있다. 이 이미지들은 자연, 사회 및 인간의 내적 세계의 개별적인 것과 보편적인 것, 전형적 모습, 특징 그리고 특수성을 반영한다. 그리하여 이 이미지들은 물질적 대상과 그 과정에 조응하여, 음악작품, 조각, 건축구조 및 앙상블, 극장공연물 그리고 영화로 체현된다. 과학적 지식이 논리적 개념과 복잡한 이론의 형태로 세계를 반영하는 것과는 달리, 예술은 우리의 감각기관에 호소하고 일정한 정서적 반응을 창출하는 예술적 이미지들의 물질적 구체화이다. 시각적 이미지는 과학적 지식의 체계에서 어느 정도 종속적인 위치에 있다. 그것은 시각적 모델[513], 회화, 청사진, 연구된 대상의 묘사 등을 창조하는 데 사용된다. 그러나 지식의 주요한 수단은, 과학의 보편적 법칙이 추상적 형태로 정식화된 과학적 개념과 판단이다[505]. 개개의 현상들은 지식의 출발점으로서, 과학에 의해서 발견되고 정식화되는 여러 법칙을 보완해 주는 자료로서 취급된다. 반대로 예술적 지식(지각)의 체계에서 시각적 이미지는 중심적 위치를 차지하고 있고, 감각지각에 직접적으로 감응하기 쉬운 형태로 어떤 개별적 현상의 가장 심원하고 가장 안정된 특징들을 반영할 수 있도록 해준다. 여기서 개념과 판단들은 예술적 이미를 기술하고 분석하는 수단으로 쓰인다. 따라서 과학적 지식과 예술적 지식은 서로가 대립되는 것도 아니고 대체될 수 있는 것도 아니다. 과학적 지식과 예술적 지식은 우리 주위의 세계에 관한, 한 시대와 사회의 가장 본질적인 징표가 표현되는 바의 인간의 내적 세계, 경험, 기분, 태도 및 개인적 특수성에 관한 보다 풍부한 상과 지식의 체계를 창조해낸다는 사실 때문에 상호보완적인 것이다. 이러한 것이 예술과 과학의 보편적 상호연관이다.

특정한 시대의 예술적 의식은, 사회적 의식의 다른 형태로는 포착 불가능한 현실의 특징들을 포착해 내기 때문에, 그 의식을 체현하는 예술작품의 체계를 통하여 인간의 내적이고 정신적 세계에 영향을 미친다. 인간의 정신적 교육은 그와 같은 방식을 통해서 이루어지며, 자연과 사회에 대한 특정한 태도는 그러한 방식으로 형성된다. 특정한 시대 및 특정한 민족의 예술은, 예술적 의식에서 지배적인 미적 이상, 규범 및 관념에 따라 창조적인 예술적 이미지로, 다른 형태의 의식이나 활동방식으로는 반영과 소통이 불가능한 생활과 개성의 특징, 그리고 인간과 자연의 상호작용의 특징을 드러낸다. 저 민중예술 그리고 과거와 동시대의 위대한 거장들의 작품들 때문에, 전 세계의 문화는 우리에게 이용 가능하게 되고 우리가 역사의 과정에서 인류에 의해 축적된 가치 있는 모든 것을 소화할 수 있게 되는 것이다. 우리 자신이 다른 시대와 민족의 문학을 친숙하게 접하고, 음악을 듣거나 미술박물관을 방문함으로써, 우리는 다른 민족에 의해서 축적된 경험을 알 수 있을 뿐만 아니라 그들의 경험이나 내면세계를 들여다볼 수 있고, 또 우리 자신이 정신적으로 더욱 풍부해지고 고양될 수 있으며 세계에 대한 통찰과 이해를 넓힐 수 있다. 예술은 우리에게 인류의 생활 경험을 소개함으로써, 문화적 가치의 '축적'을 촉진시키고 우리의 감정을 고양시키며 민족 간의 보다 깊은 상호이해를 촉진시킨다. 예술과 예술적 의식은 이렇게 공적 및 개인적 생활의 모든 측면에 걸쳐서 막대한 정서적 영향을 미치는 것이다.

예술은 사회심리나 통상적, 일상적 의식을 포함한 사회적 의식의 모든 수준에서 현실을 반영한다. 예술작품은 창조적인 개인의 재능, 환상 및 상상력을 구체화한다. 예술에 대한 사회의 영향과 거꾸로 사회에 대해서 예술이 미치는 영향은 몇 가지 요인에 의해 규정된다. 그것은 그 사회의 사회적 구조 및 다른 의식형태들 그리고 주어진 역사적 순간에 지배적인 정신적 태도, 민족적 전통, 대중의 취미 그리고 마지막으로 예술가의 개성과 그의 개별적이고 독창적인 특질을 포함한다. 이러한 요인들의 상호작용만이 예술의 특수한 특징 및 특정한 시대의 예술적 의식을 정당하게 이해할 수 있도록 해줄 것이다.

한편으로 예술적 의식과 예술 사이에, 다른 한편으로 예술적 의식과 사회적 존재 사이의 의존관계가 결코 단순하고 직선적이지 않은 것은 위와 같은 이유 때문이다. 예술은 회화, 문학, 연극 등에서 자연 및 사회를 거울처럼 반영하지는 않는다. 예술가에 의해서 창조된 이미지들은 또한 예술적 창조, 환상, 개인적 경험, 그리고 사회를 동요시키고 그 사회가 아직 해결책을 발견하지 못한 미묘한 문제도 포착한다. 예술은 한 개인의 정서와 의식 모두에 영향을 미친다. 그것은 개인의 정서세계를 풍부하게 하며 동시에 그 개인을 도덕적인 문제와 맞닥뜨리게 한다. 이를테면 고대 시인 호머의 시에서, 아이스킬로스, 소포클레스 및 에우리피데스의 비극에서, 아리스토파네스의 희극에서 그리고 서정시에서, 그리스 예술은 대중의 삶에 있어서 선과 악, 고상한 것과 비천한 것, 비극적인 것과 희극적인 것, 영원한 것과 순간적인 것 등의 관계 문제를 제기했다. 구체적인 역사적 현실을 반영하면서 셰익스피어의 예술은 대중에게 삶의 감각이라는 영원한 문제(『햄릿』), 죄의 정당성의 문제(『맥베드』), 선과 악 및 개인의 책임과 인간의 배은망덕이라는 문제(『리어왕』)들을 제기했다. 세르반테스의 작품들은 삶의 감각, 진실에 대한 갈구, 고상함과 광기, 낭만적 영웅주의나 일상생활의 비천함에 관한 많은 문제를 제기했다. 러시아의 작가들인 레오 톨스토이나 도스토옙스키는 우리에게 인간의 영혼의 진정한 깊이를 탐구하고 인간 심리의 작용을 이해할 수 있도록 해주었으며 현대 문화를 위해서 엄청나게 중요한 기여를 했다.

각 민족은 그 역사적 운명, 문화 그리고 예술가, 음악가, 작가, 배우들의 개성적인 성격들이 독특하기 때문에 세계의 예술에 각각 독특하게 기여한다. 따라서 크고 작은 민족들의 예술은 지속적인 역사적 가치를 갖는다. 예술적 의식과 예술은 한 대중의 역사의 비약적 변화의 시기에 특히 격렬하게 전면적으로 개화한다는 사실을 유념하는 것이 중요하다. 이것은 1917년 러시아혁명 기간 동안의 예술, 문학 및 음악에서 그러했으며, 페레스트로이카가 한창 진행 중이었던 소련의 예술과 문학에서 그러하였다. 작가, 극작가, 영화작가는 심각한 문제를 제기하고 혁신파와 보수파 사이의 개인적 성향의 충돌 및 투쟁을 보여주고 있다. 그들은 용기, 인내, 결의, 높은 도덕적 기준, 창의 그리고 정의, 선과 미의 길을 방해하는 모든 것에 대한 비타협 등의 정신을 간직하고 있다.

현대 자본주의 사회와 몇몇 발달된 자본주의 나라들에서 예술과 현실에 대한 이해는, 그것이 각기 다른 사회적·집단적 이해관계를 반영하고 있는 까닭에 모순적이다. 자본주의 사회에서 현대 예술은 진보적인 경향뿐만 아니라 반동적이고 보수적인 경향의 혼합물이다. 그것을 특정한 동질의 것으로 보아서는 안 된다. 실제로 그러한 예술을 창출해 내는 사회가 모순적이며 이질적이다. 따라서 맑스주의 철학의 임무는 현대의 예술적 의식과 전체로서의 예술을 철저하게 분석하고 그것들의 사회적 기능을 밝혀내며 그것들이 내포하는 가치와 도덕적 및 미적 태도를 깊이 이해하는 것이다. 인간적 풍모의 높은 자질을 고양시키고 정의를 이루기 위한 사회적 변화와 자유를 요구하며 휴머니즘적인 전통과 이상을 찬양하는 현대 예술은 보편적인 역사적 진보의 안내자이며, 세계문화의 보고의 일부분이 될 것이다.

232 개인적 의식과 사회적 의식

지금까지 사회적 의식의 각기 다른 형태들을 고찰해 보았다. 사회적 의식과 개인적 의식, 즉 개별적 인간의 의식과의 연관은 어떠한가?[210]

사회는 개인들로 구성되어 있다. 가장 위대한 예술작품의 창조자들은 각기 개인들(셰익스피어, 푸시킨, 미켈란젤로, 레핀, 피카소, 쇼스타코비치, 프로코피에프, 브루크너)이었다. 세계를 반영하는 과학상의 가장 위대한 발견과 가장 심원한 이론은 뉴턴, 로바체프스키, 아인슈타인, 보어, 위너와 같은 개인들에 의해서 만들어졌다. 우리는 끊임없이 과학과 예술의 체계에서뿐만 아니라 일상생활에서도 개인적 의식의 표현물들과 만난다. 그리고 이것들은 모두 다른 것들이다. 각 개인은 자신의 열망, 관심, 삶에 대한 견해, 다양한 문제와 의무에 대한 이해 등을 갖고 있다. 간단히 말해서 이 세상에 존재하는 사람들만큼 수많은 개인들의 운명, 삶에 관한 개인적 견해, 목표, 행동방식 등이 있다. 언뜻 보면 모든 개인적 의식의 표출에는 거의 공통점이 없는 것처럼 보일 것이고, 또 그것들은 각 개인의 의지와 생활조건에만 의존하는 것처럼 보일 것이다. 독일의 철학자 니체(Friedrich Nietzsche, 1844~1900)는 사회적 의식이란 없고 고립된 개인의 사고와 의식만이 있을 뿐이라고 주장했다. 그 이유는, 그의 주장에 의하면 의식은 머릿속에서 발전되었고 개인들이 머리를 가진 것이지 사회는 머리를 갖지 않았기 때문이라는 것이다. 그것은 하나의 극단적인 개인주의적 관점이었다. 동시에 구래의 유물론자들은 개인적 의식을 직접 개인적인 생활조건들과 그 고유한 환경으로부터 연역해 냈다는 점에서 옳지 않았다. 프랑스의 유물론적 계몽주의자인 엘베시우스(Helvetius, 1715~1771)는 한 개인을 바로 다음과 같은 환경에서 교육시키는 것에 대해 고려했다. 즉 한 가정의 두 아이가 그들의 인생경로에서 각기 다른 길을 걸으며, 그들의 인생관이나 개인적 성격 및 목표는 충분히 달라질 수 있다는 것이다.

틀림없이 사회는 두뇌가 없다. 그런데도 생활조건, 교육과 양육의 특수성 및 개인사는 한 개인의 개인적 의식, 성격 및 행동에 영향을 미친다. 그러나 독일의 파시스트 침략자들(특히 상트 페테부르크 점령)에 대항한 소련의 투쟁에 헌정된 쇼스타코비치의 제7번 교향곡(현 상트 페테부르크)이 중세에 출현할 수 있겠는지, 또는 고대의 예술가가 이러한 작품들의 내용이 시대, 민족 및 역사적 시기의 특징에 의해서 규정된다는 것을 깨닫기 위해 레핀이나 피카소가 캠퍼스에 그리는 것처럼 그릴 수 있겠는지를 질문해 보면, 이에 대한 대답은 충분할 것이다. 마찬가지로 모든 개인적 차이에도 불구하고 18세기에는 어느 누구도 자동차를 구매하려고 하지 않았다. 대중의 행위에서 모든 이 같은 차이는, 개인적 특징에도 불구하고, 한편으로는 객관적이고 사회적 존재에 의해서 다른 한편으로는 그 기초 위에서 그것을 반영하는 사회적 의식에 의해서 규정된다.

사적 유물론은 개인적 의식, 목표, 의지, 욕망을 부정하지 않는다. 오히려 그것들이 유물론적인 방법으로 면밀하게 연구되고 정확히 설명될 필요가 있다고 가정한다. 개인들이 특정한 사회적 존재의 각종 조건하에서 살고 그 맥락의 기초 위에서 그들의 개인적 목표를 정식화하기 때문에, 사회적 의식은 한 사회에서 사는 개인들의 의식으로부터 발생하는 일반적인 것이다. 각 개인의 개인적 의식은 많은 요인들의 영향 하에 형성되는데, 그 요인들은 개인의 기질, 개인의 버릇, 성별, 나이, 물질적 지위, 가족관계, 환경, 노동조건 등을 포함한다. 그러나 결정적인 영향을 미치는 것은, 사회적 존재(특정한 사회적 의식과 기타 다른 상부구조적 요소들을 지닌)라는 맥락에서 형성된 사회적 환경이다. 사람들은 실제적인 활동, 생산 활동, 일상적·가정적 및 사회적 활동에서 끊임없이 여러 견해와 생산 활동의 경험, 사회적 및 정치적 경험들을 교환하고 있다. 이러한 교환을 하는 동안 공통의 견해들과 사건들에 대한 이해와 평가가 발전되는데, 이것은 주어진 집단이나 계급에 대해서도 마찬가지이며 공통적인 목표 또한 그렇다. 개인적 목표, 견해 및 욕구들은 소속 집단이나 계급의 영향하에서 만들어지고 형태지어 진다. 사회적 의식 및 개인적 의식은 따라서 끊임없이 복잡한 상호작용을 한다. 그리고 이 상호작용을 통해서 위대한 사상가들뿐만 아니라 모든 사람과 그 개성의 창조적 업적이 정신적 문화의 총체적인 보고 속으로 편입되는 것이다. 따라서 사회적 의식과 개인적 의식을 분리시키고 그것들을 대립시키고자 하는 것은 이 현상들 간의 실재하는 연관과 상호작용에 대해서 만리장성을 쌓아 버리는 조야한 형이상학적 오류인 것이다.

233 사회적 의식의 상대적 독립성에 관하여

사회적 의식에서의 모든 변화와 그것의 발전과정 자체는 궁극적으로 사회적 존재의 변화에 의해서 규정된다. 그러나 이 의식이 항상 사회적 존재에 뒤처지는 것이라 생각한다면 이는 잘못이다. 정치적 의식, 도덕성, 예술적 의식, 종교 그리고 철학은 대중의 물질적 현실, 계급투쟁, 다양한 사건들, 점진적 변화 및 혁명적 변화들을 거울처럼 수동적인 방식으로 반영하는 것이 아니라, 일정한 이상, 규범, 표준, 교훈 및 행동규칙을 창조하고 또한 사회생활의 보다 바람직하고 보다 나은 조직의 이미지를 발전시킨다. 사회적 의식의 상대적 독립성, 나아가 그것의 '선취적인' 반영을 할 수 있는 능력은 이같이 발현된다. 과거의 문학작품이나 철학자, 경제학자, 사회학자 및 정치사상가의 저작에서, 합리적이고 정의로운 사회는 어떠한 사회여야 하는가, 국가행정은 어떻게 조직되어야 하는가 그리고 가장 정의로운 법과 도덕성에 관한 가장 인간적인 규범은 어떤 것이어야 하는가에 관한 많은 주장을 발견할 수 있다. 모든 이러한 논거들은 물론, 정의와 인간성 등에 관한 보편적일 뿐만 아니라 매우 특정 계급적인 목표와 개념들도 반영하고 있다. 동시에 그것들은 역사적으로 한계 지어져 있다. 과거의 사상가들이 미래를 어떻게 통찰하려고 노력을 했듯, 그들이 어떠한 사회생활의 이미지, 이상 및 규범을 창조했든간에, 실제로 그들이 취급해야 했고 그 시대의 사회적 의식을 통하여 반영해 낸 사회적 존재는 그들의 주장들을 위한 소재를 제공했다. 그러므로 선취적 반영까지도 궁극적으로 사회적 존재에 의해 규정된다. 선행하는 사회경제구성체의 자생적이고 초보적인 발전의 시대에 사회적 의식의 상대적 독립성은 종종 다양한 종류의 유토피아의 창조로 발현되었다. 객관적이고 과학적인 기초를 갖지 않은, 미래의 정의롭고 합리적이며 인간적인 사회조직에 관련된 관념, 이미지, 이론적 반영물들을 유토피아적이라고 부른다. 유토피아의 창조자들은 종종, 비록 그들 자신이 가끔은 특권계급이나 신분에 속해 있긴 했지만, 가장 억압받고 착취당하는 계급의 이해와 기분을 표현했던 뛰어난 사상가들이었다. 그 같은 견해들은 16세기 초기의 영국의 정치가인 토마스 모어의 「유토피아」라 명명된 책에서 그 이름을 가져왔다. 그 책은 보편적인 평등, 정의 그리고 번영이 지배하는 우화적인 사회주의 사회에 대한 상을 묘사하고 있다.

18, 19세기 동안에 근로대중에 대한 착취가 증대됨에 따라 공상적 사회주의가 광범위하게 유포되었다. 맑스와 엥겔스는, 19세기 초의 공상적 사회주의의 창시자들인 푸리에, 로버트 오웬 및 생시몽이 사회에 대한 사회주의적 재조직화와 재구조화의 필요성을 입증하려고 노력하고 또 주로 자본주의에 대해 날카롭게 비판했다는 점에서, 그들을 높이 평가했다. 동시에 맑스와 엥겔스는 이러한 형태의 사회주의의 비과학성을 강조했다. 그것은 상상적이고 환상적이며 소원성취적인 사회주의이다. 그 새로운 사회는 첨예한 계급투쟁을 통해서라기보다 도덕적 자기완성, 선의, 인류애적인 행동 및 계몽에 의해 창조될 것이라고 그 창시자들은 가정했다. 이와 같은 착상의 비과학적이고 공상적인 성격은 그것들을 실현시키기 위해 로버트 오웬이 행했던 몇 개의 시도들의 붕괴에 의해 증명되었

다.

사회적 의식의 상대적 독립성은 과학적 사회주의 이론의 창조에서 특히 명확한 형태로 발현되었다. 맑스와 엥겔스에 의해 발전되고 후에 레닌에 의해 창조적으로 연구·발전된 이 이론은 자본주의의 심원한 사회경제적 모순의 단순한 반영이 아니라, 사회적 존재에 대한 진정으로 과학적인 선취적 반영의 최초의 예로 대표될 만한 것이다. 그것은 사회의 혁명적 변형의 필요와 사적 소유 및 인간에 의한 인간의 착취의 폐절을 과학적으로 정초했을 뿐만 아니라 이러한 변형을 위한 실제적 경로와 방법을 제시했다. 어디에서 선취적 반영의 바로 그 가능성과 전체로서의 사회적 의식의 상대적 독립성이 추출되는가?

중요한 것은 사회적 존재가 주어진 순간에 존재하는 사회적으로 의미심장한 사건들의 총합 자체는 아니라는 점이다. 그것은 완전히 굳어졌거나 젤리처럼 적당히 굳어졌거나 변하지 않는 특정물이 아니다. 사회적 존재는 끊임없는 발전 속에 있고 그 안에서 다양한 추세나 경향이 끊임없이 창출되고 성장한다. 결과적으로 사회적 존재에는 이러한 경향, 과정 및 변화를 규제하는 객관적 유형이 있다. 그러한 경향과 유형을 반영함으로써 사회적 의식은 미래를 통찰하는, 말하자면 앞질러 나아가는 능력을 획득한다. 사회적 의식의 상대적 독립성은 정확히 그렇게 발현된다. 사회적 존재 자체가 모순적이고, 다양한 상쟁하는 이데올로기들 안에서 다양한 계급적 입장에서 반영되는 까닭에, 그 사회적 존재의 반영 역시 모순적이다. 역사에 대한 유물론적 이해가 창조되기 이전에 이러한 선취적 반영은 주로 비과학적이었고, 몇몇 개별적인 올바른 가설에도 불구하고 공상적인 특징들을 가졌다. 역사에 관한 유물론적 이해로 발전한 맑스주의 철학의 창조와 더불어, 처음으로 사회발전의 객관적 경향성과 유형들에 관한 엄밀한 과학적인 파악이 가능하게 되었다.

사회적 의식의 상대적 독립성과 그 활동은 사회주의 사회에서 끊임없이 증가하고 있는 중이다. 이것은 현대 사회주의 사회에서 발생하고 있는 기저적인 경제적, 정치적 과정에 대한, 철학적 분석에 근거를 둔 인식의 실례를 잘 보여주고 있다. 현실에 대한 반영 자체가 행해질 때, 동시에 이 인식은 발생되고 있는 모든 것에 대한 비판적 재평가의 수준에까지 고양된다. 그것은 소비에트 사회의 침체와 관료화의 원인 및 기제들, 그리고 한편으로 사회주의 및 사회정의의 원리와 다른 한편으로 사회생활 자체 속에서의 그것들의 변형 및 왜곡 사이의 갭을 낳은 상황의 기제와 원인을 드러내고 있다. 이 비판적 인식은 사회적 존재 자체의 모순들을 드러내고 있을 뿐만 아니라 정체 경향에 대한 진보적 경향들의 승리를 촉진시키기 위해 노력하고 있다. 그러나 다양한 사회집단들, 관리의 민주주의적 방식의 옹호자들과 명령 하달적 방법의 옹호자들의 입장들을 반영하는 사회적 의식 자체 내에서 특정한 모순과 투쟁들이 일어나고 있다. 사회적 의식은 이러한 모순들을 해결해 가는 과정에서 상대적 독립성을 획득하고 있을 뿐만 아니라, 사회주의하의 모든 분야의 사회적 문제들을 재구조화하고 재조직화하는 데 강력한 요인이 되어가고 있기도 하다.

234 사회주의하에서의 주체적 요인의 역할의 성장

사회적 의식의 상대적 독립성에 관해 논의하면서 그리고 그것의 다양한 형태의 능동성을 강조하면서, 우리는 그것들 모두가 사회적 실재의 다양한 측면들을 반영할 뿐만 아니라 거꾸로 그것에 적극적인 영향을 미치기도 한다는 것을 입증했다. 그것은 진보적 추세와 경향의 발전을 촉진시킬 수 있지만[422], 또한 그것들의 실현을 방해할 수도 있다. 역사과정에서 주체적이고 인간적인 요인의 중요한 역할은 두 경우 모두에서 나타난다.

이 역할은 무엇에 있는가? 인간적인 요인이 오늘날 왜 이와 같은 중요성을 획득하고 있는가? 사회의 발전은, 그것이 자연사적 과정인 한, 언제나 개개의 민족이나 각각의 사회집단이 자신들에게 부여한 특정한 목적 및 과제에 대한 인식과 연관되어 있다. 이러한 과제들의 해결과 이러한 목표들의 성취는 어떠한 활동방식이 선택되며 그리고 어떠한 결정들이 내려지는가에 의존한다. 여기에는 두 가지의 가능성이 있다.

첫 번째 것은 대중이 자신에게 이루지 못할 목표를 부과하는 것, 그들의 과제를 부정확하게 정식화하는 것, 잘못 고려된 결정을 하는 것 그리고 주어진 조건들 즉 시간, 장소 및 사회에 부적합하거나 의도한 목표를 이루는데 비효율적인 행동방식을 선택하는 것 등이다. 그런 종류의 결정과 행동은 사회의 진보를 억제하고, 생활조건을 악화시키며, 바람직하지 못하거나 가끔은 파멸적인 결과를 낳을 수 있다. 또하 그것은, 부정확하게 이해된 사회발전 유형들 및 객관적 환경은 대중에게 그들이 그것들을 잘 알지 못하고 연구하지 않았으며 자신의 활동에 잘 반영하지 않았다는 이유로 '복수한다'는 것을 의미한다. 조만간에 이러한 유형들과 그것들에 대한 부정확한 인식의 결과들은 부정확한 결정들을 변경하고 객관적 실재에 더욱 잘 조응하는 다른 보다 올바른 행동방식을 필연적으로 발견하게 한다. 그러한 일이 일어날 때까지, 잘못된 결정을 하고 도달할 수 없는 목표를 추구하고 있는 대중, 사회집단, 사회조직은 그들의 실수에 대하여 값비싼 대가를 치르지 않으면 안 된다.

두 번째 가능성은 대중이 객관적 유형들에 대해서 상당히 깊고 올바로 이해하고 사회적 존재의 실제적 조건과 추세를 이해하는 것이다. 그렇기 때문에 그들은 실제적인, 과학적으로 정초된 목표와 해결 가능한 과제들을 제기할 수 있다. 따라서 그들은 올바른 결정과 효과적이고 민음직한 행동방식을 취할 수 있다. 물론 그렇다고 해서 이러한 경우라면 모든 것이 단순하며 쉽다거나 목표들이 투쟁 없이 달성 가능하다거나 적합한 활동은 난관이나 장애에 봉착하지 않을 것이라는 결론이 나오는 것은 아니다. 삶의 객관적인 복잡성과 모순적 성격 때문에, 그리고 대단히 많은 사람들, 사회집단 및 직업집단들, 또한 그들의 이해를 옹호하는 다양한 조직들이 사회에서 동시에 활동하고 있기 때문에, 주요하고 공통된 목표를 성취하는 데 대한 난관 및 장애는 똑같이 발생한다.

그러나, 첫 번째 가능성과 두 번째 가능성의 근본적인 차이는, 계획된 목표를 지향하는 운동이 보다 조속히 이루어지고 실수는 보다 적어진다는 것이다. 그러한 경우에 왜 도대체 대중은 이 두 번째 가능성을 실현하려 하지 않는가[420]? 요점은 실제 사회에서 사회적 의식이 사회적 존재에 뒤쳐져 있다는 데 있다. 실재에 대한 정확하고 깊고 진일보한 과학적 이해가 항상 성취되는 것은 결코 아니다. 왜냐하면 다양한 사회세력들이 사회발전의 주체적 요인, 즉 사회적 및 계급적 모순과 투쟁, 다양한 편견, 이데올로기적 교의, 사회적 기분과 열정, 정보의 결핍 등에 영향을 미치기 때문이다. 정확한 결정과 사태의 실제 상태와 목표에 대한 올바른 이해의 발전은 지도자, 정치사상가 및 이데올로기의 창시자들의 개인적 자질들에 의해 가끔 방해받는다. 사회적 목표와 이데올로기의 발전을 좌우하는 사람들이 정확한 결정을 취하는 것을 방해하는 개인적 특징(가령, 다른 견해들에 대한 불관용 등)을 가질 때, 그들은 가끔 적합한 목표와 과제에 대한 부정확한 이해에 이르기도 한다. 바로 이점에, 궁극적으로는 객관적 요인(발전하는 사회적 존재)이 결정적이라는 사실에도 불구하고, 왜 주체적 요인이 역사 발전에서 현저하고 가끔은 결정적인 역할을 할 수 있는가 하는 이유가 있다.

사회주의 사회에서 적대적 모순은 극복되어 있다[206, 406]. 이 이유로 인하여 사회적 실재에 대한 보다 충분하고 깊은 파악을 위한 그리고 목표 및 그것을 획득할 수단에 대한 과학적 결정을 위해 필요한 객관적 전제가 창출되어 있다. 그러나 그것은 사회주의 사회에서 행해진 모든 결정 및 어떠한 사회적 행동 방식도 자동적으로 올바르다거나, 그것들이 제반 의결의 투쟁, 이해의 충돌 및 진지한 정치적 노력과 정신적 노력 같은 것 없이 행해진다는 것을 의미하지는 않는다. 사회주의 사회에서 주체적 요인의 역할, 그리고 사회적 문제들의 정확한 해결에 관심을 가지고 의식적, 적극적, 창조적으로 사고하는 사람의 역할은 급격하게 커지고 있다.

당시 소련에서는 경제적, 사회적 및 문화적 문제에 대한 광범위하고 본질적으로 재조직화와 재구조화가 진행 중이었다. 그것은 이전의 발전단계에서 사회경제적 진보의 일정한 지체(이러한 지체는 많은 지도자의 독선과 자기만족, 그리고 공업, 농업, 다양한 사회적 조직들을 맡고 있는 일정한 사람들 속에서의 보수적 경향의 강화에 기인하는데)가 있었다는 사실과 연관되어 있다. 이러한 자기만족이 생기는 한 가지 이유는 소비에트 사회가 이전의 발전단계에서 거대한 성공과 급속한 성장을 이룩했다는 데 있다. 어떤 사람들에게는, 무엇이 성취되어왔는 가에 대한 비판적 평가도 없이, 새롭고 대담하고 창조적인 결정을 취하거나 인간적 요인을 활성화시키는 일도 없이 이러한 사태가 자동적으로 유지되는 것처럼 보이기 시작했다. 실생활은 이러한 견해가 잘못되었음을 보여주었다. 공산당 전체에 의한, 사회적 문제와 테크놀로지의 발전의 문제와 관련된 모든 사람에 의한 그리고 경제지도자와 관리자 및 일반 노동자에 의한 거대한 비판적 작업이 요구되어 왔다.

사회생활에 새로운 자극을 주고 사회경제적 발전의 결정적인 가속화를 성취하기 위해 사회의 당대적 목표와 그것의 예견되는 전망을 보다 깊이 파악하고, 무엇이 사회발전을 억제시키는 것이고 어떠한 세력들이 그것을 촉진시키고 강화시킬 수 있는지를 이해하는 것이 필수적이다. 그러나 이러한 모든 것에 대한 당과 국가의 지도자들에 의한 이해만으로는 충분하지 못하다. 변화를 위한 역사적 요구에 대한 이해가 모든 사람의 의식, 정신 및 마음에 깊이 침투하고, 그것이 모든 집단노동자, 사회집단 및 자발적 조직에 의해 받아들여지고 채택되는 것이 중요하다.

이러한 모든 것은, 근본적인 적대적 모순이 없는 사회에서 사회주의 건설 도상에서의 사회적 및 경제적 진보가 상당 정도 주체적 요인에 의해 규정된다는 사실을 보여준다. 따라서 주체적 요인의 역할은 더욱 높아져야 한다.

사회주의 사회에서 주체적 요인의 역할을 상승시키는 문제를 이해하는 것은 이렇듯 맑스주의 사회철학의 발전에 중대한 기여를 하는 것이다.

우리는 일반적 형태에서의 물질과 의식 간의 관계를 살펴보았다. 그리고 나서 철학의 근본문제를 사회와 관련시켜 논의했으며, 이를 통해 우리는 사회적 존재와 사회적 의식이 무엇이며 사회발전의 주체적 요인과 객관적 요인 간의 상호작용은 어떠한지를 이해하는 데 도움을 받았다. 이제 우리는 사회와 자연의 상호관계를 밝혀야 한다.

제3부

자연과 사회

"지리적 환경이 사회발전의 결정적 요인인가?"

● 자연과 사회의 관계에 대하여

301 자연과 사회

우선 자연과 사회의 상호관계에 대한 검토가 철학과 어떤 관계가 있는지 질문해 보자. 물질의 본질을 이해하기 위해서는 맨 먼저 자연이 무엇이며, 우리가 이 개념을 사용할 때 염두에 두어야 할 점은 무엇인지를 규정해야 한다. 자연은 우주 전체가 아니며 우리에게 알려져 있는 세계 전체도 아니다. 그것은 단지 인간이 직면하여 이러저러한 방식으로 반응하는, 그리고 다소 뚜렷한 방식으로 사회발전에 영향을 미치는 전체 세계의 일부분일 뿐이다. 물론 우리는 자연을 좀 더 넓은 의미로 해석할 수 있다. 그러나 그렇게 되면 질문의 초점이 불명료해진다. 따라서 나는 자연을 1차적으로 인간이 최근 몇 십 년 동안 상호작용하기 시작했고 과학 기술의 진보에 힘입어 뚫고 들어가고 있는 우주의 일부분을 포함하여 지구의 표면과 그 내부 그리고 지구 주변의 공간에 존재하고 발생하는 모든 것으로 의미할 것이다. 이러한 의미에서 인간사회 자체는 자연발전의 산물이다.

그러나 자연과 사회 사이에는 근본적으로 질적인 차이가 있다. 자연은 개인적 및 사회적 의식의 외부에서 작동하는 객관적 법칙들에 따라 작용하고 발전한다. 그러나 사회활동의 법칙들은, 비록 그것들 또한 객관적이기는 하지만, 의식 그리고 **사유하는** 인간의 활동과 연관되어 있다. 이러한 차이는 자연과 사회의 상호관계라는 문제가 지닌 철학적 중요성을 이해하는 데 도움을 준다.

인간은 자연에 의지하여 활동하고 자연 속에서 생활하며, 자연의 작용에 접하게 되고 천연자원과 자연이 제공하는 생활 수단 및 조건을 이용한다. 동시에 사람들은 그들의 목적을 추구하면서, 인간 없이는 자연에 존재하지 않고 인간이 출현하기 전에는 존재하지 않았고 존재할 수도 없었던 새로운 사물, 도구, 구조물, 환경을 창조한다.

우리가 이미 알고 있는 물질과 의식의 관계라는 문제가 다시 인간과 자연의 상호관계로 표현됨을 쉽사리 알 수 있을 것이다. 단지 지금은 인간과 자연의 상호관계를 특별한 관점에서 검토해 볼 것이다. 이 관점은 무엇인가?

그것의 요지는, 인간이 자연을 아주 격심하게 변화시킬 때 자연조건을 훼손하며 이는 종종 자연조건의 파괴에까지 이른다는 것, 그래서 그 다음에는 그것이 인간 자신의 생활조건에 반하는 바람직하지 못한 영향을 미친다는 것이다.

최근 몇 십 년 동안 현대식 장비력의 막대한 증대와 거대한 도시들, 도로, 공업기업, 수송체계들의 건설을 통해 환경에 대한 인간의 작용은 매우 파괴적으로 되어 사람들은 자연의 파괴와 환경위기에 대해 이야기하기 시작하였다. 그리고 심지어 사회발전은 결국 자연환경을 완전히 파괴시키고 있으며 그 결과 인류 자체도 절멸시키고 있다고 주장하는 특별한 경향의 사상 즉 종말론(alarmism)이 생겨났다. 그러한 결과로부터 종말이 일어나고 어떠한 탈출구도 없다는 것이 종말론자들의 견해이다. 어떤 종교 지도자들은 심지어 그러한 현상들 속에서 세계의 종말이 다가오는 조짐을 발견한다. 종말론은 역사적 비관주의의 현대적 형태이다.

그러나 우리 시대에는 역사적 낙관주의 또한 존재한다. 역사적 낙관주의자들은 인간의 이성과 선의가 자연을 보존하고 회복시킬 수 있으며, 또 그것들이 올바른 길로 방향지어지고 필수적인 사회적 조건이 주어진다면, 미래에는 자연과 사회 사이에 더 올바르고 조화로운 관계를 수립할 수 있을 것이라고 믿는다.

자연과 사회의 상호연관 및 모순을 둘러싼 논쟁들은 더욱 열기를 더해 가고 있다. 그리고 인간을 둘러싸고 있는 세계에 대한 인간의 관계와 바로 인간사회의 존재와 관련된 매우 심도 있는 문제들에 접근하고 있다. 모든 나라의 더욱 더 광범위한 계층들(노동자, 기술자, 농민, 정치가, 과학자, 그리고 예술가들)이 이 문제들에 주의를 돌리고 있다. 또한 그러한 문제들을 다루기 위해 국제회의가 열리고 있다. 자연에 대한 사회의 관계를 규제하기 위한 특별한 법률들이 많은 나라에서 통과되었다. 이 모든 것들은 현대의 지적 정수로서 그리고 자연, 사회 및 사유의 발전에 대한 가장 일반적인 법칙의 이론으로서의 철학이 이처럼 중차대한 문제를 과학적이고 유물론적으로 해결해 내는 데 능동적인 역할을 담당해야 한다는 것을 입증하는 것이다. 자, 이제 자연과 사회의 관계에 대한 다양한 견해를 드러내 보고 역사적 낙관주의자들의 올바름을 증명하기 위해서 관례적인 두 인물―비관주의자(P)와 낙관주의자(O)―사이의 대화를 들어 보자.

302 자연과 사회에 관한 대화

P : 인류의 전 역사는 사회의 발전이 자연의 파괴를 몰고 온다는 점을 말해주고 있습니다. 궁극적으로 사람들은 환경을 파괴할 것이고 그들

자신의 존재조건을 말살시킬 것입니다.

O : 그러나 과거에 있었던 일이 미래에도 반드시 일어난다고 할 수는 없습니다. 막대한 경험을 축적한 사람들은 강력한 장비와 과학적 지식을 적재적소에 배치함으로써 환경의 파괴를 막을 수 있습니다.

P : 사실은 그 반대입니다. 테크놀로지의 발달은 천연자원의 고갈을 가져옵니다. 자, 봅시다. 자동차, 트랙터, 발전소, 거대한 해상화물선, 항공기들은 매일 수백만 배럴의 석유를 소모합니다. 또 화학공장에서도 비료, 의약품, 인조섬유, 새로운 물질 등을 생산하기 위해 석유를 사용하고 있습니다. 강철, 선철, 그리고 다양한 화학제품을 만들어내는 데 사용되고 발전소에서 소모되는 석탄에 대해서도 마찬가지입니다. 하지만 석탄과 석유의 보유량은 분명 제한되어 있지 않습니까? 그것들이 고갈되었을 때 사람들은 어떻게 할 것입니까?

O : 그러나 분명히 그러한 화석연료들의 새로운 원천지가 계속 발견되고 있지 않습니까?

P : 맞습니다. 그러나 얼마 안 있어 그것들조차도 고갈될 것입니다. 더군다나 유류제품을 소모하는 설비들은 동시에 대기 중의 산소도 소모시킵니다. 소형자동차 한 대가 한 시간에 소모하는 산소량은 수백 년 묵은 큰 참나무가 대기 중에 방출하는 산소량과 맞먹습니다. 그리고 우리는 거대한 삼림을 파괴하고 있고 난방, 건축, 제지에 나무를 사용하고 있습니다. 더욱이 요즈음 더욱 잦아진 산불 때문에 삼림은 파괴되고 있습니다. 그리고 모든 공장의 굴뚝이 이산화탄소와 산업폐기물들을 내뿜는다는 것을 생각해 보십시오. 게다가 지구 표면에 있는 태반의 녹색식물이 절멸하다시피 줄고 있다는 것을 생각해 보십시오. 그러면 당신은 우리가 동력자원의 고갈뿐만 아니라 산소의 고갈이라는 위협에도 직면해 있는 것을 이해할 것입니다.

O : 아주 비관적인 상을 그리시는군요.

P : 그게 전부가 아닙니다. 급격히 증가하는 지구의 인구, 특히 도시 인구가 사용할 수 있는 깨끗한 물은 충분치 못합니다. 게다가 강과 바닷물은 도시의 하수와 산업폐기물로 오염되어 가고 있습니다. 그 폐기물들은 물곡, 수생식물, 그리고 해양동물들이 먹고 사는 플랑크톤을 죽이고 있습니다. 비옥한 토양과 자연경관 등의 파괴도 여기에 덧붙일 필요가 있습니다.

O : 그러면 당신의 예측은 무엇입니까?

P : 약 20년 전 로마에서는 자발적인 공공기구인 '로마클럽'이 창설되었습니다. 그 기구는 수많은 일급 과학자, 경제학자, 사회학자, 정치가들로 구성되었습니다. 그들의 첫 번째 결론은 생산의 증대를 막고 사회발전을 둔화시키며, 수많은 국가에서 기아를 초래하고 있는 인구증가를 억제하고 폐기물 없는 생산을 창조하며 경제의 '제로성장'을 확립하자는 것이었습니다. 이후 이 클럽과 다른 유사한 기구의 성원들은 그들의 견해를 바꾸었습니다. 그래서 만일 천연자원을 절약하고 경제적으로 사용하는 산업이 창출된다면 새로운 현대 과학기술이 문제를 바로잡을 수 있을 것이라고 생각하기 시작했습니다.

O : 결국 우리가 그러한 충고에 귀를 기울인다면 인류를 죽음에서 구하고 자연파괴를 막을 수 있다는 결론이지요? 무엇 때문에 우리는 그렇게 하지 못하는 거죠?

P : 첫째, 나는 그린피스나 다른 자연보호기구의 충고를 실행하는 것이 인류를 구할 수 있다고 주장하지 않았습니다. 그것이 자연파괴를 막을 수는 없을 것입니다. 이미 파괴되고 소모되고 타버린 것은 더 이상 회복될 수 없습니다. 둘째, 인류는 결코 분별 있는 목소리에 귀를 기울이지 않았습니다. 그들은 오늘의 목적을 추구할 때 내일에 대해선 생각

하지 않습니다.

O : 당신이 잘못 생각하고 있다고 생각합니다. 인간의 본질은 불변하는 것이 아닙니다. 사람들은 그들이 살고 있는 사회적 조건, 사회체제 그리고 생산양식에 상응하여 여러 가지 방식으로 활동합니다. 그러한 조건이 변화할 때만 그들의 활동방식과 자연에 대한 태도도 변할 것입니다. 그렇게 되면 많은 것을 바로잡을 수 있고 과거나 현재보다 더 좋은 상황을 만들어 내는 것이 가능해질 수 있다고 생각합니다.

P : 그러면 왜 지난 수천 년 동안 그와 같은 조치들이 하나도 이루어지지 않았습니까?

O : 왜냐하면 그것은 사적 소유가 지배하고 있었기 때문이지요. 그리고 개인, 집단 및 계급 이익, 무엇보다도 사적 기업주들과 거대한 독점자본의 이익이 사회의 이익보다 우위에 있었기 때문입니다. 사람들은 인류의 이익을 고려하지 않는, 따라서 자연에 대한 합리적이며 신중하고 이성적인 관계의 이익을 고려하지 않는 견해, 가르침, 가치 그리고 이데올로기들에 의해 그러한 상황으로 이끌려 왔습니다.

P : 하지만 이러한 처지가 변할 수 있을까요?

O : 물론이죠.

P : 어떻게 그럴 수 있지요?

O : 그에 대한 최선의 대답은 변증법적 유물론 철학에 의해 주어져 있다고 생각합니다. 그리고 그것은 인류의 가장 근본적인 이익과 환경에 대한 인류의 태도에 영향을 줍니다. 비맑스적인 철학적 명제들과 변증법적 유물론은 어떻게 구별될까요? 그리고 그 변증법적 유물론을 실현시키기 위한 적극적인 프로그램과 전망은 무엇일까요?

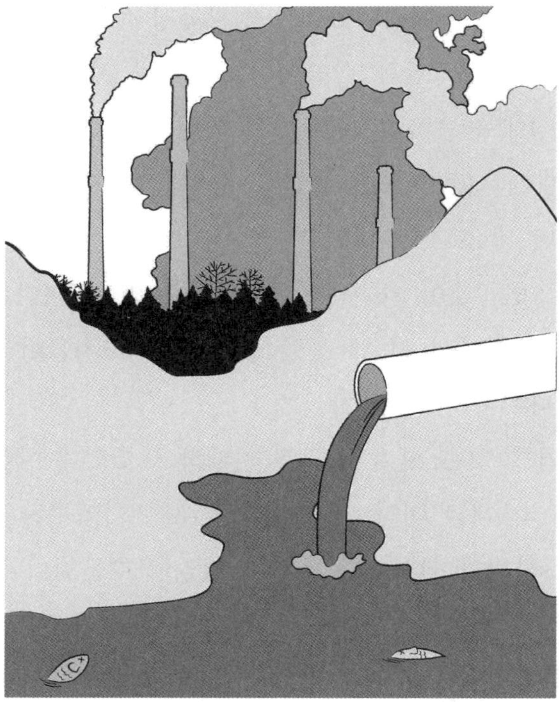

"사적 소유와 이윤 추구로 인한 환경파괴"

303 자연과 사회에 대한 이전의 견해

자연에 대한 인간의 태도는 사회가 발전함에 따라 변해 왔다. 그리고 그것은 사회와 자연의 관계들에 관한 다양한 교의들 속에 반영되었다.

원시인들은 천연자원의 소비자였다. 수십만 년 동안 그들은 동물과 식물을 먹고 살았고 동굴에서 잠을 잤으며, 동물가죽으로 옷을 해 입고 나무, 돌, 그리고 동물의 뼈로 만든 도구와 무기를 사용하였다. 그들은 단지 자연물질(natural matter)을 자기 것으로 만들었을 뿐, 자연에 존재하지 않는 어떠한 것도 창조하지는 않았다. 당시의 생산력 발전수준은 인간을 둘러싼 세계에 대한 인간의 복잡하고 모순적인 태도가 표현된 종교적 관념, 신화, 전설의 체계에 반영되었다. 한편으로 자연은 인간에게 생활조건을 제공하고 인간을 양육함으로써 인간의 숭배와 신격화의 대상이 되었다. 다른 한편으로 인간은 두렵고 이해할 수 없는 자연의 힘을 극복하고 그것을 자신에게 종속시키려고 노력하면서 지속적으로 그것들과 투쟁하였다. 그리고 종종 수많은 자연현상들을 적대적으로 바라보았다. 원시사회가 해체되고 초기 노예제국가가 발생하던 시기에 사람들은 농경지를 경작하고 농작물을 재배하며 가축을 기르기 시작하였다. 금속도구와 물레의 창조, 그리고 불을 사용하는 능력에 의해 인간은 사물, 식료품, 의복, 주거지 그리고 자연에는 존재하지 않았던 수송수단들을 만들기 시작하였다. 생산력과 테크놀로지가 발전한 결과 자연의 변형이 시작되었다.

수십만 년의 선사시대 동안 사람들은 이미 자연을 격심하게 변화시키기 시작했다. 그들은 삼림을 베어 내고 수많은 종류의 동물들을 절멸시켜 길을 닦고 도로를 개설하였다. 인간이 노동하고 사회활동을 하는 동안 자연을 변화시키는 과정은 계급사회에서 몇 배 더 가속화되었다. 그러나 그 활동은 대개 자연발생적이고 초보적이어서 그 결과는 뜻밖의 것이거나 원래 획득하려고 애썼던 것과는 다른 것들로 나타나기도 하였다. 이것이 이전의 모든 구성체들과 그에 상응하는 문화의 두드러진 특징이었다.

고대 철학, 특히 고대 유물론은 전체로서의 세계를 이해하는 데 목적을 두었다. 고대 철학자들은 이 세계(우주)를 하나의 발전하는 전체로서 간주하고 그것의 원리와 기원을 이해하려고 노력했던 반면에, 인간을 둘러싼 자연을 변형시키는 데 있어서 인간의 능동적인 역할을 이해하지는 못했다. 그들은 인간이 자연을 변형시키는 활동을 관찰의 대상으로 간주했을 뿐 그것을 의식적이고 합목적적인 변형활동으로 여기지 않았다.

중세에 지배적이었던 기독교와 신학, 그리고 그 밖의 다른 세계종교들에 있어서는 자연에 대한 부정적인 태도가 특징적이다. 중세의 스콜라 철학자들의 견해에 의하면 자연은 인간에게 봉사하기 위해 신에 의해 창조된 것이다. 단지 인간만이 신성한 영적 원리의 경미한 일부분을 지녔으며 반면에 자연은 속된 원리를 담고 있다는 것이다.

르네상스 시대와 이에 뒤따르는 급속한 발전의 시대에 와서야 자연에 대한 과학적 관심이 급증하였다. 그러나 그 관심은 악착같이 돈을 모으는 이윤욕에 의해 흐려졌다. 근대 철학 및 과학의 창시자들 중의 한 사람인 프랜시스 베이컨(Francis Bacon, 1561~1626)은, 자연에 대한 인식은 사회 복지를 위해 필수적이라고 생각하였다. 그는 사회에 대한 어떠한 불만도 가난과 잘못된 정부에 의해 야기된 것이며, 그 두 가지 결점은 오직 과학에 의해서만 제거될 수 있다고 생각하였다. 그리고 과학적 인식은 곧 힘이라고 말하였다. 과학의 목표는 자연을 알고 자연에 대한 통제를 보장하는 것이며, 자연에 대한 통제는 결과적으로 사회의 행복과 안정을 가져올 수 있다는 것이다. 물론 그는 사적 소유와 인간에 의한 인간의 착취에 기초하고 있는 사회를 염두에 두고 있었으며 따라서 이러한 견해들 속에는 자연에 대한 사회의 태도에 관한 부르주아적 이해가 잘 나타나 있다. 부르주아지들은 자연으로부터 가능한 한 많은 것은 얻어내고 싶어 했으며 어느 누구도 사회에 대한 자연을 보존하는 임무를 맡기지 않았다. 자연을 지배한다는 생각은 맑스주의 이전의 부르주아 철학의 근본원리가 되었다. 이것은 자연에 대한 약탈자적 태도와 천연자원의 고갈을 정당화시켰다. 이러한 태도의 근원을 규명하고 그것을 극복해야 할 필요성은, 현대자본주의에 고유한 자본주의적 이윤 추가가 전 인류의 파국을 위협하는 환경위기로 귀결되고 있는 이때에 특별히 절박하게 되었다.

304 자연과 사회의 관계에 관한 변증법적 유물론

현대 유물론 철학은 사회를 자연의 진화의 결과로 간주한다. 동시에 자연과 사회 사이에는 심원한 차별성이 존재한다고 본다. 자연에는 오직 맹목적이고 무의식적인 힘들이 서로 작용하며 이것들의 상호작용 속에서 일반적인 법칙들이 드러난다. 이에 반해 사회의 역사에서는 의식을 지닌 사람들이 특정한 목적을 달성하려고 애쓰면서 작용한다. 그렇지만 이러한 차이가 아무리 중요하다고 할지라도 그 차이가, 역사과정은 내적이고 일반적인 법칙들에 의해 지배받는다는 사실을 바꾸지는 않는다.

사람들은 노동과정에서 물질적 가치를 창조할 뿐만 아니라 그들 자신을 의식적이고 사유하는 존재(creature)로 형성시켜 나간다. 자연은 물질적 생산 활동의 **객체**로서, 그 활동의 1차적인 대상으로서 작용한다. 하지만 자신의 의식 속에 자연을 반영하고 스스로 특정한 개인적 및 사회적 목표를 세우는 인간은 이 활동의 **주체**이다. 인간의 생산 활동은 일정한 방식으로 인간이 자연물질을 정복하고 처리하게끔 해준다. 맑스주의 창시자들은, 노동과정은 인간이 자연과 관계를 맺는 주요한 메커니즘이며, 인간은 노동을 통해 자신을 자연으로부터 분리시켜 자신을 자연에 대립시킨다는 것을 지적하는 데만 한정하지 않았다. 그들은, 인간과 자연의 상호작용은 지배적인 소유형태와 이것에 의해 지배받는 사회조직에 달려 있다는 것을 끊임없이 강조하였다.

자연에 대한 인간의 태도는 모순적이다. 한편으로 인간 자신이 자연의 산물이며 자연은 인간의 생명 활동에서 가장 중요한 물질적 조건이다. 천연자원, 에너지자원, 비옥한 토양, 물, 공기, 기후의 존재, 이 모든 것들은 일정한 방식으로 사회의 발전에 영향을 미친다. 다른 한편으로 인간은 노동과정 속에서 자연을 변화시킨다. 인간은 구체적인 목표를 세우고 그것들을 성취하기 위해 노동하면서 자연을 변화시킨다. 하지만 그들 활동의 최종적인 결과들은 종종 그들이 세웠던 본래의 목표와 의도의 반대물로 나타나기도 한다.

동물 또한 그들의 자연환경에 영향을 미쳐서 다소 뚜렷한 변화를 가져온다. 하지만 자연에 대한 인간의 영향은 그보다 수백 배 심지어 수천 배 더 크다. 이러한 영향의 비참하고 파괴적인 결과들을 방지하기 위해서는 단순히 그것들을 깨닫는 것만으로는 부족하다. 그러한 깨달음 자체는 사회적 존재에 의해 규정받고 그것에 의존한다. 이로부터 필연적으로 다음과 같은 결론이 도출된다. 즉 사회의 진보적인 발전을 보장하면서 동시에 자연을 파괴시키지 않을 인간과 자연의 올바르고 조화로운 상호작용은 오로지 전체로서의 사회를 변혁시킬 때, 그리고 최우선적으로 생산양식을 변화시킬 때, 바꾸어 말해서 사회주의로의 이행과 이후 공산주의로의 이행이 이루어질 때에만 가능하다. 그런데 공산주의가, 선행했던 모든 구성체에 걸쳐서 발생하고 심화되어 온 자연과 인간 사이의 모순을 제거하고 해결하는 데 도움을 줄 수 있다는 것은 어째서인가? 그 이유는 사적 소유의 폐지가 개인적인 자본가나 개별 독점자본의 이익을 위해서가 아니라 전체로서의 사회와 모든 인류의 이익을 위해 과학적으로 구체화되고 계획된 생산과 물질적 자원의 사용을 실현시킬 수 있기 때문이다. 모든 부르주아 이론들에 반대하여 맑스주의는 자연과 사회 사이의 모순은 자연에 대한 인간의 지배를 통해서가 아니라 모든 지배를 제거함으로써 해결되어야 한다고 생각한다. 만일 우리가 '지배'의 의미를, 이윤을 위한, 천연자원에 대한 무제한적인 착취라고 이해한다면, 공산주의는 인간에 대한 인간의 지배를 제거함으로써 자연에 대한 인간의 지배 또한 제거할 것이다. 비유적으로 말해서 부르주아적인 '지배의 원리' 대신에 '협동의 원리'가 확립되어야 하며, 그래서 사회의 발전과 자연의 보존 및 발전을 위한 유리한 조건을 창출해야만 한다. 미래의 공산주의는 각각의 개인과 전체로서의 사회의 전반적인 발전을 위한 조건을 제공함으로써 자연의 조화로운 발전을 위한 조건 또한 제공할 것이다. **새로운 조건에서의 사회와 자연의 상호작용은 서로를 풍부하게 하고 발전시킨다는 원리에 입각해서 이루어져야 한다.** 그리고 그것은 인간과 환경의 발전의 객관적 법칙에 대한 심도 깊은 인식에 의거해야 한다. 따라서 **변증법적 유물론이 도달한 주요한 결론은, 자연과 사회 사이의 모순이 오로지 광범위 하고 근본적으로 혁명적인 사회변혁이 이루어질 때만 해결될 수 있다는 데 대한 확신이다.**

이러한 일반적인 철학적 결론은 사회주의 건설과정 동안 사회의 근본적인 전략이 되고 있다. 자연과 사회, 그리고 인간과 환경 사이의 조화로운 상호작용은 사람들의 생활을 향상시키는 데 더욱더 그 중요성을 획득하고 있다.

● 환경과 사회발전의 구조

305 환경의 구조

고층빌딩에서 아래를 내려다보면 지붕들이 바다를 이루어 지평선까지 뻗어 있고 거리와 광장에는 자동차의 물결을, 그리고 도로 위에는 걸어 다니는 사람들의 깨알 같은 모습들을 볼 수 있다. 거대한 도시와 수천만의 도시인구, 복잡한 기술체계와 도시의 수송수단이 항상 시민을 둘러싸고 있다. 여기에서 자연은 단지 공원, 잔디, 그리고 여기저기 분산되어 있는 온실과 같은 형태로만 존재한다. 소련과 모든 발전된 나라의 인구의 대부분은 도시에 살고 있으며 인간이 만든 도시건축물과 기술적인 설비들로 둘러싸여 있다. 자연과 직접적으로 근접해 살고 있고, 숲, 들, 깨끗한 강과 호수에 둘러싸여 사는 농촌주민의 수는 지속적으로 줄어들고 있다.

그렇다면 환경이란 무엇인가? 그것은 복잡한 체계이다[106]. 그것의 주요한 하부체계는 인간의 자연적 거주지(habitat)와 인공적 거주지이다.

자연환경은 사회가 발전하고 활동하는 동한 상호작용하는 자연의 일부분이다. 인류가 처음 출현했을 때 그들의 자연적 거주지는 단지 지구표면의 조그마한 부분을 포함하였다. 그러나 지금은 지구표면뿐만 아니라 지구의 내부, 오대양, 지구 주변의 공기층 그리고 태양계의 일부분까지 포함한다. 과학과 공학이 발전함에 따라 인간의 자연적 거주지는 확장될 것이다.

인공적 환경은 물질적 생산의 역사적 발전과정 동안 인간이 만든 환경의 일부분이다. 이것은 인간 생명활동의 산물이며 본래 자연으로서는 존재하지 않는 것이다. 인공적 환경은 인간이 만든 주택, 개척지, 도로, 수송수단, 도구, 기구, 기술적인 장치, 자연에는 존재하지 않는 인공적인 물질, 공장과 공장설비들의 총체로 구성된다.

따라서 사회는 자연적 거주지와 인공적 거주지 양자를 포함하는 복잡한 물질적 조건 속에서 발전한다. 역사시대의 초기에는 이 두 가지 하부체계의 역할과 관계는 달랐으며 또 다른 방식으로 인간의 생명활동에 영향을 미쳤다. 인간 자신 또한 다양한 방식으로 환경에 영향을 미치고 그것을 변화시켰다. 현재 인간은 대부분의 생활을 자연환경의 변형 및 개조의 산물인 인공적인 생활환경에서 보낸다.

자, 이제 역사진행과정에서 사회와 환경의 두 가지 다른 하부체계의 상호작용이 어떻게 이루어지고 변화되는지 좀 더 자세히 살펴보자.

306 인류와 자연환경

인류가 살아가고 진화하는 자연환경은 매우 복잡하다. 이 자연환경은 다음과 같은 것을 포함한다. (1)지구표면과 다양한 토양, 언덕, 산, 강, 바다, 사막 등등, (2)상이한 기후대, (3)동물과 식물의 다양한 군집 등등. 이 모든 것들을 일괄해서 통상 **지리적 환경**이라고 부른다. 수만 년, 수십만 년 동안 인류는 지구의 내부를 뚫고 들어가거나 대기권(그 이상은 말할 것도 없고)으로 올라가는 일 없이 지구표면에서 생활하고 발전하였다.

"지리적 환경이 사회발전의 결정적 요인인가?"

과거의 많은 사상가들은 다양한 지리적 조건 속에서 상이한 부족과 민족들이 생활한다는 점에 주목하면서, 인간의 생활과 문화의 발전 그리고 사회체제의 주요한 특징들은 지리적 환경에 달려 있다는 결론을 내렸다. 그들 중의 어떤 이들은 혹한의 기후 또는 온화한 기후가 사회발전의 결정적인 요인이라고 생각하였다. 또 어떤 이들은 토양의 비옥도와 식물과 동물의 풍부함에서 발전의 주요원인을 찾았다. 또 다른 이들은 여전히 사회발전이 수로(강, 바다, 호수 등등)의 존재 여부에 달려 있다고 생각하였다. 이러한 견해들은 일정 정도 정당하다. 발전의 초기단계에서는 실제로 온화한 기후와 풍부한 식물과 동물을 보유한 나라들에서 사람들이 발전하였다. 반면에 혹한의 기후와 척박한 토양이 있는 지역에서는 사람들이 거주하지 않은 채 남아 있었다. 그러나 인류의 진화는 단지 지리적 환경의 영향만으로 설명될 수 없다. 수천 년 동안, 심지어 수백 년 동안에도 똑같은 지리적 조건 속에서 상이한 사회구성체들이 교체되어왔다. 지난 200년 동안 러시아에서의 지리적 환경은 그다지 변화하지 않았다. 그러나 그동안 두 사회구성체, 즉 봉건제 구성체와 자본주의 구성체가 소멸하였고 이제는 제3의 구성체, 즉 지금은 사회주의 단계에 있는 공산주의 사회가 시작되고 있다. 만일 모든 것이 지리적 환경에 달려 있다면, 식물과 동물이 풍부하고 기후가 따뜻한 라틴아메리카나 중앙아프리카에는 경제적으로 낙후되고 문화수준이 상대적으로 낮은 나라들이 있다는 것, 반면에 혹한의 기후와 척박한 토양 그리고 그 밖의 다른 조건들에도 불구하고 소련에는 공업경제와 발전된 문화가 존재한다는 것을 어떻게 설명할 수 있는가? 이러한 질문은 지리적 환경과의 관련성 및 그것에의 의존성이라는 문제가 단순하지만은 않다는 생각을 불러일으킨다. 게다가 사회가 발전함에 따라 인간은 지구의 땅 속으로 더 깊숙이 뚫고 들어가고 지구의 대기권을 넘어가기도 하였다. 그래서 지리적 환경이라는 개념이 너무 협소하다는 것이 증명되었다. 그것은 단지 인류의 자연적 거주지의 일부분일 뿐이다.

인간의 자연적 거주지에서 두 그룹의 현상들이 구별될 수 있다. 그것들은 생존수단으로서의 자연자원(natural sources : 야생식물, 열매, 동물 등등)과 노동의 대상으로서의 천연자원(natural wealth : 석탄, 석유, 수력, 바람 등등)이다. 인간사회 진화의 초기단계에서는, 즉 생산력 발전이 낮은 수준에 있을 때에는 사람들은 주로 생존수단인 자연자원에 의존하였다. 아직 농작물을 재배하고 가축을 기르며 따뜻한 집을 짓는 법을 알지 못하는 동안 그들은 단지 기후가 온화하고 식물이 풍부하며 사냥감이 많은 나라들에서만 거주할 수 있었다. 도구가 발전하고 개량됨에 따라 천연자원, 즉 광물, 에너지물질(energy materials) 등등에 대한 인간의 의존성도 증대하였다. 현대의 산업과 기술은 인간으로 하여금 이전에는 접근할 수 없었던 지구의 영역들을 정복할 수 있게 하였다. 화학비료를 사용하여 척박한 토양을 비옥하게 만들고 새로운 건축자재와 난방장치를 사용하여 북극지방을 정복할 수 있게 되었다. 또 다양한 종류의 에너지를 사용함으로써 난방의 원천을 오직 장작에만 의존하던 상태에서 벗어나게 되었다. 동시에 석유, 철강, 우라늄 등과 같은 1차적인 생산력 발전의 기초를 이루며, 동시에 그 과정은 다시 대개 생산관계의 유형(무엇보다도 지배적인 소유형태에 입각한)에 의해 규정된다.

사적 유물론은 인간의 생명활동에 대한 자연적 거주지의 영향을 부인하지 않으며 동시에 그 영향이 물질적 부의 생산을 통해 드러남을 밝혀준다[204]. 따라서 이 영향의 성격과 그 속에서의 변화는 자연 그 자체보다는 사회적 요인들에 달려 있으며 무엇보다도 모든 사회 활동의 기초인 물질적 생산에 달려 있다. 예를 들어 사회에 대한 외계 우주의 영향은 현대적인 우주선의 발달을 통해 가능해지고 있으며, 이는 가까운 장래에 지구에서 필요로 하는 것들을 충족시키기 위해 태양계 행성들의 광석과 에너지자원을 사용하는 것을 가능하게 할 것이다. 이러한 요인의 영향력은 그것이 그 속에서 작용하고 발전될 사회체제와 공학 양자에 의존할 것이다. 모든 사회를 위한 우주테크놀로지의 평화적인 이용은, 우주의 천연자원을 인류에게 봉사하는 데 활용하며 지구 자연의 보존과 발전을 증진 및 촉진하기 시작할 그러한 사회체제의 존재를 전제로 한다. 우주의 군사화는 이와 반대로 우주의 천연자원에 대한 이성적인 이용을 방해할지도 모른다. 이것이 우주의 군사화를 막는 투쟁이 특별한 역사적 중요성을 획득하는 이유이다.

따라서 인류의 발전에 대한 자연환경의 영향에 관해 다음과 같은 결론을 이끌어낼 수 있다. (1)자연적 거주지는 인간 생명활동의 가장 중요한 물질적 조건들 중의 하나이다. (2)그리고 그것의 영향은 주요한 것도 결정적인 것도 아니다. 그 영향의 성격은 생산력 수준과 사회적 생산관계의 유형에 달려 있다. (3)생존수단으로서의 자연자원은 주로 생산력 발전수준이 상대적으로 낮은 사회사의 초기단계에서 그 영향을 미친다. 반면에 생산력이 발전함에 따라 천연자원의 영향이 점점 더 증대한다.

307 인간의 생물학적 측면과 사회적 측면

자연적 거주지는 생명의 아주 다양한 형태들을 포괄하고 있다. 인간 자신은 노동을 통해 자연 상태에서 벗어난, 고도로 발전된 이성적인 동물이다. 한편으로 인간은 생물(living creature)이기 때문에 생물계 또는 생물권 발전의 일반적인 법칙에 의해 지배를 받지 않을 수 없다. 다른 한편으로 인간은 특정한 도구와 그가 필요로 하는 물건, 식료품 그리고 그것들을 이용해 특별한 거주지를 만드는 사회적 동물이다. 생물권은 생물학적인 발전법칙에 의해 지배받는다. 인간은 사회발전의 법칙에 따라 살아간다. 따라서 인간 자신 속에는 두 가지 원리, 즉 **자연적인 것**(생물학적인 것)과 **사회적인 것**이 통일되어 있다.

자본주의를 옹호하는 철학자들이 사회발전이나 사회와 자연의 상호작용을 연구할 때, 그들은 종종 인간이 생명활동의 생물학적인 법칙에 의해 주로 지배받는다고 주장한다. 물론 그들도 인간이 스스로 지성적인 목표를 세우는 사유하고 의식하는 존재라고 이해한다. 그러나 그들의 견해는 인간이 주로 동물로서 행동한다는 것이다. 오스트리아의 정신의학자인 지그문트 프로이트(Sigmund Freud, 1856~1939)에 의해 제창된 정신분석이론의 지지자들은 도덕과 문화가 단지 인간의 동물적인 본능에 대한 방어수단으로서 사회에 의해 창조된 억제와 통제 메커니즘이라고 주장한다. 프로이드가 '잠재의식'이라고 불렀던 그러한 본능들이 대부분의 경우 개인과, 전체로서의 사회의 행동에서 결정적인 역할을 한다. 프로이드주의자들에 견해에 의하면, 사람들의 행동은 궁극적으로 인간의 조상으로부터 물려받은 본능들에 의해 규정되며, 그중 결정적인 것은 성적(性的) 본능이다. 공격, 경쟁 또는 협동과 같은 형태의 사람들의 행동은 동물 활동의 단순한 연속이다.

최근에는 자본주의 나라들, 특히 미국에서 사회생물학 이론이 널리 보급되었다. 이 이론의 최초 창시자인 미국의 유전학자 윌슨(E. O. Wilson, 1929~현재)은 문화 자체는 유전이라는 생물학적 법칙에 의해 지배받기 때문에 생물학적인 시각에서 인간문화의 발전을 연구하고자 하는 문화유전학을 창조하는 것이 필요하다고 주장한다. 그런데 윌슨과 그의 지지자들은 과학적 사실의 영향에 의해, 인간행동에서 순수하게 생물학적인 특성이 선천적으로 드러나는 것은 실제로 단지 15%에 불과하다는 것을 인정하지 않을 수 없게 되었다. 그러나 문제는 그 비율이 옳은 것인가 또는 증명할 필요가 있는 것인가가 아니라 그러한 견해가 무엇을 의미하며 어떠한 목적에 봉사하는지를 이해하는 것이다. 정신분석학과 문화유전학의 대변자들은 공격적인 전쟁과 다양한 사회적 갈등들에 대한 책임을 인간의 동물적 본능과 유전으로 돌린다. 이러한 방식으로 다양한 형태의 사회악, 전쟁의 불가피성 등등에 대한 '과학적' 실증을 제공하기 위한 시도가 이루어지고 있다. 다윈의 이론이 등장한 이후 19세기에 자본주의 나라들에서 사회다윈주의(Social-Darwinism)가 일반화되었다. 그것은 다윈에 의해 발견된 생물학적인 생존투쟁의 법칙을 사회에 (기계적으로) 적용시킨 것이다. 이러한 시각에서 보자면 다윈이 발견한, 생물학적인 종의 발전과 완성을 촉진시키는 종 내의 투쟁(intraspecific struggle)이 계급투쟁 속에도 나타났으며, 따라서 계급투쟁은 인류가 존재하는 한 존재한다. 우리는 여기에서 소위 생물학적 기원을 인용하면서 자본주의와 계급투쟁을 영구화하려는 시도를 쉽게 인식할 수 있다.

사회적인 것과 생물학적인 것의 관계에 대한 진정으로 과학적인 이해는 오직 자연과 사회에 대한 유물론적인 이해에 의해서만 제공될 수 있다. 인간은 생물이다. 그러나 역사발전 과정에서 인간의 생물학적인 본성은 노동과 더 진보적인 형태의 사회생활에 의해 근본적으로 변화되어 왔다. 혈액순환, 호흡, 소화 등과 같은 자연적인 작용들은 일반적인 생물학적 법칙 또는 오히려 생리학적인 법칙에 의해 지배받음에도 불구하고, 심지어 그러한 것들조차 어느 정도는 사회생활의 조건에 의존한다. 인간의 행동 및 활동 형태가 더 고도화되고 복잡해질수록 사회적 법칙의 역할은 더욱 커진다. 사람들의 상호작용, 사상의 발전 그리고 사회생활은 결국 인간의 물질적 생산과 사회활동에 의해 규정받는다. 사회계급과 사회집단의 분리, 전쟁 혹은 평화적인 협동, 가족양육 그리고 문화의 발전은 생물학적인 법칙에 기인하는 것이 아니라 사회적인 법칙에 기인한다. 생물학적인 메커니즘을 폐지할 수는 없지만, 인간행동에서는 사회적 메커니즘이 생물학적인 메커니즘보다 더 우위에 있다.

이러한 메커니즘이 파괴적이지 않고 창조적이고 건설적인 성격을 지니기 위해서는 인간의 생물학적인 본성의 개조가 아닌, 사회 자체의 근본적인 변혁이 최우선이고 가장 필수적이다.

인간의 성격, 능력 그리고 행동 형태와 경향 및 관심의 형성은 그가 살고 있는 사회적 생활환경에 의해 규정된다. 인도의 러디어드 키플링(Rudyard. Kipling, 1865~1936)의 소설 『모글리』(*Mowgli*, 1895)는 늑대 속에서 자란 소년이 정상적인 인간생활로 돌아온다는 이야기를 그리고 있다. 또 미국의 에드거 라이스 버로스(Edgar Rice Burroughs, 1875~1950)

도 『원숭이들의 타잔』이라는 그의 소설에서 그와 유사한 얘기를 다루고 있다. 그것은 원숭이들 속에서 자란 한 인간이 그 후에 자본주의 기업 세계에서 크게 성공한다는 이야기이다. 그러나 엄밀하게 입증된 바에 의거해 보건대 그러한 것들은 거의 불가능하다. 실제 어린애가 야생동물들 속에 던져져 생존했던 경우 그들이 그 후 정상적인 인간생활로 돌아올 수 있었던 적은 한 번도 없었다. 인간은 오직 사회적 환경 속에서만 진정한 인간으로 양육되고 성장한다. 오직 사회적 환경을 통해서만 인간은 언어, 의식, 문화, 사회적 행동의 습관들 그리고 일하고 세계를 변형시키는 능력에 숙달한다. 물론 다른 모든 생물들과 마찬가지로 인간도 일정하게 생물학적인 본능과 천부적인 자질 그리고 유전된 생물학적 특성들을 타고난다. 그러나 그것들은 생물학적 진화의 결과일 뿐 아니라 수백만 년 동안의 사회적 발전의 결과이다. 그렇기 때문에 맑스주의 철학은 인간의 생명활동의 생물학적인 기초를 인정하면서 동시에 현대 사회의 모든 문제들에 대한 해답의 열쇠를 인간의 생물학적 본성에서보다는 인간의 사회적 본성에서 찾는다.

308 인종과 민족

생물학적인 것과 사회적인 것의 관계에 대한 올바른 이해는 사회발전에서 인간의 인종적 및 민족적 특징들이 수행하는 역할을 규정하게 해준다.

모든 사람은 개인적인 경험으로부터 사람들이 매우 다양한 특성들을 지니며 성격의 특징, 교육수준, 공공이익에 대한 태도, 피부색깔, 신장, 얼굴 생김새, 언어 등등에서 서로 다르다는 것을 안다. 이 특성들 중 어떤 것은 심리학적이고 어떤 것은 사회적이며 또 어떤 것은 여전히 생물학적이다. 생물학적 특성들에는 피부색깔, 신장, 생물유기체의 특정한 특수성 등등이 있다. 인간의 생물학적인 구성의 기원, 진화 및 발전을 연구하는 인류학은 이러한 특성들에 입각해서 인종들을 몇 가지로 구분한다. **인종은 몇 가지의 공통적인 생물학적 특성들에 의해 결합되는 상이한 인류공동체**(부족, 민족체, 민족)**의 집합체이다.** 통상 세 가지 주요 인종들을 구별하는데, 그것들은 유럽인종(백색피부를 지닌 사람들), 몽고인종(황색피부와 처진 눈을 가진 사람들), 그리고 니그로인종(검은 피부를 지닌 사람들)이다.

물론 이러한 모든 특징들은 매우 제한적이고 임의적이며 상대적이다. 게다가 그러한 특징들이 항상 단언될 수 있는 것도 아니다. 기본적인 분류에 속하지도 않고 중간에 끼어 있는 소수의 인종들 또한 때때로 언급된다. 인종적인 특징들은 생물학적인 성격을 지니고 있다.

인종적인 특징들과는 대조적으로, 민속적이고 민족적인 특징들은 사회적 특성들 속에서 나타나며 역사적으로 형성된 인류공동체를 특징짓는다. 이러한 공동체들에는 **부족**, **민족체 그리고 민족**이 있다. 가장 복합한 공동체는 **민족**인데, 이는 특정한 시대, 즉 자본주의로의 이행기에 오랜 역사적 발전을 거쳐 생성된 것이다. 부족이나 민족체의 구성원은 특정한 가족관계나 혈연 그리고 일정한 공통의 혈통에 의해 결합된다. 그러나 민족은 다양한 부족과 민족체(때때로 혈통이 가까운)의 구성원을 결합하고, '합병', '융합'하는 것을 통해 발생한다. 같은 민족에 속한 사람들은 같은 **언어**를 말한다. 그들은 **공동의 경제활동**, **단일한 영토**에의 거주, **문화**와 사회적 **심리**의 공통성, 그리고 민족성의 특징들에 의해 결합된다. 이 모든 특징들이 생물학적인 특성이 아니라 사회발전과정에서 발생하고 형성된다는 것을 이해하는 것은 매우 중요하다. 현대 러시아어는 구 슬라브어와 방언에 기초해서 형성되었으며, 그 어휘들 가운데 러시아 민족의 조상들이 역사발전과정에서 상호작용했던 몇몇의 다른 민족들의 고립적인 단어들과 어구 표현들을 포함하고 있다. 단일한 러시아 민족은 봉건적 분산성을 극복하고 노동, 원료 그리고 공업제품을 위한 단일한 전 러시아 경제시장을 창출함으로써 발생하였다. 러시아 민족의 민족성과 사회적 심리는 수많은 적과 정복자들에 대한 투쟁과 계급투쟁 속에서 형성되고 단련되었다. 그리고 그들의 문화는 그러한 과정을 통해 발전되고 풍부해졌다. 현대의 다른 민족들도 이와 유사한 방식으로 형성되었다. 민족의 형성은 전적으로 특정한 사회적, 역사적 및 경제적 발전단계와 결합되어 있다.

이제 인종과 민족 사이에는 어떠한 연관이 있는가. 또 그러한 연관이 자연과 사회의 상호작용에 그리고 인간의 생물학적 측면과 사회적 측면의 관계에 어떠한 관련을 맺는가를 고찰해 보자.

19세기 후반과 20세기 초 세계 식민지체제가 형성되고 세계를 재분할하려는 제국주의 열강들 간의 투쟁이 한창일 때, 수많은 인종차별이론 그리고 민족주의적 이론과 견해들이 발생하기 시작하여 광범위하게 유포되었다. 인종차별주의자들의 견해에 따르자면 인간의 주요한 특징들은 그들의 생물학적인 본성에 의해 규정된다. 인종의 생물학적인 성질들은 영원하고 불변적이며, 인간의 정신능력, 즉 문화를 창조하고 발명을 하고 다른 인종과 민족들을 지배하고 복속시키는 등등의 능력을 결정한다. 인종차별주의자들은 고귀한 인종과 비천한 인종이 있다고 생각한다. 그리고 그들은 인류역사와 문화에서 가치 있는 모든 것들이 고귀한 인종들이 창조한 것에 동화될 수조차 없기 때문에 고귀한 인종들의 지배를 받아야 한다고 생각한다. 독일 파시즘의 이데올로기들은 아리안 인종이 가장 고귀한 인종이며, 독일인이 아리안 정신을 가장 완전히 체현하고 있는 민족이라고 생각하였다. 미국과 남아프리카 인종차별주의자들은 여전히 흑인(니그로인종)에 대한 백인(유럽인종)의 우월성을 설교하고 있다. 인종차별주의의 견지에서 보면, 비천한 인종들은 기생적이며 자연과 문명을 파괴하기 때문에 그들의 활동은 더 고귀한 인종들의 통제를 받아야 한다는 것이다.

민족주의는 인종차별주의와 밀접하게 결합되어 있다. 민족주의자들은 한 민족의 다른 민족에 대한 우월성을 설교한다. 이들은 본질적으로 민족들을 분열시키고 서로 대립시킴으로써, 지배계급에 의해 노예화된 국민들과 민족들에 대한 착취를 조장한다. 결과적으로 인종차별주의와 민족주의는 반동적인 역할을 수행한다. 그들은 빈곤, 권리박탈, 인간에 의한 인간의 착취로부터 인류를 해방시키기 위한 맑스주의 계급투쟁이론에 대해 반대하여, 어떤 국민의 다른 국민에 대한 우월성과 어떤 민족이 다른 민족을 노예화할 수 있는 권리의 생물학적 기초에 관한 교의 그리고 민족적인 모순과 투쟁의 영원성과 비극복성이라는 교의로 맞선다. 이러한 견해들의 목적은 근로대중의 힘을 분열시키고, 공통의 적에 대항하고 사회주의와 공산주의를 수호하는 그들의 투쟁을 약화시키는 것이다. 그러므로 프롤레타리아운동과 사회주의 혁명의 첫 번째 주요한 슬로건이 "만국의 노동자여, 단결하라!"라는 것은 결코 우연이 아니다. 그렇다면 인종차별주의와 민족주의에 반대하는 맑스주의 철학의 논거는 무엇인가?

현대 과학은 모든 인종이 인간의 공통의 시조로부터 출현했다는 것을 입증하였다. 인류가 형성되는 동안[216] 생존수단인 자연자원은 외부의 자연적 조건의 체계에서 결정적 역할을 하였다. 고대의 원시부족의 분열과 독립적인 생물학적 돌연변이들, 즉 유전형질의 우연한 변화들의 결과로, 인간의 2차적인 생물학적 특성들(피부색깔, 두개골 형태, 눈의 모양 등)이 생겨났고, 이후 강화되어 대대로 계속해서 물려 내려오기 시작하였다. 일정한 역사적 조건에서 그 특성들 중 일부는 씨족-부족 공동체의 성원들이 오랫동안 살아온 어떤 구체적인 자연적 거주지에 대해 인간으로 하여금 더 잘 적응할 수 있게 했다. 사회발전이 가속화되고 천연자원과 지하 자연자원이 더 커다란 역할을 수행하기 시작함에 따라, 인종적이고 생물학적인 특성들은 마침내 적합한 의미를 상실하였다. 우리 시대에 모든 인종의 성원들은 모든 대륙과 어떠한 자연적 및 사회적 조건에서도 성공적으로 생활하고 활동하고 있다.

다양한 인종들의 구성원들이 지적 능력, 심리학적인 특질 등등에서 동등하다는 것 또한 입증되었다. 다른 인종과 민족 성원들 간의 결혼은 생존능력이 강한 자손들을 낳는다. 수백만 년에 걸쳐 인류가 진화해 오는 동안 상이한 인종들에 속한 민족과 개인들은 수백 번 그들의 거주지를 바꾸었으며 다양한 혈연, 가족 및 결혼 관계를 맺어 왔다. 그러므로 어떠한 종류의 '순수한' 인종에 대해 논하는 것은 옳지 않다. '순수한' 인종이란 인종차별적이고 파시즘적인 그리고 민족주의적인 선전과 같은 이데올로기적 신화에 다름 아니다.

근대 민족해방운동의 발전과 아시아, 아프리카, 남아메리카 그리고 카리브 해 연안의 수많은 새로운 발전도상국들의 진보는, 니그로인종과 몽고인종에 속하는 민족과 국민들이 성공적으로 과학기술 진보의 길에 들어서서 유럽인종의 성원들과 꼭 마찬가지로 그들 자신의 과학, 문화 그리고 경제를 발전시킬 수 있다는 것을 보여주고 있다. 그들은 백인의 식민지당국 없이도 잘 해나갈 수 있고 그들의 운명을 스스로 결정할 수 있다. 우리는 또한 모든 인종의 성원들은 전 역사를 통해 그들 자신의 국가와 복잡한 문화를 여러 번 창출했으며, 인류 진보의 역사에서 일정한 역할을 수행했다는 것을 잘 알고 있다. 우리는 뛰어난 과학자, 정치가, 작가 그리고 철학자들 가운데서 모든 인종과 민족 구성원들을 발견할 수 있다. 이러한 사실들로부터 논박할 여지가 없는 두 가지 결론이 도출된다. (1)모든 인종은 동등하며 사회와 문화의 발전에 기여할 수 있다. 따라서 인종적 우월성이라는 신화는 근거 없는 것이다. (2)인종의 생물학적 특성들은 다양한 민족들과 국민의 역사적 운명에 대해 결정적인 역할을 하지 않는다. 오히려 그것들은 역사진행과정에서 발생하고 변화되었으며 주로 사회적 요인들에 의해 지배받았다. 그래서 분명하게 다음과 같은 결론을 내릴 수 있다. 즉 민족의 자연에 대한 태도 및 자연과의 상호작용은 인종에 의해 규정되는 것이 아니라 사회적이고 역사적인 조건과 원인에 의해 규정된다는 것이다.

인종과 민족 간의 관계에 대해 보자면, 민족은 전적으로 특정한 역사적 조건 속에서 출현하였으며 전체적으로 보아서 생물학적 특성들이 아닌 사회적 특성들에 의해 규정된다.

사회주의 사회로의 이행과 그것의 전반적인 발전 시기동안 민족의 사회적 성격 또한 변화된다. 민족들 내에서 계급모순은 소멸되고 고도의 사회적 통일성이 확립되며 사회주의적 민족들이 출현하여 급속하게 발전한다. 이는 해당 민족의 언어, 민족성과 문화의 일정한 특징들 그리고 영토를 보존하는 가운데, 한 민족의 사회적 목표가 사회주의 사회의 모든 성원들에게 동일해진다는 것을 의미한다. 즉 내용에 있어서는 사회주의적이고 형식에 있어서는 민족적인 단일 문화가 생성되며, 다른 민족들과의 관계에 관한 새로운 원리가 확인된다. 사회주의 사회의 성원들은 다양한 인종과 민족 그리고 국민에 속할 수 있다. 그러나 이것이 그들이 소비에트 사회의 동등한 구성원이 되고 사회주의의 모든 이익을 향유하는 것을 방해하지는 못한다.

309 사회발전에서의 인구의 역할

서구 학자들이 사회발전에서 사회적 법칙보다는 생물학적 법칙이 더 결정적인 요인이라고 증명하려고 애쓸 때, 그들은 일반적으로 인구성장이 수행하는 특별한 역할을 인용한다. 그들은 사회의 상태는 인구의 증가에 달려 있으며 또 인구 증가는 생식이라는 생물학적 법칙에 의해 규정되기 때문에 사회의 생명활동과 발전은 생물학적 법칙에 의해 지배받는다고 주장한다. 이것은 사실인가? 이 문제는 구체적이고 역사적인 분석을 필요로 한다.

인구와 인구 성장이 사회의 제반 사정에 대해 어떠한 역할을 하는지 이해하기 위해서 다음과 같은 사실들을 고려해 보자. 세계 인구는 현재 50억을 넘어섰고 계속적으로 빠르게 성장하고 있다. 얼마나 빨리 성장했는지 알기 위해서 과거의 인구성장률을 상기해 보자. 1만 년 전 인류의 인구는 약 500만이었고 2000년 전에는 약 2억, 1650년에는 적어도 5억, 1950년에는 거의 25억이었으며, 1987년 여름에는 50억이 되었다. 만일 이와 같은 인구성장률이 유지된다면 21세기 초의 세계 인구는 80억 이상이 될 것이라고 추산된다. 최근에 관찰되는 인구의 맹렬한 성장은 종종 '인구폭발'이라고 불린다. 서구 학자들은 그렇게 많은 인구를 먹이고 생필품, 주택, 의복, 음료수, 공기를 공급하기에는 모든 천연자원으로도 충분치 못할 것이라고 주장한다. 인류는 마침내 자연을 파괴할 것이고 그 결과로 인류 자신도 멸망할 것이라는 것이다. 이러한 논거들은 전혀 새로운 것이 아니다.

18세기 말 영국의 경제학자 맬더스(Thomas Malthus, 1766~1834)는 세계 인구는 매우 빠르게, 즉 기하급수적으로 성장하는 반면 식량과 다른 물질적인 생필품의 생산은 더 느리게, 즉 산술급수적으로 발전한다는 이론을 제창하였다. 그의 지지자들(멜더스주의자들)은 인구 감소를 가져오는 전쟁, 전염병 그리고 그 밖의 다른 재난들이 인구성장을 구제하는 필수불가결한 수단이라고 생각했다. 오늘날 신(新)멜더스주의자들 역시 인구 성장을 통제하기 위한, 약간 겉모습만 바꾼 다양한 수단을 제안한다. 그리고 세계에는 항상적으로 절대적인 과잉인구, 즉 '불필요한' 사람들이 존재했으며, 이들은 소위 사회발전을 지체시키고 어떠한 경우에도 부족한 천연자원을 고갈시키는 사람들이라고 계속 주장한다. 과연 그러한가?

고고학적인 자료들은, 사회가 형성되던 시기에 인간의 조상들 또는 최초의 인간들의 인구성장이 매우 느렸다는 것을 보여준다. 그 이유는 엄혹한 자연조건과 생산력 발전의 낮은 수준으로 인해 성장이 억제되었기 때문이다. 보다 발전된 생산으로 경과하는 각각의 시기 동안 인구 성장은 가속화되었다. 예를 들어 석기에서 청동기로, 그리고 수렵과 채취에서 목축과 농업으로의 이행은 비약적인 인구성장을 수반하였다. 상이한 사회경제구성체들의 생산력 발전수준과 인구성장률 간의 관계가 정확하게 입증되지는 않았다 할지라도, 인구성장은 결국 생산수단의 발전에 달려 있다는 것은 역사적 자료에 의해 확실하게 증명될 수 있다[204]. 예를 들어 상대적으로 느린 발전을 특징으로 하는 봉건적 생산양식에서는 인구 성장 또한 대체로 느렸다. 이와 달리 기계제 생산에 기초한 자본주의적 생산양식의 급속한 발전은 가속화된 인구 성장을 더욱 촉진시켰다. 이와 관련해서 우리는 생산양식이 인구 성장의 결정적 요인이긴 하나 유일한 원인은 아니라는 것을 유념해야 한다. 인구의 성장과 구조, 그리고 인구의 직업별, 연령별 구성은 생산력과 생산관계뿐만 아니라 수많은 민족적 전통과 문화, 그리고 다양한 역사적 사건과 전쟁, 혁명 등등에 의해서도 영향을 받는다. 동시에 인구성장률과 인구구조는 물질적 생산의 체계 전체에 반작용을 가한다. 그것들은 어떤 경우에는 생산의 발전을 촉진시키고 다른 경우에는 지체시키기도 한다. 그렇다면 왜 바로 생산양식과 이것들을 지배하는 패턴들이 인구의 성장 및 구조의 패턴에 결정적인 영향을 미치는가? 사적 유물론은 이 질문에도 해답을 제공한다. 그 요점은 인간이 주요한 생산력이며 모든 역사적 시대에 인구의 압도적인 대다수가 생산적인 작업에 종사해 왔다는 것이다. 따라서 모든 형태의 사회적 활동은 인류가 존재하기 위한 물질적 조건이 창출되고 발전되어 온 생산 활동에 상응하여 이루어졌다. 이러한 이유 때문에 궁극적으로 생산 활동의 패턴이 다른 모든 형태의 인간 활동과 관련해서 결정적이라는 것이 입증된다. 우리는 또한 생산양식과 이것에 의해 규정되는 사회적 관계가 현대사회의 인구의 발전 및 구조에서 결정적인 역할을 한다는 것을 분명하게 확인할 수 있다.

사람들은 현 상태의 농업장비와 경종학을 사용한다면 현재의 농경지에서 100억 인구를 먹일 수 있는 충분한 식량이 생산될 수 있을 것이라고 믿는다. 그런데 세계인구가 단지 50억인데도 많은 자본주의 나라들과 발전도상국에서 수천만의 사람들이 굶고 있거나 기아상태에서 살고 있다는 사실은, 고도로 발전된 생산력이 자본주의 사회에서 완전히 사용되지 않은 결과이다. 그 이유는 사적 소유의 지배와 그에 상응하는 사회체제 때문이다. 더욱이 '과잉' 인구는 너무 빠른 인구 성장의 결과가 아니라 특정한 형태의 사회조직의 결과이다. 예를 들어 미국, 서독, 영국, 일본, 프랑스 등과 같은 주도적인 자본주의 나라들에는 여전히 막대한 수의 실업자들이 있다. 맑스와 엥겔스는, 실업이 인간의 생식이라는 생물학적 법칙에 기인하는 것이 아니라 자본주의적 기업 활동의 체계에 고유한 특징들에서 기인한다는 점을 밝혔다. 발전하고 있는 사회주의의 조건 하에서 산업의 테크놀로지적 토대의 개선, 새로운 과학집약적인 테크놀로지의 도입, 그리고 이로 인해 야기되는 사회구조에서의 변화는 매우 많은 새로운 문제들을 발생시킬 것이다. 그 새로운 문제들은 우선적으로 다음과 같은 것들을 포함한다. 소련 내에서 발전이 빠른 반면에 인구가 적은 지역에 대한 노동력의 공급, 급진적인 경제개혁 과정에서 풀려 나온 직원들에 대한 직업적인 재교육체계의 공급, 직업안내소 체계의 창출 등이다. 사회주의적 조건에서의 인구 성장은 사회정의와 휴머니즘이라는 민주주의적 원리에 입각하여 촉진되고 통제된다.

동시에 우리는, 너무 많은 과잉인구가 생산의 성장을 지연시키고 커다란 사회적 곤란들을 만들어 낼 수 있다는 사실을 분명히 인식해야만 한다. 느린 인구 증가와 일손의 부족 또한 생산력 발전에 부정적인 영향을 미칠 수 있다. 그러므로 오늘날의 조건에서 이러한 과정에 대해 과학적으로 관리해야 할 객관적 필요가 생겨나고 있다. 인구성장은 의식하지 못한 사이 너무 빨리 진행되었다. 그리고 그것이 결국에는 생물학적 법칙이 아니라 전체로서의 사회적 생산과 사회발전의 법칙에 달려 있다고 할지라도, 이러한 법칙들은 초보적이고 자연발생적인 방식으로 나타난다. 인구 성장에 대한 의식적인 통제를 위한 조건과 객관적 필요는 이제 형성되고 있다. 이것은 맬더스주의자들이 주장하는 산아율 제한과 같은 강요된, 강제적인 방식으로 해결될 수 있는 문제가 아니라, 지역과 나라에 따라 인구의 성장 및 억제를 조절하는 심사숙고된 수많은 방책으로 해결될 수 있는 문제이다. 그와 같은 통제는 일차적으로 인류의 압도적인 대다수의 고도의 문화와 의식에 기초할 것이다. 이는 모든 사회의 이익을 위한 모든 노동력 자원의 계획적인 사용과 함께 오직 사회주의 하에서만 가능하다. 오늘날의 인구폭발이 자연과 사회의 관계에 어떻게 영향을 미치는가, 그리고 그것의 위험스러운 결과들을 어떻게 피할 수 있는가에 대한 해답은 결국 생물학적인 법칙에서가 아니라 사회발전의 법칙과 사회의 기능에서 찾아야 한다.

310 인공적 거주지

위에서 우리는 자연적 거주지, 자연의 법칙들(생물학적 법칙들을 포함하여) 이 사회에 직접적으로 영향을 미치는 것이 아니라, 생산양식과 이것에 기초하여 발생하는 사회적 관계들을 통해 간접적으로 영향을 미친다는 것을 보았다. 물질적 생산이 발전함에 따라 인간은 그를 둘러싼 자연을 개조하고 변형시키며 그의 생명활동의 생산물인 인공적 거주지를 만들어낸다. 인공적 거주지는 자연에는 존재하지 않고 인간이 만들어 낸, 무생물적인 대상들뿐만 아니라 살아 있는 생물유기체(인위도태와 유전공학에 의해 인간이 만들어 내거나 길러 낸 식물과 동물들)를 포함한다. 그러나 인공적 거주지는 단지 이러한 물질적 기초에만 국한되지는 않는다. 인간은 오직, 일정한 물질적 조건들(인간 자신에 의해 인공적으로 창출된 조건들을 포함하여) 속에서 발생한, 그리고 그것들과 함께 인공적 거주지를 형성하는 일정한 사회적 관계의 체계 속에서만 살고 활동할 수 있다.

사회가 발전함에 따라 인공적 거주지의 역할과 인류의 생활에서 그것의 비중은 지속적으로 증대하고 있다. 이를 확인하기 위해서 다음과 같은 사실을 고려해 보자. 인간에 의해 창조된 일군의 모든 무생물적인 대상과 살아 있는 생물유기체는 테크노매스(technomass)로 알려져 있다. 반면에 자연적 조건에 존재하기는 하나 아직 인간화되지 않은 일군의 모든 생물유기체는 바이오매스(biomass)라고 불린다. 오늘날 인간이 1년에 만들어 내는 테크노매스는 대략 10^{13}~10^{14} 톤이고 땅에서 생산되는 바이오매스는 10^{12}톤이라고 추산된다. 이로부터 다음과 같은 결론이 도출된다. 인간은 오늘날에는 자연환경보다 수십 배, 수백 배 더 생산적인 인공적 거주지를 이미 창조해 왔다. 물론 그렇다고 해서 인간이 자연과 자연적 거주지 없이도 살아갈 수 있다는 의미는 아니다. 자연은 언제나 인간사회의 전제조건이며 기초이다. 인공적 거주지 자체는 오로지 자연환경이 있을 때만 존재하고 발전할 수 있다. 그렇지만 오늘날에는 인간의 물질적 및 정신적 필요의 상당 부분이 인공적 거주지에서 충족되고 있는 것이다.

인공적 거주지의 발전과 개선은 사회적 관계와 사회조직의 발전 및 개선과 밀접한 관련을 맺고 있다는 것을 이해하는 것이 매우 중요하다. 사적 소유에 기초를 두고 있고 어떠한 단일한 목적도 지니지 않은 사회가 적대적인 모순에 의해 분열되어 있고 그럼으로써 계획적인 방식으로 발전할 수 없을 때, 인공적인 거주지의 창조는 불가피하게 환경의 파괴로 귀결되는데, 왜냐하면 인공적 거주지가 자연환경에 대한 무분별한 파괴와 착취를 통한 그러한 조건 속에서 건설되기 때문이다. 각 개인과 전체로서의 사회의 발전을 위한 유리한 조건을 마련하는 것이 궁극적인 목표인 사회주의하에서, 인공적 거주지는 그 목표에 상응하여 건설되고 발전되며 변형되어야 하는데, 그러한 발전은 자연적 거주지의 유지 및 보존 그리고 개선을 전제로 한다. 왜냐하면 그것 없이 인간의 전반적이고 조화로운 발전은 불가능하기 때문이다. 그 결과 사회와 인간 그리고 인간의 자연적 거주지와 인공적 거주지 간의 모순은 극복되고 해결될 수 있을 뿐만 아니라 반드시 그렇게 되어야만 한다. 그리고 이는 사회 자체의 근본적이고 혁명적인 변혁과 결합되어 있다.

인공적 거주지의 전반적인 발전, 그리고 이것을 개별 인간과 인류 전체의 발전을 위한 가장 유리한 조건의 체계로 전환시키는 것은, 강력한 과학기술 진보를 전제로 하며 필요로 한다.

경제적, 기술적, 사회적 문제들과 그 밖의 다른 문제들을 어떻게 다루어야 하는가 하는 것은 전문적인 자연과학, 기술과학 그리고 사회과학의 일이다. 그러한 문제들의 철학적인 측면은 다음과 같은 사실을 이해하는 데 있다. 즉 자연과 사회 그리고 자연적 거주지와 인공적 거주지 간의 모순을 극복하고 그것들 사이에 조화로운 관계를 수립하는 것은 세 가지 객관적 조건들이 주어질 때에만 오직 가능한데, 그 조건들은 다음과 같다. (1)모두의 이익을 위해 사회발전에 대한 의식적이고 계획적인 지도와 관리, (2)사회체제의 근본적인 변화, 그럼으로써 자본가와 국내 및 국제 독점체들의 사적 이익이 인류의 압도적인 대다수의 이익에 반하거나 대립되지 않을 것이다. (3)과학기술 진보의 확장과 심화에 대한 가능한 한 모든 장려, 왜냐하면 자연발생적인 역사과정의 선행 단계에서 발생한 곤란들은 오직 그것에 기초해서만 극복될 수 있기 때문이다.

● 과학기술 시대에서의 자연과 사회

311 과학기술의 진보 또는 과학기술혁명이란 무엇인가?

오늘날 물질적 부와 서비스 부문의 생산은 매우 빠르게 발전해서, 생산된 사물들의 유형과 이것들을 만드는 테크놀로지 그리고 인간의 생산기술이 한 세대 내에서 급격하게 변화한다. 이러한 양상은 선행했던 시대와는 매우 다른 양상이다. 동일한 생산품을 생산하기 위해 동일한 기술이 여러 세대 동안 사용되었고 노동의 동일한 조직방식이 대대로 계속해서 사용되었다. 이와 달리 생산 발전의 오늘날의 형태는 테크놀로지와 생산된 사물들의 급속한 변화로 인해, 전통적인 형태와 대비하여, 지속적인 과학기술혁명으로 특징지어질 수 있다. 이것은 흔히 과학기술 진보라고도 불린다. 이것의 구체적인 특징들은 무엇인가?

첫째, 과학이 생산의 결정적인 힘과 규정적인 요인이라는 것이 분명해져야 한다.

생산력을 이루는 인간[204]의 지식과 경험은 도구의 개선과 생산 활동을 위한 가장 중요한 자극들 중의 하나였다. 그러나 인간의 지식과 경험 자체는 이미 받아들여지고 확립된 생산의 형태와 방법들을 일반화한 것이었다. 새로운 생산의 발견과 발명은 드문 현상이었다. 현대과학이 출현했을 때조차 물질적 생산(공업과 농업)이 결정적인 역할을 하였다. 과학은 주로 실제의 요구와 필요에 응답하려고 노력했지만 과학발전의 초기단계에서는 지식이 매우 느리게 축적되고 완성되었기 때문에 그것들을 항상 충족시키지는 못했다. 20세기 중반에 상황은 급속하게 변화했다. 지식의 양은 막대하게 증가했고 맹렬한 속도로 계속 증가하고 있다.

1960년대 말과 1970년대 초에 과학적 지식의 양은 5년 내지 7년마다 두 배로 늘어갔다. 지금은 20개월마다 두 배가 되고 있으며, 다음 10년이 지나면 1년마다 배가될 것으로 추산된다. 이러한 이유 때문에 과학 자체가 생산의 매우 중요한 추동력이 되었다. 이것이 과학기술 진보의 첫 번째 두드러진 특징이다.

두 번째 두드러진 특징은 자연의 가장 깊숙한 비밀을 파악해 내는 데 근거하고 있는 기초연구조사(fundamental research)의 역할이 지속적으로 증대하고 있다는 점이다. 생산물과 테크놀로지의 새로운 유형들은 주의 깊은 과학적 실증을 필요로 하고 과학의 가장 복잡한 기본 법칙들에 기초를 두고 있다. 원자에너지, 유전공학, 인공위성, 근본적으로 새로운 물질의 사용 등을 생각해 보라. 이것들 중 그 어느 것도 단지 이전의 경험에 입각해서만은 창조될 수 없었으며 근본적인 과학적 지식을 필요로 하였다.

세 번째 특징은 과학적 발견 및 발명과 이것을 도입하고 산업에 실현시키는 것 사이의 시간차가 점점 짧아지고 있다는 점이다. 과거에는 새로운 과학기술적 지식을 보급하고 도입하는 것이 수십 년 심지어 수백 년이 걸렸던 반면에 지금은 이 기간이 몇 년 심지어 몇 달밖에 걸리지 않는다.

마지막으로 네 번째 두드러진 특징은 지난 몇 년 동안 이루어진 과학기술 진보의 새로운 단계로의 이행과 관련되어 있다.

전통적인 생산에서 테크놀로지란 무엇인가? 어떠한 생산과정에서도 도구, 기계 그리고 다양한 고안 장치들을 갖고 작업에 적합한 기술과 지식을 숙달하는 것뿐만 아니라 노동과정을 올바르게 조직하는 것 또한 필요하다. 이러한 이유 때문에 언제 어떠한 작업이 수행되어야 하고 어떤 순서와 어떠한 속도로 다양한 작업들이 수행되어야 하며, 다양한 도구와 메커니즘 그리고 이러저러한 생산물 제조에서의 중간단계에 의해 어떠한 요구들이 충족되어야만 하는가를 규정할 수 있는 것은 중요하다. 작업에 적합한 지식을 포함한 이 모든 것들을 일괄해서 테크놀로지라고 한다.

그러나 테크놀로지란 용어의 현재적 의미는 좀 다르다. 그것의 특수성은 무엇인가? 그것은 우리가 최근 몇 십 년 전에 들어서 인간이 이제까지 사용해온 거의 모든 자원의 제한된 본성을 깨닫게 되었다는 점이다. 자연적 및 기술적 자원, 에너지, 식량, 토양, 그리고 인간적 및 재정적 자원에 대한 과도하고 무절제한 사용은 그것들을 고갈시키고 파괴할 수 있다. 게다가 막대한 양의 에너지와 원료 그리고 동력기계를 사용하는 강력하고 새로운 생산체계들이 발전되기 시작하였다. 거의 모든 이러한 새로운 생산형태들은 인간이 필요로 하는 유용한 생산물들을 만들어 내는 것과 더불어 매우 심각하고 바람직하지 못한 유해한 결과에 이를 수 있다는 것이 입증되었다. 예를 들어 원자력발전소의 건설은 막대한 양의 전기를 값싸게 획득하게 하고 기름과 석탄을 절약할 수 있게 한다. 하지만 동시에 그것은 방사성 폐기물의 형성과, 인간과 자연 모두에게 위험한 방사에너지의 증대를 초래한다. 거대한 화학공장은 인간생활을 용이하게 하는 가치 있는 물질과 조제품들을 만들어 낸다. 하지만 그와 함께 생겨나는 폐기물들은 광활한 지역이나 강에 내버려져서 토지와 물을 오염시켜 사람과 동물들을 크게 위협하고 있다. 이러한 모든 바람직하지 못한 결과와 그 밖의 다른 결과들을 피하기 위해서는, 폐기물 없는 산업을 만들어 내고 산업폐기물들 자체를 다시 사용할 수 있는 물질로 전환시켜 그것들을 새로운 생산주기에 사용해야 하며 테크놀로지를 변화시켜야 한다. 그래서 이제 사람들은 단순히 새로운 기계나 장비보다는 새로운 테크놀로지에 대해 이야기한다. 이러한 테크놀로지의 가장 중요한 유형들은 동력, 에너지, 우주공학, 신소재공학, 생체공학, 유전공학 그리고 약물학이다. 이는 과학과 공학을 단순하게 결합시키는 문제가 아니라 그것들을 융합시키는 문제이다. 왜냐하면 테크놀로지 자체는 완전히 과학화되고 있기 때문이다[106].

새로운 테크놀로지의 발전은 모든 유형의 자연적 및 사회적 자원들을 최대한 경제적으로 사용함으로써 사회와 생산 간의 조화로운 관계를 수립하는 데 중요한 고리이다. 이러한 테크놀로지 중에서 여타의 모든 테크놀로지에 결정적인 영향을 미치는 가장 중요한 것은 정보공학이다. 그것은 1초에 수십억의 작동을 수행하고 막대한 기억용량을 지니며, 모든 종류의 프로그램과 정보의 저장, 처리, 검색 및 배치와 관련된 가장 복잡한 문제들을 쉽게 해결하게 하는 특별한 프로그래밍 언어를 기억할 수 있는 현대적인 컴퓨터의 설계와 조립을 포함한다. 이러한 이유로 인해 정보공학은 과학기술 진보의 새로운 단계의 핵심이며 촉매가 되고 있다. 그리고 정보(특히 과학적 정보)는 기술적, 사회적 및 경제적 발전을 가속화시키기 위한 강력하고 혁명적인 요인으로 전환되고 있다. 이처럼 그것의 중요성은 지속적으로 증대하고 있다. 왜냐하면 그것은 그것의 역사적 운동 동안에 인류가 소비해 온 것이 아니라 그 반대로 증가 및 증대시켜온 자원의 유일한 유형이기 때문이다. 더욱이 과학적 정보(모든 유형의 자연과학과 기술적 및 휴머니즘적 지식을 포함하고 있는)의 양의 증대는 비관주의자와 낙관주의자의 대화[302]에서 언급된 바로 그러한 위험들을 제거하기 위한 기초를 쌓아가고 있다. 그리고 심지어 인류가 이제까지 너무 무분별하게 소모해 버린 자원의 특정한 유형들을 보존시키는 것뿐만 아니라 복원시키고 증대시킬 가능성이 생겨나고 있다. 하지만 그러한 가능성이 실제로 실현되기 위해서는 특정한 조건들과 사회발전의 특정한 유형이 요구된다[420].

사회적으로 중요한 다른 모든 과정들과 마찬가지로 과학기술 진보도 복잡하고 모순적이다. 단순하고 명백한 해결책들은 저절로 생기지 않는다. 이러한 진보는 자연과 사회의 관계에서 새로운 단계이다. 과학기술 혁명하에서 노동과정은 새로운 천연자원, 에너지원 그리고 지구표면의 미개발된 지역과 대양 심지어 외계 우주까지도 포괄하고 있다. 그래서 정반대의 두 가지 대립적인 전망이 열리고 있다[420, 422]. 하나는 자연과 사회 간의 더욱 커다란 모순을 초래한다는 것이며, 다른 하나는 그것들 간의 극히 첨예한 모순들을 제거하고 더욱 조화로운 관계와 근본적으로 새로운 상호작용을 수립하게 된다는 것이다. 이러한 두 가지 가능성 중 어느 것이 이기고 현실화될 수 있는가의 문제는 전 지구적인 규모로 이루어지는 사회의 근본적인 변혁들에 달려 있다.

312 과학기술 진보와 그것의 결과

이제 우리는 과학기술진보의 일반적인 특징과 성격들을 알고 있기 때문에 다음과 같은 질문을 던져 볼 수 있다. 즉 자연과 사회의 상호작용은 동시대의 과학기술진보에 의존하는가, 그리고 그것의 결과들은 서로 상이한 사회경제체제에서도 같은 것인가 하는 점이다.

과학기술진보에 의해 야기된 생산력의 급속한 발전은 인간능력의 증대를 가져오고 있다. 그러나 그 능력은 어떻게 그리고 누구를 위해 사용되고 있는가? 지속적으로 증대되는 인간능력으로부터 이익을 얻는 사람은 누구인가? 우리의 논의를 좀 더 구체화하기 위해서는 이러한 진보가 이루어지고 있는 주요한 방향들을 살펴보아야 한다.

1. 나는 3부 11절에서 과학기술진보의 현 단계에서는 특별한 테크놀로지, 즉 정보공학이 생산과 경영 활동의 촉매로서 결정적인 역할을 한다고 말하였다. 정보공학은 1940년대에 집중적으로 발전되기 시작하여 수십 년 전에는 꿈도 꿀 수 없었던 그러한 규모와 기술적 결과들을 반세기 내에 획득하였다. 최초의 대형 컴퓨터들은 단지 1초에 수천 가지의 작동을 수행하였다. 가장 최근의 슈퍼컴퓨터들은 이미 수십억 가지의 작동을 수행한다. 이것들이 사용하는 전력은 100배 이상으로 감소되었다. 최초의 컴퓨터들은 커다란 방을 몇 개나 차지하고 수백 킬로미터의 전선을 필요로 하였다. 현대의 마이크로컴퓨터들은 책상 하나면 충분하다. 고온 초전도 분야에서의 가장 최근의 발견들은 우리들로 하여금 1990년대 중반에는 1초에 수백억 가지의 작동을 수행하고 수백만 권의 책에 담겨 있는 정보를 축적할 수 있는 기억용량을 지닌 컴퓨터가 인간의 두개골 크기보다도 더 작을 것이라는 기대를 갖게 하고 있다. 현재 인공두뇌를 만들어 내기 위한 작업이 진행되고 있다. 인공두뇌를 가진 컴퓨터는 매우 복잡한 논리적 논증들을 이루어 낼 수 있을 것이다. 또한 그것을 사용하면 과학적 연구, 기계의 설계 심지어 사업과 관련된 매우 복잡한 문제들을 해결할 수 있을 것이다. 또 그것들은 적응공학(flexible technology)들을 통제할 수 있을 것이다. 그리고 아마도 개인용 컴퓨터를 이용해 현대적인 가정생산 단위를 창조하고 노동생산성을 현저하게 향상시키며 교육의 성격을 변화시키는 것이 가능할 것이다. 노소를 막론하고 새로운 정보를 10배 더 빠르게 숙달할 수 있는 가능성을 얻게 되며, 한편으로

현재는 단지 전문가들만이 접근할 수 있는 과학적 지식을 수많은 사람들이 이용할 수 있게 될 것이다. 사람들의 생활 및 교류 방식은 변화하고 언어장벽은 깨질 것이다. 컴퓨터들은 거의 인간의 도움 없이 과학적인 문헌과 기록들을 한 언어에서 다른 언어로 번역할 것이다. 세기말 경에는 인간의 말을 알아듣고 색깔 및 3차원적인 시력을 가진 새로운 세대의, 수백만의 로봇들이 작동될 것이다. 이 모든 것들은 결국 어디에 이를 것인가?

자본주의 사회 그리고 심지어 선진국에서조차 과학기술진보에 의해 생산 활동에서 배제된 막대한 수의 사람들이 있다. 과학기술진보의 발전이 일정한 수의 새로운 직업들을 창조해 냄에도 불구하고 산업의 로봇화와 컴퓨터화로 인해 발생된 일군의 실업자들은 지속적으로 늘어나고 있다. 이는 자본주의적 기업들이 정보공학을 주로 이윤을 얻기 위한 수단으로 보기 때문이다. 따라서 정보공학 보급의 부정적인 결과들은 컴퓨터와 로봇의 적용 그 자체의 결과가 아니라 그것들을 자본주의적으로 이용한 결과이다.

반대로 사회주의 사회에서의 정보공학의 발전은 다른 목적을 추구한다. 컴퓨터와 로봇의 도입은 이윤창출이 아니라 인간의 이익에 종속된다. 사회주의 나라들에서는 노동자들에 대한 체계적인 재교육이 진행되고 있으며, 숙련된 주민 전체가 사회적으로 유용한 작업을 수행할 수 있도록 새로운 테크놀로지의 발전이 계획되고 있다.

2. 인류의 가장 중요한 전 지구적 문제들 중의 하나는 새로운 에너지원의 창조와 사용이다. 현재까지 에너지공학의 가장 중요한 업적은 원자에너지의 이용이었다. 그러나 이는 많은 위험과 모순을 포함하고 있다. 한편으로 원자에너지는 값싼 전기를 획득할 수 있게 하고 자연적 연료를 절약할 수 있게 한다. 다른 한편으로 그것은 지속적으로 방사성 오염

이라는 위험을 만들어 내고 있다. 그러나 가장 큰 위험은 의심할 바 없이 핵무기와 군비경쟁에 있으며 이는 중지되어야 한다.

가장 최근의 과학적 발견들은, 세기말경에는 통제된 원자핵융합 반응이 성취될 것이며, 이는 실제적으로 무한정한 에너지자원을 공급해 줄 것이라는 희망을 주고 있다. 그것은 많은 광물을 보존하고 화학 산업을 제외한 석유, 석탄, 천연가스의 사용을 제한하는 것을 가능하게 할 것이다.

3. 현대의 화학공학은 자연적인 가죽, 나무, 고무, 양모 그리고 특정한 금속 등을 대체할, 자연에는 존재하지 않는 새로운 인공적인 물질들을 획득하게 하는 것을 가능하게 하고 있다. 화학의 적용은 매우 효과적인 비료, 약품, 살충제들을 공급해 주고 있다. 이 모든 것들은 천연자원에 대한 보다 나은 이용을 촉진하고 농업생산성을 향상시키며, 사람들의 건강을 증진시키고 그들의 수명을 연장시키고 있다. 동시에 화학적 폐기물들은 대기, 물, 토양, 해저를 오염시킨다. 사회주의 나라들에서는 환경오염과 싸우기 위해 막대한 자금들이 사용되고 있다.

4. 과학기술진보는 폐기물 없는 테크놀로지를 창조하는 것을 가능하게 하고 있다. 현대의 공업과 농업은 과학의 진보를 활용함으로써 생산의 폐기물들이 환경을 오염시키는 것이 아니라 2차적인 원료로 생산주기에 들어가는 기술 공정을 조직할 수 있다. 여기에 또한 현대적인 재생화학과 컴퓨터들이 이용되고 있다. 이것들을 이용해서 거의 아무런 폐기물이 없고 생산물이 경제적으로 사용되도록 생산과정을 조직할 수 있다. 사회주의 하에서 화학과, 폐기물 없는 테크놀로지의 적용은 많은 자연보호 방책들의 도입을 촉진시킴과 동시에 인간의 인공적 거주지를 현저하게 개선시키는 데 도움을 주고 있다.

5. 생물학의 발전 특히 생체공학, 유전학 그리고 유전공학의 발전은 이제 살아 있는 유기체의 유전형질을 통제하는 것을 가능하게 한다. 유

전공학의 적용은 가까운 장래에 농작물과 동물의 급속한 생산성 증대를 가능하게 할 것이다. 이 분야의 진보는 많은 질병들을 제거하고 예방하며, 전반적인 건강증진을 이루어 내고 수명을 연장하기 위한 조건들을 제공하고 있다. 그러나 자본주의 나라들에서 그것은 수백만의 사람들을 만성적인 기아와 영양실조로부터 구제하지 못하고 있다. 왜냐하면 식량생산의 주요한 목적이 인간의 행복이 아니라 돈벌이이기 때문이다. 더욱이 유전공학이나 다른 생물과학의 진보는 제국주의자들에 의해 생물학전과 세균전을 준비하는 데 사용되고 있다. 따라서 생물학이 더 성공적으로 발전하기 위해서는 다수의 이익을 위해 사회가 그것을 통제하고 관리해야 한다는 문제를 제기할 것을 요구하고 있다.

"자본주의와 사회주의 아래에서의 과학기술 진보의 결과"

6. 과학적인 농업과학기술은 현대사회에서 특히 중요한 역할을 수행하고 있다. 사람들은 수천 년이 경과하는 동안 토지경작과 가축사육에서 막대한 경험을 축적하였으며, 이는 그들에게 필요한 음식을 제공해 주었다. 그러나 지금은 소위 인구폭발로 인해 전통적인 방식으로 산출된 식량보유량으로는 수많은 나라와 사람들, 특히 식민지주의로부터 오랫동안 해방되지 못한 사람들을 충분히 먹일 수가 없다. 현대과학은 집약농업의 수많은 효과적인 방법들을 발전시켰다. 그것들 가운데에는 효과적인 비료 및 가장 최근의 농업기계와 전자공학의 적용, 복잡한 배수 및 관개공사의 이행, 그리고 생산성이 높은 품종의 가축과 가금, 다양한 종류의 새로운 농작물의 선택과 도입들이 있다. 그러나 이 모든 것들의 결과는 상이한 체제에서 다르게 나타난다. 예를 들어 미국이나 유럽의 몇몇 나라들은 그들 나라뿐만 아니라 다른 나라의 인구들까지 먹일 수 있는 충분한 식량을 생산하고 있다. 그러나 그들은 흔히 그 식량을 정치적 무기로 사용한다. 그래서 자신들의 정치적 노선을 따르는 나라들에는 그것을 유리한 조건으로 판매하고 공급하면서 다른 나라에는 식량 원조를 거부한다. 그들은 사회주의적인 지향을 고수하는 발전도상국과 그 대중에게는 필요한 도움을 제공하지 않는다. 사회주의 나라들에서는 토양, 삼림, 대초원이나 목초지의 비옥성을 유지하기 위해 일련의 자연보호 방책들이 실행되고 있다.

나는 과학기술진보의 모든 결과들과 상이한 사회체제에서의 다양한 현대적 테크놀로지들 모두를 검토하지는 못했으며 단지 그 주요한 결과들만을 살펴보았다. 그 결론들은 다음과 같다. 오늘날의 과학기술 진보의 결과들의 성격은 기계와 테크놀로지 그 자체나 고립적인 과학적 결과들에 달려 있는 것이 아니라 그것들이 적용되는 조건과 그것들이 추구하는 목적에 달려 있다. 나의 분석의 철학적 의미는, 환경에 대한 인간의 태도나 자연에 대한 사회의 태도가 특정한 사회적 조건에 의해 조정되고 지배된다는 것이다. 따라서 만일 이러한 관계를 조화롭고 건설적으로 만들고 자연의 파괴로 이르지 않으면서 동시에 인류의 발전을 위한 유리한 조건을 보장하기를 원한다면 무엇보다도 우선 적절한 사회적 조건을 창출하는 것이 요구된다.

313 생태학적 의식과 이데올로기 투쟁

자연발전의 법칙은 객관적으로 작용한다. 그러나 그것은 의식적인 인간의 활동을 통해 실현된다. 자연과 사회의 상호작용은 자연발전의 법칙과 사회발전의 법칙 양자를 고려하면서 이루어져야 하는데, 즉 그것은 사회적 의식의 특별한 형태인 생태학적 의식 속에서 이루어져야 한다. 인간과 사회를 위한 자연의 중요성에 대한 자각은 수세기 동안에 걸쳐 서서히 일어난다. 그러나 생태학적 의식은 상대적으로 최근 몇 십 년 동안에 형성되었다. 그것의 특수한 특징은 다음과 같다. 즉 생태학적 의식은 대중의 사회적 의식의 일종으로 생태학적 균형의 교란, 환경오염, 천연자원 고갈의 위험의 결과인, 현대세계에서 발생한 복잡하고 모순적인 그리고 매우 위험한 현실 상황을 반영한 것이다. 또한 그것은 과학기술 진보의 파괴적인 결과인, 인류의 사회적 타락에 대한 전망을 반영한 것이다. 최초의 생태학적 의식은 그러한 결과들에 대한 저항으로서 과학자, 기술자, 의사, 작가, 예술가들의 개별적인 집단과 다양한 인종집단 등에 의해 일어났다. 하지만 이제 그것은 모든 나라에서 수억의 사람들의 마음을 사로잡고 있다. 생태학적 의식이 발전함으로써 이루어진 매우 중요한 결과는 생태학적 균형의 회복, 그리고 자연의 보호와 '복원'이 보편적 이해와 가치를 지닌다는 결론이다. 그러나 그러한 결론이 생태학적 의식의 틀 내에서 첨예한 이데올로기 투쟁이 이루어지고 있고 또 계속적으로 이루어질 것이라는 사실을 배제하지는 않는다. 발전된 자본주의 나라들에서의 과학기술진보의 열렬한 지지자들은 생태학적 파국의 위험을 인식했지만, 이것에 대한 비난의 화살을 발전도상국의 대중과 광범위한 근로대중에게 돌리려고 애쓰고 있다. 그리고 그들이 자연환경 보호에 어떠한 관심도 보이지 않는다고 주장한다. 이들과는 대조적으로 녹색당(the Greens)의 이데올로기들은 모든 생태학적 재해의 책임을 대규모 공업과 현대 테크놀로지, 그리고 총괄해서 산업혁명에 돌린다. 그리고 동시에 어떠한 대가를 치르고서라도(심지어 자연파괴에 이르는) 과학기술진보를 촉진시키는 데 이기적인 이해관계를 가진 독점자본에게 그 책임을 돌린다. 이와 같은 기초 위에서 형성되었고 발전하고 있는 특별한 사회 철학적 경향을 반과학주의(anti-scientism) 내지 반기술주의(anti-technicism)라고 부른다. 이러한 경향의 지도자들은 현대사회의 모든 재해의 근원을 과학과 공학의 발전에서 찾는 경향이 있다. 그러한 요인들의 역할에 대한 과장은 자동적으로 산업의 비인간화와 자연의 파괴라는 결론에 도달한다. 그들은 그러한 상황으로부터의 탈출구를 과학기술혁명의 거부에서, 그리고 전(前) 산업적 생산과 '대안적 테크놀로지들'(그들에 따르자면 이는 수공업 그리고 나무로 만들거나 원시적인 쟁기의 사용에 기초를 둔 농업 등과 같은 것을 의미한다.)로의 회귀에서 발견한다. 그러나 사실상 이러한 낭만적인 요구들은 그 뒤에 감추어진 특정한 이데올로기적 입장을 반영한다. 이러한 경향의 대변자들은 모든 인류의 불행의 근원을 과학과 공학에서 찾음으로써, 사실상 그들이 좋든 싫든 간에 중요한 사실, 즉 과학 및 산업 혁명의 파괴적인 결과들은 과학과 공학 그 자체에 달려 있는 것이 아니라 그것들이 사용되고 적용되는 방식과 그것들이 기능하는 사회체제에 달려 있다는 사실을 덮어 버리고 있다.

솔직하게 말해서, 사회주의 사회에서조차 수많은 주관적인 실수와 생태학적 균형의 중요성에 대한 이해의 결여 등으로 인해, 과학기술진보는 가치 있는 업적들뿐만 아니라 많은 경우에 있어서 바람직하지 못한 결과들도 가져왔다. 그러나 그러한 결과들을 자각하고 있는 소비에트 사회는 그러한 결점들이 통렬하고 공개적인 비판을 받도록 해 왔다. 그리고 점증하는 민주화의 조건 속에서 근본적인 경제적 개혁을 시작하였으며 실수와 판단착오를 바로잡을 수 있는 일련의 방책들을 만들어 내었다. 시베리아 지역의 강들을 '역류시키기 위한' 비현실적인 계획을 중지하고, 생태학적으로 위험스러운 수많은 프로그램들을 폐기함으로써, 소련은 교란된 생태학적 균형을 회복시키고 자연과 사회 간의 완전한 조화를 성취하는 데로 나아가는 첫 조치를 취하였다.

생태학적 의식에서 매우 중요한 요소는, 자연은 경제자원의 체계이며 인류의 생존조건일 뿐만 아니라 미적 및 도덕적 교육의 강력한 요인이며 사회를 인간화하는 데 한 요인이라는 점을 이해하는 것이다.

환경을 보호하기 위한 효과적이고 이성적인 그리고 근거가 충분한 방책들을 발전시킨다고 해서 과학기술진보를 거부하거나 저지해야 되는 것은 아니다. 발전하고 있는 사회주의하에서는, 과학기술진보를 생태학적 균형과 유기적으로 결합시키고 환경의 통합성과 전체성을 유지하기 위해 예견되는 과학기술 진보의 형태를 공고히 하기 위한 모든 가능성 또한 존재한다. 과학의 적용과 새로운 테크놀로지들의 도입으로 생긴 부정적인 결과들은 오직 과학과 테크놀로지 그 자체에 의해서만 극복될 수 있다. 그러나 그렇게 하기 위해서는 사회에서의 그것들의 실현과 기능이 우선적으로 보다 큰 사회적 정의를 달성하는 데로 방향 지어져야 한다.

현대의 생태학적 의식에 대한 분석은 그것 자체가 이데올로기의 대안 또는 대립물이 아니라는 것을 보여준다. 왜냐하면 생태학적 의식 속에서도 이데올로기 투쟁은 진행되고 있기 때문이다. 오직 생태학적 의식만이 사회문제들의 관계에 대한 뚜렷한 이해에 도달하고 사회정의라는 정신 속에서의 사회의 재건설과 효과적인 자연보호 방책들을 가져올 수 있다. 그리고 그것만이 궁극적으로 인류의 가장 중요한 목표 중의 하나인 자연과 사회의 조화로운 상호작용의 달성을 가져올 수 있다.

나는 지금까지 발전의 다양한 형태 및 유형에 대해 여러 번 이야기한 바 있다. 사회는 자연 발전의 산물이다. 의식은 사회 발전의 결과이며 무엇보다도 노동활동의 발전의 결과이다. 공산주의는 합법칙적인 역사 발전의 결과로서만 발생할 수 있다. 발전은 운동의 가장 중요한 형태이며, 따라서 현대과학과 철학은 이에 지대한 관심을 표명하는 것이다. 이 부에서 나는 **유물변증법을 자연과 사회 및 사유에서의 가장 일반적인 운동 및 발전 법칙으로서** 검토할 것이다.

제4부

변증법의 주요 법칙

"대립물의 투쟁과 모순의 해결"

● 발전의 모든 원천

401 발전의 관념

우리는 운동이 물질의 불가분한 성질이며 그것의 존재 형태 및 양식임을 알고 있다[109, 112]. 운동을 공간상의 단순한 변위로 환원시키는 형이상학과는 달리 변증법은 모든 변화를 운동으로서 이해한다. 사회혁명, 행성의 공전, 화학반응, 사람의 감정과 경험의 변화 등은 모두 운동의 다양한 형태들이다. 일상생활에서나 생산에서, 그리고 정치투쟁에서 우리는 각이한 종류의 변화들을 접하게 된다. 그 일부는 우리의 주목을 벗어나거나 무의미하게 보이지만 다른 어떤 것들은 개인, 국가, 전 인류, 자연에 심각한 영향을 미치고 있으며 따라서 우리의 지대한 관심을 유발시키기도 한다. 사람들은 물질의 운동 유형 및 형태를 연구하면서 어떤 변화들은 반복적이고 가역적인 반면, 어떤 것들은 불가역적이고 반복되지 않는다는 사실을 오랫동안 주목해 왔다. 이전에는 존재하지 않았던 새로운 것이 각각의 변화들 속에서 발생할 수 있다. 우리의 지대한 관심을 끄는 것은 바로 이러한 변화들이다.

불가역적인 변화들이 발생하고 새로운 것이 나타나는 과정들을 보통 **발전**이라 부른다. 자연과 사회, 그리고 사유 속에서의 발전의 다양한 형태들은 특수과학(물리학, 천문학, 생물학, 역사학, 심리학, 언어학 등등)에 의해 연구되어 왔다. 발전의 가장 일반적인 성격, 성질, 특성, 그리고 그것의 현상 형태에 관한 연구는 맑스주의 철학, 즉 유물변증법의 과제이다.

과학과 철학에서, 세상의 만물이 발전한다는 사상, 나아가 이 발전이란 무엇이며 그 원천은 무엇인가에 대한 이해가 단번에 형성된 것은 아니다. 예를 들면 에페소스의 헤라클레이토스와 같은 그리스 철학자는 분명 자연과 사회가 발전한다고 가정하였지만, 그들의 발전에 대한 이해는 엄격한 과학적 자료에 의거하고 있지 않았기 때문에 소박한 것일 수밖에 없었다. 그리고 외부세계의 발전을 인식함에 있어서도 그리스 사상가[015]들은 무한히 반복되는 세계의 순환을 발전의 주 형태로 생각하였다. 17~18세기의 자연과학은 주로 공간 변위의 기계적 형태를 연구하였을 뿐(지구와 인간사회를 포함한), 전 우주가 발전하고 있다는 사실은 전혀 이해하지 못하였다. 독일 철학자 칸트는 이미 18세기에 태양계의 발전을 추측해 보기도 하였다. 또 다른 독일 철학자 헤겔은 19세기 초 그의 변증법을 사유와 사회의 발전이론으로서 발전시켰으나, 그는 자연에서의 발전을 인식하지 못하였고 또 관념론적 세계관을 견지한 까닭에 그의 견해는 대다수의 자연과학자들에게 수긍될 수 없었다.

19세기 중반, 특히 20세기에 이르러서야 비로소 발전이 자연, 사회, 그리고 사유의 가장 중요한 운동 형태이며, 우리를 둘러싼 세계는 발전에 대한 이해 없이는 이해될 수 없다는 생각이 과학자들과 진보적인 공인(公人)들의 마음을 광범하게 사로잡기 시작하였다. 그것은 엄청난 수의 과학적 사실들의 축적을 통해 일어난 일이었다. 그러한 사실들은, 신이 기존의, 불(不)가변적인 형태로 세계를 일시에 창조했다는 종교적 관념을 깨뜨려 버렸다. 다윈은 생물 내에 발전이 존재함을 증명하였고, 인간 자신도 고등 포유류의 발전(진화)의 산물임을 보여주었다. 각각의 유기체와 살아 있는 세포들의 발전 법칙이 탐구되었다. 20세기의 물리학과 천문학은 최근의 관찰과 실험 자료에 잘 부합하는, 우리 우주의 기원과 발전에 관한 이론을 발전시켰다. 사적 유물론의 영향을 받아 역사학은 사회 발전에 대한 체계적 연구로 옮겨 갔다. 지질학고 지리학은 지구 자체(내부와 지표 모두)가 지속적인 발전을 겪고 있다는 사실을 확증하는 논박될 수 없는 자료들을 가지고 있다. 다양한 언어의 진화 법칙과 인간 심리(psyche)의 발전 법칙들이 발견되었다. 그러므로 **보편적 발전이라는 관념, 혹은 발전의 관념은 근대 과학과 철학, 그리고 사회적 의식 일반 속에서 확고한 것으로서 자리 잡게 되었다.**

유물변증법은 물질의 다양한 운동형태[112] 속에서의 발전을 연구하는 제반 자연과학 및 사회과학의 이론을 일반화하고 구체화하는 데 도움을 주었다. 유물변증법은 자연, 사회, 그리고 사유 속에서의 발전을 비교, 분석함으로써 다른 운동 형태로부터 구별되는 발전의 가장 일반적인 특징들을 제시한다. 그 특징들은 다음과 같다. 즉 (1)발전은 시간상의 방향(과거에서 현재를 거쳐 미래로)을 가진다. (2)발전은 불가역적인 과정이다. (3)어떤 발전 속에서든 이전에는 존재하지 않았던 새로운 것이 언제나 나타난다. (4)발전은 합법칙적인 성격을 지니며, 발전의 모든 개별적 형태(특수과학에 의해 연구되는)와 발전 일반(유물변증법에 의해 연구되는)에 관한 객관적 법칙이 존재한다. 이러한 속성들이 가장 중요한 철학적 범주들 중의 하나인 '발전'의 의미를 규정하며, 이는 자연, 사회, 그리고 사유의 모든 현상에 관계된다.

402 발전의 원천은 무엇인가

이제 우리는 발전이 왜 일어나며, 또 무엇이 그것의 원천인가에 관한 문제를 설정하고 토론할 수 있게 되었다.

변증법과 형이상학[012]은 이에 대해 서로 다른 답변을 하고 있다. 각각의 견해와 논의를 보다 잘 이해할 수 있기 위해 나는 각각 발전에 대한 변증법적인 파악과 형이상학적인 파악을 표현하고 있는 가상적 인물들 간의 대화를 제시해 보겠다.

변증법론자(D) : 나는 발전하는 모든 현상들이 발전의 특수한 원인 혹은 원천으로부터 생기한다고 봅니다.

형이상학자(M) : 나는 모든 발전과정의 원인이 충격이나 자극, 혹은 어떤 외적인 상황이나 조건이라고 생각합니다. 예를 들면 환경상의 변화나 외적인 힘의 작용 등등과 같은 것이겠지요.

D : 그러한 생각의 근거는 무엇인가요?

M : 관찰이지요. 손수레를 움직이려면 밀어야 합니다. 밀기를 멈추면 수레도 멈추게 됩니다. 살아 있는 유기체의 발전은 외적인 조건들(태양광선, 영양분, 수분, 특정한 온도 등등)을 필요로 합니다. 국제적으로 본다면 이런 저런 국가는 다른 국가들과의 상호작용의 결과로서 발전하는 것이라 하겠지요.

D : 요컨대 당신의 입장은 "자연과 사회에서의 모든 변화와 모든 발전이란 사실들이 외부적 힘에 의해 야기된다"라는 것이겠지요. 맞습니까?

M : 정확히 보셨습니다.

D : 그러나, 그렇다면 당신은 우주 일반의 발전을 설명할 수 있겠습니까? 우주 일반의 발전이란 사실은 근대 천문학이 논박 불가능한 것으로 확증하였습니다. 누군가 전 세계를 밀어주어야 한다라든가, 그가 우주의 외부에 존재야 한다는 말이 이해가 가는 말일까요?

M : 다분히 이해 가능한 이야기입니다.

D : 그런 경우 당신은 불가피하게, 우주 발전의 원천으로서 신의 관념에 이르게 됩니다.

M : 나는 우주에 관해 이야기한 것이 아니라 특수한 사례에 관해 얘기했습니다.

D : 당신의 예를 취해 보기로 합시다. 손수레의 사례는 단순한 기계적인 공간이동의 예일 뿐 발전의 예는 아닙니다. 그것의 운동은 가역적이고, 거기에는 근본적으로 새로운 것이라곤 출현하지 않습니다. 그리고 그것은 발전의 속성들[401]에 상응하지 않습니다. 그러므로 우리는 그러한 사례에 근거한 결론을 실제 발전의 사실들에 적용할 수 없습니다.

M 그러면 당신은 그러한 일들의 원인을 어떻게 설명하겠습니까?

D 외적 조건들(빛, 공기, 양분 따위)은, 예컨대 식물의 성장에 필수적인 것입니다. 그러나 발전의 주요 원천은 식물 내부에 있습니다. 물질대사가 그 속에서 적절하게 일어난다면, 즉 양분은 동화되고 생명활동의 산물을 배설된다면 발전이 정상적으로 진행됩니다. 만일 물질대사가 방해받거나 흐트러진다면 발전은 저하되거나 아주 멈추게 되겠지요. 따라서 발전의 주요 원천은 유기체의 내부에 존재합니다. 이는 국가의 발전에도 해당됩니다. 국가가 결정한 직무, 그 기능들[207]은 다양한 기구들(행정부처, 지방정부 등등)을 통해서 실현됩니다. 그것들은 통상 정부기구라고 불리지요. 사회주의 사회에서도 마찬가지이겠지만, 어떤 조건하에서는 사회 일반의 이해 및 목표에 조응하지 않는 이해와 목표를 국가기구가 독자적으로 발전시키는 상황이 발생할 수도 있습니다.

M : 그렇다면 그것은 발전과 어떤 관계를 맺고 있습니까?

D : 매우 직접적인 관계를 맺고 있지요. 국가기구는 성장, 팽창하기 시작하였고, 관료화되고 경직되어 있으며, 사회와 현실 대중에 대한 직

무를 수행할 능력이 없는 것으로 판명되었습니다. 그것은 사회발전을 가속화시키기는커녕 지체, 저하시키고 있습니다. 따라서 공공업무와 경제에서의 정체 현상을 초래할 수 있는 것입니다.

M : 그래서요?

D : 수십 년 동안 소련에서 발생했던 정체를 극복하기 위해서 우리는 국가기구의 관료화와 관련된 장애를 제거해야 하고, 민주주의와 공개성의 예광을 확장, 심화시켜야 하며, 대중 대표 소비에트가 보다 활동적으로 기능하도록 해야 하고, 사회, 행정부 등등의 이해를 통합시켜야만 합니다. 여기에는 어떠한 외적인 혹은 외부의 자극이나 충격이 필요하지 않습니다. 사회경제적 발전을 심화시키기 위한 모든 원천은 사회주의 사회 내부에 있는 것입니다. 따라서 진정한 원천은 발전 중인 체계 내에서 구해야 하는 것이지, 그 외부에서 구해서는 안 되는 것입니다.

발전의 원천에 대한 형이상학적인 이해와 변증법적인 이해가 이 대화 속에 개진되어 있다. 변증법적인 발전 개념의 우월성을 검토하기 위해서는 '대립'과 '모순'이라는 유물변증법의 가장 중요한 범주들을 살펴볼 필요가 있다. 이 범주들은 모든 발전의 원천에 대한 인식을 제공하는 가장 일반적인 변증법적 법칙들을 정식화할 수 있도록 만들어 줄 것이다.

403 '대립'과 '모순' 범주

자연, 사회, 그리고 사유 속에서의 어떠한 복잡한 현상이라도 하나의 체계로서 간주될 수 있다[106]. 그러한 체계가 '작동'하기 위해서는, 즉 기능하고 발전하기 위해서는 그것의 부분들, 즉 그것의 하위체계 및 요소들 사이에 특정한 상호작용이 일어나야만 한다. 원자, 살아 있는 유기체, 사회 등은 하나의 복잡한 체계이다. 원자핵의 총 전하량은 그것을 둘러싸고 있는 전자의 총 전하량과 균형을 이루어야 한다. 마찬가지로 유기체 내에서도 동화작용과 이화작용 사이에 특정한 조응이 필요하다. 한 사회는, 그것의 생산관계가 생산력에 조응하고, 상부구조가 토대에 조응할 때 안정적으로 된다. 이 말은 한 체계 내의 하위체계 및 요소들 간의 조응과 일치가 더 잘 이루어질수록 그 체계는 더 잘 기능하며 더 빨리 발전할 것이라는 결론을 함의하고 있는 듯이 보인다. 그러나 사물은 매우 복잡한 것이며, 따라서 이러한 결론은 얼핏 보기에만, 피상적인 접근을 할 경우에만 참일 뿐이다.

사실 어떠한 현실적 객체, 현상, 혹은 과정에도 그 모든 하위체계 및 요소들의 항상적이고 절대적으로 안정적인 완전한 조응이란 존재하지 않는다. 오히려 그것들 사이에는 다소간의 불균형과 불일치가 필연적으로 존재하며, 그리고 이것은 (근대과학이 증명한 바대로) 모든 현상 혹은 과정의 기능과 발전을 위한 가장 중요한 조건들 중의 하나인 것이다. 예를 들면 원자의 전자와 핵은 그것들의 전하량, 질량, 그 밖의 물리적 성격들에 있어 서로 다르다. 또 살아 있는 유기체 내에서 동화작용은 이화작용의 기능과는 매우 다른 기능을 수행한다. 예컨대 식물은 대기로부터 이산화탄소를 받아들이고 산소를 배출하는 반면, 동물은 산소를 흡입하고 이산화탄소를 배출한다. 생산이 발전하는 중에 생산력은 생산관계에 비해 보다 빨리 발전하며[204], 따라서 그것들 사이에는 특정한 불일치가 지속적으로 발생, 성장한다. 생산력의 요소들 간에도 유사한 불일치가 발생한다. 과학기술진보의 시대에는 과학 자체가 주요 생산력들 중의 하나가 되고, 그 발전 속에서 사람의 테크놀로지와 생산기술을 앞지르게 되며[311], 따라서 이 요소들 사이에도 다소간의 불일치가 발생하게 된다. 그러한 불일치의 발생과 존재는 우연적인 것이 아니라 모든 운동 및 발전에 있어 객관적인, 필연적이며 합법칙적인 과정이다.

한 현상(과정)의 상호 연관된 측면 혹은 하위체계들 사이의 불균형이 본질적이지 않거나 하찮은 것일 때는 **차이**가 예기되겠지만, 그러나 그것이 본질적이며 중요한 것이고 또 극단에 이른다면 이들 측면 혹은 하위체계들은 **대립물**이다. '대립물'이라는 철학적 범주는 객관 현상에 있어서 상호 연관된 부분, 성질들 사이의 특정한 불균형 혹은 불일치, 그리고 비조응이 현존함을 반영한다.

대립물들, 즉 대립하는 부분, 성질, 하위체계 등등의 사이의 관계를 모순이라고 일컫는다. 이와 연관하여 다음을 이해하는 것이 매우 중요하다. 세계의 모든 현상들이 서로에 대해 대립물을 형성하는 것은 아니고, 기능하고 발전하는 동안 특정한 방식으로 연관되어 있고 상호작용하는 현상들만이 그러하다. 예를 들면 음전하를 가진 전자는 양전하를 지닌 양전자나 원자핵과의 관계에서 대립되는 입자이다. 이 대립적 입자들의 상호작용은 특정한 물리적 법칙에 의해 지배되며, 새로운 물리적 현상을 발생시킨다. 동시에, 조응 일반이란 존재하지 않는다. 말하자면 물리적 입자와 세계 체스대회 간에는 아무런 대응 관계가 존재할 수 없는 것이다. 이러한 현상들의 대립을 고려한다는 것은 의미가 없는 일이다. 왜냐하면 그것들은 공통적인 법칙의 지배를 받지 않으며, 어떤 방식으로든 상호작용하지도, 상호 영향을 주지도 않으며, 어떠한 단일한 기능 및 발전 과정에 포괄되는 것이 아니기 때문이다. 그것들 사이에는 모순이란 존재하지 않으며 또 존재할 수도 없다. '대립'과 '모순'이란 범주가 어떤 현상의 비조응이나 이들 일치하지 않는 측면의 관계만을 반영하는 것이 아니라, 동시에 이들 대립물의 특정한 연관, 상호작용, 상호규정과 상호독립성도 반영한다는 사실이 이로써 명확해질 것이다.

모든 현상 혹은 과정 내의 대립물들 간에 통일과 상호연관성, 그리고 모순이 존재한다는 사실을 승인하는 것은 유물변증법의 매우 중요한 명제이며, 모든 발전과정의 본질을 이해하는 열쇠이기도 하다. 예를 들어 계급사회에서는 착취계급과 피착취계급의 이해가 대립되며, 생산을 조직하는 데서 그들이 수행하는 역할도 대립되고, 주요 생산수단에 대한 소유관계 역시 대립된다. 그러나 동시에 이들 계급들은 상호관련을 맺고 있다. 그들은 주어진 생산양식과 주어진 사회경제구성체의 체계 속에서 상호의존하고 있다. 그들 중 한 계급, 예컨대 자본가를 제거하면, 그에 대립하는 계급, 즉 임노동자도 역시 사라진다. 새로운 사회, 즉 사회주의 사회는 자본주의하에서의 임노동자들과는 근본적으로 다른 근로계급을 발생시킨다. 개혁론자들과 수정주의자들은 이러한 근본적 차이에 주목하지 않는다. 그들은 상호연관성과 대립물의 통일이라는 변증법의 이론을 잘못 설명함으로써 자본주의 사회와 사회주의 사회에서의 근로계급의 지위와 계급적 본성의 근본적 차이를 부정하고 있다. 이러한 예로부터 맑스주의 유물변증법의 대립물의 통일이라는 개념이 일반 과학적, 철학적 의미뿐만 아니라 정치적인 의미도 가지고 있다는 것이 이해될 수 있을 것이다. 왜냐하면 변증법은 사회에서 일어나는 복잡하고 모순적인 과정 및 변화들을 이해하고 또한 그것들을 정확하게 이해하기 위한 토대이기 때문이다.

유물변증법이 대립, 모순, 그리고 통일의 개념으로 이해하는 바를 확정하였으므로 이제 발전의 원천에 관한 연구로 걸음을 옮겨 보자.

404 대립물의 통일과 상호전화

다양한 대상들의 대립적 측면들은 단순히 병존하는 것이 아니라, 대립물의 상호변형 혹은 상호전화의 과정인 특수한 변증법적 상호작용 속에 존재한다. 이것은 단순화된 방식으로 이해되어서는 안 되는 복잡한 과정이다. 몇 가지 예를 검토하면서 시작해 보자.

물리적 소립자인 전자와 양전자는 동일한 잔여 질량을 가지면서도 반대극의 전하를 띠고 있고 일정한 공간적 크기를 가지고 있다. 그러나 전자기장(場)은 기하학적 형태 혹은 정확한 면적이나 경계, 잔여 질량을 가지고 있지 않다. 이러한 의미에서 입자와 장은 그 물리적 성질에서 서로 대립되는데, 근대물리학은 그것들이 특정한 조건에서 상호 전화된다는 것을 확증하였다. 예를 들어 전자와 양전자가 일정한 에너지를 갖고 서로 충돌했을 때 소위 소멸 과정이 발생하며, 이것을 통해 입자는 장으로, 광자 혹은 일정비율, 일정량의 빛으로 전화된다.

산업자본주의가 번영할 때 자본주의적 생산관계는 생산력의 급속한 발전을 촉진하였지만, 자본주의가 발전하면서 생산력은 사회적 성격을 획득하게 되었고 사적 자본주의적 소유와 모순되게 되었다. 그러한 소유형태에 기초한 생산관계는 생산력의 발전을 저하시키기 시작했고, 따라서 그 대립물로 전화하게 되었다[204, 220].

유사한 과정이 과학의 발전 속에서도 관찰될 수 있다. 과학자들은 뭔가를 알고자 할 때, 새로운 과제와 문제를 정식화한다. 이들 과제는 우리가 모르는 것, 알 필요가 있는 것을 지시하고 있다. 길고도 복잡한 탐구를 통해 새로운 과학적 사실들이 발견되고 가설이 주창되며, 새로운 이론들이 정식화된다. 이것은 주어진 과제를 해결하는 데 도움을 줄 인식이 생겨난다는 것을 의미한다. 과제의 형태로 정식화된 '미지의' 것은, 이런 방식으로 새로운 인식, 즉 그 대립물로 전화된다. 그러나 여기에서 멈추는 것은 아니다. 새로운 인식은, 모든 것이 우리에게 알려져 있는 것이 결코 아님을 보여준다. 달리 말하면, 새로운 과제와 문제들은 이미 획득된 인식의 수준에 대립되는 어떤 것을 발생시키며, 문제의 현상에 대한 보다 높은 인식의 수준에 이르게 될 탐구과정이 다시금 시작된다는 것이다.

자연, 사회, 그리고 인식이라는 서로 다른 영역들과 관계되는 이러한 사례들을 비교함을 통해 우리는 매우 명확한 결론을 도출할 수 있게 된다.

첫째는 현상 및 과정들의 대립적 측면들은 단순히 연관된 것, 즉 일정한 통일 속에 놓여 있는 것이 아니라, 교차하며 상호 전화한다는 것이다. 변증법과 형이상학은, 전자가 어떤 현상이나 과정에서 대립적인 측면과 성질들의 존재를 승인한다는 점에서, 그리고 후자가 그것을 부정한다는 점에서 구별되는 것은 아니다. 형이상학이 대립물들을 확고부동한 것, 한 번 주어지면 영원한 것으로 보는 반면, 변증법은 대립물들을 인식함에 있어서 그것들을 상호 변형, 상호 이행으로 보며 또한 주어진 현상의 기능과 발전에 있어 그것들이 수행하는 역할의 변화로서 파악한다.

두 번째 결론은 대립물들의 상호전화에는 두 가지 종류가 있다는 것이다. 그 첫 번째 유형은 대립물들의 상호 가역적인 변형을 포함한다. 수레바퀴의 꼭대기는 수레가 움직이는 동안 밑으로 바뀌고, 다시 꼭대기가 되고 등등이다. 이것은 기계적 운동의 한 형태이지만 여기에는 진정한 발전이라곤 없다. 왜냐하면 점의 위치가 가역적이고, 계속해서 반복되기만 할 뿐이기 때문이다. 자본주의적 생산관계가 생산력 발전의 형태 및 자극이었던 지위로부터 그것들에 대한 제동으로 전화한 것은 불가역적인 변형의 한 사례이다. 자본주의적 생산관계는 더 이상 생산 발전의 형태가 될 능력이 없으며, 이를 분쇄하고 새로운, 사회주의적 생산관계를 창조하는 일이 필요하게 된다. 그리고 이것은 비할 바 없이 복잡하고 심오한 사회적 과정이며, 그 속에서도 대립물의 전화과정이 존재한다. 그러나 그것은 더 이상 자본주의적 생산관계가 그 역할과 기능을 변화시키는 문제가 아니라, 그 대립물, 즉 사회주의적 생산관계에 자리를 내주어야만 하는 문제이다.

대립물이 상호 전화하는 과정에서 다양한 모순들이 발생하며, 이는 현상 혹은 과정의 단호한 특질이다. 모순의 발생, 성장, 그리고 소멸에 대한 연구는 발전의 진정한 원천에 대한 이해를 가져다줄 것이다.

405 대립물의 투쟁과 모순의 해결 : 발전의 원천

제2차 세계대전(1939~1945)은 세계사에서 가장 비참하고 의미심장한 사건이었다. 여기서는 한 편에 독일 파시즘과 일본의 군국주의가 이끄는 제국주의와 반동 세력, 그리고 다른 한 편에는 특히 소련이 대표하는 사회주의와 민주주의 세력들을 축으로 한 싸움이 있었다. 이 전쟁에서 진보 세력은 엄청난 손실과 노력의 대가를 치르고 반동 세력에 대해 승리를 거둘 수 있었다. 전후 세계적으로 새로운 상황이 형성되었다. 사회주의 나라들의 세계체제가 발생하였고, 세계 식민지체제가 급속하게 붕괴되기 시작하였으며, 자본주의의 영향권이 축소되었다.

사회사 전반을 고찰하면서 그것의 동력을 숙고해 보면, 우리는 전쟁과 혁명, 문화적·경제적 유대, 경기 침체와 호황 등의 다양한 착종 속에서 다양한 사회적·정치적 집단, 계급, 국가가 계속 등장하며 끊임없는 투쟁(수그러들기도 하고 재연되기도 하면서)이 진행된다는 사실을 깨달을 수 있다. 새로운 사회적·정치적 관계는 이러한 투쟁을 통해서 형성된다. 낡은 국가가 붕괴되고 새로운 국가가 만들어지며, 새로운 사회경제구성체가 발아, 성장, 번영한다. 맑스, 엥겔스, 그리고 레닌이 다양한 사회세력들 간의, 특히 계급들 간의 투쟁을 역사의 동력으로서, 그리고 역사 발전의 진정한 원천으로서 지속적으로 강조했던 것은 이 때문이었던 것이다.

그러나 대립적 세력 및 측면들의 충돌과 투쟁이 사회발전만의 배타적인 특징인 것은 아니다. 대립물의 투쟁과 충돌, 투쟁과 그 극복은 일반적으로 발전에 내재적인 것이다. '대립물의 투쟁'이란 개념은 따라서 모든 물질의 운동 형태에 적용할 수 있는 보편적인 철학적 범주인 것이다. 그러나 '투쟁'이란 말을 문자 그대로만 해석해서는 안 된다.

수학문제를 풀 때 더하기와 빼기, 거듭제곱, 근을 구하기 등의 연산들이 서로 '투쟁한다'거나, 물질대사에서 동화작용과 이화작용이 서로 '투쟁한다'거나, 혹은 양전하를 띤 핵과 음전하를 지닌 전자 간의 '투쟁'이 원자 내에서 진행된다는 등의 생각을 하는 것은 잘못된 일일 것이다. 우리가 변증법에서 대립적 측면들의 상호작용을 지시하기 위해 '대립물의 투쟁'이라는 범주를 사용함에 있어서, 그렇게 하는 데는 특수한 근거가 있으며 또 이 범주에는 특수한 변증법적 의미가 주어지는 것이다. 이 근거는 무엇이며, 그 의미는 무엇일까?

요점은 대립하는 현상의 다양한 충돌형태가 가능하다는 것이다. 속력을 내어 서로 다른 방향에서 고속도로를 달려오던 두 자동차가 충돌했을 경우, 충돌의 결과는 발전이 아니라 파괴, 파국이다. 동일한 집단 내에 서로 다른 견해(예컨대 노동생산성을 어떻게 향상시킬 것인가, 생산물의 질을 어떻게 개선할 것인가 등등)를 견지하는 사람들이 있다면 그들은, 다양한 견해들을 토론하고 의견들이 서로 충돌, 투쟁하는 중에 생산 전반을 새로운 수준으로 향상시키는 데 도움을 줄 공동의 새롭고 보다 올바른 견해에 이르게 될 것이고, 결과적으로 의견들 간의 모순 해소에 이르게 될 수 있을 것이다. 이는 집단의 생산과제에 대한 이해도의 발전을 의미할 것이다. 두 자동차의 예에서 우리는 내적, 합법칙적 유대로 연관되어 있지 않은 대립적 현상(운동방향)을 다루고 있다. 그러한 대립물의 충돌은 발전의 원천으로서 기능할 수 없다. 의견대립의 예에서는 상호 연관된 관점을 다루고 있다. 문제해결에 대한 다양한 견해들은 노동집단의 성원들 간에 당연히 야기될 수밖에 없다. 왜냐하면 그들은 서로 다른 삶과 산업적 경험, 기술, 숙련도, 그리고 직면한 문제에 대한 다양한 접근방법을 갖고 있기 때문이다. 어떤 점에서 대립되지만 내적으로 연관된 견해들의 충돌과 투쟁으로부터, 집단의 모든 성원에 공통적인 문제에 대한 심화된 이해와 필연적인 통일이 당연히 발생할 것이다. **변증법적 범주인 '대립물의 투쟁'은 다만 현상적으로만 서로 구별, 대립되는 어떤 현상의 상호작용, 충돌, 극복, 상호침투 등을 반영하고 드러내는 것이 아니라, 필연적, 내적, 합법칙적인 유대에 의해 연관되어 있는 현상들의 상호작용, 충돌, 극복, 상호침투 등을 반영하고 드러내는 것이다.** 후자의 대립물들 간에는 언제나 다소 첨예한 모순들이 존재한다. 그리고 우리가 발전의 원천으로서 고려해야 하는 것은 바로 이러한 모순들인 것이다.

모순들이 스스로 멈춰 서 있는 것이 아니라는 사실을 이해하는 것은 각별한 중요성을 지닌다. 응고된, 불변적인 모순(말하자면 '응고된' 불변적인 대립적 측면들을 포함하고 있는)은 발전의 원천이 될 수 없다. 자석의 N극과 S극은 상호 연관된 대립물의 예로써 빈번히 인용된다. 그러나 양극 사이의 관계는 불변적이기 때문에, 불가역적이며 시간상으로 방향을 지닌 새로운 성질이나 발전은 자기장 자체 내에서 창출될 수 없다. 가변적, 가동적 모순의 경우는 이와 다르다. 살아 있는 유기체 내에서의 동화작용과 이화작용 사이에는 모순들이 끊임없이 발아, 성장, 해결된다. 식물이든 동물이든 간에 유기체는 상이한 생활 시기에 이러저러한 물질을 필요로 하고 섭취한다. 마찬가지로 그것은 다양한 생명활동의 산물을 환경 속으로 배출한다. 이 두 가지 과정이 균형을 이룰 때 생명활동은 정상적으로 진행된다. 그러나 이 평형은 끊임없이 방해받기 때문에 그 결과 매우 상이한 과정들, 즉 성장, 생리적 변화, 그리고 기능적 활동, 형태, 크기 등등에서의 변화들이 유기체 내에 발생한다. 모든 이러한 변화들은 방향적, 가역적 성격을 지닌다. 유기체의 근본적으로 새로운 성질과 기능의 형성은 이것들과 관련되어 있으며, 발전은 그 결과로서 일어나게 된다.

"**대립물의 투쟁과 모순의 해결** : 발전의 원천"

우리는 사유의 발전 속에서도 유사한 과정을 관찰할 수 있다.

어떤 대상이든 무수한 성질과 측면 등등을 갖고 있다. 그것들 모두를 완전히, 동시에 정확히 안다는 것은 불가능한 일이다. 한 대상을 고찰할 때 우리는 대상의 측면들을 이번에는 이 측면, 다음에는 저 측면을 연구하고 인식한다. 이들 측면들을 반영하는 개념과 판단들이 항상 서로 일치하는 것은 아니다. 개념과 판단들 사이에 특정한 모순들이 발생한다. 우리의 인식 속에 축적되는 모순들이 증가될수록 이를 통일시켜야 할 필요, 이를 현상 혹은 과정에 대한 단일하고 더욱 정밀해지고 심화된 인식으로 묶어야 할 필요가 더욱 절박하게 된다. 이것은 현존하는 모순을 제거, 해소함으로써만 가능한 일이다. 따라서 이 해결은 대상 일반과, 그것의 개별적 측면들 미치 속성들 사이의 자연적이고 통상적인 연관에 대한 근본적으로 새로운 인식이 된다. 사유의 발전 역시 이 속에서 드러난다. 그리하여 다양한 개념과 판단들의 '충돌'이나 그것들 사이의 불일치와 모순의 해소는 우리의 인식 발전의 진정한 원천임이 증명된다.

우리는 이제 몇 가지 결론을 이끌어낼 수 있게 되었다. 현상 혹은 과정의, 상호 연관된 동시에 대립하는 측면들과 하위체계들[403] 사이에는 상호침투와 상호변형뿐 아니라 대립물의 투쟁도 존재한다. 이 관계들은 모순의 발생과 성장으로 나아가며 그 결과 특정 단계에서 그 대상의 존속과 작용이 낡은 형태에서는 불가능하게 된다. 이 모순들을 해결하기 위하여 객관적 필연성이 전개되며 이로부터 **새로운** 현상, **새로운** 대상, **새로운** 성질 등등이 생겨난다. 이것은 또한 **대립물의 투쟁, 그리고 그것들 사이에 현존하는 모순의 발생, 성장, 특히 그 해결이야말로 그것이 어디서 어떤 형식으로 발생하든 간에, 모든 발전의 진정한 원천이라는 것**을 의미한다.

406 모순의 형태

세계에는 수없이 많은 매우 다양한 모순들이 존재하는데, 이들은 발전과정에 다기한 영향을 미치며 그것에 접근하는 다양한 형태와 수단을 요구한다. 나는 그들 중 가장 중요한 것들만을 다룰 생각인데, 이들에 대한 이해는 실천적, 과학적, 사회정치적으로 큰 의의를 갖는다.

1. 내적 모순과 외적 모순

우리는 다양한 현상의 발전에 일정한 영향력을 갖는 내적·외적 모순들을 생활 속에서 끊임없이 만나고 있다.

사회주의 국가공동체와 선진 산업자본주의 국가체제 사이에는 경제적, 사회적 및 이데올로기적 모순들이 존재한다. 이 모순들은 사회주의 공동체에 대해서는 외적이다. 그럼에도 불구하고 그들은 특정한 방식으로 그 발전에 영향을 미친다. 몇몇 서방국가들은 사회주의 국가들의 선언(병력 증강과 전쟁 준비로써 양 사회체제 간의 모순을 극복하려는 시도는 무의미하며, 지극히 위험하다)에도 불구하고 아직도 핵무기 경쟁을 자극하고 있다. 양 체제는 새로운 현실과 과정에 적응할 수 있음을 증명해야 하는 한편, 차별성은 양자의 상호작용을 촉진해야 하고 양 집단의 이익의 원천으로서 간주되어야 한다. 이것은 소련의 군사정책의 방어적 성격과 군대의 감축에 의해 보장되고 있다. 그러한 조치들은 소련에서의 경제적, 사회적, 정치적 발전과 산업성장률에 일정한 효과를 가져다주고 있다. 그러나 이 외적 모순들이 발전을 멈추게 하고 사회주의 사회 건설과정을 제지할 수 있을 것인가? 단언컨대 그럴 수는 없다.

사회주의 사회에도 내적 모순들이 존재(예컨대 생산력과 생산관계 사이)한다. 이 모순[204, 213]은 모든 사회경제구성체에 내재적인 것이기 때문에 그것의 단순한 잔존이 각각의 특수한 구성체의 발전 동력과 내적 모순에 대한 이해를 증진시키지는 못한다. 우리가 일반적 유형과 일반적 모순에 대한 진술로부터 특수한 것, 주어진 구성체 혹은 그 발전과 작용의 특정 단계에서의 이 모순의 특수한 현상 형태로 넘어갈 때, 사태는 근저에서부터 다르게 된다. 사회주의 발전의 각각의 단계에서 이 모순들을 생산 및 사회 전체의 발전을 초래한 특수한 방식으로 해소되어 있다. 예를 들면, 소비에트 국가 초창기에 사회주의적 생산관계가 산업 속에 확립되었을 때, 제1차 세계대전과 내전으로 피폐되었던 생산력의 수준은 상대적으로 낮았다. 생산관계와 생산력 사이에 모순이 발생하였지만 그것은 산업화를 통해 해결되었다. 사회주의적 산업 건설은 기술적 생산장비 및 사회의 방어력과 번영, 농업생산력의 기계화로까지 발전된 가능성들을 급속하게 향상시켰다. 그러나 이것은 사적 소유에 기초한 생산관계의 벽에 부딪히고 말았다. 이 모순은 집단화를 통해 해소되었다. 사회주의적 생산관계가 협동적 소유를 기초로 하여 농업에서 발행했다. 그리하여 사회주의적 생산양식이 주로 경제영역에서 확립되었다.

내적 모순과 외적 모순의 관계에 관한 또 다른 예를 들어 보자. 자연과 사회 사이의 모순들은 사회에 관해서 외적인 것이다. 그 모순이 첨예하면 할수록, 사회발전에 더욱 불리하게, 부정적으로 영향을 미친다. 그러나 사회 그 자체는, 인간과 자연 사이의 모순을 해결하기 위해, 무엇보다도 먼저 자본주의에서 사회주의로 이행함으로써 내적인 사회경제적 모순들과 맞부딪쳐야 한다.

결과적으로 외적·내적 모순 양자가 발전과정에서 일정한 영향력을 가진다 할지라도 **발전의 주요 원천은 내적 모순의 해소이다.** 맑스주의 변증법의 이 명제는 막대한 실천적 의의를 갖는다. 우리가 어떤 문제에 직면했을 때, 우리는 먼저 내적 모순들을 밝혀내고 그것들을 다룰 가장 적절한 방식을 찾아내야 한다. 동시에 우리는, 내적·외적 모순들 그 자체는 대립물의 상호침투와 상호변형의 변증법에 의해 지배된다는 사실을 기억해야 한다. **한 상황에서 외적인 모순이 다른 상황에서는 내적인 것으로 판명될 수도 있다.** 예를 들어 사회주의와 자본주의 사이의 모순(사회주의 사회에 대해서는 외적인)은 세계사의 현 단계에서는 모든 인류에게 매우 중요한 내적 모순이다. 객관적 필연성에 따른 인류의 심화된 발전은 적대적 모순이 없는 정의로운 사회 체제를 건설함으로써 이 모순을 해소할 것을 요구한다. 똑같은 방식으로 특정한 상황에서 외적 모순으로 전화될 수 있고 그것의 해소에 영향을 줄 수 있다. 예를 들어 일반적 위기에 의해 격화된 자본주의의 내적 모순은, 자연자원에 대한 무분별한 개발에, 따라서 사회와 자연 간의 모순의 증가에 이르게 된다.

2. 기본모순과 비기본모순

내적·외적 모순에 덧붙여 우리는 기본모순과 비기본모순을 구별해야 한다. **발전에 결정적인 영향을 미치며, 그것의 해소가 근본적으로 새로운 현상과 과정의 발생을 결과하는 그러한 모순을 기본모순이라 부른다.** 그 밖의 모든 모순들은 2차적 혹은 비기본적이다. 현대세계의 주요 사회경제체제들 간에는 많은 상이한 모순들이 존재한다. 주요한 기본모순들 중의 하나가 평화의 유지와 세계 열핵전쟁의 방지와 관련된 것이다. 인류의 생존과 따라서 인류의 심화발전이 이 문제의 해결에 달려 있다. 이것이 맑스주의당이 그들의 정치적 활동에서 평화 강령에 결정적 지위를 부여하는 이유이다. 또 이것은 왜 인류의 모든 평화세력이 그들의 평화 강령의 중심으로 결집하는가를 설명해 주고 있다.

모든 생산양식의 발전의 성격을 규정하는 기본모순은 생산력과 생산관계의 모순이다. 이들은 단일한 생산과정의 양 측면이다. 그들 사이에는 뿌리 깊은 내적 연관이 있어, 이것이 생산의 대립적 측면들의 통일을 실현하며, 이것은 생산력의 발전 수준에의 생산관계의 조응이라는 법칙에 의해 지배된다[204]. 우리는 이미 이 법칙을, 사회경제구성체의 기능과 교체를 규정하면서 역사 발전에서 어떻게 작용하는가를 살펴본 바 있다[217-221]. 물론 다른 모순들(예컨대 상상력, 혹은 생산관계의 상이한 요소들 사이의 모순)도 생산과정에서 발생할 수 있다. 그러나 그것은 모두 생산양식의 기본모순에 의해 궁극적으로 규정받으며, 그것의 극복은 기본모순의 해결에 달려 있다.

지금까지 예기한 것의 실천적 의미는 다음과 같다. 우리가 어떤 사회정치적인 과제, 생산 과제, 이데올로기적 혹은 과학적인 인식 과제 등을 다루고자 할 때, 우리는 가장 먼저 그 연구되는 과정의 기본모순을 규정해야 한다. 그것을 규정한 이후에 우리는 그것을 극복, 대처하기 위한 수단, 형태, 방식 등을 선택할 수 있게 된다.

3. 적대적 모순과 비적대적 모순

사회의 모순들을 그 첨예함의 정도와 해결 양식에 따라 적대적 모순과 비적대적 모순으로 나누는 것은 통례적 방식이다. 앞의 부들에서 나는 그러한 모순들을 여러 번 언급한 바 있다(제2부와 제3부를 보라). 적대적 모순의 두드러진 특징은 그것의 극도의 첨예함과 주어진 사회 내에서의 이러저러한 사회 집단들과 계급들의 대립적 이해, 목표, 입장들 간의 화해 불가능성이다. 따라서 적대적 모순들은 격력하고 완강한 투쟁 속에서 해소되며, 일반적으로 투쟁하는 한편의 제거와 더불어 끝이 난다. 노동자계급과 자본가계급 사이의 적대적 모순은 사회주의혁명 속에서, 계급으로서의 자본가를 제거함으로써 해소된다. '제거'란, 물론 지나치게 단순하게 이해되어서는 안 된다. 그것은 주어진 계급성원을 물리적으로 파괴하거나 절멸시키는 문제가 아니라, 자본가계급의 우세한 경제적·정치적 토대를 사회 내에서 폐지하고, 계급으로서의 전체적 저항을 분쇄하며, 생산수단에 대한 사적 자본주의적 소유를 일소하는 문제이다. 이 적대적 모순을 해소하는 형태는 개별 국가의 특정한 발전 단계에서의 구체적·역사적인 조건에 따라 서로 다르다. 적대적 모순의 또 다른 예는 공산주의와 부르주아 이데올로기 사이의 모순이다. 그것은 부르주아 이데올로기에 대한 끊임없는 폭로와 극복을 통해서만 해소될 수 있다.

이러한 이데올로기는 단순한 거부나 부인, 혹은 무차별한 부정으로써 극복되는 것이 아니라, 그것에 대항하는 과학적 논증과 논거의 근거를 제공하는 엄격하고 원칙적인 이론적 분석을 통해서만 극복된다. 이러한 논증 없이는 아무도 과학적 · 진보적 이데올로기의 진리성을 확신할 수 없고, 또 그것의 우월성을, 그리고 오늘날의 주요 과정과 경향을 이해하고 그것에 대한 올바른 평가를 내리는 그것의 능력을 증명할 수 없게 되는 것이다.

비적대적 모순은 그 첨예함이 덜한 정도에 의해 구분될 뿐 아니라 또한 해소 가능한 것이기도 하다. 이러한 모순들은 사회주의 사회에 특징적이다. 사회주의 사회에서 모순들이 단번에 제거될 수는 없다. 그의 고유한 비적대적 모순들은 그것의 발전과 완성의 원천이다.

비적대적 모순의 해결은 적대적 모순의 경우와는 달리 대립물의 어느 한편을 제거할 것을 요구하지 않는다. 일반적으로 그것들은, 상이한 사회집단과 계급들의 입장과 이해를 상호 간에 보다 가까워지도록 만드는 점진적이고 끊임없는 의식적 과정을 통해 평화적으로 해소된다. 그러나 이러한 '조화'(coming together)는 대립물의 투쟁 없이 일어날 수 없다. 대립물의 투쟁과 통일의 법칙은 적대적 사회경제구성체와 그에 특유한 모순들이 폐지되었다고 해서 그 힘을 상실하지는 않는다. 비적대적 사회에서도 사회의 발전에 의해 발생되어 사회에 영향을 미치는 그의 고유하고 특수한 모순들이 존재한다. 나아가 그러한 모순들이 제때에 다루어지고 해소되지 않는다면, 그것들은 매우 첨예화되어 사회의 발전을 저해하게 된다. 1930~1940년대에 수립된 소련 경제 및 국가에 대한 행정적, 관료주의적 지도방법은 수십 년 사이에 사회 발전의 욕구와 첨예한 모순을 일으키게 되었다. 그리고 비록 그 모순들이 적대적 계급이해를 표현하는 것은 아니라 할지라도 그것들의 해소는 보수적·진보적 견해의 충돌, 지도방법, 다양한 사회집단의 목표들과 연관되어 있다. 그러므로 비적대적 모순들은 통상적인, 상투적인, 주문 제작식의 처방에 의해서는 해결될 수 없으며, 새로운 현상에 대한 창조적이고도 변증법적인 접근을 요구한다.

407 사회주의 사회에서의 각종 모순의 해소

사회주의 아래에서 발생하며 마주치게 되는 모순들은 선행하는 적대적 구성체에 특징적인 모순들과는 다르다.

사회주의 사회에는 사회 집단 및 계급들 간의 적대적 모순의 사회적 근거가 존재하지 않는다. 그러나 이것이 개인적 이해와 사회적 이해, 개인과 노동집단, 지도자와 노동집단, 결합 생산과정에서의 서로 다른 참여자들 사이의 모순의 존재를 배제하는 것은 아니다. 도덕적 자극과 물질적 자극의 메커니즘 사이, 개별 기업과 전체 산업 사이, 공업생산물의 공급자와 소비자 사이 등등에도 모순이 있을 수 있다. 또한 단독적인 법률 위반, 다른 사람을 희생하여 살아가려는 시도, 사회주의 재산의 횡령이나 착복의 행위, 관료주의, 관료적 형식주의 등도 존재한다. 이 모든 현상은 사회주의 원리들과 모순되지만, 그 부정적 의미가 평가절하 되어서는 안 되는 것과 마찬가지로, 각색되어서도 안 된다. 이 모순들은 적절한 시기에 주목되고 연구되기만 한다면 극복, 해소될 수 있다.

오늘날 사회주의 사회의 모순들에 대처하려는 하나의 모범은, 1985년 이래로 소련에서 진행되고 있는, 사회적 삶의 모든 측면에 대한, 심각하고 본질상 혁명적인 재조직화와 재건(페레스트로이카)이었다. 그것은 수많은 객관적 원인과 주체적 오류로 인한 정체현상과 경제발전의 감속현상이 소련 사회에서 대략 1970년대 중반 이후 주목되기 시작했다는 것, 그리고 개별 산업과 농업이 침체되기 시작하고, 주민의 물질적·정신적 욕구가 충분히 충족되지 못했다는 사실 등과 관련된다. 동시에 사회주의의 장점과 성과들이 충분히 발휘되지 못하고 있었다. 관료주의적 경향은 더욱 강화되었고, 소비에트 민주주의의 메커니즘과 공개성(글라스노스트)은 첨예한 사회적 문제들의 논의 속에서 중심적인 것으로 받아들여지지 않았다. 이 모든 것은 사회주의 사회의 주요 목표 및 패턴에 모순되는 것이었다. 그 모순들이 일정 수준에 이르게 되자 그것은 현실화되었고, 공산당은 이를 공개하여 모든 근로대중에게 사회 개조에 착수하고, 전 경제적·사회적 메커니즘을 재조직하고 대개혁하여 민주주의와 개방으로 나아가자고 호소하게 되었다. 그러나 이 모순들은 화해할 수 없는 계급 세력들 간의 대립에 의해 야기된 것이 아니라, 그 원인의 제거라는 것이 곧 특정한 사회집단이나 계급의 제거를 요구하는 것은 아닌 그러한 이유로 야기된 것이기 때문에 적대적인 것은 아니다. 사회주의 사회는 일련의 정치적, 교육적 방책들과 행정적, 법적, 조직적 및 경제적 수단들을 가지고 있으며, 이것들로써 그러한 모순들 및 여타의 것들을 해결할 수 있고 또 해결해야만 한다.

새로운 공학적, 경영적, 기술적 과제들이 사회의 발전 도중에 끊임없이 발생한다. 이들의 해결은 어떤 경우에는 생산력의 급속한 발전을 요구하며, 다른 어떤 경우에는 생산관계와 운영체계의 개선을 요구한다. 생산양식의 어떤 요소들은 다른 요소들이 급격하게 혹은 점진적으로 발전할 때, 뒤처지거나 '퇴화'(obsolete)한다. 새로운 것과 낡은 것 사이의 그런 종류의 모순은 우리 삶의 모든 영역에서 단번에 해결될 수는 없다. 그것들은 지속적으로 존재하고, 해소되며, 그러고 나서 다시 발생한다.

이것은 사회 상황의 모든 측면에서의 진보와 끊임없는 개선의 자연스러운 귀결이다.

사회주의 사회는 사회적 진보[422]의 길을 따라 전진운동을 하기 때문에, 사회 발전에 고유한 모순들(사회적 의식과 사회적 존재 사이, 토대와 상부구조 사이의 모순을 포함하는)은 끊임없이 발생한다. 그러한 모순들은 공산당과 사회주의 국가가 모든 방면에 걸쳐 사회에 대한 정치적 지도수준을 향상시킴으로써 해결될 수 있다. 자본주의에서 사회주의로의 이행은 자생적인 것이 아닌, 의식적인 과정이다. 사회주의가 발전하고 완성됨에 따라 의식성의 역할은 계속해서 증대된다. 동시에 사회적 삶의 전 측면을 지도하는 공산당과 사회주의 국가의 역할도 함께 증대된다.

사회주의를 완성해 가는 과정에서 사회적 삶의 전 영역의 계획적 결합과 균형적 발전이 있어야 한다. 그러므로 모순의 각각의 구체적 유형을 다룰 특별한 수단은 별도로 하더라도, 사회주의 체제에 공통적인 비적대적 모순들을 다루는 형태와 방법들 또한 있어야 한다. 이는 다음과 같은 것들을 포함한다. (1)사회에 대한 공산당의 정치적 지도력. 공산당은 사회적 과제들에 대처하기 위한 전략과 전술을 수립한다. (2) 사회주의 국가와 그 기관에 의한 과학적으로 구체화된 경제운영과, 온갖 형태의 관료주의, 부문주의(departmentalism), 지방적 및 지역적 경향의 체계적 근절과 극복. (3)결점을 드러내고 극복하기 위한 방법으로서의 비판과 자기비판. (4)모든 노동집단과 사회 전체가 당면한 실천적 과제들을 다루는 형태로서의 사회주의적 경합 및 경쟁. (5)사회주의적 자치와 자주관리의 발전 및 사회주의적 민주주의의 증진. (6)사회적 생산과 생활양식 및 수준의 발전에 있어서 집단과 개인의 이해를 증대시키는데 커다란 영향을 미치는 분배관계의 개선. (7)노동은 양과 질에 대한 통제의 강화. 그리고 물질적·도덕적인 자극의 올바른 도입. (8)법, 사회주의 법질서의 공고화와 사회주의적 사고 규준의 엄격한 준수. (9)공산주의적 세계관을 발전시키기 위한 수단으로서, 그리고 사회주의의 조건하에서 주체적·객관적 발전요소들 간의 최대한의 조응을 성취하기 위한 토대로서의 정치적·교육적 및 이데올로기적인 작업들. (10)근본적인 문제와 모순들에 대한 논의에서의 완전한 공개성과 개방성.

408 대립물의 투쟁과 통일의 법칙 : 변증법의 핵심이자 정수

지금까지의 논의를 종합하여 우리는 변증법의 가장 중요한 법칙들 중의 하나인 대립물의 투쟁과 통일의 법칙을 정식화할 수 있다. 레닌은, 이것이 발전의 원천이라는 가장 중요하고도 복잡한 문제에 대하여 해답을 주고 있기 때문에 그것을 '변증법의 핵심이자 정수'라고 불렀다. 이 법칙은 다음과 같이 진술될 수 있다.

(1) 자연, 사회. 그리고 사유 속에서의 모든 현상은, 서로 필연적으로 연관되어 상호작용하는, 즉 통일성을 지닌 대립적인 측면, 성질, 특질, 하위체계, 혹은 요소들을 포함한다.

(2) 통일을 형성하는 대립물들 간에 변증법적인 모순관계가 존재한다.

(3) 주요한 내적 모순의 발생, 성장 및 그 해소는 모든 운동, 특히 발전의 원천이다. 모순의 해소는 그 결정적 계기이며, 발전의 주원인이다.

(4) 발전의 과정 중에 한 대립물에서 다른 대립물로의 변증법적 이행이 일어나며, 대립물의 충돌, 상호작용, 상호침투가 발생한다.

(5) 이전에는 존재하지 않았던 새로운 불가역적 현상, 과정, 성질, 혹

은 특질 등이 생기며, 그것들은 투쟁과 그들 간의 상호전화, 상호침투, 다른 것으로의 이행, 그리고 모순들의 해소를 통해 발생한다.

대립물의 투쟁과 통일의 법칙은 보편적 성격을 지닌다. 그리고 이에 대한 이해는 세계관적으로, 방법론적으로, 이데올로기적으로 지대한 의미를 갖는다.

형이상학적으로 사고하는 사람은 개인적·사회적 삶에서, 정치적 투쟁 속에서, 산업 혹은 과학에서 모순들에 직면하게 될 경우, 그것들을 무시하거나, 회피하거나, 혹은 은폐하려고 한다. 새로운 현상, 특히 예기치 못한 현상에 마주칠 때마다 그는 외적 원인들만을 찾지만, 그 모든 것은 외부 세계에서의 변화의 원인에 대한 진정한 이해를 방해할 뿐만 아니라, 또한 인류의 유익함을 위해 그 새로운 현상을 의식적·합목적적으로 변형하는 일에 적극적으로 관여하는 것을 방해한다. 반대로 변증법적으로 사고하는 사람은 모든 발전의 원천이 대립물의 투쟁과 내적 모순의 해소라는 것을 알고 있다. 따라서 그는 자연, 사회, 그리고 사유 속에서의 객관적 모순들의 현존을 인정할 뿐 아니라, 그것들을 알고자 하고 연구하고자 하며, 내적인 것과 외적인 것, 기본적인 것과 2차적인 것, 적대적인 것과 비적대적인 것 등을 구별하고, 그들 간의 연관성과 독립성을 찾아내고자 하며, 또 이 모순들을 극복하고 취급하는 수단과 형태, 방식 등을 밝히고자 노력한다. 물론 우리가 언제 어디서나 객관적 발전과정에 영향을 미칠 수는 없다. 그러나 자연과 사회적 삶의 현상이 인간의 물질적 활동 속에 포섭될 수 있는 곳에서라면, 대립물의 투쟁과 통일의 법칙을 적용할 수 있는 능력은 자연과정과 역사과정에 대한 엄청난 인간의 합리적 활동 가능성을 제공한다.

● 발전의 각종 형태

409 발전의 각종 형태에 관하여

미국인 저널리스트인 존 리드(John Reed, 1887~1920)는 그의 유명한 저서 『세계를 뒤흔든 10일』에서 10월 혁명이 러시아에서 어떻게 일어났는지를 매우 정열적이고 감동적으로 묘사했다. 그가 묘사했던 사건들은 실제로 세계를 뒤흔들었다. 그 사건들의 상당수가 역사 발전에서의 예기치 못한 어마어마한 도약임이 입증되었다. 역사과정을 두 개의 크게 다른 시기로 구획한 이 도약은, 선행하는 오랜 동안의 발전(러시아 프롤레타리아트의 계급투쟁과 레닌이 이끈 볼셰비키당의 혁명적 활동)에 의해 예비되어 왔다.

자연, 사회, 그리고 사유 속에서의 발전과정을 고찰해 보면, 우리는 점진적이고 완만한 변화의 시기들 다음에 비약적인 성격의, 혹은 점진성의 '단절'의 변화의 시기들이 뒤따른다는 것을 주목할 수 있게 된다. 그것은 우연한 일인가? 아니면 그들 간에는 어떤 패턴이나 객관적 연관이 있는 것인가? 발전 형태에 관한 변증법적 이론이 답변을 제공한다.

모든 현상과 과정은 고유한 내용과 형식을 가지고 있다[111]. 앞 절[408]에서 나는 발전의 내용과 원천이 기본적인 내적 대립물들의 투쟁과 그들 사이에 존재하는 모순의 해소에 의해 형성된다는 것을 보인 바 있다. 그것을 통해 야기된 변화들은 점진적, 연속적이거나 혹은 단절적, 급진적인 것이다. 이들 두 변화유형 간의 연관성이 또한 발전과정의 형태를 규정한다. 그러므로 발전과정에 대해 언급할 때 우리는 그것의 형태, 즉 자연과 사회, 그리고 사유에 현현하는 연속적인 것과 단속적인 것, 점진적인 것과 급진적인 것 사이의 상호연관을 면면히 연구해야 한다. 이 연구의 목적은 발전의 모든 형태를 지배하는 객관적 법칙을 찾아내고 정식화하는 것이다.

410 발전과정에서의 연속적인 것과 단절적인 것, 점진적인 것과 급진적인 것에 관한 대화

철학사에는 발전 형태에 관한 두 가지 상호 배타적인 견해, 두 가지의 접근법이 확립되어 있다. 이들에 관해 더 잘 이해하기 위해 변증법론자(D)와 형이상학자(M)의 대화로 다시 돌아가 보자.

D : 나는 우리가 우리를 둘러싼 세계에서 점진적인 변화와 급진적인 변화 모두를 접하고 있다는 것을 당신이 부인하지 않기를 바랍니다.

M : 모든 경우의 관찰 및 우리의 생활 경험은, 우리가 그것들을 신뢰할 수 있다면, 그렇게 말하겠지요.

D : 왜 그것을 의심하십니까?

M : 어떤 변화유형이 현실에 존재하는가 그리고 무엇이 지배적이고 기본적인가 하는 문제입니다. 연속적, 단절적, 점진적, 급진적 변화 등이 어떠한 발전 현상에도 사실상 동시에 존재하지 않는다는 것은 분명하기 때문입니다.

D : 왜 그런 가능성을 인정하지 않습니까? 단절적인 것과 연속적인 것은 언제나 양립 불가능할까요?

M : 그런 경우 자연과 물질 자체가 단절적인 동시에 연속적이 되어야 하기 때문입니다. 양자는 서로 배타적입니다. 과거의 사상가들은 이미 그러한 어려움에 주목하고 있었습니다. 예를 들면 에페소스의 헤라클레이토스는 변화의 연속적 성격을 인식하고 만물은 유전한다고 말하였습니다. 따라서 그는 같은 강물에 두 번 들어갈 수 없다고 말하였습니다. 어떤 사람이 그곳에 두 번 들어갈 경우 강물은 이미 흘러가 바뀌어 있다는 것이죠. 그의 제자 크라틸로스는 더 나아가 동일한 강물에 한 번 들어가는 것조차 불가능하다고 주장하면서, 이는 물살이 매 초 변화하고, 따라서 그것은 동일한 강물이 아니기 때문이라고 했습니다. 그와 그의 지지자들은 모든 사물과 현상들은 끊임없이 다른 무엇으로 변화되기 때문에 그들 중 무엇 하나에 대해서도 정확하게 한정지어 예기한다는 것은 불가능한 것이라고 생각하였던 것입니다. 한편 우리는 만물이 변화한다고 이야기합니다.

D : 그렇지만 다른 견해들도 있지 않았습니까?

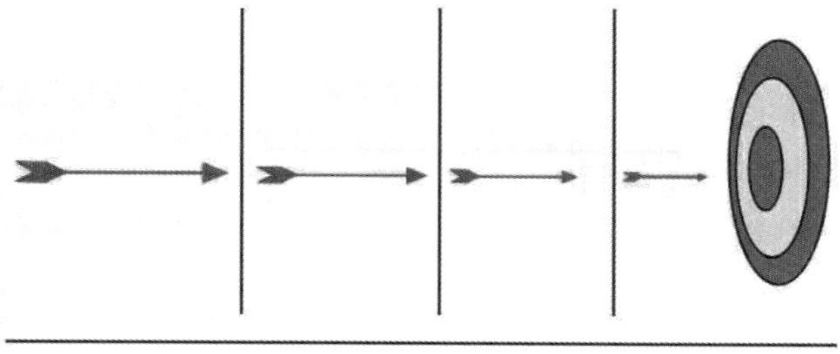

M : 사실입니다. 그리스의 철학자 엘레아의 제논(Xenon, B.C. 490~430년경)은 다음과 같이 주장했었죠. 날아가는 화살은 어떤 순간에는 한 점

에 있다가도 다음 순간 이미 다른 지점에 있기 때문에 운동이란 단절적이고 변덕스러운 것이다. 그러나 화살은 또한 점과 점 사이를 점진적으로 통과하며 비행의 매 구획은 무수한 점들을 동시에 포괄하고 있기 때문에, 따라서 운동은 연속적이고 점진적이다, 라고 말이죠. 한 진술이 다른 진술을 완전히 배제하고 있습니다.

D : 그 결론은 무엇인가요?

M : 제논과 그의 추종자들은 광범위한 결론을 이끌어 내었습니다. 이 진술들이 서로 모순되었기 때문에 운동과 발전에 대해 이야기한다는 것은 무의미한 일이었습니다. 운동은 한갓 가상에 불과한 것이다, 모든 실재의 사물은 변화하지 않고 지속적이며 그 자체와 동일한 것이다, 일반적으로 운동은 존재하지 않는다, 따라서 이러저러한 운동현상이 점진적이라든가 급진적, 단절적이라든가 등의 말은 할 필요가 없었던 것입니다.

D : 단절적인 것과 연속적인 것, 점진적인 것과 급진적인 것에 대한 논쟁이 근대의 철학 및 과학에서 계속된다는 사실 역시 덧붙여져야 합니다. 예를 들면, 데카르트는 물질이, 연속적인 운동을 하는 개별 분자나 입자로 구성되어 있다고 생각했습니다. 그러나 스피노자는 세계의 근저에는 모든 사물의 단일하고 분할 불가능한 기초인 실체가 놓여 있다고 주장했습니다. 20세기에 이르러서도 물리학자들은 고체 세계의 매체 혹은 에테르와, 그것과는 전혀 관련이 없는 분리된 분자, 입자 등의 존재를 인정하였습니다.

M : 당신 자신은 어떤 관점을 지지하십니까? 당신은 운동과 발전이 연속적이고 점진적인 변화들로, 아니면 급진적이고 단절적인 변화들로 환원될 수 있다고 보십니까? 물질세계 자체는 '한결같고' 연속적인 것인가요, 아니면 단절적이고 불연속적인 것인가요?

D : 나는 이들 견해 양자에 오류가 있다고 봅니다. 그들은 변화의 다양한 유형들 간의 실재적, 객관적 연관성을 흐트러뜨리며, 서로 모순되고 있습니다. 그것은 형이상학적 사유 방법의 주된 결함이요, 오류입니다. 그러나 변증법은 단절적인 것과 연속적인 것, 점진적인 것과 급진적인 것의 실재적 통일을 찾아내고자 노력합니다. 대립물의 투쟁과 통일의 법칙에 근거하여, 변증법은 현실 자체를 향하며, 이들 변화유형들이 서로 관련되는 방식을 검토합니다.

점진적인 것과 급진적인 것, 단절적인 것과 연속적인 것 사이의 변증법적 상호연관을 이해한다는 것은 간단한 일이 아니다. 이 문제에 대한 변증법적 접근방식에 숙달하기 위해서는, 수많은 새로운 철학적 범주들을 검토하고, 그들 간의 심층적인 관계를 숙지하고, 그리고 그것들과 근대과학 및 사회적 실천과의 연관성을 설명해 내는 것이 필수적인 일이 된다. 그때에야 비로소 변증법적 관점의 우월성이 논박의 여지가 없는 것으로 될 것이다.

410 양, 질, 한도 그리고 도약

사람들이 일상생활, 산업, 공공 업무 등에서 다양한 사물과 과정들을 접하게 될 때, 그들은 그것들을 서로 구별하고, 동일화하고, 대치하는 일을 배우게 된다. 이것은 객관적 현실 자체 내에 있는 상이한 현상들이 일정한 지속성과 안정성을 가지고 있기에 가능한 일이다. 서로 다른 과정과 현상들을 구별하는 특징들은 길거나 짧은 시간 동안에 불변인 채로 남아 있다. 이러한 특징은 보통 '질'의 개념으로 불린다. 이들 동일한 현상 및 과정들은, 어느 정도까지는 지속적이고 불변적이지만, 그럼에도 불구하고 다른 무엇으로 전화됨이 없이 변화될 수 있고, 이전의 자신들로서 남아 있을 수 있다. 이러한 특징은 '양'의 개념으로 불린다. 한 인간의 외관은 그의 일생 동안 다양한 변화를 겪는다. 예를 들어, 피부 빛이 변하고, 머리카락이 백발이 되거나 벗겨지며, 체중이 변하며, 얼굴 주름의 수나 분포가 변하는 등등. 이러한 변화들은 양적인 것들이라고 부를 수 있다. 그러나 이 사람을 보고, 다양한 시기에 찍은 그의 사진들을 보면, 우리는 그에게 이것은 동일한 얼굴이고, 동일한 인물이다, 라고 얘기할 수 있고, 따라서 그의 질적 특성은 대체로 유지되고 있다, 라고 말할 수 있는 것이다.

'질', '양'의 개념은 모든 운동 및 발전 형태의 연구에서 결정적인 역할을 수행하며, 따라서 가장 중요한 철학의 범주들에 속한다. 그러나 철학이 그 범주들을 일상생활로부터 심화, 엄밀화의 과정 없이 그대로 차용한다면, 철학은 과학적인 학문이 될 수 없을 것이다. 그것들의 철학적 의미는 무엇일까?

우리가 다루어야 하는 모든 현상들은 하나의 체계[106]로서 간주될 수 있다. 수십 개의 기관과 부분으로 이루어져 있으며, 그들 간의 다양한 연관과 관계로 구성되어 있는 인간 유기체는, 의사에게는 하나의 체계이다. 작업장, 작업조, 컨베이어 벨트, 그리고 그것들을 결합시키는 테크놀로지적 연결 및 관계를 포함하는 공장도, 공장 노동자들과 엔지니어들에게는 하나의 체계이다. 그러한 모든 체계의 활동과 존재를 담보하는 주요 하위체계, 요소, 연관 등은 일정 시간 동안 다소 지속적인 것으로 남아 있고, 주요 속성과 특질들을 보유하며, 그리하여 체계의 전체성과 동질성을 보장하게 되는 것이다. **일정 기간 동안 주어진 체계의 안정성 및 존재, 동일성, 그리고 다른 체계와의 차별성을 보장해 주는 주요 요소, 연관, 관계 등**

의 총합은 '질' 혹은 '질적 한정성'이란 개념에 반영된다.

질의 개별적 표현은 **성질**이라 불린다. 따라서 우리는 종종 질을 특정한 성질들의 안정된 총합이라고 말하는 것이다. 예컨대, '설탕'이란 유기물은 매우 한정된 질이며, 설탕에 고유한 흰색, 단맛을 내는 능력, 수용성 등등은 그것의 개별적 성질들이다.

모든 현상 혹은 과정은 시간이 지나면서 다소간에 현저한 변화를 겪는다는 것은 잘 아려진 사실이다. 인간의 혈액 구성은 나이에 따라 변한다. 다양한 생리적 기능이 나타나기도 하고 사라지기도 하며, 다양한 기관의 크기가 변하기도 한다. 새로운 기계, 컨베이어 벨트, 모든 작업장, 작업조 등이 공장 내에 등장하고 낡은 것들은 사라진다. 그러나 인간이나 공장은 자신의 질적 한정성을 보유하고 있다. **그 변화가 특정 한계 내에서 한 체계의 개별 성질 및 특질을 변화시키지만 그것의 질적 한정성을 깨뜨리지 않는, 그러한 연관 혹은 관계를 양적이라고 하고, 이를 반영하는 범주를 양 혹은 양적 한정성이라 일컫는다.**

양적 한정성은 질적 한정성과 마찬가지로 객관적이다. 일정 질 내의 개별 속성들이나 특질들 속에 점진적인 양적 변화들이 발생할 수 있다. 그것들은 성장과 쇠락의 정도 혹은 강도에서 비교될 수 있다. 측정 결과는 언제나 숫자로 표시될 수 있으므로 수학은 양적 변화들의 연구와 기술에 적용될 수 있다. 양적 한정성에 대한 연구는 자연, 사회, 그리고 사유 내의 지극히 다양한 과정들에 수학을 응용하기 위한 기초가 된다[514].

양에 관한 나의 정의에는 '특정 한계'라는 매우 중요한 표현이 있다. 그것은 각별히 주목될 만하다. 요점은 양적 변화, 즉 현상의 양적 한정성을 깨뜨리지 않는 연관, 요소, 하위체계 등에서의 변화는 특정 한계에 이르기까지만 일어나는 것이고, 이 한계를 넘어서면 양적 변화는 질적인 연관 및 관계의 단절 혹은 파괴, 그리고 주요 요소 및 하위체계들의 해체에 이르게 된다는 것이다. 이러한 한계는 **한도**(measure)로 알려져 있다. 특수한 질을 갖고 있고 다른 현상으로부터 구별되는 각각의 현상은 특수한 한도를 갖고 있다. 한계의 붕괴는 질이 파괴되는 결과를 낳는다. 낡은 연관들 및 관계들이 깨뜨려지고 전체적 혹은 부분적으로 사라지며, 그것들의 요소들과 하위체계들이 붕괴되거나 변화된다. 동시에 새로운 연관, 관계, 하위체계, 요소들이 성립되며, 결과적으로 새로운 질이 발생한다. 낡은 질적 관계와 연관들에서의 단절, 그리고 새로운 요소 및 하위체계 등에 의한 낡은 것들의 파괴나 대체는 도약이라 불린다. '도약'이란 개념 역시 일상생활로부터 빌려온 것이지만, 철학에서는 특수한 의미를 획득한다. 그것의 주된 철학적 의미는 특정한 종류의 급속한 전환, 재조정, 혹은 비약이 공간상에서 일어난다는 것, 그리고 한 현상의 주요하고 안정적인 질적 연관, 요소, 하위체계들의 파괴와 변형이 발생한다는 것이다. 물론 이러한 단절은 대개 선행하는 양적 변화들과 비교해 볼 때 상대적으로 빨리 일어난다. 그러므로 우리는 양적 변화를 규칙적, 점진적이며 '완만한', 혹은 느린 것으로 지각하며, 비약 혹은 질적 변화를 즉각적인 혹은 '폭발적인' 것으로 지각한다. 그러나 사실 구체적인 경우, 도약은 다소 길고 복잡한 것일 수 있다. 그것의 '단기적' 성격은 제한적인 것이고, 이것에 관해서는 선행하는 양적 변화들과 비교해서만 얘기될 수 있는 것이다. 예를 들어 하나의 지질기에서 다른 지질기로의 이행에서 질적 변화는 수백만 년의 시간에 걸쳐 이루어진다. 그것은 수억 년에 걸쳐 일어나는 상대적으로 느린 양적인 지질의 변화 단계와 비교해서만 짧아 보일 뿐이다. 또 하나의 예를 들어본다면, 플랑크(Max Planck)의 물리 작용의 양자(quanta)의 발견과 같은 위대한 물리학적 발견은 때로 천재의 번뜩임, 과학적 인식에서의 순간적 도약으로 보인다. 실제로 양자 개념 자체를 정식화하는 일은 수일이 소요되었지만, 이 기간은 선행하는 지속적인 작업에 소요된 수년의 시간, 플랑크가 현대 물리학에서 근본적이고 질적으로 새로운 이 개념을 성취하기에 이르렀던 그 수년의 시간과 비교해서만 짧아 보일 뿐이다. 원자핵의 내적 결합 에너지가 방사에너지, 열에너지로 질적으로 변형되는 핵폭발은 더욱 단시간적인 것으로 보인다. 그러나 철학적 견지에서는 '양적 변화'와 '질적 변화'('도약')의 범주 속에 반영된 과정의 주요 성격이, 그 길이나 지속기간이 아니라 그 내용과 본질이라는 것을 이해하는 것이 매우 중요하다. 왜냐하면 전자의 경우에는 다만 동일한 질 내에서의 요소들 혹은 하위체계들의 특정한 연관들만이 변화할 뿐이지만, 후자의 경우 그것들은 파괴되고 해체되어 새로운 질을 형성하기 때문이다. 이러한 결론은 사회에서의 양적·질적 변화들을 이해하는 데 각별히 중요하다.

412 진화와 혁명

과학적 발견, 지질기의 변천, 사회혁명 등은 일견 아무런 공통점이 없는 것처럼 보인다. 그러나 다만 처음 볼 때만 그러할 뿐이다. 우리가 이 과정들을 더욱 면밀히 검토해보면, 우리는 그것들 모두가 질적인 도약, 사건들의 점진적인 과정에서의 어떤 단절, 연속적 과정에서의 중단이라는 것을 이해할 수 있게 된다. 양적 변화들과 질적 변화들 사이에, 사건들의 규칙적, 점진적, 연속적인 과정과 돌발적, 비약적인 변화 사이에 특정한 종류의 객관적 연관 패턴이 있는가라는 질문이 생겨난다. 이에 대해 다양한 답변이 주어져 왔다.

종교적 관점에 따르면 신이 세상을 일시에 창조하고 종료, 완결하였기 때문에 세상에는 진정 심각한 변화란 일어나지 않는다. 자연과 사회에서의 여러 종류의 질적 변화와 도약들은 우연, 돌발적 현상으로 간주되며, 그것들의 의미는 인간으로서는 불가해한 것이다. 이러한 도약과 격변은 또한 악마의 작용이라고 인지될 수 있다. 그러나 종교적 정신에 따르면 사실상 질적인 변형이나 질적으로 새로운 현상이란 불가능하다.

과학이 발전하면서, 지구 표면 자체가 그것의 역사 전체에 걸쳐 질적으로 변형되어 왔다는 것을 증명하는 논박될 수 없는 사실들이 축적되었다. 인간의 눈앞에서, 새로운 대륙이 나타났고, 섬과 산맥, 그리고 때로는 강물의 수로와 해안선이 변화되었다. 사람들은 고대에 존재했다가 사라진 동식물을 발견하였을 뿐 아니라, 그들 자신이 동식물의 새로운 종과 변종을 만드는 법을 배우게까지 되었다. 그리하여 세계의 질적 불변성이란 관념은 쇠퇴하고, 논박되었다. 발전 과정에 대한 두 가지 대립된 견해가 그 자리를 대신하게 되었다.

첫 번째 것은 '대변동론'(catastrophism)이라 불리게 되었다. 이는 프랑스의 동물학자 퀴비에(Georges Cuvier, 1769~1832)의 견해 속에 모든 것이 극명하게 표현되어 있다. 특정한 생물학적 종의 소멸과 다른 종의 출현을 설명하고자 하는 중에, 그는 지구 역사에는 고요하고 안정적인 상태의 시기가 격심한 대변동 혹은 지각 변동과 교체된 적이 있다고 제창하였다. 지각 변동들 사이의 시간대에서는 동식물의 변화가 없었으나, 그다음의 지각 변동기에 거의 모든 생물이 소멸하고, 이전과는 아무런 관련이 없는 새로운 조건하에서 동식물의 새로운 종들이 발생하였다는 것이다. 퀴비에의 가설은 지각 변동 이전과 이후의 생물 유기체의 구조가 왜 그렇게 공통적인가에 대해서는 대답할 수 없었다. 더구나 지구 역사에 대한 연구는 '지질학적 혁명들' 자체가 종종 수천, 수십만, 수백만 년의 시간을 요했다는 것과 지상의 생명이 그 시기에도 단절되지 않았음을 보여주었다. 이로써 퀴비에의 견해가 논박되긴 했어도, 발전이 휴지와 격변이라는 단속적인 단계들로 구성되어 있다는 관점은 사회적 과정에 대한 이해에서 광범한 지지를 받았다. 그것은 무정부주의자들과 정치적 극단주의자들의 이론 및 정치활동 속에서 구체화되었다. 그들은 모두 자신들의 극단적 혁명주의에 긍지를 가지고 있었고, 사회 발전의 어느 단계, 어느 순간에 혁명적 격변이 일어날 수 있으며, 눈 깜짝할 사이에 국가권위가 전복되고 사적 소유가 폐절되며, 새로운 사회질서가 수립된다고 주장하였다. 레닌은 그러한 '혁명주의'의 완전한 파산을 증명하였다. 무정부주의, 극단주의, 테러리즘 등은 사실상 쁘띠부르주아지의 동요, 자기 조직의 결핍, 자기 세력에 대한 확신 결여의 표현에 다름 아니다. 세계 혁명운동의 실천은 참되고 진지한, 원대한 사회혁명이란 선행하는 역사적 사건들의 객관적 도정에 의해 준비될 때만 가능하다는 것을 보여 주었다. 국가권력의 획득, 적대적 계급의 제거, 그리고 사회주의의 건설은 사회 발전에서 자연스럽고도 정상적인 단계이다.

두 번째 견해는 '진화주의'라고 불린다. 19세기 중엽의 다윈의 진화론은 사실적 재료의 엄청난 축적과 그 일반화로부터 도출된 것이다. 사회다윈주의자들은 생물학적 진화론을 사회로 이전시키고자 하였고[307], 그것은 진화주의의 발흥을 결과하였다. 진화주의는 진화론과 혼동되어서는 안 된다. 진화란 점진적인 양적 변화들이 우세한 과정의 진로이다. 진화주의는 발전을 전적으로 진화로 환원시키고 질적, 혁명적 변화들의 역할은 전혀 없다고 본다. 사회적 과정을 이해하는 부분에서 진화주의는 개혁주의와 수정주의로 귀결된다. 정치적 개혁주의자들과 수정주의자들은 본질적으로 노동운동에서의 부르주아 이데올로기의 전파자이다. 그들의 관점에서 볼 때 자본주의에서 사회주의로의 이행이란 신속한 비약, 돌연한 도약, 혁명적인 격변이 없는 완만한 진화 과정이며, 이 이행은 임금과 노동일의 길이의 영역에서의 순전히 양적인 변화만을 가져오는 평화적인 개혁을 통해 일어난다. 개혁주의자들과 수정주의자들은 노동자들이, 그들이 일하는 회사의 일정 몫의 주식을 증여받게 됨에 따라 노동자와 자본가의 경계는 점차 사라질 것이고, 자본주의 자체는 계급투쟁과 혁명 없이 '사회주의로 성장'할 것이라고 주장한다. 임금인상이 생활비의 상승을 따르지 못하고, 한편으로 노동시간의 단축이 노동의 강화를 수반한다는 사실을 고려한다면, 그리고 수십, 수백 명의 노동자들에게 주식을 인도한다 할지라도 자본주의가 수백만의 실업자를 만들어 낸다는 사실을 유념한다면, 개혁주의와 수정주의의 진정한 의미가 무엇인지는 명백해질 것이다. 현대 개혁주의자들은 부르주아적 진화주의를 혁명적 맑스-레닌주의에 대립시킴으로써, 사실상 인간에 의한 인간의 착취를 영구화하고 계급투쟁의 불길을 진압하고 사회의 진정한 변혁을 막아내고자 하는 것이다.

발전과정에 대한 제반 비맑스주의적 견해들의 저변에는 발전과정에서의 양적·질적 변화에 대한 일면적인 형이상학적 이해가 놓여 있다. 지각 변동, 대변동의 관점은 점진적인 양적 변화들에 의해 준비되고 야기된 근본적인 질적 변화들을 보지 못한다. 다른 관점(진화주의)은 모든 발전을 단지 양적 변화로 환원시키고 질적 변형의 의의를 부정하며, 따라서 사회적 삶에서의 새로운 현상이 어디서 발생하는지를 설명할 수 없다. 결론적으로 발전에 대한 정확한 이해란 이들 두 변화유형 간의 실제적 관계에 대한 발견 및 연구라 하겠다. **역사 발전의 경험에 기초한 유물변증법은 근대과학의 자료들에 완전히 부합하여, 현상 혹은 과정에서의 점진적인 양적 변화가 특정 한도를 넘어설 때 법칙적, 필연적으로 근본적인 질적 변화에 이르게 되며, 그 결과 새로운 질, 새로운 현상 혹은 과정이 발생한다는 것을 확증한다.** 환언하면 모든 진화는 조만간에 혁명의 여러 조건을 창출한다. 반대로 혁명적 과정은 그것이 완성되는 가운데 새로운 질적 토대에 근거한 진화적인 발전의 전제조건들을 창출한다. 발전 과정에서의 대립되면서도 상호 연관된 측면, 계기, 혹은 특질로서의 양과 질의 진정한 변증법적 통일은 거기에서 드러난다.

413 양적 변화와 질적 변화 사이의 변증법적 연관

위에서 정식화된 양적 변화와 질적 변화 간의, 그리고 진화적 발전단계와 혁명적 발전단계 간의 변증법적 연관의 보편적, 합법칙적 성격을 확인하기 위해 몇 가지 사례들을 생각해 보도록 하자.

1. 화학 물질의 분자와 원자 간의 관계는 에너지의 변화에 따라 그들의 구성 상태를 변화시킨다. 보통의 대기압과 영하의 온도에서, 물은 결정구조를 갖는 고체, 즉 얼음이다. 온도가 변화하면 얼음의 개별 성질들도 변화되지만, 결정구조와 관련된 질적 특질과 기하학적 형태를 보존할 수 있는 고체성은 이전처럼 남아 있다. 0℃ 이상으로 가열되면 얼음이 녹기 시작한다. 가열 중 흡수된 에너지가 물 분자를 결정구조에 묶어놓는 연관을 파괴한다. 물리학에서는 이러한 과정이 국면 이행(phase transition)이라고 알려져 있다. 그것은 가열 속도에 따라 더 길거나 더 짧은 시간을 소요할 수 있다. 변증법의 견지에서 이것은 질적 도약이다 : 특정한 질적 연관들이 파괴되고 다른 연관들이 발생한다. 얼음이 녹으면 물은 새로운 상태, 즉 액체 상태로 된다. 결정 속에서 H_2O분자는 똑같은 지점, 진동 중심의 주변이라는 제한된 공간 속에서 진동한다. 액체 상태에서 물 분자는 브라운운동의 법칙의 지배를 받으며 무질서하게 운동한다. 새로운 질적 특질들은 또한 새로운 질적 상태와 연관되어 있다.

액체인 물은 다른 물리적 법칙들의 지배를 받을 뿐 아니라, 화학적·물리적 성질들도 다른 것이다. 예를 하나 든다면, 많은 화학 물질의 용매가 된다는 점이 있겠다. 나아가 물질을 용해시킬 수 있는 능력은 도약 없이도, 가열됨에 따라 점차 증대된다. 영상 1도와 99도의 범위에서 그것은 다양한 성질들을 갖는다. 낮은 온도에서는 차갑게 느껴지지만, 99도라면 심각한 화상을 줄 수 있다. 그럼에도 불구하고 이것은 양적인 차이일 뿐이다. 왜냐하면 물은 질적으로 변화되지 않았으며, 그것의 물리적·화학적 성질들과 구성 상태가 바뀌지 않았기 때문이다. 질적·물리적 성질들의 파괴 없이 가열이 원활하게 진행된다면, 이 과정에서 발생한 결과는 에너지상의 변화와 분자 운동의 속도에 의존한다. 그러나 액체 구성 상태의 양적 한정성과 질적 한정성의 통일의 한도가 100도와 교차하게 될 때는 새로운 국면 이행, 즉 비등 국면이 시작된다. 변증법에서 볼 때 이것은 새로운 질적 도약이다. 그 결과는 다시금 낡은 물리적 연관 및 성질들의 파괴이며, 새로운 연관 및 성질의 발생이다. 기체 상태에서 물은 더 이상 유체 역학의 법칙들의 지배를 받는 것이 아니라, 기체 역학의 법칙들의 지배를 받게 된다. 예를 들어 본다면, 물은 거의 압축될 수 없지만, 기체는 강한 압력에 기꺼이 순응하며, 증기기관의 작동은 이에 기초하고 있는 것이다.

2. 사회경제구성체의 교체[217-221]는 물리적 과정이 아니라 역사적인 과정이지만, 양적 변화와 질적 변화의 변증법적 연관은 여기서도 역시 찾아볼 수 있다. 원시공동체 체제는 지극히 느린 생산력(석기, 나중에는 철기, 그리고 이에 상응하는 인간의 습관) 발전의 영향하에서 점진적으로 변화되어 갔다. 노동생산성과 생산물량은 서서히 증가했다. 특정한 순간, 즉 집단적 생산관계의 가능성이 이미 고갈되었을 때, 양적인 변화가 일정한 경계 혹은 한계에 도달하게 되었고 생산력과 생산관계 간의 부조

화가 발생하게 되었다. 생산의 심화·발전은 불가능한 것으로 입증되었다. 생산양식에서의 질적인 변화과정이 시작되었고, 이것은 공동체적 씨족 체제의 사회적 연관 및 관계들의 해체로 이어졌다. 낡은 토대와 그에 기초해 발생했던 상부구조가 붕괴되고 사회에 근본적 질적 변화가 발생하였다. 역사상 이것이 최초의 사회혁명이었다[214]. 새로이 발생한 노예제 구성체는 사적 소유의 생산관계와 적대적 계급들이 형성되고, 국가, 법률 등이 발생했다는 점에서 선행하는 구성체와는 질적으로 달랐다. 새로운 양적 특질들과 새로운 매개변수들이 사회의 새로운 질적 상태에 조응하였다. 원시공동체 체제는 사실상 수만 년에 걸쳐 발전하였다. 노예제 사회는 약 4000년간을 지속하였다. 그 속에서 생산된 물질적 생산물들(건축, 도로, 관개 수로, 도구, 무기 등을 포함한)의 양은 선행하는 구성체의 전 기간을 통틀어 동일한 분야에서 생산된 모든 것을 능가하였다. 인구의 규모가 급속하게 성장하였고 문화의 발전이 가속화되었다. 그리고 문화는 양적으로나 질적으로나 상이한 성격을 띠었다. 이전 사회에는 존재하지 않았던 특질들, 이를테면 계급투쟁의 격렬함, 첨예함과 같은 특질들이 나타났다.

노예제 사회의 생산력은 일정한 한계에 이르자, 또다시 생산관계와 충돌하게 되었다. 새로운 사회혁명과 새로운 질적 도약이 시작되었다. 그러나 이 혁명 역시 단번에 일어난 것이 아니라 수십 혹은 수백 년의 시간을 소요했다. 그 결과 그 자신의 특이성을 갖는 봉건제 사회가 출현하였다. 유럽에서의 봉건제 구성체는 점증하는 계급투쟁, 그리고 후기에는 자본주의적 생산력을 발전시킨 경제의 급속한 성장으로 인해 기진하게 되었다. 생산관계와 생산력의 체계 내에서 모순의 점진적 격화와 성장이 봉건제 사회 전체에 영향을 미쳤고, 다시금 양적 변화에서 질적 변화로의 전화가 일어났다. 후자는 자본주의 구성체의 출현에 이른 부르주아혁명의 형태로 표출되었다. 특이한 양적 특질들이 또한 자본주의 사회에도 내재해 있다. 역사과정은 급속하게 가속화되었다. 최초의 부르주아혁명과 1917년 10월의 최초의 사회주의혁명 사이에는 4세기가 채 경과하지도 않았다. 생산력은 더욱 점증적인 비율로 발전하였다. 인간이 만든 생산물의 총량은, 예컨대 1년이 지나자 점차 '야생' 자연의 모든 생산성에 필적하게 되었고, 그 후에는 그것을 능가해 버렸다. 노동자계급에 대한 자본주의적 착취의 강도는 주요한 양적 지표가 되었다. 자본주의 사회에 고유한 모순들의 양적 성장이 새로운, 공산주의 구성체로의 혁명적인, 즉 질적인 이행을 야기하였다.

나는 뒤에서[416] 사회주의하에서의 양적·질적 변화들 간의 변증법적인 상호 연관의 표출을 다룰 예정이다. 그러나 이상의 예는 양적 변화들의 일정한 한계를 넘어서면 질적 도약에 이르게 된다는 것을 명백히 보여주고 있다. 더구나 새로운 질의 출현은 다시 새로운 양적 매개변수, 양적 변화들의 새로운 유형에 의해 특징지어진다.

3. 첫 번째 예에서 나는 자연현상에서의 양적·질적 변화들을 다루었다. 이제 양과 질이 사유와 의식의 발전 속에서 어떻게 연관되어 있는지를 살펴보기로 하자.

신생아에게는 말하고, 생각하고, 분절된 언어로 생각을 표현할 수 있는 능력이 없다. 생후 첫 해 동안에는 적절한 습관의 점진적인 양적 축적이 있게 된다. 최초의 질적 도약이 이 시기가 끝날 때쯤 일어나는데, 그것은 분절된 언어에서 드러난다. 아이는 분절된 단어들을 말하기 시작한다. 축적된 최초의 개념들이 확장되고 그것들을 표현하는 단어들이 늘어나면서 새로운 질적 도약에 이르게 된다. 아이는 분절된 어구를 말하기 시작한다. 후에는 아이의 사고가 크게 변화하여 다소 복잡한 논리적 주장이나 추론을 말하게 되고, 자기의 욕구와 감정, 외부 세계에 관한 인식을 연관된, 연속적인 형태로 표현하게 되며, 그리하여 사유 형성의 근본적으로 새로운 단계에 입문하게 된다. 이와 같이 우리는 여기서도 양적·질적 변화들의 상호연관과 상호침투의 변증법을 보게 된다. 이들 사례들을 종합하고 그 공통적 특징을 드러냄으로써, 우리는 발전 형태를 규정하는 변증법의 법칙을 명료하게 만들고, 또 정식화할 수 있게 된다.

414 양적 변화의 질적 변화로의 이행 법칙, 그리고 그 역의 법칙

우리는 발전의 보편적 형태를 규정하는 법칙을 일컬어 양적 변화의 질적 변화로의 이행 법칙, 그리고 그 역의 법칙이라고 한다. 이는 다음과 같은 명제 형식으로 정식화될 수 있다.

1. 모든 현상 혹은 과정은 양과 질의 통일이다. 환언하면, 그들은 자신의 고유한 질적·양적 한정성을 갖고 있다.
2. 양적 변화들은 일정한 한계(한도)에 이를 때까지 점진적으로, 완만하게, 그리고 연속적으로 일어난다. 양적 변화들은 일반적으로 가역적이며, 크기, 정도, 강도 등으로 특징지어진다. 그들은 측정될 수 있으며, 적절한 측정 단위에 의해 일정 수치로 표현될 수 있다.
3. 일정한 대상(체계)에 고유한 한도의 이행과 더불어, 양적 변화들은 새로운 질의 형성을 결과하는, 근본적인 질적 변화들을 발생시킨다.
4. 질적 변화들은 도약, 혹은 연속성의 단절이라는 형태로 발생한다. 그러나 도약이 즉각적인 폭발의 형태로 일어날 필요는 없다. 다소간의 유효한 시간이 걸릴 수도 있다.
5. 도약을 통해 발생하는 새로운 질은 새로운 양적 성질 혹은 매개변

수, 그리고 양과 질의 통일의 새로운 한도로서 규정된다.

6. 양적 변화의 질적 변화로의 이행, 그리고 그 역의 원천은 대립물의 투쟁과 통일, 그리고 모순들의 성장과 해소이다.

이상에서 정식화된 변증법의 법칙은 자연과 사회, 그리고 사유 속에서 작동한다. 위대한 창의성으로써 돋보이게 되는 실천적 과제들의 결정에 이 법칙을 적용하는 일은, 따라서 각각의 구체적인 경우와 구체적 과제의 개별적 특질들에 유념하여 변증법의 일반 명제들을 사용할 수 있는 능력을 요구한다. 사회주의혁명의 구조와 사회주의 발전의 현 상황에 대한 분석의 사례를 가지고 이것을 설명해 보도록 하겠다.

415 혁명에 있어서 양적 변화와 질적 변화

러시아혁명은 인류 역사에서 대단히 위대한 질적 도약이었다. 그것은 하나의 구성체에서 다른 구성체로의 이행을 기록한 동시에, '구성체'의 발전 단계에서 구성체의 변화 없이 진행되는 사회 발전으로의 일반적 이행을 기록하였다. 이 혁명은 모든 사회 영역(정치, 경제, 문화)에서 질적인 변화를 성취하였다. 그러므로 이 안에서도 특정한 상호 연관된 혁명 과정들이 구별될 수 있겠다. 즉, 국가권력의 장악과 사회주의 사회 건설의 도구로서의 프롤레타리아 독재의 확립, 사회의 사회주의적 생산관계 및 사회주의적 토대의 형성, 노동자 계급의 과학적 이데올로기를 모든 사회적 의식의 발전을 규정하는 사회주의 사회의 이데올로기적 토대로 만듦으로써 새로운 사회주의적 문화의 창조를 달성한 문화혁명 등이 그것이다. 세계사의 척도로 본다면, 러시아에서의 사회주의혁명은 낡은 사회적 여러 가지 관계를 근본적으로 분쇄하고 질적으로 새로운 사회를 창조한 짧막한 시기였다. 그것은 1917년 10월 혁명 이후 대략 20여 년에 걸쳐 이루어진 사회주의의 승리였다.

국가권력의 장악을 기록한 1917년 10월의 무장봉기는 단지 첫걸음에 불과했다. 러시아가 국가 전역에 확립되기 위해서는 많은 시간이 필요했다. 일정 시간이 흐르자 낡은 국가기구가 붕괴되었고[207], 프롤레타리아독재의 기관과 기구들로 대체되었다. 노동자, 근로농민의 대중조직 전체계가 이를 위해 창출되어야 했고, 그들 간의 동맹이 강화되고 심화되어야 했다. 청년조직, 여성조직, 노동조합, 그리고 그 밖의 조직들이 설립되어야 했고, 이들은 공산당의 지도하에서 사회주의 건설에 참여해야 했다. 낡은 국가기구를 분쇄하고, 타도된 착취계급의 저항을 진압한 결과로 사회의 정치적 상부구조가 형성되었다[205]. 질적으로 새로운 정치체제와 질적으로 새로운 사회구조가 형성되었다.

국가권력의 획득과 적대적 모순들을 해소하기 위한 국가권력의 사용은 경제 내에 혁명적 변화들을 관철시키기 위한 가장 중요한 조건이다. 이들 변화의 목적은 대규모 기계제공업에 기초하여 발생한 생산력의 성격과 발전 수준에 상응하는 사회주의적 생산관계를 창출, 도입하는 것이었다. 그러한 생산관계가 자본주의 내에서 형성될 수는 없었다. 그리고 공업과 농업에서의 그러한 생산관계의 형성은 자못 기나긴 과정이었다. 1917년 말경에 거대 공업체가 국가 소유로 되었고, 중소 규모의 기업체의 국유화는 1918년에 완결되었다. 공업화와 농업의 집단화가 진행되는 동안 사회주의적 개혁들이 경제 내에서 수행되었다. 사회주의를 건설하는 데 있어서의 이러한 길은 결코 보편적인 것도, 가능한 유일의 것도 아니었다. 그것은 러시아에서 사회주의혁명을 발생시켰던 특수한 조건들(미숙한 공업적 토대와 후진적인 농업)에 의해 규정된 것이었다. 보다 발전된 다른 나라들에서는 다른 사회주의 건설 모델을 좇을 수도 있고, 경제적·사회적 개혁의 형태 및 속도가 달리 실현될 수도 있는 것이다. 그러나 소련에서 실현된 사회주의 경제의 건설 양식은 맑스-레닌이 발전시킨 원리들로부터의 명백하게 일탈된 것들이었다. 협동조합의 광범한 발전에 관한 맑스-레닌의 강조에도 불구하고 개별적·협동조합적 작업은 제약 당했으며, 기업의 자주관리는 최소로 축소되고, 집단화가 빈번히 강제되었으며, 공업화는 명령과 행정적 방법들을 통해 관철되면서 그 비율은 균형적인 경제를 파괴하였다. 집단화와 공업화가 전전에 소련의 방어능력을 향상시키기 위한 기술적 토대를 닦는 것을 가능하게 만들었다 할지라도, 이러한 모든 단점들, 특히 권위주의적 명령이라는 전체주의적 방법은 이후 더 이상 소련을 발전시키지 못하고 정체시키는 결과를 초래하고 말았다. 이로부터 사회주의를 건설하는 데는 표준 혹은 기성의 모델이란 존재하지 않으며, 존재할 수도 없다는 결론이 나온다.

내가 여기서 검토한 사회주의혁명의 구조 안에서의 혁명적 변화들의 연쇄와 상호연관은 무엇보다 우선적으로 소련의 역사적 경험을 반영하고 있다. 다른 역사적 조건들 아래에서 사회주의적 개혁의 길을 좇으며, 그들의 특수한 조건에 따라 소련의 역사적 경험을 수용하고 있는 다른 나라들에서, 이러한 개혁들의 구체적 형태 및 단계는 그들 나름의 다소간에 특수한 특징들에 의해 구별되며, 이는 충분히 이해할 수 있는 일이다. 이들 나라들 중 일부에서는 사회주의혁명이 시작될 무렵에 이미 자본주의적 공업과 농업이 고도로 발전되어 있었고, 다른 일부는 보다 낮은 사회적·경제적 발전 수준에 있었다. 상당수의 나라가 최근에서야 식민지적 종속으로부터 해방되었고, 민족독립 및 민주주의적 개혁의 단계를 거쳐야 했다. 그러므로 다양한 나라들에서 사회주의 개혁이 일어나는 구체적 형태에는 커다란 차이들이 있는 것이다. 그러나 그것들이 어떠한 구체적 형태로 드러나든 간에, 모든 사회주의혁명에는 그것에 고유한 단일의 내용을 특징짓는 공통적인 특징과 패턴[212]들이 존재한다.

이것이 사회주의혁명의 도정에서의 양적 · 질적 변화의 관계라는 명제를, 일반적 의미를 지닌 것으로 만드는 것이다.

사회주의혁명의 구조를 숙고해 보면, 우리는 그것 자체가 구성체의 발전과 교체라는 점에서 보면 하나의 질적 도약이면서도, 수많은 점진적으로 발전하는 과정들—그 각각은 인간 활동의 가장 중요한 영역들(정치, 경제, 문화)에서의 근본적인 질적 변형을 통해 완결되는—로 이루어져 있다는 것을 알게 된다. 그러므로 점진적인 양적 변화와 근본적인 질적 변화 사이에는 뚜렷하고 견고한 경계 따위란 없으며, 그것들은 긴밀히 상호 연관되어 있는 것이다.

416 양과 질의 변증법

이제 사회주의 사회의 오늘날의 발전 단계에서 양적 · 질적 변화들의 문제가 어떠한가를 살펴보도록 하자. 어떤 사회구성체, 국가, 혹은 사회경제 체제의 상태의 변화에 관해 얘기할 때, 점진적인 양적 변화가 긍정적 현상, 그리고 사회를 강화하고 사회의 발전을 촉진시키는 것 등에만 관계되는 것은 아니라는 사실을 우리는 기억해야 한다. 그것들은 또한 부정적 현상에도 영향을 미칠 수 있다. 그것은 모순적인 경향들이 사회적 삶의 모든 영역에서 관찰되며, 대립물의 투쟁과 통일의 법칙[405, 408]이 그들 속에서 작용하기 때문이다. 이로부터 점진적인 양적 변화들이 긍정적·부정적 현상 및 과정을 동시에 포괄하고 있다는 결론이 나오게 된다. 어떠한 과정, 경험, 사회적 메커니즘이 지배적인 것이고, 일반적 사회적 경향을 규정하는가, 이것이 요점이다. 매우 복잡한 역사적·사회적 조건들 속에서 발전하고 있는 사회주의 사회에서는, 새로운 생산양식의 창조, 적절한 사회주의적 토대 및 상부구조의 확립, 사회주의 국가의 지위 강화, 외부 적들로부터의 사회주의 조국의 수호, 그리고 타도된 착취자들의 저항을 극복하는 것 등과 같은 주요한 사회경제적 과제들이 우선적으로 다뤄져야 한다. 이 모든 과업들이 착수되었긴 했지만, 이를 위해서는 강력한 국가기구와 특별한 사회주의적 법질서가 수립되어야 했다. 그러나 1970년대 중반, 지배적인 긍정적 경향들과 함께 주체적인 오류들(중앙 집중적 계획의 과도함, 상품과 화폐관계의 발전에 대한 거부, 사회주의 기업 및 기구들에 대한 '전체주의적', 자의적, 탈 경제적인 지도 방법의 강조 등과 연관된)이 점점 더 많이 나타나기 시작했다. 이 모든 일들은 왜 일어났을까? 이러한 부정적 현상들은 사회주의 원리 및 정신과 양립 가능한 것인가?

혁명 초에 레닌은 관료주의와 사회 지도에서 대중을 배제하는 것 등은 사회주의에 커다란 위험을 줄 것이라고 경고한 바 있었다. 그러나 전후 수십 년간에 달성된 진전을 배경으로 국가와 당 지도부 일부에 다행감, 자족감 등이 팽배해 있었고, 그리고 사회적 삶의 운영에는 더 이상의 개선이나 더욱 현대화된 조직, 지도 형식이 불필요하다는 생각이 발생하였다. 이는 소련의 자만이었다.

새로운 질적 상태로의 이행을 보장하는 이러한 특수한 종류의 사회적 도약이 무엇인가를 명료히 하고 이해하는 것은 철학적 견지에서 매우 중요한 일이다. 그것은 다음과 같은 것들을 포함한다. (1)과학기술 진보에 기초한 생산력의 급속한 발전과 현대화. (2)사회 전성원의 물질적·정신적 욕구를 정당하게 그리고 보다 충실하게 충족시키는 토대 위에서의 공급. (3)생산력과 생산관계 모두를 완전하게 함으로써 양자를 조화로이 만드는 일. (4)관료주의의 완전한 극복과, 개별 기업에서 전체 국가에 이르기까지의 전 수준에서의 결의 및 운영의 민주적 형식의 개선. (5) 사회경제적 진보의 가속화에 있어 결정적 힘으로서의 인간적 요인의 활성화. (6)모든 문화적·사회적 제도, 입법, 사법, 법집행체계 등을 개선하는 일.

그러므로 현 단계에서는 근본적인 질적 변화들이 또한 중대한 양적 변화들과 함께 수행되고 있는 것이다. 자본주의에서 사회주의로의 이행기의 사회 혁명과는 반대로, 그것들은 현존하는 사회질서의 해체가 아니라, 사회주의 사회체제를 강화하는 것이다.

철학적 분석은 또한 사회주의에 특수한 중요 상황 즉, 적대적 모순들의 부재는 사회가 자신의 오류, 결점, 그릇된 판단 등을 깨달을 수 있도록 만들며(이것 없이는 주요한 역사적 변형들을 최초로 경험하는 것이 불가능하다), 그것들을 효과적으로 정정하게 만든다는 것에 대한 이해를 가능하게 만든다.

자본주의 사회 역시 고유한 오류와 그릇된 판단 등을 지니고 있고, 그들에 대한 인식은 최소한 진보적인 대변자들에 의해 개인적으로나마 때때로 의식될 수 있다. 그러나 자본주의 하에서는 계급투쟁 없이는, 자본주의 사회의 질적 변화들로 인해 그 지배가 위협당하는 세력들의 격렬하고도 처절한 저항 없이는, 근본적인 변화란 불가능하다.

따라서 우리는 자기 개선의 능력과 질적 변형을, 적대적 모순[406]으로부터 자유로운 그러한 사회의 현저한 특징이라고 생각할 수 있다.

● 발전의 방향

417 발전의 방향에 관한 대화

운동의 특수한 형태로서의 발전은, 내적 원천 및 형태에 의해 특징지어질 뿐 아니라 그 방향에 의해서도 각인된다. 발전의 방향이 논의되는 의미를 이해하기 위해 나는 다시금 변증법론자(D)와 형이상학자(M)의 대화로 되돌아가 보겠다.

M : 변증법적 유물론은 발전의 방향에 대해서 이야기를 합니다. 그러나 어떤 의미에서 이 용어를 사용하는지는 명료하지 않습니다.

D : 무엇이 명료하지 않다는 말씀이십니까?

M : 방향이란 공간상에서의 물체의 변위를 특징짓는 것입니다. 그것은 상대적인 것이며 관찰자의 위치에 의존합니다. 만일 우리가 서로 등을 지고 서 있다면, 우리를 지나치는 자동차는 당신이 보기엔 앞으로, 내가 보기엔 뒤로 운동하는 것으로 보일 것입니다. 따라서 '방향'이란 개념은 발전에 적용 될 수 없으며, 발전의 방향이란 얘기될 수 없는 것이라고 생각합니다.

D : 당신의 예는 '방향'이라는 개념의 한 가지 의미만을 설명한 데 지나지 않습니다. 그 예는 보다 복잡한 물질의 운동 형태에는 적용할 수

없습니다. 예를 들면, 우리는 새로운 화학물체가 발생하는 화학반응의 방향에 관해 애기합니다. 또 새로운 종이 나타나는 생물학적 진화 경향에 관해서도 애기하지요. 또한 새로운 생산력과 생산관계, 새로운 계급과 사회경제구성체의 발생 가운데 드러나는 역사의 경향 혹은 방향이란 것도 있습니다.

M : 그렇다면 발전의 방향을 어떻게 이해해야 합니까?

D : 나는 이 말을 통해 공간상의 변위가 아니라 질적으로 새로운 현상의 형성을 염두에 두고 있습니다. 발전의 방향이란 낡은 것에서 새로운 것으로의 운동이며, 그것은 불가역적인 과정입니다. 따라서 새로운 것은, 앞서의 낡은 현상으로 재전환될 수 없는 것이죠.

M : 내 의견은 당신과는 다릅니다. 만일, 예컨대 모든 민들레가 성장하는 중에 대체로 동일한 단계들을 반복한다면, 식물들의 발전을 예기할 수 있을까요? 상이한 국가들의 역사에서도 모든 것이 반복됩니다. 국가들은 발생하여 발전하고 소멸합니다. 낡은 국가의 폐허에서 발생하는 새로운 국가들이 구체적 세부사항을 제외하면 동일한 단계들을 경과합니다. 이것은 복잡한 주기이지요. 만일 누군가가 주기 혹은 순환이란 생각을 버린다면, 그는 새로움과 낡음에 관해 애기해서는 안 되고 다만 서로 무관한 현상 혹은 운동단계들에 대해 이야기해야 할 것입니다. 그것은 발전의 어떤 경향에 관한 문제일 수 없습니다. 우리는 개별적인 변화들을 애기할 뿐이지만, 그러나 그것들은 어느 곳으로든 정향되어 있지도 않고, 아무 데도 이르지 않습니다.

D : 당신은 새로운 것과 낡은 것의 연관을 지나치게 단순하게 이해하고 있습니다. 당신에게는 새로운 것이 낡은 것의 단순한 반복으로 보이고, 그것들 사이에 완벽한 단절이란 없는 것으로 생각되는 듯합니다. 그러나 변증법은 대립물의 통일에서, 즉 새로운 것과 낡은 것의 동시적인

동일성 및 차별성에서 출발하며, 낡은 것에서 새로운 것으로의 이행이 특수한 법칙에 의해 지배된다는 점을 확인합니다. 자연, 사회, 사유에서의 모든 발전과정의 방향을 규정하는 것이 바로 이 법칙입니다. 그리고 이것을 이해하기 위해서 우리는 몇 가지 새로운 범주들에 친숙해져야 하고, 그것들의 내적인 상호의존성을 연구해야 할 것입니다.

418 발전의 나선형적 성격

발전의 성격 및 방향에 관한 변증법적 이해와 형이상학적 이해 사이의 근본적인 대립을 이해하기 위해서, 한 가지 예를 생각해 보도록 하자.

원둘레에 점을 하나 찍고 여기서부터 시계 방향으로 움직여 보라. 우리가 원을 그렸을 때, 원주의 모든 점들은 한 번 이상 지나친 셈이 될 것이다. 이런 의미에서 모든 것은 순환 운동 속에서 완전히 반복되며, 그리고 우리가 이전에 지나지 않은 점이라곤 없게 된다. 한편, 직선상에 임의의 점을 잡아 그로부터 양쪽 방향으로 이동하기 시작한다면, 우리는 그 점으로 결코 되돌아올 수 없을 것이다. 낡은 것, 즉 운동의 출발점과의 연관은 완전히 소실될 것이다. 형이상학적 관점에서 발전은 모든 단계들이 반복되는 순환적 운동과 같거나, 혹은 반복이란 전혀 없는 직선상의 운동과 같다. 그러나 이러한 단계들의 상호의존성은 존재하지 않는다. 낡은 것과 새로운 것의 연관은 깨어지며, 과거와 현재는 미래와 무관하게 된다.

발전에 대한 변증법적 이해는 수직의 나선형적 운동에 의해 가장 잘 설명될 수 있다. 나선의 한 고리에 점 A를 잡고 그로부터 나선을 따라 위로 운동을 해 보자. 점 A는 고리에서 고리를 지나면서, 한편으로 마치 직선상에 있는 것처럼 출발점으로부터 점점 멀어질 것이고, 출발점으로 결코 되돌아갈 수 없을 것이다. 다른 한편, 그것은 각 고리에서마다 출발점의 투영을 지나게 되는데, 말하자면 이것은 출발점의 반복이지만, 이 반복은 다만 부분적일 뿐 완전한 것은 아니다. 발전은 나선형적 성격을 갖는다. 즉 그 속에는 언제나 어떤 새로운 것이 있으며, 동시에 현상적으로는 낡은 것으로의 복귀가 존재한다. 바로 이것이 자연과 사회, 그리고 사유에서 발전이 진행되는 방식이다.

우리는 두 대립물의 통일, 새로운 것의 등장, 그리고 낡은 것의 특정 성질 및 성격의 보종을 특징짓는 가장 중요한 개념들을, 변증법적 부정과 연속이라고 일컫는다.

419 변증법적 부정과 연속

맑스주의 이전의 철학에서, 발전과정에서의 부정의 역할이라는 문제는 헤겔에 의해 가장 심오하게 연구되었다. 관념론자였기 때문에 그는 이념들의 발전과정을 연구하였다. 그에 따른다면, 절대적 세계이념은 그가 정립이라고 부른 특정한 최초의 명제로부터 그 발전을 시작한다. 점진적인 양적 변화들을 경험한 정립은 궁극적으로 그것의 대립물, 혹은 반정립으로 전화된다. 이것은 질적 비약인 동시에 최초의 명제에 대한 변증법적 부정이다. 반정립은 최초의 명제, 즉 정립을 단순히 일소하거나 폐기하는 것이 아니라, 그 속에 포함된 가치 있는 모든 것들을 흡수한다. 반정립의 가일층한 변호는 재차 질적 비약에 이르게 되고, 새로운 부정, 혹은 헤겔이 일컬은 것처럼 부정의 부정을 완결하게 된다. 이러한 두 번째 부정의 결과로 절대이념의 발전에서 세 번째 단계가 출현한다. 이념은 말하자면 최초의 명제로 회귀한다. 그러나 그것은 단순한 복귀가 아니다. 헤겔은 두 번째의 부정을 통해 얻어진 것을 종합이라고 부른다. 절대이념은 말하자면 선행하는 발전단계에 존재하였던 가치 있는 모든 것들에 의해 풍부해진다. 종합은 일종의 낡은 것으로의 회귀이지만, 동시에 발전의 출발점에는 없었던 새로운 것들을 포함하고 있다.

이 추상적인 헤겔의 논의는 세 가지의 원리적인 오류를 지니고 있었다. (1)그것은 이념의 발전에만 관계하며, 일반적으로 자연에서의 발전을 인정하지 않았다. (2)발전의 제형태는 세 개의 강제적이고 필연적인 단계, 즉 정립, 반정립, 종합에 짜 맞춰져 있었다. 그러나 실재의 발전은 더욱 복잡하며, 많은 연속적 부정 및 단계들을 포함할 수 있다. (3)마지막 단계에 이르면, 발전은 중단되었다. 그리고 절대이념의 발전은 모든 다른 발전유형의 기준이었기 때문에, 헤겔의 관념론적 변증법은 모든 발전과정의 다양성을, 세 단계로 이뤄진 추상적인 관념론적 정식－트리아데(triad)라고 불리게 된다－에 짜 맞추게 되었다.

헤겔은 어디서 이러한 발전에 대한 도식을 도출해 냈을까? 그리고 그것은 가치 있는 것을 지니고 있을까? 그 도식 자체는, 사실상 실제 사유과정의 추상적 기술이다. 진리나 어떤 대상 혹은 주제에 관한 참된 인식을 얻는 데 관심을 가진 사람들이 논쟁하는 것을 우리는 자주 목격하곤 한다. 그들 중 한 명이 최초의 명제나 가설 혹은 논거를 내놓는다. 다른 사람이 반대하고 논박하면서 그 자신의 논거들과 추론을 개진한다. 서로 대립하면서도 동시에 상대방의 의견과 논거들에서 가치 있는 모든 것을 이끌어 냄으로써, 개진된 견해들의 일련의 부정을 통해서 마침내 논자들은 공통적인 결론, 논쟁 중에 명료해지고 확증된 모든 가치 있고 올바른 것들을 함축하고 있는 그러한 결론에 이를 수도 있을 것이다. 사실상 이것이 반성과 이해의 방식인 것이다. 이것은 헤겔의 트리아데에서는 관념론적인 반성의 꼴을 취한다.

맑스, 엥겔스, 레닌은 헤겔의 관념론과 트리아데의 관념론적인 학설을 거부했지만, 동시에 그들은 변증법적 부정이라는 학설 속에서 가치 있는 것들을 보존하고 유물론적으로 발전시킬 수 있었다.

변증법적 부정이란 무엇인가?

그것은 **낡은 질을 완전히 폐기하는 것이 아니라, 가장 가치 있고 본질적인 것과 현상의 심화된 발전을 보장하는 것들을 보존하고 긍정하며, 새로운 질의 일부로 만드는 그러한 과정**이다. 그러므로 변증법적 부정은 질적 이행기에 발생한다. 그것은 기계적인 소멸(annihilation)과는 근본적으로 다르다. 예를 들어, 적당하고 양호한 조건하에 심겨진 씨앗은 자라나서 줄기가 되고, 성장하는 식물이 된다. 이것은 부정이지만, 그 결과로 씨앗이 사라지는 것은 아니다. 발전할 수 있는 그것의 모든 요소들, 이를테면 유전과 성장 메커니즘을 통제하는 DNA는 그 식물이 되고 세포가 되며, 생명활동의 실제 과정 속에 포괄된다. 반대로 맷돌 사이에 던져진 씨앗은 밀가루가 되며, 기계적으로 파괴되고, 식물의 심화된 발전에 참여할 수 없게 된다. 사회의 사유에서의 변증법적 부정의 문제도 이와 마찬가지이다. 예를 들어 러시아에서 사회주의 혁명이 일어나자 문화혁명도 함께 수행되었고, 그 결과 사회주의 사회의 문화가 자본주의 사회의 문화를 대체하게 되었다. 이 새로운 문화가 내용상 부르주아 문화와 상이했다 할지라도, 그것은 과거의 모든 문화적 유산을 폐기함으로써가 아니라, 선행하는 구성체의 문화에 의해 창조되었던 가치 있고 진취적이고 진보적인 존립 가능한 모든 것들을 보존함으로써 생겨난 것이었다. 과거의 문학, 음악, 회화, 사회사상 등의 최고의 성과들은 새로운 사회주의적 문화에 흡수되었고 그 속에서 더욱 발전하였다. 그러나 역사는 또한 문화를 기계적으로 파괴한 경우들을 보여준다. 스페인의 정복자는 고대국가 잉카와 아즈텍을 파괴하고 그들의 문화를 일소해 버렸다. 그것의 발전은 완전히 중단되고 말았다. 과학에서 변증법적 부정의 한 사례가 유클리드 기하학에서 비유클리드 기하학으로의 이행이다[115]. 비유클리드 기하학은 유클리드 기하학의 상당수의 명제들(예컨대 수평선 이론, 공간의 '직선성' 이론 등등)을 부정한다. 그러나 동시에 비유클리드 기하학은 유클리드 기하학 일반을 거부하지 않으며 그것을 폐기하거나 거짓이라고 선언하지 않고, 그것의 기본 명제들과 공리들을 매우 중요한 원리들로서 편입시킨다.

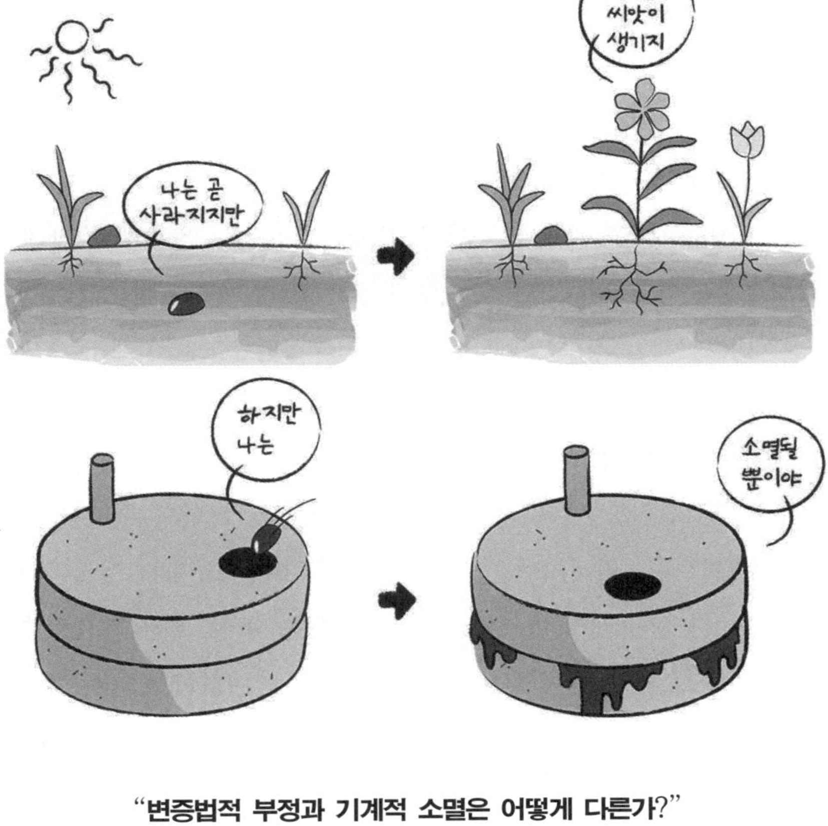

"변증법적 부정과 기계적 소멸은 어떻게 다른가?"

어떤 발전과정이든 거기에는 단 하나의 변증법적 부정만이 있는 것이 아니라, 다수의 연속되는 변증법적 부정들이 존재한다. 실제로 **하나의 질적 상태에서 다른 것으로의 모든 새로운 이행은 선행하는 단계의 부정이며, 여기서는 가치 있고 존립 가능한 모든 것들이 보존, 보유되고 변형된 형식의 새로운 질에 합체된다. 이러한 보존 혹은 보유는 통상 연속이라 일컬어진다.** 각각의 새로운 변증법적 부정은 나선의 새로운 고리로서 그려질 수 있다[418]. 그러므로 연속이란 낡은 것의 단순한 반복도 아니고, 그것의 기계적인 폐기도 아니다. 그것은 두 대립적 성질들, 즉 가치 있고 존립 가능한 것의 보존과, 수명을 다하고 발전을 저해하는 것에 대한 거부의 통일을 의미한다. 따라서 '연속'이란 개념은 모든 발전하는 현상에서의 낡은 것과 새로운 것의 차이 사이의 연관을 반영하는 중요한 철학적 범주이다. 변증법적 부정이 여러 차례 반복되는 과정이라는 사실은, 오랜 기간의 모든 발전과정에서 명백히 추적될 수 있다.

예를 들어, 멘델레예프의 유명한 화학원소의 주기율표를 생각해 보자. 화학원소들은 몇 개의 열과 칸으로 된 교차란에 배치되어 있다. 한 원소의 원자번호는 그 핵의 양전하량에 따라 규정된다. 제2열에서 출발해 보면, 다음과 같은 패턴을 보게 된다. 즉 왼쪽에서 오른쪽으로 리튬에서 불소까지를 훑어보면, 그 줄의 원자번호가 증가하면서 금속성, 즉 알칼리를 형성할 수 있는 능력이 감소되고, 불활성, 즉 산을 형성할 수 있는 능력이 증가된다. 말하자면, 일부 성질들의 부정과 다른 성질들의 성장을 보게 된다. 제2열의 마지막 원소인 네온은 평상 조건에서는 화학 합성물을 만들지 않는 불활성 기체로서, 말하자면 화학적 활동의 완전한 부정이다. 다음 열은 명백한 금속인 소듐 즉 화학적 불활성의 부정으로부터 시작되며, 이 줄을 계속 따라가 보면 일관된 금속성의 부정과 불활성의 성장을 보게 된다. 그 줄은 다시 불활성 기체인 아르곤으로 종결된다. 화학적 성질들의 이러한 변화과정은 일정한 변형태들로 계속된다.

반복된 부정은 역사에서도 찾아볼 수 있다. 모든 사회경제구성체는 선행하는 구성체의 변증법적 부정이다. 사회혁명 동안에는 낡은 사회적 제 관계, 경제체제, 상부구조 등이 무너지지만, 동시에 그것들 중 일부 요소들(예컨대 기술, 법의 개별 요소, 문화, 예술 등)은 보존되며, 새로운 구성체의 구조 속에 재가공된 형태로 편입된다.

그러므로 모든 발전하는 현상 혹은 과정이라는 나선의 각각의 새로운 고리 혹은 굽이에서마다, 새로운 것이 발생하고 낡은 것이 붕괴되는 동시에 변증법적인 재생산이 일어난다. 즉 선행하는 발전에 의해 만들어진 모든 가치 있는 것들의 연속이 존재하며, 심화된 진전이 보장된다. 부정과 연속의 변증법적 통일이 드러나고, 그 속에서 변증법적 부정의 창조적 기능이 밝혀진다.

420 가능성과 현실성

낡은 것의 변증법적 부정을 통해서 발생하는 새로운 현상 혹은 과정은 진공 속에서 창조된 것이 아니다. 그것들의 전제조건, 토대 및 조건들은 선행하는 현상과 과정들 속에서 확립되었으며 그 속에 존재한다. 아직은 새로운 현상을 창출하지 않은 이들 전제조건 및 조건들은 보통 '가능성'이라는 개념으로 표현된다. 이미 존재하고 생겨나고 기능하고 발전하고 있는 과정 그 자체는 '현실성' 혹은 '실재성'이라는 개념으로 표현된다. **가능성과 현실성은 상호 보족하는 긴밀히 연관된 개념들로서, 모든 발전과정의 가장 중요한 특징들을 규정하며, 따라서 변증법적 유물론에서는 한 쌍의 범주로 다루어진다.**

어떤 가능성이 현실성이 되기 위해서는 이 과정은 실재의 특정한 객관적 법칙들에 일치해야 하며, 그것에 필수적인 모든 조건들이 현존하고 있어야 한다. 만일 이들 조건들이 결여 내지 결핍되어 있다면, 그 가능성은 추상적이고 형식적인 것이다. 필수조건들이 창출되면서 추상적 혹은 형식적 가능성은 구체적 혹은 실재적 가능성으로 전화된다.

대부분의 식물은 막대한 양의 씨앗을 생산한다. 그러나 특정한 식물(예컨대 민들레)의 모든 씨앗들이 자라나 차례로 새로운 씨앗들을 생산할 가능성은 형식적으로만 존재할 뿐이다. 이러한 가능성은 생물학적 생식 법칙에 완전히 부응하지만, 그것이 현실성으로 전화되기 위한 필수적 조건들은 존재하지 않는다. 씨앗들은 질 좋은 토양을 찾지 못할 수도 있고, 새나 곤충에게 먹힐 수도 있으며, 제초제 때문에 죽을 수도 있다 등등. 만일 모든 필수조건들이 현존한다면, 민들레 한 송이의 후손들이 몇 년 사이에 온 세상을 뒤덮을 수도 있을 것이다.

가능성의 현실성으로의 이행은 일련의 변증법적 부정의 과정이다. 추상적·형식적 가능성이 구체적·실재적 가능성으로 전화되고, 후자가 현실성으로 전화된다. 차례로 현실성은 발전하면서 새로운 가능성들(처음에는 추상적이었다가 나중에는 구체적으로 되는)을 낳고, 그것들은 성장하여 새로운 현실성, 특정한 원인과 조건 등등이 될 수 있을 것이다. 이것은 생물학의 발전 사례나 유전공학의 창조 활동의 예에서 쉽게 확인될 수 있다. DNA 분자를 형성하고 살아 있는 유기체의 유전을 지배하는 유전자는 다양한 수단들에 의해 조합될 수 있다. 따라서 자연 자체에는 새로운 유전형질이 발생하여 굳혀질 가능성, 따라서 새로운 종이 발생할 가능성이 항상 존재하고 있다. 그러나 그러한 가능성이 현실성으로 전화되기 위해서는, 자연 도태와 생존 투쟁이 진행되는 동안의 생물의 진화의 도정에서 발전되어 온 일련의 조건들이 요구된다. 새로운 종의 발생에 필요한 완전한 조건들의 집합이 언제나 존재하지는 않기 때문에 자연 속에 새로운 종의 출현이 잦지 않은 것이다. 유전공학의 발전으로 사람들은 유전형질을 통제하고 새로운 종을 창조하는 방법까지도 익히게 되었다. 새로운 종을 '구성'할 가능성은 우리 시대에는 현실성으로 전화되었다. 동물의 새로운 종 및 품종들, 그리고 새로운 미생물과 식물이 창조되고 있다. 그리고 이것은 미지의 새로운 가능성들을 열어놓고 있다. 수백만 년 동안 존재하였던 낡은 종자 구성 양식이, 말하자면 부정되고 있지만, 그러나 이것은 완전한 부정도 아니고 폐기도 아니다. 그 과정은 변증법적이다. 그것은 자연의 발전 과정에서 창출된 DNA에 합체된 요소들의 조합 메커니즘에 근거하고 있기 때문이다.

가능태와 현실태의 변증법은 사회발전 속에서 특히 생생하게 드러난다. 사회 속에서의 가능태와 현실태로의 이행, 그리고 그것을 기초로 한 새로운 가능성의 창조 등은 인간의 의식적 활동과 연관되어 있다. 혁명적 상황에 대한 레닌의 분석 사례를 가지고 이 형태를 검토해 보자.

421 가능태와 현실태의 변증법

혁명의 가능성은 자본주의의 내적 모순들, 1차적으로 자본주의적 사적 소유와 생산력의 사회적 성격 사이의 모순이 첨예화될 때 일어난다. 이 모순이 극도로 첨예화될 때, 사회주의혁명의 객관적 조건들이 형성된다. 그것들은 노동자들에 대한 가중되는 착취, 국민의 생활 조건의 악화, 계급모순의 현저한 격화, 다양한 경제적 어려움의 증가, 그리고 사회의 전반적인 지적 생활에서의 위기 현상의 심화 등등에서 드러난다. 이 모든 것들은 대중의 혁명 정신을 고양시키는 데 이르고, 이것은 대중의 정치적 활동의 급격한 상승을 동반한다. 이 모든 객관적 조건들의 총합은 사회주의혁명의 구체적·현실적 가능성이 발전되었다는 증거이다. 이 가능성을 혁명적 상황이라고 한다. 그러나 혁명의 가능성을 현실성으로 전화시킬 객관적 조건들은 아직 충분치 못하다. 혁명적 상황, 즉 혁명의 가능성을 실재의 혁명으로 전화시키기 위해서는, 또한 혁명적 의식과 그에 조응하는 혁명적 활동이 발전되어 있어야 한다. 이것은 단지 혁명적 상황을 결과하는 이유들에 대한 인식과, 사회의 발전과 근로대중의 생활의 향상이 혁명이 없이는 불가능하다는 사실에 대한 인식을 의미할 뿐만 아니라, 또한, 그리고 보다 중요한 것은, 그것이 무엇을 해야 하며, 새로운 삶의 건설이 얼마나 필연적인가, 그리고 새로운 사회는 어떤 조건들 속에서 건설되는가 등에 관한 명확한 강령의 발전을 의미한다는 것이다. 이와 같이 혁명적 상황의 객관적 요인은 주체적 요인, 즉 혁명적 의식과 혁명적 조직 활동에 의해 보완되어야 한다. 오직 새로운 유형의 맑스-레닌주의 당만이 사회주의혁명의 성숙기에 이러한 의식을 발전시키고, 또 이러한 조직 활동을 실현할 수 있다. 이러한 유형의 최초의 당이 레닌과 그의 동지들이 건설한 볼셰비키 당이었다.

1917년 10월, 러시아 프롤레타리아트와 근로농민의 혁명적 투쟁을 지도했던 볼셰비키 당은 구체적인 혁명적 상황을 이용하여 혁명의 가능성을, 인류 발전에 새로운 단계를 개시하게 된 현실적 사회주의혁명으로 전화시킬 수 있었다. 그 혁명적 과정은 사회 발전에서의 가능태와 현실태의 변증법의 생생한 예라 하겠다.

422 사회적 진보란 무엇인가

이와 같이 사회의 발전과정에서 지속적으로 새로운 것이 발생하고, 낡은 것은 사라져 간다. 과거에는 단지 가능했을 뿐이던 것이 현실성으로 전화되고, 반대로 현실이었던 것이 변경되거나 사라짐으로써 새로운 가능성들에 길을 내주게 된다. 이 모든 상태들의 연속은 보통 사회의 발전이라 불린다. 그런데 그것이 인간의 생활에 어떤 향상을 가져오는가, 아니면 다만 고통과 불행만을 가져오는가, 하는 의문이 생겨난다. 단순해 보이는 이 질문에 대답하기란 그리 쉬운 일이 아니다. 사회의 발전이 인간의 생활을 개선하는가, 하는 질문을 할 때, 사실 우리는 무엇을 좋거나 나쁘다고 생각하는가, 행복과 불행은 어디에 있는가, 우리는 개인적·사회적 삶 속에서 무엇을 위해 투쟁하고 무엇에 저항해야 하는가, 등에 관한 명료한 기준, 명료한 정의, 그리고 일반적으로 유의미한 이해력 등을 가질 필요가 있다.

그리스의 시인 헤시오드(Hesiod, B.C. 7세기경)는 비탄적인 어조로, 인류의 황금시대는 과거에 존재한다고 선언하였다. 은(銀)의 시대도 역시 지나가 버렸다. 잔혹한 철(鐵)의 시대가 도래하였고 모든 것이 파멸하고 있었다. 힘, 사악함과 부정의가 판을 쳤다. 훌륭한 인물들은 몰락하고, 쓰레기 같은 인간들이 부유하게 되었다. 정직한 이들은 압제당하고, 부정직한 이들이 권좌에 앉았다. 헤시오드의 염세주의를 이해하는 것은 어려운 일이 아니다. 그는 낡은 씨족적 각종 관계가 붕괴되어 가는 시대에 살았다. 당시 예의 씨족의 숭고함이 몰락하게 되자, 자유롭고 독립적이었던 사람들이 예속 당하게 되었고, 사적 소유는, 가장 훌륭한 사람들에게가 아니라 가장 부유하고 권력에 굶주린 사람들에게 권력을 쥐어주게 되었다.

어떤 사회체제가 쇠퇴할 때마다 그의 이데올로기와 옹호자들은 진보를 부정하고 모든 것이 파멸하고 있다고 주장하여 왔다. 그러나 새로운 사회질서의 확립에 관심을 가진 계급이나 사회세력들의 대변자가 언제나 사회적 진보의 예언자였다고 생각하는 것은 잘못일 것이다. 이미 언급한 프랑스의 저명한 계몽주의자 루소는 프랑스 쁘띠부르주아지의 대변자였고, 그 때문에 그는 가장 결단력 있는 이론가, 부르주아혁명의 예언자가 되었던 것이다. 한편 그는 과학의 진보가 도덕성을 향상시키는가, 하는 문제에 대답하면서, 과학적 지식의 급속한 성장이 사회의 도덕적 이미지의 강화를 촉진하지는 않는다고 확신하였다. 그는 왜 그렇게 생각했을까? 그것은 그가, 당대의 과학의 급속한 발전과 계몽의 전개 이면에, 극도의 부패와 도덕적 나태가 18세기 프랑스 사회의 상류계급에 널리 퍼져 있었다는 사실에 대해 눈을 감을 수 없었기 때문이다. 이러한 두 가지 상황을 연관 지으면서 루소는, 근거는 밝히지 않은 채로, 한 분야에서의 진보는 다른 분야에서의 쇠퇴, 즉 퇴보를 배제하지 않는다, 하고 가정하였다. 맑스가 매우 높이 산 바 있는, 그의 논증 속의 변증법은 바로 그 점에서 드러났다.

사회발전은 사실 일정한 경향들, 즉 진보의 요소들의 강화와 성장을 포함하며, 마찬가지로 다른 것들, 즉 퇴보의 요소들의 약화와 소멸까지도 포함한다. 각각의 개별 단계에는 진보적 과정과 퇴보적 과정 모두가 존재한다. 한편으로 산업의 자동화 및 로봇화는 노동생산성을 증대시키고, 노동력의 일부를 해방시키며, 사람들을 단조롭고도 과중한 노동으로부터 자유롭게 만든다. 이런 의미에서 그것은 진보적 현상이다. 그러나 다른 한편, 이 동일한 과정이 무수한 산업 기술 및 직종의 소멸을 결과하고, 자본주의하에서는 실업의 증가를 가져온다. 이런 의미에서 그것은 퇴보적인 것임이 입증된다.

진보성의 기준들은 무엇일까? 간혹 노동생산성, 혹은 물질적 재화의 풍요, 혹은 이주 및 이민의 자유 등이 이야기된다. 그러나 그것들이 고립적으로 취해질 때는 그 어느 것도 한 사회의 진보성과 사회발전 일반의 기준이 될 수 없다. 노동의 강화가 착취의 강화, 대량 실업, 산업재해의 위험 등을 수반할 때, 그 과정에 진보적인 것이라곤 아무것도 존재하지 않는다. 엄청난 물질적 부가 사회의 일부 성원에는 허용되는 반면 다른 사람들에게는 굶주림과 빈곤의 운명만이 지워질 때, 이러한 부 역시 진보성의 기준이 될 수 없다. 그리고 실업자나 무주택자가 일자리와 집을 찾아 나설 수 있다는 것, 그것은 그들의 자유의 증거가 될 수 없다.

사적 유물론의 입장에서 사회적 진보의 기준들은, 물질적 생산의 발전, 인간의 생활조건의 개선, 각인의 창조적 개성의 전면적 개화, 정신적 문화의 향상, 그리고 노동의 창조적 성격 등이 되어야 한다. 이러한 기준들에 부합하는 사회발전에서의 모든 경향 및 과정들은 객관적으로 진보적이다. 또 이러한 역사적 목표들의 성취를 제약하고 사회적 진보의 기준에 조응하지 않는 사회발전의 계기 및 과정들은 퇴보적인 것들이다.

모든 사회경제구성체에는 진보적 단계와 퇴보적 단계가 존재한다. 그리고 각각의 단계에도 진보적 경향과 퇴보적 경향이 존재하면서 상호작용한다. 그러나 일반적으로, 사태를 역사적인 척도 위에서 넓게 본다면, 인류는 보다 큰 자유와 보다 완전하고 보다 전면적인 개성이 발전의 성취를 향해 나아가고 있다 할 것이다. 이 길은 복잡하고 모순적이며 드라마틱하기도 하다. 그러나 인류가 사회주의와 공산주의로의 이행을 이룩한다면, 그것은 계속적인 진보적 발전을 보장할 것이며, 그 속에서 객관적인 역사적 법칙들과 패턴들은 현실화될 것이다[606, 607, 609].

413 부정의 부정에 관한 변증법적 법칙

이제 자연과 사회, 사유에서의 발전의 방향을 규정하는 변증법적 법칙의 주요한 명제들을 정식화하기로 하자.

헤겔로부터 유래된 전통에 따르면[419], 이 법칙을 부정의 부정이라고 부른다. 그러나 우리는, 유물변증법이 그것들을 상호배타적인 한 쌍의 부정으로 간주하지 않고, 그 속에서 변증법적 부정들이 낡은 것에서 새로운 것으로의 길을 여는 동시에 낡은 것과 새로운 것의 연관 및 그것들 사이의 연속성을 보장하는, 그러한 무한한 발전과정으로서 고려한다는 것을 염두에 두어야 한다. 이 법칙의 주요 명제들은 다음과 같다.

(1)이전에는 존재하지 않았고, 또한 낡은 것의 변증법적 부정으로서의 새로운 것은 발전 과정에서 지속적으로 발생한다.

(2)가치 있고 존립 가능한 모든 것은 부정 과정에도 보존되며, 새로운 것 속에서 변형된 형태로 포괄된다. 수명을 다하고 발전을 저해하는 낡은 것의 일부만이 제거된다.

(3)발전은 이미 지나간 단계들로의 특정한 회귀와 그것들의 반복(그러나 새롭고 보다 높은 수준에서)을 포함한다. 따라서 발전은 순환적 혹은 직선적 성격보다는 나선형적인 성격을 지닌다.

(4)낡은 것에서 새로운 것으로의 이행과 발전 과정에는 객관적으로 진보적인 경향들과 퇴보적인 경향들이 존재한다. 그 현상 일반의 변화 유형이 진보적이든 퇴보적이든 간에, 그것은 변증법적으로 연관된 이 경향들 중 어떤 것이 지배적이냐에 따라 좌우된다.

우리가 부정의 부정의 법칙을 변증법의 다른 기본 법칙들과 비교해 본다면, 그것들 사이의 내밀한 연관이 쉽게 눈에 띌 것이다. 이것은 우리가 '모순들의 해소', '질적 도약', '변증법적 부정'과 같은 범주들을 비교해 볼 때 명확해진다. 모든 질적 도약은 본질적으로 현상의 주요한 내적 모순들의 해소이다. 마찬가지로 변증법적 부정은, 낡은 질에서 새로운 질로의 비약적 이행에는 폐기 및 파괴의 계기뿐만 아니라, 보존과 연속의 계기도 있다는 것을 시사한다. 대립물의 투쟁과 통일의 법칙, 양적 변화들의 질적 변화들로의 이행 법칙, 그리고 부정의 부정의 법칙 등으로 정식화된 범주들은 긴밀히 상호 연관되어 있는데, 왜냐하면 그것들은 상이한 측면과 상이한 각도에서, 발전현상의 가장 두드러진 특성 및 속성과 특수한 특징을 반영하고 있기 때문이다.

변증법의 주요 법칙들은 발전의 원천, 형태, 방향 등에 관한 무한한 지식을 제공하며, 이는 그것들의 내적 통일성에 의해 규정된다.

변증법은 자연과 사회 및 사유에서의 가장 일반적인 발전법칙의 이론으로서, 또한 지대한 실천적, 사회적, 정치적 의미를 지니고 있다. 변증법에 정통한다는 것은 모든 현상을, 그것들의 내적인 상호연관 및 그것들의 상호 인과관계 속에서 고려한다는 것을 의미한다. 실제 생활에서 발생하는 문제들을 고립적으로 취급하는 사람이 있다면, 그는 형이상학자 처럼 문제들에 접근하게 될 것이다. 상호 연관된 문제 및 과제들은 연속적 운동과 발전 속에 있는 것으로서 다루어져야 한다. 왜냐하면 그것들을 야기한 삶 자체, 즉 현실이 변화하고 발전하고 있기 때문이다. 변증법은 삶의 모순들을 무시하지 말고, 그것들을 밝혀내어 그 해소를 진전시킬 것을 우리에게 가르친다. 내적인 기본모순들의 해소는 모든 발전의 진정한 원천이기 때문이다. 우리가 점진적인, 때로는 무의미한 질적 변화들과 마주쳤을 때, 우리는 그것들이 조만간에 근본적인 질적 변형들에 이르게 된다는 사실을 끊임없이 유념해야 한다. 동시에, 질적으로 새로운 현상의 출현은 낡은 것의 완전한 제거를 의미하지 않는다. 선행하는 발전에 의해 창조된 가치 있고 존립 가능한 모든 것들은, 도약과 변증법적 부정 속에서 보존되고 발전된다. 레닌은 사회에 대한 올바른 과학적·정치적 지도에 있어 가장 중요한 과제들 중 하나가, 낡은 것 속에서 새로운 것의 맹아를 발견하여 적절할 때 지원하고, 그것들에 있어 가장 중요한 발전을 도와 정점에 도달하게 만드는 방법을 아는 것이라고 가르친다.

앞부분들에서 나는 철학의 근본문제의 첫 번째 측면에 대한 유물론적인 답을 고찰하였고, 의식이 어떻게 발생하는가, 그것의 특징은 무엇인가, 사회적 존재와 사회적 의식의 상호작용은 역사적 발전 속에서 어떻게 드러나는가를 설명하였다. 이제 나는 철학의 근본문제의 두 번째 측면, 즉 인간이 외부 세계를 어떻게 인식하는가, 자연과 사회 그리고 사유에 대한 우리의 인식의 진리성을 어떻게 검증할 것인가를 살펴보아야 할 것이다.

제5부

인식론

"추상에서 구체로의 상승 방법"

● 인식의 변증법

501 인식한다는 것의 의미는 무엇인가

현대인은 광범위한 지식과 매우 다양한 기술을 가지고 있다. 어떤 사람은 자동기계장치를 작동시키는 법을 알고 있고, 어떤 사람은 우주선을 만들고 그것을 이용하는 방법을 안다. 또 어떤 사람은 원자핵 분열반응을 통해 그 에너지를 이용할 수도 있다. 지난 세기의 말과 비교해 볼 때, 과학저널분야에서 출판된 책이나 잡지의 수에 의해서만 판단해 보면 우리의 지식은 10배 정도 증가했다고 할 수 있다. 누구든지 지식, 특히 과학적 지식이 공업의 중요한 추동력이 된다는 것을 알고 있을 것이다. 오직 그것에 의해서만 자연과 사회 사이의 첨예한 모순이 제거될 수 있으며, 사회 그 자체가 올바른 방향으로 변화될 수 있고, 인간 생활이 더욱 즐겁고 건강하며 지적으로 풍부해질 수 있다. 그러나 인식이란 무엇이며 어떻게 발생하는가, 그것의 원천은 무엇이며 또한 올바른 인식과 그릇된 혹은 부정확한 인식을 구별하는 방법은 무엇인가, 일반적으로 우리 자신과 우리를 둘러싼 이 세계를 인식할 수 있다는 것을 보증할 수 있는가 없는가, 등의 문제를 모든 사람들이 말할 수 있는 것은 아니다.

500년 전 사람들은 지구가 이 세계의 중심이고, 태양과 다른 혹성은 그 주위를 돌고 있다고 믿었다. 현재에는 어린아이라도 지구와 다른 혹성이 태양의 주위를 돈다는 것을 안다. 그러나 우리의 일상의 관찰에서 여전히 태양은 동쪽에서 떠서 서쪽으로 지고 있다. 19세기 말까지만 하더라도 과학자들은 원자를 물질의 분할 불가능한 미립자라고 생각했다. 30년 전 사람들은 소립자가 분할 불가능하다고 생각했다. 우리는 오늘날 이러한 사고들이 사실이 아님을 안다[104]. 소립자도 또한 내부구조를 가지고 있다. 달 착륙 이전에 많은 과학자들은, 거대한 천체의 접근으로 인해 지구에서 밝게 빛나는 덩어리의 파편이 이탈되면서 달이 생겨났다고 생각했다. 달로부터 얻어낸 자료들은 이러한 낡은 가설이 만족스럽지 않다는 것을 보여주었으며, 이제 달의 기원에 대한 올바른 이론을 얻기 위해서는 더 많은 조사가 요구된다. 이러한 모든 것들은 우리에게 어떠한 사실에 대한 확고하고 믿을 만한 지식이 존재하는가를 곰곰이 생각하게 만든다. 오늘날 우리는 어떠한 특정한 현상에 대하여 매우 잘 알고 있다고 생각한다. 그러나 과거에 여러 차례 그랬던 것처럼, 그것이 미래에는 잘못된 것으로 판명될 수 있다. 지식이 무엇인가에 대해 답하는 일은 간단하지 않다. 이러한 생각은 괴테(Johann Wolfgang Goethe, 1749~1832)의 희극 『파우스트』에 잘 표현되어 있다.

> 그래, 인간이 도달한 종족 중에서!
> 누가 공공연하게 어린아이의 참 이름을 말할 수 있을까?
> 그것으로부터 무엇인가를 진정으로 배운 소수, 바보스러울 정도로 솔직하고 비밀을 감추고 있지 않은 사람들, 그리고 각각의 사상과 정서를 적나라하게 드러낸 사람들, 이들은 언제나 십자가에 못 박혀서 화형당해 왔도다.[25)]

이러한 말에서 당신은 지식이 고정된 편견을 파헤치거나 적대적인 사

25) I. W. Goethe, *Faust*, Translated by B.Taylor, N.Y., Grosset&Dunlap, p.50. 한국어판 『파우스트 2』(민음사, 1992) 465장.

회에서 지배계급의 이데올로기, 혹은 종교적 세계관과 모순될 때, 또는 사회개혁의 필요성을 입증할 때에는 그것이 종종 사회적 진보의 반대자들로부터 적대적 취급을 당하거나 그들의 날카로운 저항을 불러일으킨다는 것을 알아차릴 수 있을 것이다. 우리는 성직자들이 코페르니쿠스의 교의를 설교한 브루노(Giordano Bruno, 1548~1600)를 화형 시켰다는 것, 혈액의 미세한 순환을 발견한 세르베투스(Servetus, 1511~1553)를 위기에 빠뜨렸다는 것, 갖가지 색깔의 보수주의자들이 인간의 기원에 대한 다윈의 이론을 박해했다는 것, 그리고 파시즘세력의 확장이 진보적인 과학자들에 대한 박해와 함께 진행되었다는 것을 알고 있다.[26]

인식이란 무엇인가, 그것은 어떻게 형성되며 어떻게 변화하고 발전하는가, 그것의 객관적 실재와의 조응은 어떻게 확증되는가, 이러한 질문들은 그 어느 것도 헛된 질문이 아니다. 이에 대해 답하는 일은 매우 중요한 문제이며 철학의 특별한 과제이다. 왜냐하면 인식의 특수한 특징을 다루는 다른 분과학문은 없기 때문이다. 인식에 관한 이론 혹은 인식론[011]이란 이러한 질문들에 답을 제공할 수 있는 건 철학뿐이다.

502 반영으로서의 인식

모든 유물론자들은 인식이나 지식이 객관적 실재의 특수한 반영형태라는 점에 동의한다. 이러한 특징은 무엇인가? 우리는 이미 반영이 물질의 보편적 성질임을 알고 있다[118]. 그러나 이것이, 반영의 모든 수준에 인식이 존재한다는 것을 의미하는 것은 아니다. 인식이란 오직 인간

---

26) 파시즘을 한 마디로 설명하긴 곤란하지만 전체주의 또는 히틀러나 무솔리니, 그리고 박정희나 전두환시대의 군사독재도 여기에 해당한다.—엮은이

의 출현과 함께 생겨났다.

우리가 지닌 모든 인식은 특정 현상이나 과정, 혹은 인간 활동의 특정 행위 및 형태와 관계가 있다. 두 개의 수를 더하거나 곱할 때, 우리는 그 숫자가 무엇인가뿐만이 아니라 덧셈이나 곱셈을 하는 방법이 무엇인가도 알아야 한다. 건물을 지으려고 할 때에는 벽돌이나 건축 재료가 무엇인가뿐만 아니라 건물의 건설방법까지도 알아야 한다.

인식이란 항상 언어로, 즉 개념의 정식화를 가능케 하는 개별 단어나 어군의 형태로, 그리고 대상들 혹은 인간 활동의 다양한 형태들의 성질과 그들 사이의 관계를 서술해 주는 문장이나 명제의 형태로 표현된다. 이러이러한 문장들은 또한 인간의 내적인 감각이나 정신적 과정까지 기술해 준다. 개별 단어, 어군, 문장들과 외부 세계의 현상 사이에는 감각기관에 의해 확증될 수 있는 외적인 유사성과 동일성은 존재하지 않는다. 그렇기 때문에 우리는 인식이 실재를 반영한다고 할 때, 우리는 외부 세계의 현상이나 인간에 의해 수행되는 특정한 행동들에 대한 관념과 판단(진술)의 특수한 조응을 염두에 두어야 한다. 이것은 특정한 현상, 과정, 행동형태 등이 명확히 규정된 개념들에 조응한다는 것을 의미한다. 또한 이것은, 우리가 현상과 객관적 실재의 과정, 그리고 그들 사이의 관계를 특정한 진술들에 의하여 기술하고 인지할 수 있다는 것을 의미한다. 그리고 마지막으로 그것은, 특정한 행동규칙을 정식화하거나 명령과 지시를 주고받을 때, 우리가 이러저러한 목표를 성취하기 위해서는 어떠한 행동을 해야 하고 어떠한 행동을 해서는 안 되는가를 알고(이해하고) 있다는 것을 의미한다. 이것이, 인간의 인식은 객관적 실재의 반영이다, 라는 진술의 의미이다.

인식이 본래 혹은 독립적으로 존재하는 것은 아니다. 그것은 특수한 과정, 즉 인식, 지식 혹은 인간의 인식활동의 결과이다. 따라서 인식의 본질을 보다 깊고 올바르게 이해하기 위해서는, 그리고 인식한다는 것이 의미하는 바가 무엇인가에 답하기 위해서는 **인식의 과정**, **그것의 원천**, 그리고 인간의 인식이 형성되고 창조되는 인식의 **주요 단계들**을 연구할 필요가 있다. 그리고 또한 객관적 실재에 대한 우리의 인식의 조응이 어떻게 검증되고 확신될 수 있는가, 이러한 조응을 보다 깊고 완전하게 하기 위해서는 인간이 무엇을 해야만 하는가를 이해하는 것이 중요하다.

503 인식의 여러 가지 원천에 관한 대화

고대 이래로 철학자들은 인식의 원천이 무엇인가, 실재에 대한 인식은 무엇으로부터 시작되는가를 연구해왔다. 데모크리토스나 에피쿠로스와 같은 유물론자들은 우리의 감각기관에 물질적 원자가 충격을 가함으로써 인식이 생겨난다고 생각했다. 관념론자인 플라톤은 인간이 실제 모양을 벽에 비치는 그림자를 통해 보여주는 그러한 동굴에 말하자면 갇혀 있다고 생각하였다. 우리가 물질적 사물들과 동일시하는 이 그림자들을 보면서, 우리는 그림자들을 내던져주는 주인공, 즉 관념(idea)을 회상하고 재정립하려고 애쓴다는 것이다. 플라톤에 따르면 인식의 원천이 되는 것은 바로 이러한 영원하고 변치 않은 관념이었다. 근대에 이르러 두 가지 경향, 즉 경험론과 합리론이 분명하게 정식화되었다. 경험론의 지지자들은 인식의 원천이 감각과 의한 경험이라고 주장했다. 합리론자들은 인식이란 인간의 이성 그 자체, 이른바 인간에게 선험적으로 내재되어 있는 사고능력에 의해 생겨난다고 말했다. 감각론은 경험론과 밀접하게 연관되어 있다. 즉 그 대변인들은 때때로 인식에 대한 이론적이고 추상적인 형태의 중요성을 부정했고, 모든 인식을 감각으로 환원시켰다. 감각이 외부 세계에 의해 생긴다고 간주하는 감각론자 중에는 유물론적 관점을 지지하는 자들도 있었지만, 감각이 유일한 실재라고 주장하는 감각론의 극단적인 형태는 직접적으로 주관적 관념론이나 불가지론으로 경도된다 [010, 011]. 경험론자와 합리론자의 논거들에 보다 익숙해지기 위하여 합리론, 경험론, 그리고 변증법적 유물론의 관점에 서 있는 가상의 인물들 사이의 대화를 들어 보자.

경험론자(E) : 정상적인 사람이라면, 장미가 붉은색이고 향기로운 냄새가 난다는 사실을 어떻게 알았는가를 질문 받을 때, 자신의 감각을 끌어대려고 할 것입니다. 인간은 붉은 꽃을 보고, 그것의 향기를 맡습니다. 따라서 감각이 인식의 참된 원천입니다.

합리론자(R) : 그러나 실제로 우리가 감각 가능하고 관찰 가능한 것만을 다루는 것은 아닙니다. 예를 들어 삼각형의 내각의 합이 180도라는 사실이나 소립자에 관한 지식, 혹은 사회발전의 법칙에 관한 지식은 어떻게 얻어질 수 있겠습니까? 우리는 그것들을 볼 수도, 냄새 맡을 수도, 혹은 느낄 수도 없습니다.

E : 몇몇의 서로 다른 모양의 삼각형을 그려서 각각의 내각을 여러 차례 측정한 후 그것들을 일반화하여 삼각형의 내각의 합에 대한 이론을 정식화할 수 있습니다. 소립자에 관해서는 다양한 실험용 기구의 자료와 증거들을 보고 그 결과들을, 어떤 경우에는 전자, 다른 경우에는 양자, 그리고 또 다른 경우에는 양전자 등으로 부를 수 있습니다. 기구의 지표들을 통한 감각인상만이 실재할 뿐이며 '전자', '양자' 등의 개념은 이러한 감각을 의미하는 단어들일 뿐입니다. 사회발전의 법칙(예를 들어 노동운동과 같은)에 관해서라면, 그 역시 다양한 경험들을 일반화시키는 개념일 뿐입니다. 사람들은 바리케이드를 치고 파업을 하고 시위를

하는 과정에서 특정한 감각과 인상들을 경험하며, 그것들을 '노동운동' 또는 '계급투쟁' 등이라고 부릅니다. 이러한 단어들은 다른 실재를 갖지 않으며, 이 사실은 솔직하게 인정되어야만 합니다.

R : 그러나 그렇게 되면 우리는 단지 다양한 감각의 포로가 될 뿐입니다. 그 감각들 중에는 분명히 많은 실수가 존재할 수도 있습니다. 우리는 다양한 환각과 시각적 환상, 청각에서의 실수들이 있음을 알고 있습니다. 그 모든 것을 믿는다면 우리는 끊임없이 모순에 빠져들 것입니다. 그렇게 되면 참된 감각과 거짓 감각을 어떻게 구별할 수 있겠습니까? 정말 우리는 몇 가지 감각들을 다른 신뢰할 수 없는 감각으로 어떻게 검증할 수 있겠습니까?

변증법적 유물론자(DM) : (논쟁에 끼어들며) 우리는 과학과 일상생활에서 단순히 감각지각이나 감각으로 환원시킬 수 없는 많은 진술들과 개념들이 존재한다는 사실을 지적해야만 합니다. 예를 들어 물리학에서는 광속이 초속 30만km라는 것을 이야기합니다. 우리는 그것이 의미하는 바가 무엇인지를 알지만 그와 같은 속도는 결코 감각할 수는 없습니다. 왜냐하면 우리의 감각기관은 그러한 것에 적응되지 않기 때문입니다. 색맹인 사람은 붉은색과 녹색을 구별하지 못하지만 당신들이나 나는 구별합니다. 누구의 감각을 믿어야 합니까? 수학에서는 다차원적 공간에서의 도형에 관한 이론이 입증됩니다. 그러나 이 이론들이 상당히 정확한 것임에도 불구하고, 그러한 공간에 대한 감각적 표상을 만들어 내기란 불가능합니다.

E : 그러나 그것들이 감각으로 환원되지 못할 때 그러한 이론이 무슨 의미가 있겠습니까?

DM : 그것들을 통해서, 그리고 감각으로 환원될 수 없는 많은 진술들에 의해서 중요한 실천적 결과들이 획득될 수 있으며, 물리적 · 화학적 작용들이 그것들에 의해 통제될 수 있습니다. 사회과학에서도 마찬가지입니다. '계급투쟁'이나 '사회발전 법칙'이라는 개념이 단지 감각들의 체계에 대한 이름에 불과하다면, 감각이나 인상을 바꾸는 것만으로도 그것들을 제거하는 것이 충분히 가능할 것입니다. 그러나 중요한 것은 계급투쟁이나 사회발전 법칙이 개인의 의지나 의식, 감각과 인상 등과는 독립적으로 발생한다는 것입니다.

R : 그렇기 때문에 나는 우리의 인식의 원천이 인간이성이라고 주장하는 것입니다.

E : 어떤 의미죠?

R : 우리는 인간이 사고할 수 있는 선천적인 능력을 갖고 있다는 점을 인정해야 합니다. 인간은 신 또는 자연이 그의 영혼(mind)에 부여한, 세계에 대한 기초적인 심원한 인식을 발견할 수 있습니다. 예를 들어 유물론자인 스피노자는 인식이 물질적 실체의 결과물이라 하였던 반면에, 데카르트는 신이 이러한 인식을 창조하였다고 하였습니다. 어쨌든 우리가 인식을 찾고 발명 혹은 발견할 때, 우리는 다른 모든 것들을 논리의 법칙에 따라 그것으로부터 연역해 낼 수 있으며, 또한 그것이 세계와 관련되는 한 실험과 관찰에 의해 그것을 검증할 수 있습니다. 중요한 점은 어떠한 것도 놓치지 않고 조금씩 꾸준히 계속적으로 인식을 추출해 내는 것입니다.

E : 그러나 그러한 방법은 분명 어떤 동화를 과학으로 간주할지도 모릅니다. 요술지팡이를 타고 다니는 마법사나 마녀의 이야기에 대해 논리적으로 일관되게 이야기하는 것, 당신의 영혼에 존재하는 선험적 인식을 보았다고 이야기하는 것, 신앙에 근거해 어떠한 허구나 고안물 등을 수용하는 것도 충분히 가능할 것입니다.

R : 그러나 나는 분명히 실험과 관찰에 의한 검증에 대해서도 이야기

하였습니다.

E : 당신은 그 점에서 일관되지 못합니다. 왜냐하면 분명히 당신 스스로 감각, 따라서 그에 기초한 관찰은 믿을 수 없는 것이라 이야기하였습니다. 나는 합리론이 어떤 장점을 주는지 모르겠군요.

DM : 당신들의 관점은 둘 다 일면적입니다. 그러한 관점은 조만간 관념론으로 귀결될 수도 있습니다. 인식의 유일한 원천이 감각이라고 주장함으로 해서 경험론은 관념론이나 불가지론으로 경도됩니다[010]. 그것은 감각의 배후에는 어떠한 것도 존재하지 않는다는 것으로 귀결될 것이며 결과적으로 물질적 세계는 사라지게 됩니다. 합리론 또한 객관적 관념론에 빠지게 되는데, 왜냐하면 그것은 실재적인 사회적 조건이나 인간의 이전의 경험 및 실천 활동에 의존하지 않는, 영원한 선험적 인식의 존재를 인정하기 때문입니다.

E : 당신의 관점은 무엇입니까?

DM : 양쪽의 관점 모두 감각적(경험적) 인식과 이성적 인식의 형이상학적 분리와 대립의 결과입니다. 주요한 오류는 모든 인식이 '인간·그에 적대적인 세계'라는 단순화된 두 구성부분을 가지고 있다고 생각하는 점, 그리고 그 두 구성부분 사이의 어떠한 연관도 보지 않는다는 점입니다. 그러나 사실은 인간과 그의 외부 세계 사이에는 복합적인 연관이 존재하며, 그것은 특수한 인간 활동, 즉 물질적 생산 및 물건과 도구들을 사용하는 활동을 그 토대로 하는 실천으로 나타납니다. 우리 인식의 토대이자 원천이 되는 것, 그리고 그 진리성의 검증수단이 되는 것은 바로 실천입니다. 이러한 관점이 올바르다는 것을 확인하기 위해, 우리는 보다 자세하게 인식이 어떻게 발생하는가, 즉 그 속에서 감각의 역할은 무엇이며 추상적 개념과 추상적 인식은 어떻게 발생하고 인간의 물질적 활동은 이 과정에서 어떠한 역할을 하는가 하는 점들을 살펴보아야 합니다.

504 인식에 있어서 감각의 역할

감각은 외부 세계의 물체가 우리의 감각기관에 작용함으로써 생겨난다. 시각 형성의 예를 통해 이러한 과정을 자세히 살펴보자.

일정한 에너지를 갖고 있는 전자기장(광자)의 흐름인 태양빛이 어떤 대상(예를 들면 사과)을 비추면, 그것은 부분적으로는 표면으로부터 반사되고 부분적으로는 표면에 흡수된다. 사과의 표면으로부터 반사된 광선은 우리의 눈을 자극한다. 반사된 광선의 에너지는 표면의 물리적·화학적 구조에 따라 변화된다. 눈에서 그것은 또다시 매우 다양한 변형과 변환을 겪게 된다. 빛의 파동은 광학의 법칙에 따라 렌즈에 굴절되고, 그로부터 반사된 대상의 상을 백 배 혹은 심지어 천 배 정도 흐리게 남긴다. 망막세포는 신경섬유를 따라 생체 전기적 자극을 전해주고 또 이것들은 두뇌의 시각중심세포에서 특별한 변형을 일으키는데, 그 결과가 빛과 형상에 대한 다양한 시각이다. 이러한 감각들은 전체적으로 통합되거나, 우리가 대상(예를 들어 사과)의 시각적 이미지라고 부르는 것으로 합성된다.

시각적 이미지가 생기는 과정을 잘 살펴볼 때 다음의 결론을 내릴 수 있다. 즉 시각적 이미지는 각자의 두뇌에 존재하며, 따라서 그것은 주관적이라는 것이다. 그것은 대상의 표면으로부터 반사된 물질적 빛의 파동의 다양한 변환과 변형의 결과로서 발생한다. 파동은, 다시 뇌세포에서 색에 대한 감각이나 공간기하학적 감각으로 변형되는 특수한 생체 전기적 자극에 집중된다. 결과적으로 뇌에 함유된 이미지는 대상에 정확히 조응하며, 우리가 그것을 다른 모든 대상과 구별하는 데 도움을 준다.

그러한 의미에서 우리는 시각을 객관적 사물의 반영이라고 부른다. 레닌은 인식에 있어서 감각의 역할을 특징지으면서, 감각을 "객관 세계의 주관적 이미지"27)이자 동시에 "외적 자극의 에너지가 의식이라는 사실로 변환된 것"28)이라고 정의했다.

또 다른 중요한 결론은, 감각의 성격이 시각기관, 즉 눈의 조직이나 대상의 특성뿐만 아니라, 그 자체가 실천적·물질적 활동의 형태로 현실화되는 그것들 사이의 상호작용에 의존한다는 것이다. 그러한 상호작용이 없으면 감각은 사물에 대한 적합한 혹은 올바른 이미지를 결코 형성할 수 없다. 높은 빌딩의 모습은 망막에서는 불과 수 밀리미터의 크기를 갖는다. 그러나 우리의 두뇌는 이 커다란 높은 건물의 시각적 이미지를 형성하는 과정에서 자동적이고도 무의식적으로 그것을 다른 대상들과 관련시킴으로써 우리가 그 건물의 크기에 대한 올바른 관념을 형성하도록 해준다. 이러한 두뇌의 능력은 타고나는 것이 아니다. 어린 아이는 이러한 능력을 가지고 있지 않다. 그 능력은 개인적 실험과 사회적 실천을 통한 기나긴 실제적 훈련과정 속에서 발전된다.

또 다른 예가 있다. 어두운 방에서 어떤 사람이 아무런 암시도 받지 않고, 타고 있는 양초의 필름을 본다. 불꽃과 연기가 아래쪽을 향하고 있다. 그러면 이미 과거에 필요한 정보가 저장되어 있던 두뇌는 그 필름의 '실수'를 자동적으로 '교정하고', 그 사람은 위로 솟아오르는 불꽃을 가진 보통의 평범한 양초 그림을 떠올리는 것이다. 뾰족탑 위에서 일하는 사람들과 꽤 높은 곳에 올라간 사람들은 땅 위에 있는 사물들의 크기를 서로 다르게 단정 짓는다. 숲속에 사는 사람과 초원에 사는 사람은 공간적 거리를 서로 다르게 인지한다. 그것은 시각기관의 구조에 의존하

27) Lenin, *Collected Works*, vol. 14, Progress Publishers, Moscow, 1963, p.119.
28) *Ibid*, p,51.

는 것이 아니라 그들이 살아오는 동안 교육과 생활 속에서 동화시킨 개인적 및 사회적 실천, 지각의 문화에 의존한다.

그렇다면 인식에 있어서 감각의 역할을 어떻게 이야기할 수 있을까? 감각은 객관적 세계를 반영하는 주관적 이미지이다. 그러나 이것은 경험론자들이 말하는 것처럼 단순히 거울에 반사된 상이 아니라, 몇 차례의 질적 변환과 변증법적 부정을 포함하는 매우 복잡한 반영과정이다. 감각은 반영된 대상들에 대한 최초의 정보를 제공한다. 그러나 이 정보는 대상들의 특징이나 우리의 신경계에만 의존하는 것이 아니다. 개인의 경험, 사회적 실천, 그리고 역사적 발전을 일반화하는 역사적으로 형성된 우리의 모든 문화가 감각을 형성하는 데 중요한 영향을 끼친다. 변증법적 유물론의 이러한 명제는 인식과정에서의 감각의 역할을 이해하는 데 근본적으로 중요하다.

505 인식에서의 추상의 역할 : 추상에서 구체로의 상승 방법

인간은 그의 활동에서 단지 감각이나 감각적 이미지만을 사용할 수는 없다. 세계를 이해하고 나아가 그것을 변혁시키는 데 그것들은 결코 충분하지 않다. 왜 그런가? (1)우리는 감각한 내용을 다른 사람에게 이야기할 수는 있으나 그것을 그대로 전달할 수는 없으며, 또한 다른 사람의 두뇌에 존재하는 이미지를(비록 대화나 독서를 통해 알 수 있을지라도)감각할 수는 없기 때문이다. (2)일상생활뿐만 아니라 과학에서도 우리는 감각지각, 즉 감각을 통해서만 획득되거나 발전될 수 없는 그러한 종류의 인식에 직면하게 된다. 예를 들어 우리는 두 개의 사과를 볼 수 있고, 전쟁이나 최초의 인공위성 발사와 같은 역사적 사건의 목격자가 될 수도 있으며, 혹은 꽃이나 커피와 같은 특정한 물질적 대상을 만지거나 냄새 맡을 수 있는 반면, 숫자, 역사적 과정, 물질 등은 볼 수도, 들을 수도, 냄새맡을 수도, 혹은 만질 수도 없다. 세계 전체와 그 속에서 발생하는 무수히 많은 과정들에 대한 복잡한 인식을 발전시키기 위해, 그리고 그 인식을 전달하고 저장하며 새로운 인식을 창출하기 위하여 우리는 개념[101]과 그에 관련된 논리적 과정들을 필요로 한다. 인식의 이러한 형태들은 감각과 어떤 관계에 있으며 어떻게 발생하는가?

개념을 만드는 작업은 종종 추상화라고 불리며 그래서 개념은 때로 추상이라고 불리기도 한다. 추상화는 몇 개의 단계로 이루어진다. 그 첫 번째 단계에서는 우리 내부에서 유사한 감각이나 감각적 이미지를 불러일으키는 다양한 대상들을 그룹화 하는 일이 일어난다. 잘 익은 사과, 카네이션, 당근, 동물의 피는 그들의 외관상의 차이에도 불구하고 우리에게 동일한 색감(붉다는 것)을 불러일으키는 공통의 성질을 갖는다. 여기에서 우리는 한 대상을 다른 대상과 구별 짓는 모든 차이점들을 추상한다. 다시 말해 그 차이점들을 사상하는 것이다. 두 번째 단계에서는 하나의 동일한 특성이 미묘한 차이나 다양성을, 말하자면 동등시하거나 동일시한다. 예를 들어 우리는 하나의 동일한 색의 모든 색조(shade)를 동일시할 수 있다. 노동자 존과 공장주 스미스, 소작인 프란츠와 지주 뮐러, 어부 자크와 통조림공장주 던즈의 관계를 비교해 볼 때, 우리는 그들의 나이, 성격, 국적, 언어 등에 존재하는 차이점을 추상해 버리고 그 속에서 공통적인 것, 다시 말해서 한 인간이 다른 인간의 노동으로부터 이윤을 얻는다는 사실을 뽑아낼 수 있다. 이윤의 크기와 형태, 그리고 그 밖의 세부적인 것들은 여기에서 그리 중요하지 않다. 우리는 오직 사회적 관계의 유형만을 비교하고 동일시하는 것이다. 그 다음 단계에서 우리는 자연이나 사회에 존재하지 않을 수도 있는 '순수한', 관념적인 형태에서 구별되는 성질들이나 관계들을 결합한다. 그래서 이 단계는 종종 관념화라고 불린다. 마지막으로 네 번째 단계에서는 구별되어 뽑힌 성질들이 언어로 결합된다. 이것은 명명의 단계이다. 개별 언어나 어군에 의해 성질에 이름이 주어진다. 그리하여 언어로 표현되는 개념이 생겨난다. 개념 속에 결합되고 반영된 성질이나 관계들이 그 겉뜻(sense)을 형성하는 반면 언어로 표현된 대상들의 체계는 그들의 속뜻(meaning)을 형성한다. '붉다'라는 개념이 주는 겉뜻은 매우 뚜렷한 색감을 불러일으키는 특정한 에너지 광선의 능력이다. 이 개념의 속뜻은 그러한 에너지의 광선을 반사하는 대상이다. '착취'라는 개념의 겉 뜻은 타인의 노동으로부터의 이윤의 추구이며, 그것의 속뜻은 생산관계의 특정한 유형이다.

감각과 같이 추상도 객관적 실재의 반영이다. 추상은 실제 생활에서 오랜 시간에 걸쳐 발전되고 다듬어진다. 그것은 감각과 감각적 이미지에 기초를 둔다. 그러나 그것들과 대조적으로 추상은 물질적 사물 및 과정들의 외적, 감각지각적인 측면을 반영하는 것이 아니라, 직접적인 감각지각이 도달할 수 없는 내적인 연관과 관계를 반영한다. 이러한 이유로 레닌은 추상이 객관적 실재를 보다 깊게, 보다 올바르게, 그리고 보다 완전하게 반영한다고 하였다. 그리고 바로 여기에 추상의 주요 목적이 있다고 보았다.

어떤 방법으로 추상이나 추상적 개념이 우리 주위의 현상들이나 과정들의 내적인 깊은 연관을 이해하는 데 도움을 주는가?

실재적인 물질세계에 존재하는 사물들은 무한한 성질, 측면, 그리고 연관들의 틀을 지니고 있다. 그 자체로서 얻어진 각각의 추상은 어떤 하나의 연결이나 연관, 혹은 성질, 예를 들어 색깔, 모양, 또는 한 현상의 다른 현상에 대한 우연적 의존 등을 반영한다. 그렇지만 이렇게 성질이나 연관들을 분리해 보면 최대한 완전하고 정확하게 반영된다. 무수히 많은 연관과 성질들을 지니는 실제의 물질적 사물들을 보다 깊이 이해하기 위해, 즉 그것들을 우리의 의식 속에 반영하기 위해 우리는 개별적 추상을 통합해야 하며, 그것들을 **구체적인** 사물에 대한 그 시기의 가장 완전한 인식을 제공해주는 새로운 **구체적인** 개념으로 결합시켜야 한다. **따라서 구체적 개념이란 어떤 대상의 성질, 측면, 그리고 관계들을 반영하는 다양한 추상 혹은 추상적 개념의 총합 또는 집합이다.** 외부 세계를 반영하는 우리의 인식이 발전함에 따라 개념은 더욱 더 구체화된다.

"추상에서 구체로의 상승 방법-인식에서 추상의 역할"

예를 들어 고대 천문학에서는 달이라는 개념이 매우 추상적이었다. 그것은 단지 몇 개의 속성만을 포함하고 있었다. 즉 달은 지구 주위를 돈다, 그것은 단지 몇 개의 속성만을 포함하고 있었다, 즉 달은 지구 주위를 돈다, 그것의 지름은 손바닥보다 조금 더 크다, 밤에 빛난다, 라는 정도였다. 19세기에 들어 천문학의 발달과 망원경의 도움으로, 달에 있는 산과 분화구의 존재가 밝혀졌고 실제의 크기가 측정되었으며 지구로부터의 거리가 측량되었고 그것이 지구의 조수간만에 미치는 영향 등이 밝혀지게 되었다. 오늘날에는 자동 월면차와 인간이 달에 착륙함으로써 달의 토양과 그것의 화학적 성분, 그 외의 다른 많은 특질들에 대한 정보가 엄청나게 증가하였다. 100년 전 혹은 불과 20년 전에 비하여 '달'이라는 개념은 보다 풍부해지고 내용상 더욱 완벽해지고 보다 구체화되었다. 과학의 발전은 항상 과학적 개념의 구체성의 증가를 수반한다.

구체적 사물과 구체적 개념을 구별하여 혼동하지 않는 것이 필요하다. 전자는 의식에 독립하여 의식 외부에 객관적 실재 그 자체로서 존재한다. 후자는 인간의 인식 활동의 결과이다. 구체적 개념은 구체적 사물의 다양한 측면과 연관을 반영하는 개별 추상들을 항상적이고 계속적으로 보충하고 정교화하며 확장하고 종합함으로써 형성된다. 개별 추상으로부터 구체적 개념으로의 변형은 **추상에서 구체로의 상승 방법**이라고 불린다. 이 상승은 우연히 일어나는 것이 아니라 특정한 규칙과 법칙에 따라 진행된다.[29] 여기서 가장 중요한 것은 보다 완전하고 보다 정확하며 또한 보다 구체적인 개념을 구성하는 개별 추상들 사이의 연결이 구체적 개념에 반영된 현상 및 과정들의 성지로가 특질 사이의 객관적이고 실재

29) '법칙'과 '규칙성'이라는 개념이 이 책에서는, 우리가 규칙성에 대해서 말할 때 우리는 보통 상호 연관되고, 상호작용하며, 상호 보족하는 많은 법칙들의 존재에 주의를 기울인다는 단 하나의 전제조건을 가지고, 동등한 것으로 사용된다.

적인 연관을 반영해야만 한다는 필요조건이다. 이 연결이, 연구되는 현상이나 과정의 성질과 특질들의 실제적인 연관에 조응할 때, 우리는 객관적 실재 그 자체에 조응하는 올바르고 깊은 인식을 얻게 된다.

따라서 개념은 인간이 선천적으로 타고나거나 신에 의해 창조되는 것이 아니다. 그것은 역사적으로 발생하며 추상을 통해 형성된다. 그것은 감각에 기초하고, 그 물질적 표현수단은 언어이다. 추상의 과정도 어떤 환상이나 창조성의 요소를 포함한다. 어떤 속성들을 추상하고 다른 것들을 끌어내어 묶어낼 때, 우리는 삶에 의해 부과되는 목표나 임무, 그리고 생산이나 일상활동, 사회활동에서 생겨나는 객관적 필요에 의해 인도되는 객관적 실재에 대한 어떤 적극적인 태도를 나타내게 된다. 그렇기 때문에 개념은 객관적 실재를 반영할 뿐만 아니라, 개념을 형성할 수 있는 인간 활동과 창조적 활동에 의해서도 큰 영향을 받는다. 그러한 창조적 활동이 사물의 객관적 성질이나 연관에 대립될 때, 객관적 실재에 대해 왜곡되고 잘못된 반영을 하는 올바르지 못한 개념이 추상과정에서 생겨날 수도 있다. 그러한 개념이 형성될 가능성은 항상 존재하며, 특정한 조건 하에서 그것은 관념론으로 귀결될 수 있다.

506 관념론의 인식론적 근원

추상에서의 모든 그릇된 개념이나 모든 잘못이 관념론으로 귀결되는 것은 물론 아니다. '녹색 고양이'나 '마음씨 고운 삼각형'이라는 개념들은 정말로 무의미한 것들이다. 그것들은 실재에 전혀 조응하지 않는다. 실재와 관련이 없는 성질이나 속성은 그릇된 방법으로 잘못되게 실재 속에 '함께 고착'되어 있다. 객관적 실재 속에 존재하는 개별 성질과 객관적 실재 그 자체를 단절시키거나 형이상학적으로 분리함으로써 만들어지는 개념은 관념론으로 귀결된다. 어떤 사람 하나를 상정해 보자. 그는 더 많은 혹은 더 적은 생존 가능성을 가지고 있고, 다양한 일에 대하여 더 좋은 혹은 더 나쁜 정보를 가지고 있으며, 일정한 물리적 힘을 가지고 있다. 그러나 정보를 갖고 있다는 것이나 힘 혹은 생존가능성이라는 성질을 실재하는 사람으로부터 분리시킨다면, 인간을 과도하게 과장하거나 부풀린다면, 전지전능한 불멸의 존재(신과 같은)라는 개념이 생겨난다. 마찬가지로 운동하고 있는 물질을 연구할 때, 운동을 물체로부터 분리시키고 실체를 에너지에 독립시키며 혹은 시간을 공간으로부터 분리시킨다면, 물질에 대해 독립적으로 존재하거나 물질에 대립된 운동 혹은 에너지라는 개념이 생겨나게 된다. 이것은, 물질세계가 사라질 수 있거나 단순히 존재하지 않을 수 있다는 학설, 에너지에 영원성을 부여하고 그럼으로써 에너지가 비물질적인 것, 즉 관념적인 것이라는 학설, 즉 '물리학적' 관념론으로 가는 직접적인 한 걸음이다.

관념론의 인식론적, 즉 인식상의 근원은 인식의 복잡한 변증법적 과정 속에서 단순화된 그릇된 기술, 즉 잘못된 방법으로 실재를 반영하고, 관념이나 개념 그 자체가 물질과 독립적으로 존재하거나 물질에 앞서 존재한다고 사고하게끔 만드는 개념의 형성으로 귀결되는, 그러한 기술이 생겨날 가능성이 존재한다는 데 있다.

그러나 인식론적 근원 그 자체가 필연적으로 관념론으로 귀결되는 것은 결코 아니다. 단지 관념론으로 갈 가능성이 존재할 뿐이다. 관념론이 실제로 생겨나고 정립되기 위해서는 특정한 사회적 조건이 필요하며, 그들의 계급지배의 기초로서 관념론적 세계관에 이해관계를 갖고 있는 특정 계급이나 집단이 필요하다. 이러한 조건들은 관념론의 **사회적 근원**이라고 부른다. 비유적으로 말하면 관념론은 인식(사회적 근원과 인식론적 근원 모두를 필요로 하는)이라는 살아 있는 나무 위에 피어 있는 불모의 꽃이다. 따라서 관념론의 사회적 근원이 사회생활의 변혁을 통해 근절되는 한, 그것의 인식론적 근원에 대항한 투쟁은 전면에 배치되어야 한다. 관념론의 사회적·인식론적 근원을 근절하기 위해서는 변증법적 유물론을 적극적이고도 의식적으로 이해해야 한다.

507 진리란 무엇인가

인식 영역에서 우리는 고립되어 있지 않은 상호 연관된 개념을 도입한다. 상호연관은 우리 주변 세계에서의 상호작용, 성질, 연관 등에 관해 우리가 어떤 내용을 주장하거나 혹은 부정하는 진술이나 추론에 의해 만들어진다. '집', '위치', '언덕' 등과 같은 개별 개념들은 집이 놓여 있는 위치를 잘 알려줄 수 없다. 반대로 '집이 언덕 위에 있다'라는 진술이나 표현은 우리에게 필요한 정보를 제공해 준다. 하나의 추론이나 결론은, 하나의 진술로부터 다른 진술이 논리적 법칙에 따라 도출되도록 이루어진 진술들의 사슬이다. 예를 들어 우리가 필요한 주소를 알았을 때 우리는 다음과 같은 추론을 할 수 있다. 즉 '우리에게 필요한 집이 언덕 위에 있다면 우리는 언덕 위로 올라가야 할 것이다.' 그러나 인간이 외부 세계에 관한 매우 중요하고도 귀중한 정보를 정식화하는 데 사용하는 진술이나 추론은 이 세계를 올바르게 반영할 수도 있고 그렇지 않을 수도 있다. 세계를 올바로 반영한 진술과 그렇지 않은 진술을 구별하기 위하여, 우리는 '진리'와 '허위'라는 특수한 개념을 사용한다. 진리란 무엇일까? 이것은 매우 복잡한 문제이며, 인식론의 중심 문제 중의 하나이다. 이 문제에 대하여 관념론 철학과 유물론 철학은 서로 다르게 대답한다.

아리스토텔레스는 외부 세계에 대한 판단이 올바르게 이루어진 인식을 곧 진리라고 생각했다. 그 이후 많은 철학자들이, 진리란 실재와 사고의 조응이며 우리가 아는 것과 인식의 조응이라는 것에 동의해왔다. 그러한 규정은 유물론자와 관념론자 모두에 의해 긍정된다. 왜냐하면 그들은 철학의 근본문제에 대해서 서로 다르게 대답하면서 실재와 사고의 조응에 대해서도 서로 다르게 이해하기 때문이다. 예를 들어, 객관적 관념론자인 플라톤은 진리가 영원불멸인 이데아에 대한 우리 인식의 조응에 존재한다고 생각했다. 이러한 관점에서는 물질세계에 대한 인식이 진리일 수가 없는데, 왜냐하면 물질세계는 고정적이지 않고 항상 변화하기 때문이다. 그러나 진리란 영원불멸한 것과 관련되어야만 한다. 객관적 관념론자인 헤겔은 진리란 절대정신, 절대이념과 우리 인식의 조응에 존재한다고 간주했다. 인간의 인식의 목표는 절대이념과의 완전한 일치에 있고, 그의 관점에서 볼 때 진리란 바로 그러한 일치에 존재했다. 맑스 이전의 대부분의 유물론자들은, 진리란 객관적 물질세계에 대한 인식의 조응에 존재한다고 생각했다. 그러나 바로 여기에서 주요한 어려움이 생겨났다. 즉 그것을 어떻게 평가하고 그러한 조응을 어떻게 이루어 낼 것인가? 만일 그 수단, 척도, 기준이 감각이라면 그때에는 많은 문제점들이 생긴다. 왜냐하면 감각 그 자체는 믿을 수 없기 때문이다. 만일 진리의 기준이 인간의 이성 그 자체에 존재한다고 하면 그때에는 관념론에 빠질 것이다[503].

인식론에서 혁명을 이룩한 변증법적 유물론만이 진리나 그것의 기초, 그리고 그 기준 등에 대한 근본적으로 새로운 이론을 제공할 수 있다. 그 이론이란 무엇일까?

외부 세계나 우리 자신에 대한 인식을 표현할 수 있게 해주는 개념, 진술, 추론 등은 이러한 세계에 대한 반영일 뿐만 아니라 우리 활동의 산물이기도 하다. 즉 결과적으로 인식은 누가 그러한 작업을 하는가, 즉 인식의 주체가 누구인가에 어느 정도 의존하게 된다. 우리의 인식이 객관적 세계를 반영하는 한에서 개별 인간이나 인류 전체에도 의존하지 않는, 따라서 객관적 세계 자체에만 의존하는 내용을 획득하게 된다. **개별 인간이나 인류 전체에도 의존하지 않는 이러한 관념이나 인식의 내용을 객관적 진리라고 한다.**

보통의 압력에서 물이 섭씨 100℃에서 끓어서 수증기가 된다는 진술은 객관적 진리이다. 화씨온도계나 열씨온도계로 측정하지 않고 섭씨온도계로 측정한다는 점은 인간에게 의존한다 할지라도, 물이 끓어서 수증기가 된다는 사실은 결코 개별 인간이나 인류에 의존하지 않는다.

객관적 세계 그 자체와 마찬가지로 올바른 인식은 변증법의 법칙에 따라 발전한다. 중세 사람들은 태양과 혹성이 지구의 주위를 돈다고 생각했다. 이것은 옳은가, 그른가? 지구라는 단 하나의 '관찰지점'에서만 천체의 운동을 관찰한 결과, 태양과 혹성이 지구의 주위를 돈다는 잘못된 결론을 이끌어 낸 것이다. 바로 이 사실은 인식이 인식의 주체에 의존하고 있음을 보여주는데, 그러나 이러한 진술 속에는 개별 인간이나 인류에 의존하지 않는 내용이 포함되어 있는바, 태양계의 천체가 운동하고 있다는 것이다. 그 결론에 객관적 진리의 핵심이 있다. 코페르니쿠스의 이론은 태양이 혹성계의 중심이며 혹성과 지구는 동심원을 그리면서 그 주위를 순환한다는 것을 주장했다. 객관적 내용에 대한 이러한 명제는 전자의 관점에 비해 보다 더 훌륭했지만, 천체에 대한 천문학적인 관찰이 부족하였기 때문에 그 명제는 객관적 실재와 전적으로 일치하지는 않는다. 스승 티코 브라헤(Tycho Brahe, 1546~1601)의 연구에 의존한 케플러(Johannes Kepler, 1571~1630)는 혹성이 태양 주위를 동심원의 형태로 도는 것이 아니라 타원의 형태로 돈다는 것을 증명하였다. 그것은 보다 올바른 인식에 접근한 것이었다. 현대의 천문학은 행성운행의 궤도와 법칙을 보다 정확히 계산해 왔다. 이러한 예들로부터 **객관적 진리는 역사적으로 발전한다**는 점을 확인할 수 있다. 객관적 진리는 새로운 발견과 더불어 더욱 풍부해 지는 것이다.

객관적 진리의 표현 형태는 상대적 진리라고 불리는데, 그 형태는 구체적인 역사적 조건들에 의존하며 그 진리의 정확함, 정밀함, 풍부합의 정도(특정한 인식수준에 도달한)**를 특징짓는다.** 그리하여 과학을 포함한 인간 인식의 발전 전체는 객관적 진리를 보다 풍부하고 정확하게 표현하는 상대적 진리들의 계속적 과정이다. 인식의 과정은 객관적 진리를 보다 풍부하고 정확하게 인식해가는 과정이다.

현상에 대한 완벽하고 풍부한, 정확한, 다방면에 걸친, 포괄적인, 철저한 인식을 절대적 진리라고 한다. 인간이 절대적 진리에 도달할 수 있는가 하는 문제가 종종 논란이 된다. 불가지론자들[010]은 이에 대해 부정적으로 답한다. 그들이 주장하기로는 우리 인간은 오직 상대적 진리만을 다룰 수 있다는 것이며, 그 각각의 내용은 태양계에 관한 예에서와 같이 결코 완전하고 정확할 수 없다고 한다. 따라서 그들은 완전하고 철저한 인식에 결코 도달할 수 없다고 한다. 그러나 그 주장은 형이상학적이고 잘못된 것이다. 반면에 형이상학자들은 절대적 인식이 언제 어디서라도 획득될 수 있고 표현될 수 있는 것이라고 생각한다. 때때로 매우 간단한 경우에 절대적 인식이 얻어질 수 있는 것처럼 보이기도 한다. '모스크바는 러시아의 수도이다'라는 진술은 절대적 진리이다. 그러나 그러한 진술이 모스크바의 인구, 영역, 건물의 수에 대해, 그리고 언제 러시아의 수도가 되었는지 등등에 대해 완벽한 인식을 제공해 주는가? 그러한 정보가 주어진다 하더라도 올해 초에 얻어진 정보는 불과 1, 2년 후에는 부정확한 것이 될 것이다. 그러므로 얼핏 보아 절대적 진리인 것도 완전하고 올바른 인식을 담고 있지 않기 때문에 사실상 상대적 진리라는 것을 알 수 있다. 어떤 현상이 복잡해지면 복잡해질수록 현상에 대한 완벽하고도 철저한 인식, 즉 절대적 진리에 도달하기는 더욱더 어려워진다. 그러나 절대적 진리는 존재한다. 따라서 인간 인식이 갈망하는 극한과 목표가 무엇인가를 이해하는 것이 필요하다. 모든 상대적 진리는 그러한 목표에 보다 근접하기 위한 일보이다.

진리에는 세 가지 유형, 즉 객관적, 상대적, 절대적 진리가 존재한다고 주장하는 것은 틀리다. 상대적 진리와 절대적 진리는 사실상 객관적 진리의 다른 수준 혹은 형태일 뿐이다. 우리의 인식은 사회, 기술, 과학 등등의 발전 수준에 의존하기 때문에 항상 상대적이다. 우리의 인식 수준이 보다 높아질수록 절대적 진리에 더욱 근접한다. 그런데 그 과정은 끝없이 계속될 것이다. 왜냐하면 우리는 역사발전의 각 단계에서 우리를 둘러싼 세계에 존재하는 새로운 측면이나 성질을 발견하고 그에 대해 보다 완전하고 보다 정확하게 인식해가기 때문이다. 객관적 진리의 어떤 상대적 형태들에서 다른 형태들로 계속적으로 나아가는 이러한 항상적인 과정은 인식과정의 변증법에 대한 가장 중요한 표현이다. 이와 같이 각각의 상대적 진리는 절대성의 계기를 포함한다. 그리고 그와 반대로 절대적 진리는 상대적 진리의 무한한 과정의 극한이다.

우리는 이제 객관적 진리가 어떻게 형성되는지, 그것을 어떻게 검증할 수 있는지, 올바른 인식과 그릇된 인식을 구별할 수 있게 해주는 것은 무엇인지에 대하여 살펴보아야 할 것이다.

508 인식에 있어서 실천의 역할

인간 활동의 가장 중요한 형태는 **실천**이다. 그것은 **우리를 둘러싼 세계, 즉 자연과 사회를 변혁시키는 감각적인 물질적 활동이며, 인식과정을 포함하는 다른 모든 사회적, 지적 활동의 형태들의 기초가 된다.** 따라서 **실천은 노동과정뿐만 아니라 인간의 모든 사회변혁활동을 포함한다.** 지금까지는 주로 실천이 인간의 사유와 사회적 활동의 능력을 발전시키고 수행하는 데 어떻게 영향을 미치는가 하는 각도에서 실천을 바라보아 왔다면, 이제 우리는 또 다른 측면으로부터 실천에 접근해야 한다. **인식론에 대한 변증법적 유물론의 가장 중요한 공헌은 인식활동에 있어서 실천의 근본적 역할에 대해 인정하고 이해했다는 점이고, 실천이야말로 이러한 활동을 가능케 하고 올바른 인식과 그릇된 인식을 구별할 수 있게 한다는 점을 밝혀냈다는 것이다.**

맑스 이전의 철학의 모든 학파 및 조류의 이론가들은 인식에서의 실천의 역할을 이해하지 못하였다. 그들 중 몇몇은 이성을 인식의 원천이라고 생각했거나 관념, 원리 등이 선천적으로 주어지거나 신에 의해 부여되는 것이라고 사고했다. 또 다른 부류는 감각이 인식의 유일한 원천이라고 생각했다. 우리는 이미 이러한 과점들이 어떠한 해결 불가능한 난관이나 모순들로 귀결되는지를 살펴보았다[503]. 포이어바흐를 포함하여 맑스 이전의 유물론적 철학자들조차도 인식에서의 실천의 역할을 이해할 수 없었다. 그들은 인식이 실재를 수동적으로 관찰, 관조하는 과정에서 '순수한' 감각지각으로부터 생겨난다고 생각했다. 맑스는 인식의 주체로서의 인간의 적극적, 창조적 역할을 이해하기에 무능력했다는 점을, 관조적 유물론의 주요한 단점으로서 포착하였다. 이 역할은 어디에 존재하는가? 그것은 인간이 외부 세계를 단순히 관찰, 관조만 하는 것이 아니라, 무엇보다도 노동을 통해 자신의 생명활동 속에서 외부 세계를 변화시키고 재창조하는 존재라는 데 있다. 바로 이 때문에 사회를 포함하는 물질적 세계의 성질이나 연관(인간의 인식이 단순한 관조나 수동적 관찰에만 한정된다면 결코 그것에 도달할 수 없는)에 대한 가장 깊은 인식이 생겨날 수 있는 것이다. 인간의 실천은 유동적이고, 변화하며, 끊임없이 발전하기 때문에 우리가 실천 활동에서 얻게 되는 인식은 보다 복잡해지고 정확해지며 발전하게 된다. 결과적으로 실천은 인식이 생겨나는 **원천**일 뿐만 아니라 그것을 발전시켜 보다 완전한 것으로 만들게 하는 **토대**이다.

인식에서의 감각의 역할을 논의할 때, 우리는 객관적 세계 그 자체에 대한 감각적 이미지의 형성이 인간의 실천 활동[504]이나 전체로서의 문화에 상당한 정도로 의존한다는 점을 확증했다. 그렇기 때문에 실천은 인식과정에 상당히 깊숙이 침투하며, 따라서 감각적 또는 경험적 인식이 형성되는 수준인 최초의 단계에서도 이미 인식과정에 영향을 미치는 것이다. 개념이나 판단의 형성에 대한 실천의 영향은 보다 더 특징적이다[505]. 왜냐하면 대상들을 그 각각의 성질에 따라 분류하는 과정이나 이 성질들을 구별하고 비교하는 바로 그 과정이 명확한 하나의 활동의 형태이기 때문이다. 그것은 물론 정신적, 영적, 지적 활동이지만 물질적 대상에 대한 활동의 충격과 영향, 즉 실천 속에서 형성되고 발전된다. 개념들(추상들)과 개념들을 포함하고 있는 진술들을 형성하는 과정이 완성되고 그 진술이 참인지 거짓인지를 판별해야만 할 때, 우리는 다시 실천에 의지하게 되는데, 이대 이러한 실천은 우리의 인식의 진리성 여부를 검증하는 수단, 즉 **진리의 규준**으로서 기능한다. 때문에 레닌은 다음과 같이 썼다. "생동하는 지각에서 추상적 사고로, **추상적 사고에서 실천으로**, 이것이 **진리** 인식의 변증법적 과정이다."30)

실천은 인간의 고유한 활동형태이다. 동물의 가장 복잡한 활동조차도 실천으로 간주될 수 없다. 왜냐하면 실천의 기초 및 핵심이 일 혹은 노동이기 때문이다[122, 125]. 이것이 동물의 활동에는 깊은 연관, 즉 객관

---

30) Lenin, *Collected Works*, vol. 38, Progress Publishers, Moscow, 1981, p.171.

적 법칙에 대한 인식이 적용될 수 없으며, 표면적인 목적 지향적 연관에 관한 인식만이 적용될 수 있는 이유이다. 알다시피 개미는 상당히 복잡한 행동을 한다. 특히 개미는 다른 곤충(진드기)을 보호하고 키우기까지 하여 그들로부터 분비되는 즙에서 영양을 섭취한다. 그러나 군집이라고 알려진 이 '공동체'가 수백만 년을 거치는 동안에도 개미는 더 생산적인 진드기 품종을 길러내지 못했다. 불과 수천 년 전에 농업과 목축에 종사하기 시작한 인간은, 끊임없는 시행착오와 계속적으로 반복되는 실험들을 동반하는 능동적 실천 활동을 통해 사육되는 동식물의 생산성에 영향을 미칠 수 있다는 것을 확신하게 되었다. 그들은 곡물재배나 가축사육의 방법을 발견하고 확인하면서, 야생의 상태에서는 존재하지 않는 아주 새로운 종과 변종을 만들어 내는 것을 배웠다. 농사에 관한 새로운 객관적 진리는 실천을 통해 발견되고 확인되었으며 이용되어 왔다.

액체(예를 들어 물과 같은)의 특성과 고체가 여러 차례 발견되었음에도 불구하고, 그와 같은 소극적 발견으로는 물에 잠긴 신체의 무게가 어떻게 변하는가에 대해 답할 수 없었다. 우연적이거나 의도적으로 물에 잠긴 신체에 대한 실천적 연구 활동을 계속 반복하는 과정에서, 결국 인간은 물에 더 많이 잠기면 잠길수록 중량이 가벼워진다는 것을 발견했다(아르키메데스의 법칙). 이 발견은 후에 조선업을 커다란 성공으로 이끌게 하는 데 이용되었다.

19세기 중반에 맑스와 엥겔스는 계급투쟁의 실천을 일반화하면서, 적대적 계급모순을 극복하고 계급 없는 사회를 건설하는 것이 역사의 객관적 법칙이라는 결론을 내렸다. 그들의 반대자들은 이 테제의 객관적 진리성을 부정하고 논박하려고 했다. 이 테제에 대한 가장 뚜렷한 확증은, 계급대립이 없는 사회를 창출한 소련에서의 사회주의 건설이라는 실천이었다.

이와 같이 실천이란 사회의 자연에 대한 인식의 원천이고, 인식 발전의 기초이며, 획득된 인식의 진리성에 대한 검증기준이다.

509 현상과 본질. 인식의 변증법

이 부에서 언급된 것을 요약하려면 두 개의 중요한 철학적 범주, 즉 '현상'과 '본질'을 검토해야 한다.

사과를 조사하고 그 냄새를 맡고 감촉을 느끼고 맛을 볼 때, 우리는 일정한 감각적 이미지를 형성하는 다양한 감각을 얻게 된다. 감각에 의해 수용된 객관적 사물을 **현상**이라고 부른다. 현상은 우리 주변의 대상들과 과정들의 객관적인 여러 성질에 관한 정보를 담고 있다. 앞에서 언급했듯이[504], 대상이 우리에게 무엇으로 보이는가, 어떻게 우리에게 나타나는가 하는 것은 대상의 객관적 특질들뿐만 아니라 지각기관의 구조와 신경계(뇌를 포함하여), 그리고 마지막으로 인간의 실천 활동에 의존한다. 사과를 볼 때 우리는 그것이 붉고 둥글다는 것을 알게 된다. 말하자면 그것이 첫 번째 순서의 현상이다. 사과 한 조각을 현미경으로 관찰하면 우리는 그것이 세포의 구조로 이루어져 있다는 것을 알게 된다. 이것이 이미 두 번째 순서의 현상이다. X-레이 장치와 전자현미경 등을 연속적으로 사용하면, 사과의 세포들의 내부구조 및 그 안에서 진행되는 분자의 작용들을 볼 수 있다. 이것이 세 번째, 네 번째 순서의 현상이다. 따라서 **'현상'이라는 범주는 실천적·실험적 활동에서 그를 둘러싼 인간이 직면하는 여러 과정과 대상의 객관적인 외적 측면을 반영한다.** 우리는 이러한 외적 측면을 직접적으로 혹은 기구들과 다양한 장치를 통하여 지각한다. 그러면 '본질'이라는 범주는 무엇을 반영하는가?

우리는 시각을 통해 사과의 색, 모양, 크기 등과 같은 개별적인 특징들을 알게 된다. 이러한 속성들이 사과를 다른 대상들로부터 구별 짓는다. 그 후에 우리는 사과라는 종(種)에 특징적인 세포구조에 대해 알게 된다. 더 나아가 식물뿐만 아니라 살아 있는 유기체 일반에 특징적인 세포 내에서의 물리적·화학적 작용들에 대해 이해하게 된다. 사과의 내부구조를 훨씬 깊이 살펴보면 이 과일의 성장, 발전 및 생리학적 작용들을 지배하는 더욱더 안정적이고 필연적인 연관을 알게 된다. 다시 말하면 첫 번째 순서의 현상에서 두 번째 혹은 다른 순서의 현상으로 옮겨가고 외양이나 현상의 내부구조를 알게 되면 그것의 객관적인 패턴들을 발견하게 된다. 본질을 이루는 것은 바로 이러한 패턴들이다. 따라서 **'본질'이라는 범주는 연구되고 있는 대상들과 과정들의 기능 및 발전을 지배하는 내적이고 심오한 여러 성질과 연관을 반영한다.** 그것은 하나의 현상 또는 일군의 현상의 내적인 패턴들의 총체를 반영한다. 따라서 레닌은 '본질'이라는 범주와 '법칙'이라는 범주가 동등한 서열의 개념이라고 강조했다. 복잡한 사회적 현상들을 연구할 때 이 사실을 기억하는 것은 특히 중요하다.

현대 자본주의 사회에서는 파업이 끊임없이 일어난다. 그것들은 인간의 지각기관이 직접적으로 관찰하기 쉬운 것이다. 비록 다양한 파업에서 다소 상이한 요구가 제기되며, 파업도 상이하게 발전하고 상이한 사건들을 수반할지라도, 그것의 본질은 노동자계급의 이익을 위한 경제투쟁이다. 우리는 또한 프롤레타리아트의 계급투쟁의 상이한 형태들(경제투쟁, 이데올로기투쟁 그리고 정치투쟁)의 보다 일반적으로 심오한 본질을 구별할 수 있다. 그것들은 궁극적으로 자본주의적 생산양식의 사회주의적 생산양식으로의 대체라는 객관적이고 역사적인 필연성으로 요약된다. 외적인 사회적 현상들의 다양성의 배후에는 이처럼 단일하고 객관적인 본질이 존재한다. 우리가 살펴본 바와 같이 현상들 사이에 혹은 현상과 본질 사이에는 어떠한 확정된 구분선도 존재하지 않는다. 오늘날에는 관찰될 수 없고 대상의 본질인 것이, 미래에는 관찰될 수 있으며 현상으로 전화될 수 있다. 말하자면 한편으로 '현상'이라는 범주와 '본질'이라는 범주는 모순적이다. 왜냐하면 현상은 모든 대상의 외적이고 보다 가변적인 측면들을 반영하는 반면, 본질은 그것의 내적이고 보다 안정적인 측면들을 반영하기 때문이다. 동시에 그것들은 변증법적으로 연관되어 있으며 상호 전화한다. 실재 그 자체에서 현상들과 본질은 분리되어 존재하지 않는다. 그래서 레닌은, 본질은 현상하며 현상은 본질적이라고 말했다. 이 말은 내적이고 은폐된 측면은 외적인 측면을 통해서 항상 발견되고 관찰될 수 있으며, 반면에 외적인 측면은 내적인 측면에 의해 지배되고 그에 근거한다는 것을 의미한다. 이와 동시에 '현상'이라는 범주와 '본질'이라는 범주는 인식의 단계들 사이의 연관과 의존성을 표현한다. 현상은 감각적 인식과 생생한 관조의 수준에서 인식된다. 하지만 본질은 개념들과 판단들을 통한 추상적 사고의 단계에서 발견된다.

경험론과 합리론[503]을 화해시키고자 했던 칸트는 인간은 단지 현상만을 알 수 있다고, 즉 사물들이 감각기관들을 통하여 어떻게 현상하는가만을 알 수 있다고 주장했다. 그가 '물자체'라고 불렀던 사물들의 본질은 인식할 수 없는 것이었다. 칸트는 외적 세계의 대상들은 인간의 인식으로부터 독립하여 존재한다는 것을 강조했으며, 따라서 유물론으로의 뚜렷한 일보를 내딛었다. 그러나 그는 '물자체'는 인식불가능하다고 확신함으로써 불가지론과 주관적 관념론[010]으로 후퇴하였으며 해결할 수 없는 모순에 빠졌다. 즉 다음과 같은 의문이 제기되었다. 만약 '물자체'를 인식하는 것이 불가능하다면 그것이 객관적으로 존재한다고 어떻게 말할 수 있는가? 이 같은 모순을 해결하기 위해서 칸트는 신념, 그리고 감각적 인식 위에 서 있는 최고이성에 호소했다. '물자체'의 존재를 믿기 때문에 그것의 존재를 알 수 있다는 것이다. 유물론자와 관념론자 모두 칸트의 이러한 비일관성을 비판했다. 유물론자는 '물자체'를 인식불가능하다고 간주한 점, 현상과 본질 사이에 건널 수 없는 심연을 놓았다는 점을 들어 칸트를 비판했다. 레닌은 그것을 '좌로부터의 비판'이라고 불렀다. 모든 현대 과학의 경험과 성과에 기초해 있는 변증법적 유물론의 인식론은 인식할 수 없는 '물자체'는 존재하지 않는다고 간주한다. 아주 충분히 알려지지 않았지만 인간의 실천 활동과 인식 활동이 심화되고 확장됨에 따라 알 수 있는 다양한 대상들, 사건들 그리고 과정들만이 존재한다.

진정한 인식의 변증법은, 발전하는 세계는 인간의 사회적 활동, 생산 활동의 끊임없는 변화와 발전을 통해서만 발전하는 인식 속에서 반영된다는 점에서 출발한다. 인식과정에서 우리는 끊임없이 현상에서 본질로, 상대적 진리에서 다른, 보다 심오한 진리로 나아가고, 실천 속에서 그것들을 끊임없이 검증하며, 잘못되고 그릇된 판단이나 추론을 가차 없이 거부한다.

● 과학적 인식의 형태 및 방법들

510 이론과 가설

과학은 인식의 최고 형태이다. 오늘날 사회생활의 모든 측면에 미치는 과학의 영향력은 계속해서 증대하고 있다. 이러한 영향력의 토대는 산업 및 사회행정에서의 과학적 진보들의 적용이며, 이것은 과학기술 진보를 낳는다[311]. 과학적 인식과 지식의 가장 중요하고 두드러진 특징은 무엇인가?

고대 바빌로니아의 천문학자들은 (전하는 바에 의하면) 항성과 행성의 분포를 매우 잘 알고 있었다. 그들은 수십 차례에 걸쳐 일식과 월식을 관찰했다. 그러나 그들은 그것들의 운행궤도를 계산하거나 월식과 일식이 앞으로 정확히 언제 다시 일어날지 예측할 수 없었다. 더욱이 왜 천체가 운행하며 왜 일식과 월식이 일어나는지 그들은 이야기할 수 없었다. 오늘날에는 대학생, 심지어 고등학생조차도 이러한 질문에 쉽게 대답한다. 천문학자들은 개개의 행성의 운행뿐만 아니라 전 항성체계의 운행도 매우 정확하게 예측할 수 있으며, 멀리 떨어져 있는 항성에서 일어나는 물리적인 과정들을 설명할 수 있다. 어떻게 이러한 일이 일어났는가? 그것은 현대 과학이 과학적 이론에 의존하고, 이러한 이론은 이미 존재하는 현상들을 설명할 수 있고 또한 새로운 현상들을 예측할 수 있기 때문이다. 바빌로니아의 천문학자들의 시대에는 아무런 과학적 이론이 존재하지 않았으며, 더구나 그들은 그것을 만들어 낼 수도 없었다. 과학적 이론이란 무엇인가?

발전된 과학적 이론이란 상호 연관된 과학의 법칙들의 체계 또는 사슬이다. 더욱이 법칙들은 논리의 규칙과 수학적 변형들을 통하여 다른 법칙들로부터 연역될 수 있다. 이와 같은 변형들을 통하여 마침내 우리는 현존하거나 혹은 미래에 존재할 자연현상들에 대한 지식을 얻게 된다. 과학적인 이론의 매우 간단한 예로 케플러가 정식화한 태양 주변의 행성들의 회전에 대한 이론을 들 수 있다. 이 이론은 수학적인 형태로 표현된 세 가지 법칙을 포함한다. 관측으로부터 얻은 일정한 최초의 자료를 가지고 있는 과학자는, 바빌로니아의 천문학자들과는 달리, 더 이상 새로 관측할 필요가 없다. 그는 이러한 자료들을 케플러의 법칙을 표현하는 공식들에 대입하고 계산을 행하여, 어떤 행성이 특정한 순간에 어느 곳에 위치할 것인가를 정확하게 말할 수 있다. 뉴턴이 발견한 고전 역학과 중력법칙을 케플러의 법칙에 덧붙일 때, 우리는 새롭고 더욱 유력한 이론, 즉 천체역학을 얻게 되며, 그것에 의해서 천체의 위치를 설명하고 예측하게 되었을 뿐만 아니라 천체가 운행하는 원인 등을 나타낼 수 있다. 그 결과 이론은 물질적 세계의 현상들의 다소 광범한 분야를 포괄할 수 있으며, 당분간 복잡하고 지루한 관측을 하지 않아도 그것에 관한 필수적인 모든 정보를 얻게 해주는 매우 심오하고 신뢰할 만한 지식을 제공할 수 있다.

과학적 이론은 또 다른 이점을 지니고 있다. 말하자면 그것은 실천 활동을 위한 교육지침과 의지할 만한 규칙들을 제공하며, 객관적 세계의 현상들을 체계화하고 분류할 수 있게 해준다. 과학적 이론에 포함되어 있는 법칙들이 지니고 있는 이러한 가능성을 부여하는 것은 무엇인가?

요점은 **과학의 법칙들은 객관적 실재의 법칙들에 대한 반영**[108]이라는 것이다. 실재의 법칙은 객관적으로, 인간이 그것을 발견하든 발견하지 않든 그것과 독립하여 존재한다. 그러나 그것들이 발견되고, 알려지고, 과학의 법칙의 형태로 정식화된 연후에만, 우리는 그것을 이용하고 활동에서 그것에 의존하며 사회의 선(善)을 위해 그것을 활용할 수 있다. 저 유명한 멘델레예프의 법칙을 예로 들어 살펴보자.

화학 원소의 주기율은 다양한 원소들의 핵의 물리적 구조와 화학적 성질들 사이의 객관적이고 필연적인 내적 연관을 반영한다. 어떤 원소의 주기율표상의 위치를 알고 있을 때, 이 법칙을 이용하면 그 원소의 화학적 성질들을 **설명**할 수 있다. 그리고 이 법칙으로부터 아직 알려지지 않은 원소들의 성질들까지 **예측**할 수 있다. 멘델레예프 자신도 그의 시대에는 아직 알려지지 않았던 알루미늄의 여러 성질을 예측했다. 오늘날 러시아의 과학자들은 멘델레예프의 법칙 및 양자역학의 이론에 기초하여, '쿠카토비움'(kurchatovium)이라는 자연에는 존재하지 않는 새로운 인공원소를 만들어 낼 수 있었다. 그 원소의 여러 성질과 구조는 사전에 설명되고 예측된 것이었다. 더욱이 과학적 이론은, 말하자면 새로운 원소를 합성하는 실험활동을 위한 지침을 제공했다. 사람들이 수천 년 동안 단순하고 평범한 문제를 풀어야 했었던 것과 같이, 이 경우에도 시행착오의 방법을 사용하는 것은 불가능했을 것이다. 현대의 발견은 오로지 참으로 과학적인 이론을 통해서만 이루어질 수 있다. 양자역학과 특수상대성이론이 없다면 동력공학이 필요로 하는 원자핵 융합 반응과정을 창조할 수 없다. 이론적인 분자생물학이 없다면 유전공학, 그리고 새로운 생물학적 종을 창조하는 것은 불가능하다.

이처럼 과학적 이론은 인식을 수십, 수백 배 촉진시키고 지식을 더욱 심오하고 신뢰할 만한 것으로 만들며, 그것 위에 인간의 모든 실천 활동의 기초를 쌓을 수 있게 해준다. 이러한 이유에서 19세기의 가장 위대한 물리학자 중의 한 사람이었던 오스트리아 루트비히 볼츠만(Ludwig Boltzmann, 1844~1906)은 “훌륭한 이론보다 더 실천적인 것은 없다”고 매우 올바르게 말할 수 있었다. 과학적 이론, 그리고 그것을 구성하는 법칙들은 어떻게 만들어지는가?

과학의 법칙의 가장 중요한 기원 형태는 가설이다. 과학적 가설은 일상적인 추측과 다르며, 객관적인 사실, 관찰 및 실험에 잘 근거해야만 한다는 것, 그리고 이미 이용 가능하고 확증된 과학적 성과에 부합해야 한다는 것을 전제로 한다. 가설은 두 가지 방식으로 설정된다. 첫째, 어떤 이유로 선행하는 이론들에 의해서는 설명되지 않는 다소 상당한 양의 축적된 관찰의 내용을 일반화함으로써 설정된다. 이러한 가설을 경험적 일반화(즉 경험에 근거한)라고 부른다. 오래전에 과학자들은 조수현상에 대한 수천 번의 관찰을 기초로 이 현상이 달의 위치에 의존한다는 가설을 제기했다. 결국 이 가설은 정확한 계산과 관측으로부터 검증되었고, 과학의 법칙이란 힘을 획득했다. 둘째, 확증된 다른 여러 법칙과 이론이 고려된, 과학자들의 이론적 추측 혹은 추정으로써 가설이 설정된다. 예를 들어 일반 상대성이론에서는 공간의 곡률은 운동하는 물체의 질량에 따라 변화한다는 가설이 제시되었다. 지구 주위의 공간에서는 곡률의 변화를 측정하기 어려웠기 때문에 이 가설은 오랫동안 검증되지 못했다. 그러나 이 가설에 입각하여 계산된 소련 우주선의 금성 착륙의 성공은 이 가설이 객관적 법칙임을 확증시키는 논거가 되었다. **가설의 설정, 그리고 그 중 가장 올바르고 가장 정확한 가설의 검증 및 선택은 과학적인 관찰과 실험을 통하여 이루어진다.** 실험과 관찰에 의해 검증되고 확증된 가설은 더 이상 단순한 추측이나 다소 올바른 명제 정도로 취급되지 않는다. 과학자들은 그것을 과학의 법칙의 하나로, 즉 연구된 실재 자체의 안정적이고 본질적인 연관을 반영하는 객관적 진리로 간주하기 시작한다. 가설의 과학의 법칙으로의 '전화'는 세계에 대한 과학적 인식에서 중요한 일보이다. 그리고 이 전화 자체는 실천을 통해서만 가능하며, 그것의 본질적인 요소는 과학적 관찰과 실험이다.

511 과학적 인식에서의 실험과 관찰

천문학자가 전파망원경으로 미지의 우주로부터 방출된 전파나 X-레이를 포착할 때 보통의 광학망원경으로는 관측될 수 없는 항성이나 성군(星群)을 발견할 수 있다. 실험실 혹은 자연적인 조건 속에서 동물을 관찰함으로써 생물학자는 이전에는 알려지지 않은 동물 행동의 패턴을 발견할 수 있다. 관찰은 감각인상과 시각, 청각 그리고 다른 감각들을 획득하는 과정에 기초한다. 일상생활에서, 일터에서 또는 과학연구에서 얻어지는 정보 중 많은 것은 관찰에 기초한다. 그러나 과학적 관찰은 일상적 관찰과는 질적으로 구별된다. 예를 들어 과학적 관찰은 (1)특수한 도구나 장치를 통하여, (2)대개 특수한 프로그램이나 계획에 따라, 그리고 미리 선택된 대상들 위에서 이루어지며, (3)엄격하게 규정된 목적, 즉 연관 없는 사실들이 단순한 집적이 아니라 새로운 가설들의 설정과 앞서 진전된 가설을 검증할 수 있는 사실의 집합을 추구하며, (4)대개 일상생활에서는 접하지 못하는 대상과 과정 위에서 이루어지며, (5)관찰은 높은 정확성과 신뢰성 등의 필요조건에 적합해야만 한다. 그럼에도 불구하고 가장 복잡하고 정확한 과학적 관찰도 현상의 심연과 본질에 도달하지는 못한다. 왜 그럴까?

가장 정확한 도구를 사용한다 할지라도 관찰은 연구된 대상을 그것이 자연에 존재하는 형태로, 그것을 변화시키거나 변형시키지 않은 채 남겨둔다. 그러나 어떤 대상의 심오한 내적 연관을 이해하기 위해서는 그 물질을 변형·변화시키고, 그 과정에서 그것이 어떤 반응을 나타내는가를 살피는 것이 필요하다. 그러기 위해서는 그 대상은 통상적인 연관과 조건으로부터 분리되어 다른 조건에 놓여야만 하며, 그 활동영역도 변화되어야 한다. 그것은 부분으로 분할되어야만 하며, 다른 대상들과 충돌하도록 만들어져야 하며, 기대하지 않던 상황 속에서 기능하고 작동되어야만 한다. 이것도 또한 과학적 실험이나 실험적 연구의 내용을 구성한다. 따라서 실험은 실천의 특수한 과학적 형태이다. 실험을 하는 동안에 관찰은 더 이상 수동적으로가 아니라 '생생한 관조'라는 형태로 능동적으로 행해진다. 실험은 엄격하게 확립된 여러 규칙에 따라 실시되고 미리 세워진 목표, 즉 가설을 확인하거나 반박하고 새로운 법칙과 이론을 정식화하기 위한 새로운 사실을 얻는 것을 목표로 하기 때문에 과학적 인식의 매우 중요한 수단이 된다.

관례에 따르면 실험의 몇몇 형태가 구별된다. (1)**탐험적 실험**은 새로운 현상들, 새로운 여러 성질이나 이전에는 알려지지 않은 현상들 사이의 연관을 발견할 것을 목표로 한다. (2)**검증적 실험**은 가설을 확증하거나 반박하고 가설의 정확성을 평가하는 것을 목표로 한다. (3)**구성적 실험**은 이전에는 자연에 존재하지 않았던 새로운 물체, 새로운 구조나 새로운 물질을 만들어 내거나 구성하는 것을 목표로 한다. (4)**조작적 실험**은 측정기구, 장치 및 도구를 점검하고 조정하는 것을 목표로 한다.

이러한 실험적 활동의 모든 유형은 흔히 하나의 실험에 뒤섞여 있다. 예를 들어 우주 실험실의 금성 발사는 일반 상대성이론의 많은 명제들의 정확성을 확인시켰고(검증적 실험), 금성의 대기 및 표면의 새로운 현상들을 발견하게 하였고(탐험적 실험), 그러한 연관 속에서 아주 새로운 설비와 장치가 발명되었으며(구성적 실험), 조작 장치의 정확도와 신뢰도가 확인되었다(조작적 실험).

현대 과학의 뚜렷한 하나의 특징은 실험이 자연과학과 공학에서뿐만 아니라 사회생활에서도 일반적인 과학적 인식방법으로서 광범하게 적용된다는 사실이다.

과학기술 진보의 조건 속에서 실재를 인식하고 변형시키는 실험적 방법은 공업, 농업, 경영, 그리고 행정의 모든 영역에서 널리 일반화되었다. 소련에서는 과학적으로 조직된 실험이 작업의 조직화 및 경영의 새로운 형태들을 살펴보고 점검하기 위하여, 새로운 장비와 진보된 테크놀로지를 도입하기 위하여 작업과 공장, 농공복합체, 생산연합체 속에서 자주 행해진다. 거기에서 우리는 사회적 실천에 대한 과학의 영향력의 가장 강력한 메커니즘 중 하나를 발견한다. 그것은 왜 의식 있는 모든 사람들이 인식과 실천 활동에서 실험의 역할을 이해할 필요가 있는가를 설명해 준다.

512 몇몇 일반적인 과학적 인식방법들

현대 과학은 급속도로 발전하고 있다. 그것은, 소립자로부터 항성, 살아 있는 유기체로부터 로봇, 개인의 정신으로부터 전 사회적 규모의 사회변형에 이르기까지 자연과 사회의 가장 다양한 대상들을 연구한다. 그것은 새로운 과학들의 형성과 창조, 즉 과학적 지식의 **분화**라고 알려진 과정을 낳는다. 과학의 분화는 다양하고 전문화된 많은 과학적 인식방법들을 발전시킨다. 이와 동시에 역의 과정, 즉 과학의 **통합**이 존재하며, 그것은 다른 과학들에 적용되는, 몇몇 과학들에 의해 발견된 법칙들과 패턴들에서 드러난다. 물리학과 화학에서 형성된 개념들은 살아 있는 유기체들을 연구하는 데 적용된다. 경제법칙들은 사회의 역사를 연구하는 데 사용되며, 로봇을 제작할 때에는 심리학의 진보가 고려된다. 그러나 과학의 통합에 대한 가장 중요한 표현은, 연구의 모든 형태들에서 광범하게 쓰이고 활용되는 일반적인 과학적 인식방법들의 발전과 심화이다. 그것들을 연구하는 것은 인식론의 중요한 과제의 하나이다.

1. 연역적 인식방법과 귀납적 인식방법

과학의 법칙들, 가설들 그리고 이론들은 인식의 특수한 수준, 즉 **이론적** 수준을 형성한다. 직접적인 관찰과 실험, 즉 감각지각에 기초해 있는 인식은 인식의 또 다른 수준, 즉 **경험적** 수준을 형성한다. 현대 과학의 인식의 이론적 수준과 경험적 수준 사이에는 매우 복잡한 관계들이 존재한다. 현대 물리학, 사이버네틱스, 천문학, 생물학 그리고 다른 과학들의 이론들, 가설들 그리고 법칙들은 매우 추상적이며, 그것들은 감각적으로 지각되는 현상들과 직접적으로 비교할 수 있거나 그것에 적용할 수 있는 가시적이고 생생한 모델들, 개념들 및 진술들로 표현될 수 없다. 인식의 이러한 형태들은 보통 수학 방정식과 같은 복잡하고 상징적인 형태, 그리고 추상적인 논리적 정식들로 표현된다. 그것들을 실재에 적용하고 진리성을 확인하려면, 인식의 이론적 수준을 경험적 수준과 비교하고 대조해야만 한다. 그것을 위해서 **연역적 인식 방법**이 사용된다. 이 방법은 다음과 같은 것이다. 하나의 이론의 주요한, 최초의 법칙들과 가설들은 엄격하게 규정된 논리적·수학적 규칙들을 통하여 끊임없이 변형된다. 이러한 변형들의 결과로 일정한 패턴들을 표현하거나 연구된 대상들의 뚜렷한 성질들과 연관을 기술하는 공식들, 공리(公理)들 혹은 명제들의 긴 사슬 또는 체계가 얻어진다. 연역이란 최초의 근본 법칙들과 가설들로부터 도출된 이러한 방법으로 인식을 구성하는 과정이며, 이렇게 얻어진 인식을 연역적 인식이라고 부른다.

연역적 인식방법은 다양한 논리적·수학적 변형을 통하여 한 이론의 상대적으로 적은 수의 근본 전제와 법칙들로부터 엄청나게 많은 추론들을 얻게 한다. 가시적인 표현을 결여하고 있는 최초의 명제들과는 달리 추론들은 감각에 의해 지각된 물질적 실재에 적용될 수 있다. 왜냐하면 물질적 실재에는 경험적인, 즉 감각에 의해 지각된 의미가 부여되어 있기 때문이다. 예를 들어 공식들에 포함된 변수들은 몇몇 기구의 눈금을 읽는 것, 다양한 전기 지침반이나 디스플레이를 읽는 것, 혹은 일상적인 가시적·청각적 관찰들 등과 비교된다. 인식의 이론적 수준과 경험적 수준 사이의 연관은 이처럼 연역적 인식방법에 의해 밝혀지고, 그 결과 실험, 관찰 그리고 가장 넓은 의미에서의 실천 속에서 밝혀진다. 예를 들어 양자역학의 근본 법칙들은 실재 자체에 대하여 직접적, 무매개적으로 적용되지 않으며 실험적 관찰의 결과들과 비교될 수 없다. 수학적 변형들에 의해 얻어진 최종 결론들은 실험적으로 검증될 수 있으며, 실험을 통하여 이러한 근본 법칙들의 진리성이 증명될 뿐만 아니라 그것들이 매우 광범하게 응용될 수 있다는 사실이 발견된다.

연역적 인식방법이 인식의 이론적 수준으로부터 경험적 수준으로 나아가도록 하는 반면, **귀납적 인식방법**은 반대 방향으로 나아가게 한다. 실제로, 그리고 과학적 관찰과 실험을 통해 과학자들은 자연 혹은 사회생활의 몇몇 현상들과 관련된 다소간 유사한 사실들을 엄청나게 축적한다. 이때 다음과 같은 물음이 제기된다. 그러한 현상들을 지배하는 객관적 법칙들에 대한 인식이 우연적인 영향들과 변화들에 종속된 개개의, 동등하지 않은 사실들로부터 도출될 수 있는가? 과학적 인식을 구성하는 귀납적 인식방법은 감각관찰과 개개의 사실들에 대한 경험적 인식으로부터 그러한 사실들의 기초가 되고 본질을 형성하는 법칙들[509]에 대한 이론적 인식으로 나아가게 하는 일종의 규칙들의 집합이다. 귀납적 인식방법의 적용은 과학적 인식에서 수학적 통계학과 개연성 이론을 광범하게 사용하는 것과 관련되어 있는데, 개연성 이론에 의해서 일련의 실험 전체에서 일정한 성질이 발전할 개연성이 양적으로 측정될 수 있다. 어떤 과정 혹은 성질이 안정적인 개연성이 매우 높다면, 그것들에 대한 인식은 하나의 과학의 법칙으로 취급될 수 있다. 바로 이러한 방식으로 분리된 물리학적 체계에서의 에너지 분배법칙(고전적인 열역학 제2법칙), 다윈의 자연도태 법칙, 그리고 많은 다른 규칙들과 현대 과학의 법칙들이 발견되었다. 개개의 부분적인 관찰들로부터 보다 일반적인 이론적 인식으로 나아가게 함으로써, 귀납적 인식방법은 과학의 발전에서 중요한 역할을 한다. 외견상 연역적 인식방법과 귀납적 인식방법은 방향에 있어 정반대이지만, 내적으로 그것들은 과학적 인식의 전 체계의 급속한 발전을 촉진하는 심오한 변증법적 통일을 형성한다.

2. 분석과 종합

과학자들이 새로운 대상을 연구하게 될 때, 대개의 경우 그들은 그것의 독립된 성질들과 특질들을 반영하는 매우 일반적이고 추상적인 인식만을 갖고 있다. 이러한 인식은 연구된 현상들 혹은 과정들의 응용은 말할 것도 없고 대상에 대한 깊은 이해를 위해서도 충분하지 않다. 그것들에 대한 모든 필수적인 정보를 얻고 그것들을 지배하는 법칙들을 발견하기 위해서는 대상을 특수한 체계로 나타내는 것이 필요하다. 그러면 이 체계는 연속적으로 분해되어, 다양한 수준의 많은 하위체계들로 확장되고, 곧바로 개개의 요소들[106]로 분해된다. **분석**이란 하나의 체계(전체)를 하위체계들(부분들)과 요소들로 연속적으로 분해하고, 이러한 하위체계들과 요소들을 차례차례 연구하는 과정이다. 분석을 수행하는 동안 연구된 대상의 독립된 성질들과 특질들, 부분들과 요소들에 대한 정보가 축적된다. 그러나 그러는 동안에 일종의 전체라는 그 대상의 본래적인, 최초의 관념은 말하자면 소멸한다. 대상에 대한 새로운, 이번에는 아주 구체적이고 풍부한 인식을 얻기 위해서는 **종합**이라고 불리는 인식의 새로운 단계를 수행하는 것이 필요하다. 분석을 수행하는 동안 모아진 모든 인식들이 일정한 규칙들에 의해 통일되고 연결되어, 그것들은 연구된 대상의 성질들, 특질들, 관계들 그리고 하위계들과 요소들 사이의 연관을 가장 정확하고 충실하게 반영한다. 인식의 통일 혹은 종합이 완료되었을 때 우리는 다시 대상에 대한 완전한 관념과 완전한 인식을 얻는다. 하지만 본래적인, 최초의 인식과는 대조적으로 그것은 추상적이지 않고 구체적[505]이며, 연구된 대상들을 변화시키고 변형시킬 수 있게 하고, 계획된 목적들을 얻기 위하여 실천 활동에서 그것들을 사용하게 하는 대량의 정보를 제공한다. 분석으로부터 종합으로의 진행은 여러 번 반복될 수 있다. 이러한 진행의 각각의 새로운 반복은 말하자면 인식의 새로운 나선에 도달한다. 인식의 방법들은 반복되지만 그것은 인식의 변증법적 나선의 새로운 수준에서 이루어진다.

3. 논리적 인식방법과 역사적 인식방법

자연과 사회의 그 어떠한, 아무리 복잡한 체계도 두 가지 각도에서 검토될 수 있다. 첫 번째 접근법에서 인식은 주어지고 정식화된, 그리고 어느 정도까지는 완전한 것으로 간주된다. 두 번째 접근법에서는 대상의 발전 및 형성의 과정에 대한 연구에 강조가 주어진다. 첫 번째 접근법은 연구된 대상의 기능 혹은 생명활동의 법칙들을 밝힌다. 두 번째 접근법에서는 연구된 대상의 발전, 형성, 기원 및 변화의 객관적인 법칙들이 밝혀지고 연구된다.

우리가 첫 번째 접근법에서 사용하는 인식행위 혹은 인식의 방법이 **논리적** 방법이다. 그것은 근본적이고 가장 중요하며 본질적인 특성들, 성질들 그리고 특질들을 밝히고, 이러한 성질들과 특성들을 반영하는 최초의 개념들로부터 연구된 현상들과 과정들에 대한 보다 풍부하고 철저한 인식을 제공하는 보다 복잡하고 구체적인 개념으로 모순 없이 진행하는 방법이다. 이 방법을 사용하면 대상을 인식할 때 그것을 그 본질적 특징에 있어서 있는 그대로 인식할 수 있다.

두 번째 접근법에서 우리는 결코 항상 단순하고 간단하지만은 않은 역사적 발전의 실제 과정을 하나하나 재생산한다. 인식의 **역사적** 방법은 연구된 현상들 혹은 과정들의 형성, 발전 및 형태화(shaping)의 모든 단계들을 연속적으로, 논리적 모순이 없이 검토하고 기술하는 것이다. 그것은 발전의 실제적이고 복잡한 전 나선적 과정을 그 모든 지그재그와 후퇴 속에서 추적한다. 따라서 역사적 방법은 매우 고된 작업이며 엄청난 정력과 시간의 지출을 요구한다. 그것은 동시에 논리적 방법이 철저한 해답을 제공할 수 없는 많은 문제에 답변하게 해준다. 이러한 문제에는 연구된 대상들의 역사적 발전 순서 및 방향의 문제가 포함된다. 따라서 논리적 방법과 역사적 방법은 서로 대립하는 것이 아니라 상호 보완하는 것이다.

예를 들어 한 의사가 어떤 병의 증상을 연구할 때, 그는 그것의 가장 중요한 신호들(체온의 변화, 혈액상태의 변화, 몇몇 미생물들의 존재, 개개의 기관들의 변화)을 가려낸다. 최후로 그는 얻어진 사실들을 논리적으로 연결하고 종합하여 진단을 내린다. 즉 그는 환자의 건강과 질병의 상태에 대한 아주 구체적인 인식을 획득하는 것이다. 그러나 이러한 진단만으로는 효과적인 치료에 충분하지 않다. 의사는 병의 유래, 증상들의 출현 순서, 질병의 개별적인 표현들의 발전, 유기체의 다양한 특질들의 변화, 환자가 어떻게 느끼는가, 등을 알아야 할 필요가 있다. 사전에 얻어진 인식을 이러한 역사적인 정보에 의해 보충할 때 비로소 의사는 보다 정확한 진단과 효과적인 처방을 내릴 수 있다. 더욱이 치료 자체도 환자의 회복 과정의 발전, 원동력, 변화에 대한 끊임없는 검사를 요구한다.

"과학적 인식에서 논리적인 것과 역사적인 것"

또한 인식의 논리적 방법과 역사적 방법은 다양한 사회적 현상들의 연구에서 변증법으로 상호 보완한다. 예를 들어 한 나라의 오늘날의 경제를 연구할 때, 우리는 무엇보다도 그 구조를 밝히고, 그것의 주요한 생산관계를 분석하고, 경제의 주요 구성요소들(공업, 농업, 상업, 서비스부문, 재정, 세제 등)과 경제의 가장 중요한 영역들 그리고 새로운 테크놀로지들(생체공학, 정보공학 등)의 비중을 검토하려고 애쓴다. 이러한 연구는 경제체계의 주요 중추들과 그것들 사이의 연관들, 상호작용, 상호영향 등을 구별 짓게 해주는 논리적 접근법의 맥락에서 수행된다.

한 나라에서 왜 이러저러한 상황이 나타나는가, 그것의 발전경향 및 전망은 어떠한가, 몇몇 경제지표에서 그 나라와 다른 나라는 왜 차이가 나는가, 라는 질문에 대답하려면, 역사적 접근법을 사용해서 경제의 모든 구성요소들의 유래를 그것들의 발생, 확립, 가깝고 먼 장래에서의 각각의 요소들의 약화 혹은 강화의 과정 속에서 자세하게 검토할 필요가 있다.

논리적 방법과 역사적 방법은 긴밀하게 연관되어 있고 상호 보완한다. 경제체계에서 주요한 구조적 구성요소들과 연관들을 밝혀냄으로써, 논리적 방법은 이 체계의 어떠한 메커니즘들이 분석되어야만 하는가, 오늘날의 경제 상황에 대한 이해를 위한 역사적 연구에서 무엇이 가장 중요한 것인가를 지적한다. 하지만 역사적 방법은 이러한 경제체계의 발생의 순서와 인과연관 및 이전의 상태들로부터 현재의 상태로의 이행을 검토함으로써 논리적 분석에 의해 밝혀진 패턴들을 보다 잘 이해하게 하고, 이 경제상활의 특수한 특징들과 특이성을 설명할 수 있게 한다.

이처럼 논리적 방법과 역사적 방법 사이에는 심오한 내적 연관이 존재한다. 전자는 역사적 연구에 종속된 주요한 핵심 계기들을 밝히고, 후자는 전자의 결과들을 구체화하고 정교화하고 보완하게 해준다.

513 과학적 인식에서 모형과 모형화

현대 과학에 사용되는 가장 일반적인 인식방법들 중의 하나가 모형화이다. 모형이란 무엇이며 모형화란 무엇인가? '모형'이라는 말은 계획이나 도안 또는 3차원적인 재현(representation)을 의미한다. 그러나 '모형'이라는 개념은 과학에서 특수한 의미를 획득했기 때문에 이것 자체로는 거의 설명해 주는 것이 없다.

조사할 수 없는 대상들이 흔히 눈에 띈다. 그러한 대상들은 너무 크거나 혹은 값비싸고, 너무 복잡하거나 이용될 수 없는 것들이다. 그러한 경우에는 바로 그 대상 또는 과정과 어떤 본질적인 측면에서 유사한 또 다른 대상, 즉 대체물(substitute) 혹은 대용물(surrogate object)을 만들거나 찾게 된다. 이것이 연구될 수 있을 때, 그리고 얻어진 결과들이 적절한 수정과 조정을 통해 원래의 대상에 적용되고 그것을 인식하는 데 사용될 때, 그것을 **모형**이라고 부른다. 그리고 **모형화**란 모형을 창조하거나 선택하고 연구하며, 얻어진 결과들을 주요한 대상을 인식하는 데 적용하는 과정을 말한다.

원숭이는 많은 측면에서 인간과 비슷하다. 과학자들은 짧은 꼬리원숭이 종(種)의 Rh혈액이 인간의 것과 유사하다는 것을 오래전에 발견했다. 그 혈액을 조사하여 과학자들은 Rh인자라고 명명된 특수한 성질들을 발견했다. 혈액의 유사성에 기초하여, 그들은 얻어진 결과들을 인간의 혈액에 적용했고 그것에서 유사한 성질들을 발견했다. 이 경우에 원숭이의 혈액은 인간의 혈액의 모형이다.

공학에서는 원본(the original)이나 원형을 제작할 때 생길 수도 있는 많은 실수와 어려움을 피하기 위해서 모형을 먼저 제작하고 연구한다. 거대한 발전소를 건설하기 이전에 축소된 기술적 모형을 만들어 그것을 가지고 일련의 실험을 행한다. 그러면 거기에서 얻어진 자료들은 발전소를 설계할 때 참조된다.

이러한 예들에서 모형의 역할은 아주 물질적인 대상들에 의해 수행되었다. 그러나 현대 과학에서는 소위 관념적인 모형이 광범하게 적용된다. 예를 들어 그것에는 소위 정신적인 실험들이 포함된다. 매우 복잡하고 돈이 많이 드는 실험을 시작하기 전에 과학자는 그의 상상 속에서 필수적인 기구들을 모두 창조할 수 있고, 그것들을 가지고 다양한 조치를 취하고 때때로 보조수단으로서 청사진, 그림, 도표들을 사용한다. 이것들을 수행하고 난 후에야 그는 실제 실험을 포기하거나(정신적 실험이 실패했을 때), 실험에 착수하는 것이다.

수학적 모형화는 다양한 모형과 모형화이다. 거기서는 대용물로 사용되는 물질적 대상들과 과정들 대신에 수학 방정식의 체계가 사용된다. 이 방정식들에서 관찰들과 실험들로부터 얻어진 다양한 수치자료들을 바꾸고 풀어나감으로써 과학자들은 다양한 과정들의 양적 특질을 옳게 평가할 수 있고 실제로 일어날 수 있는 어려움들을 예견할 수 있다. 현대 과학의 모든 분야, 특히 공학과 제어이론에서의 수학적 모형의 광범한 응용은 과학적 인식에서의 수학의 역할이라는 문제를 제기한다.

514 수학의 응용과 현대 과학

직사각형의 들판의 면적을 측정하기 위해 측량용 가늠자를 사용하는 대신 가로와 세로의 길이를 잰 뒤 얻어진 숫자들을 곱하면 금방 들판의

면적을 계산할 수 있다. 과학, 공학 그리고 실제 활동에서의 수학의 의의와 응용은, 우리가 다양한 측량수단을 통하여, 일정한 숫자들을 물질적 대상들과 그것들의 성질들로 환원시킬 수 있으며, 그것도 대상들을 애써 조작하는 대신에 일정한 수학의 규칙들에 따라 숫자로 대상을 조작할 수 있다는 사실에 있다. 획득된 숫자들을 물질적 대상들에 다시 적용하여 대상들의 다른 성질들과 특징들을 인식하는 데 사용할 수도 있다. 양과 질의 변증법적 연관은 거기에서 뚜렷하게 드러난다[411]. 수학은 일정한 한계 내에서 사물들의 무한히 다양한 질적인 특질들을, 그것들의 양적인 특징들을 통해서 성격 지을 수 있게 한다. 그리고 후자가 상대적으로 명쾌하고 단순하며 분명한 공식들 및 방정식들에 표현된 수학적 규칙들을 통하여 기술될 수 있기 때문에, 객관적 실재를 인식하는 과정이 단순화되고 가속화되며 용이해진다.

오늘날 수학은 과학의 많은 분야들에 침투하기 시작했다. 과학자들은 현개 감각인상들로 환원될 수 없는 복잡한 추상들[505]을 더욱 사용하며, 따라서 법칙들과 이론들은 복잡한 수학 방정식들을 통하여 정식화되어야만 한다. 20세기 중반 이래로 컴퓨터가 급속도로 발전되었고, 그것은 현재 이미 입력된 프로그램들을 통하여 매우 복잡한 계산들을 빠르고 쉽게 풀어나가고, 개인이 하기에는 아주 어렵거나 너무 곤란한 문제들을 풀 수 있다.

수학은 엄밀하게 증명된 공리 및 객관적 진리이므로 인간의 의지에 의존하지 않는 규칙들에 기초하며, 따라서 우리 주변 세계에 대한 명확한 지식을 얻게 한다. 그러나 양이 질과 분리될 수 없고 그것에 대립되는 것이 아니듯이, 수학적 인식방법 역시 상이한 과학들의 질적으로 다양한 방법들과 분리될 수 없다. 오직 현대의 과학적 인식의 모든 방법들의 통일만이 그것들의 객관적 진리성 및 과학기술 진보에 대한 점증하는 영향을 보증한다.

515 과학과 사회

사회적 의식의 모든 형태들(도덕, 예술적 의식과 예술, 정치적·법률적 의식)은 사회발전에 영향을 미친다[226-231]. 동시에, 과학기술 진보의 조건에서, 생산력의 발전과 환경보호, 의료개선, 사회주의 사회의 번영의 증대 등과 연관된 다양한 문제들을 해결하기 위해서는 근본적으로 과학의 진보에 의존하는 것이 필요하다. 이러한 이유에서 현대 사회에서 과학의 지위와 역할을 이해하는 것은 매우 중요하다.

약 300여 년 전에 영국의 풍자가인 조나단 스위프트(Jonathan Swift, 1557~1745)는 자기 시대의 과학을 매우 비꼬는 듯이 묘사했다. 『걸리버 여행기』 내용 중 라퓨타섬으로의 항해를 기술하면서 그는 나중에 난방용으로 사용하기 위해 오이에 태양광선을 비축해 두려 하고, 거미줄로 옷을 만들며, 지적인 작업을 수행할 수 있는 금속판과 전선 기계를 제작하는 데 몰두하고 있는 일군의 괴짜 과학자들을 만들어 냈다. 오늘날 과학에 대한 태도는 근본적으로 변했다. 이는 단지 과학이 태양광선과 녹색 식물의 상호작용의 법칙을 발견하고, 섬유를 보다 정교하게 해서 거미줄보다 천 배나 튼튼하게 하는 방법이라든지, 지적인 작업을 덜어주는 컴퓨터를 만드는 방법을 배웠기 때문이 아니다. 과학기술 진보가 그 결과의 도입을 통하여 증대하기 시작하는 것이 그 주요한 이유이다[311]. 오늘날에는 과학 자체도 지식의 대량생산의 한 분야로 전화되었다.

연구는 인간 활동의 가장 비용이 들고 노동집약적인 형태의 하나가 되었다. 강력한 분자가속기와 다양한 기구들 및 장치들의 설치, 그리고 과학자들의 훈련에 막대한 비용을 들이는 사회는 과학으로부터 훌륭한 실천적 결과들을 기대할 권리를 갖고 있다.

현대 사회에서 과학의 역할은 공학과 기술의 진보를 증진시키는 것에 그치지 않는다. 사회주의 사회는 가장 중요한 사회적·경제적 문제들을 해결하기 위하여 사회과학(경제학, 역사학, 법률학 등)이 창조한 지식에 의존한다. 발전된 사회의 행정과 지도는 경제학, 심리학, 사회학의 심오한 지식과 도덕 이론을 요구한다. 사회주의 사회의 발전 및 공산주의로의 이행의 전시기 동안에 생산력의 가속화된 발전과 매우 높은 노동생산성의성취는 가장 중요한 과제로 남아 있다. 동시에 사회적·개인적 의식의 개선과 문화의 전면적인 발전 없이는 이 과정은 불가능하다. 또한 사회발전에 대한 유물론적 이해와 과학적 사회주의에 기초한 확고한 과학적 토대가 필요하다. 이처럼 현대과학은 모든 지적 문화의 형성, 사회적 의식의 개선, 그리고 개성의 전면적 발전에 강력한 영향을 미친다. 이것은 사회과학뿐만 아니라 자연과학과 기술과학에도 적용되며, 바로 그 점에서 사회주의 사회에서의 그것들의 특수한 역할이 드러난다.

오늘날 과학은 복잡한 성격을 지니고 있다. 기술적·경제적, 경영의 과제들을 해결하려면 다양한 전문영역의 과학자들로 구성된 거대한 과학 연구팀을 이용해야만 한다. 지식의 통합은 다양한 과학들 사이의 연관을 강화시키는 것에 국한되지 않는다. 소련에서는 교육이 급속하게 발전했고 일반적으로 그것에 접근하는 것이 쉽기 때문에 과학적 지식은 사회적 의식의 모든 형태들에 침투하기 시작하고 있다. 어떤 거대한 전투 장면을 그리려는 화가와, 전쟁에 대한 소설을 쓰려는 소설가는 역사학에 의지해야 한다. 역사학은 동위원소 분석을 통하여 고대 유적의 정확한 연대를 결정하고자 물리학적 방법에 의존한다. 사회과학들, 특히 경제학, 역사학, 그리고 사회학은 직접적으로 사회적 존재를 반영한다. 사회발전의 객관적 법칙들을 발견함으로써 그것들은, 대중이 역사에 의식적으로 참여하게 하는 토대를 창출한다. 그러한 참여 자체는 근로대중의 광범한 층들이 사회과학의 원리들에 숙달되고 그것을 실천에 적용할 때에만 가능하다. 사회주의 사회에서 사회적 의식은, 선행하는 구성체들에서와는 달리, 더 이상 자연발생적으로 형성되지 않는다. 그것은 확고한 과학적 토대 위에서 형성되며, 사회과학뿐만 아니라 자연을 반영하는 자연과학과, 기술 장치들의 제조에 대한 규칙들과 법칙들을 발전시키는 기술과학도 그것에 능동적인 영향력을 미친다. 이러한 과학들에 의해 얻어진 결과들은 우주, 생물계와 무생물계의 관계들 및 통일에 대한 우리의 관념들을 확장시키고 자연과 사회의 상호작용에 대한 우리의 인식을 심화시킨다. 그것들은 세계관의 체계에 포함되며 세계에서의 인간의 지위에 대한 유물론적인 견해 및 인간 활동의 의미와 목적에 대한 의식을 보다 잘 구체화하도록 고무시킨다. 과학은, 이제 하나의 생산력으로서, 동시에 사회생활의 다른 분야들과 활발하게 상호작용하고 있다. 따라서 그것은 변증법적으로 접근되어야 한다. 한편으로 그것은 인식의 최고의 형태이며 객관적 실재의 반영이다. 다른 한편으로 그것은 과학기술 진보를 통하여 물질적 생산체계의 일부가 되고 있다. 이러한 대립물의 통일이 그것의 발전의 강력한 원천이다.

철학은 과학적 인식의 방법론적·세계관적 토대[003, 004]를 구성한다. 바로 이런 이유에서 과학적 인식의 원리들에 대한 숙달, 그리고 나아가 과학적 연구에의 능동적 참여는 변증법적 유물론 철학에 대한 심오하고 창조적인 숙달을 요구하는 것이다. 과학 자체의 개선은 연구방법들의 개선에 주로 의존한다. 변증법적 유물론의 인식론은 과학적 인식의 변증법을 철저히 연구함으로써 과학의 방법론의 발전을 촉진한다.

철학, 특히 인식론과 과학의 발전 사이의 심오한 연관은 철학적 인식과 과학적 인식의 관계의 전 역사에 의해 확증된다. 과학이 급속도로 발전했던 나라들과 시대에는 철학적 인식론과 그 방법들 또한 발전했고 개선되었다. 이는 이해할 만한 사실이다. 과학이 급속하게 발전할수록 그 과정에서 야기되는 어려움과 놀라움 그리고 문제들은 더욱 크며, 과학자들은 인식과 본질, 인식의 진리성의 조건 및 기준들, 그리고 과학적 인식을 개선하고 정교화 하는 방법에 대해 보다 자주 숙고하게 된다. 동시에 과학과 문화의 전반적인 쇠퇴는 철학적 연구 및 탐구 기준의 저하를 수반한다. 철학적 사고의 상태 및 과학적 인식의 방법론적 문제들의 발전 기준은 자연과학과 사회과학 그리고 기술과학이 어떤 방향으로 그리고 어떤 속도로 발전하고 있는가를 나타내는 일종의 지표이다.

제6부

인간과 사회

"자유와 필연이란 무엇인가?"

● 인간과 사회

601 인간의 본질과 삶의 의미에 관한 대화

이번에는 앞서의 내용을 모두 거쳐 온 한 독자(R)와 변증법적 유물론의 입장을 가진 철학자(DM)와의 대화로써 결론 부분을 시작해 보자.

R : 당신은 이 책의 처음 부분에서 인간의 본질과 현대 세계 속에서의 그의 위치, 삶의 의미와 목표, 그리고 오늘날의 가장 첨예한 문제들을 이해하기 위해서는 철학, 특히 맑스주의 철학에 대한 인식이 필요하다고 말했었죠.

DM : 그렇습니다. 그리고 우리는 그 문제들에 대해 정말 지속적으로 논의해 왔습니다. 예를 들면, 제1부에서 우리는 철학의 주요하고 기본적인 문제인, 물질에 대한 의식의 관계 문제를 살펴보았습니다. 왜냐하면 그것이 본질적으로는 전체로서의 세계와 인간의 관계 문제이기 때문입니다. 제2부에서는 계속하여 사회적 존재와 사회적 의식의 관계, 인간의 물질적 생산과 정신적 활동의 관계를 논의하였습니다. 제3부에서는 자연에 대한 인간사회의 관계를 살펴보았습니다.

마지막으로, 변증법의 제 법칙을 학습하고 변증법적 유물론의 인식론을 알게 되었으므로, 이제는 해결되지 않은 다른 문제들을 이해할 준비가 되었다 하겠습니다.

R : 그럼 그 문제들을 다뤄보지요. 이를테면, 인간의 본질은 무엇입니까? 삶의 의미는 무엇인가요? 인간은 왜 사는 것일까요? 이러한 문제들에 대답하기란 무척 어려운 일입니다.

DM : 그것들에 대답하기가 왜 어렵다고 생각하십니까?

R : 주지하다시피 지구상에는 수십억의 인구가 여러 나라에 살고 있습니다. 다양한 국적과 인종의 사람들, 남성과 여성, 노인과 젊은이, 또 상이한 계급이나 사회집단의 성원들이 있습니다. 그들은 각기 다른 교육과 가정교육을 받았고, 상이한 성격과 목표를 지니고 있습니다. 그리고 그들은 삶과 그 속에서의 자신들의 위치를 각기 다르게 이해하고 있습니다. 이러한 경우 우리가 인간의 어떤 단일한 본질에 관해 얘기한다는 것이 일반적으로 가능한 일일까요? 사회 전체는 말할 것도 없고, 상이한 두 사람만을 본다고 하더라도, 어떤 최소한의 공통적인 목표, 혹은 삶의 의미가 거론될 수 있겠습니까?

DM : 당신의 질문은 오류의 가능성을 가지고 있습니다. 당신의 견해는, 그러한 차이들이 너무 크기 때문에 사회집단들이나 계급들에 있어 공통적인 목표, 혹은 어떤 일반적 공통적인 삶의 의미의 존재를 인정할 수 없다는 것입니다. 당신은, 인간의 공통적인 본질, 혹은 사람들을 결합하게 만드는 것이 없음을 시사하고 있습니다. 그것은, 모든 인간이 똑같다거나 그들이 하찮은 비인격적인, 사회의 나사라고 생각하는 것만큼이나 극단적인 생각입니다. 그러나 거기에는 일반, 특수, 개별의 통일[212]이 존재합니다. 우리의 철학은 사람들마다의 개인적 목표나 그들의 고립분산적인 행위 모두를 규정하려 하지 않습니다. 인간과 사회는 변증법적 통일을 이루고 있으므로, 이러한 문제들은 우리가 인간의 차별성과 공통성, 개인적 이해와 사회적 이해의 상호연관, 사회적 활동과 개인적 활동의 상호 의존성 등을 인식할 때에만 비로소 답변될 수 있습니다. 이러한 접근방식을 취할 때에만, 우리는 인간의 본질이 무엇이고, 그의 삶의 의미가 무엇인가를 이해할 수 있는 것입니다.

R : 그렇다면 그 본질이란 무엇인가요?

DM : 철학의 역사는 이 문제에 관해 서로 다른 많은 답변을 제시해 왔습니다. 예를 들면, 희랍의 철학자들은 인간의 본질을 생각할 때, 인간이란 그를 둘러싼 세계, 즉 대우주를 이를테면 축소된 형태로 반복하는 작은, 살아 움직이는 소우주라고 생각했었죠. 그러나 그 후 과학의 발전은, 외부 세계가 자연 법칙에 따라 발전하는 한편, 인간의 생명활동은 사회발전 법칙의 지배를 받는다는 사실을 밝혀냈지요. 인간의 본질에 대한 고대 그리스의 이해를 삶이 거절한 것입니다. 중세 교부철학은 인간의 본질을 그의 신성한 기원, 즉 그가 영혼을 가지고 있다는 사실에서 찾았습니다. 그러나 영혼은 신이 일시에 창조한 것인데도, 사람들은 아주 다릅니다. 그들은 반목하고 다투며, 가장 불경스러운 반신적 행위들을 해 왔습니다. 게다가 그들의 생활방식, 취미, 사고, 그리고 삶에 대한 이해 등은 시대에 따라 변화를 거듭했습니다. 인간의 본질에 대한 기독교적 개념은 시간의 시험에 버텨내지 못했지요. 부르주아 철학자들은, 그들의 관점의 다양함에도 불구하고, 인간의 본질과 그의 주요 목적을 자연과 타인에 대한 지배에서 찾는 데까지 이르게 되었지요.

R : (말을 가로막으며) 그렇다면 삶의 의미와 인간성의 최고의 발현이란 무엇인가요?

DM : 대중의 압도적 다수는 근로대중입니다. 그리고 적대적 사회라는 조건 속에서 그들은 착취당하고 있습니다. 그들은 이윤을 추구하지 않으며, 이러한 지배로부터 아무런 이득도 얻지 못합니다. 더욱이 이 지배는 인격을 손상시키고 인간을 타락하게 만들며, 자연을 파괴하고 피폐하게 만듭니다. 따라서 지배와 맹목적인 이윤 추구는 대다수 대중에게 삶의 본질과 의미가 될 수 없습니다. 그것들은 오직 한줌도 안되는 착취자들의 본질과 목표를 규정할 따름입니다.

R : 그렇다면 맑스주의 철학은, 인간의 본질과 그의 삶의 목적 및 의미를 어떻게 이해하고 있습니까?

DM : 맑스주의 철학은 1차적으로 인간이 사회적 존재임을 전제합니다. 인간은 발생한 이후에 노동을 통해 동물의 영역으로부터 구별 정립되었습니다. 그의 행위, 목적, 생각, 의도 등은 궁극적으로 그가 살고 있는 사회의 여러 관계, 특히 생산관계에 의해 규정됩니다.

R : 만일 주어진 시기의 대중의 본질이 사회적 각종 관계에 의해 규정된다면, 모든 대중은, 최소한 주어진 사회에 사는 사람들은 행동, 취미, 삶의 목적, 그리고 성격 등에서 쌍둥이처럼 꼭 같아야 하지 않을까요?

DM : 동일한 본질이 상이하게 발현될 수 있다는 것을 잊지 마십시오. 그 조건들은 언제나 상이하기 때문입니다. 모든 다이아몬드의 본질은 동일하며, 그것은 결정격자 구조로 된 탄소 이온의 구성에 의해 규정됩니다. 그러나 절대적으로 동일한 다이아몬드란 자연에 존재하지 않습니다. 그것들은 아무리 사소한 차이라 할지라도, 크기, 색깔, 투명도, 형체, 균열의 유무 등등에서 서로 다릅니다. 이는 그것들이 상이한 조건들 속에서 형성되었기 때문입니다. 분명 사람들은 수십억 배나 더 복잡하고 다양하겠지요. 인간의 본질은 개성으로 드러납니다. 그리고 전적으로 똑같은 개성을 지닌 사람이 둘이 있지는 않습니다.

R : 그러나 개성이란 무엇인가요? 그것을 규정하는 것은 무엇입니까?

DM : 그것은 1차적으로 인간의 본질, 즉 역사적으로 변화하는 사회적 여러 관계에 달려 있습니다. 한 시대, 혹은 한 계급에 속하는 개성(개인)은, 따라서 다른 시대 혹은 계급과 개인(개성)과 본질적으로 구별되지요.

작업태도, 그의 계급에 대한 태도, 가정교육과 학교교육, 교육 수준, 학식, 능력의 개발 정도 등이 개성의 형성에 영향을 미칩니다. 그리고 그의 기질, 그에 대한 타인들의 태도, 자긍심 등등도 영향을 주지요. 그러므로 공통적인 본질이 있는 한편, 모든 개인은 독자적이고 독특한 것입니다. 일반과 특수, 개별의 변증법이 여기서도 나타나는 것입니다.

R : 그렇다면 이런 결론이 나오겠군요. 즉 우리는 각각의 구체적 개인을 이해하기 위해서 사회적·역사적 존재로서의 그의 본질뿐 아니라, 그의 세부적 삶, 그의 성장 배경의 특이성과 특징, 그리고 생물학적인 상세함 등등까지도 알아야 한다는 것 말입니다.

DM : 그렇죠.

R : 새로운 질문이 있습니다. 사회적 각종 관계와, 따라서 인간의 본질이 시대에 따라 변화됩니다. 이 본질은, 더구나 수십억의 상이한 개인들 속에 전개되며, 그들 모두는 상이한 목표와 삶에 대한 상이한 태도를 가지고 있습니다. 인류, 혹은 우리 시대의 단일한 삶의 의미와 목표가 얘기될 수 있겠습니까?

DM : 물론 가능합니다. 그리고 이 지상의 목표란 개인 및 사회 전체의 자유를 성취하는 것입니다.

R : 그 자유가 우리에게 무엇을 주겠습니까?

DM : 자유는 생동적인, 즉 창조적인 삶과 완전한 자아실현의 기회를 제공하지요.

R : 그렇지만 창조성이나 창조적 삶이란 것이 왜 그렇게 중요합니까? 그리고 자아실현이란 무엇인가요?

DM : 아시다시피 모든 발전과정은 새로운 것의 근원입니다[401]. 자연 속에서 새로운 대륙, 산맥, 강 등의 생성은 수백만 년 혹은 수십만 년의 세월이 걸립니다. 동식물의 새로운 종의 창조 역시 수천 혹은 수백 년의 세월이 걸립니다. 현대 인간은 수 년 혹은 수개월 만에 인공 강과 인공 호수를 만들고 경관을 변화시킵니다. 우리는 미리 계획된 성질을 가지고 있는 새로운 종의 유기체를 만드는 법을 단시간 내에 익혔습니다. 창조성이란 또한 인간이 관심을 갖는 새로운 것의 의식적이고 합목적적인 창조죠. 그의 물질적 · 지적 욕구들을 만족시키는 것입니다. 대중은 언제나 창조적이었지만, 그것은 일반적으로 자생적이었습니다. 더구나 착취사회에서의 창조성은 소수의 몫이었고, 언제나 인류의 복지를 위한 것이 되지는 않았습니다. 필요와 타자의 의지에 지배당하는 수많은 대중이, 그들이 이해하지도 못하는 목표들을 위해 일하였습니다. 그들의 선천적인 능력은 발전되지 못하였거나, 아니면 일면적으로만 발달하였습니다. 생산력의 수준, 생활양식, 그리고 생산관계의 성격은, 대중이 그들의 의도, 능력, 희망, 이상 등을 물질적 노동과정과 사회적 삶 속에서 실현하는 것을 허용하지 않았습니다. 이를 위한 각종 조건은 일반적으로 존재하지 않았습니다.

사실, 자아실현이란 물질적 대상들과 정신적 여러 가치 속에서, 그리고 개인적 삶 속에서 공학적 · 기술적 각종 이념과 도덕적 · 예술적 규준, 그리고 정의로운 사회체제의 이상들을 현실화하고 구현하는 과정입니다. 그것은 창조성, 특히 창조적 의식과는 불가분한 것이지요. 이러한 창조성이 유일하게 가능한, 실제적이며 진정한 자유이고, 이것은 인류의 장구하고 복잡한 발전을 통해서만 획득되는 것입니다.

R : 그러나 사람들이 자유롭고, 각자가 삶을 나름대로 이해하고 그의 목표들을 추구한다면, 한없는 충돌을 결과하지 않을까요? 어떤 사람이 자아실현을 위해 작곡하기를 원하고, 하루 종일 피아노 두드리는 것을 좋아할 수 있지요. 그러나 그 음악이, 수학 문제를 풀기 위해 완전한 정숙을 필요로 하는 다른 사람을 방해하거나 훼방할 수 있는 것입니다. 만

일 모든 사람들이 자아실현에 몰두하고 타인들의 용인 없이 자유롭게 행위할 수 있다면, 인류 전체는 무엇을 얻게 되겠습니까? 결국 사회에도 불쾌하고 피곤하고 비창조적인 활동이 있게 될 것입니다.

DM : 당신은 진정한 자유와 방종을 혼동하고 있습니다. 누구든 타인과 사회에 해를 끼치도록 행위하는 사람은 자유로울 수 없습니다. 인류가 창조적 노동과 각인의 자아실현으로부터 어떤 이득을 얻는가, 그리고 그것으로써 개인은 무엇을 얻는가, 등을 이해하기 위해, 이 모든 문제들에 대한 세부적인 이해가 필요합니다. 자유와 필연이란 무엇인가라는 문제로 이야기를 시작해 봅시다.

602 자유와 필연

자유란 무엇인가, 그리고 인간은 자유로울 수 있는가하는 문제는 철학의 영원한 문제들 중 하나이다. 그것은 외부 세계에 대한 인간의 관계라는 근본적 문제의 한 표현이다.

자유에 대한 철학적 개념이 속물적인 자유 관념과 혼동되어서는 안 된다. 속물들에게 자유롭다는 것은 어떤 욕구를 충족시키기 위해 자신의 의지에 따라 자의적으로 행동하는 것을 뜻한다. 이런 자유가 가능할까? 뜨거운 사막에 있는 어떤 사람이 시원한 개울에서 당장 목욕하기를 바란다고 가정해 보자. 이 바람은 이뤄질 수 없다. 왜냐하면, 그 사람은 객관적 필연성과 현실적 조건들을 고려하지 않았기 때문이다. 다른 어떤 사람이 새처럼 날기를 원한다고 가정해 보자. 그가 그의 팔을 날개인 양 아무리 퍼덕여 본다고 해도, 그는 중력을 극복할 수 없다. 여기서도 객관적 필연성이 그의 욕구와 충돌하게 된다. 그러나 이것이, 인간은 언제나 필연성의 노예이며, 그는 그것을 극복할 수 없고 그의 요구에 따라 행동할 수 없다는 것을 의미하는가?

그리스의 철학자들은, 자유는 오직 신들에게만 허용된 것이라고 생각하였다. 인간은 그들 수중의 장난감이었다. 그는 그의 정열과 외적 필연성의 노예였다. 그러나 이러한 견해는 인간이 자연의 절대적인 힘과 계급적 착취와의 투쟁에서 나약하고 무기력했을 당시의 사회의 발전 수준을 반영하는 것이었다. 기독교의 성직자 및 철학자들은 인간이 자유로울 수 없다고 생각하면서 자유를 매우 제한적으로 이해하였다. 그들의 생각으로는, 자유는 두 개의 길 사이의 선택 가능성에 놓여 있는 것이었다. 즉 신이 기뻐하는 미덕을 행하여 그에 대한 보상으로 천국에 가는 길, 아니면 마귀가 즐거워할 행위를 하여 그에 대한 벌로 지옥에 가는 길.

17세기 네덜란드의 유물론적 사상가 스피노자는, 필연성은 자연에 지배적인 것이라고 생각하였다. 이성을 소유한 인간은 이 필연성을 인식할 수 있고, 그래서 자유롭게 된다. 스피노자에 따르면 자유란 인식된 필연성이다. 과연 그러한가? 필연성을 극복하기 위해, 그것에 의존하지 않기 위해, 그리고 자유롭게 되기 위해서 객관적 필연성을 인식하는 것만으로 충분한 일이 될 수 있을까?

뜨거운 사막에 목욕하기에 알맞은 연못을 만드는 데 있어서 소망은 무용하다. 물을 대고, 운하와 관개 수로를 만들고, 수원을 찾고, 그리고 수분을 유지하고 공급하는 일을 배우는 것이 필수적인 것이다. 그리고 그러기 위해서는 이번에는 자연의 법칙을 아는 것, 올바른 공사 계획의 수립, 그리고 근거가 충분한 결정들 따위가 필수적이다. 그러나 결정이나 계획만으로는 충분하지 않다. 막대한 양의 노동을 행하고, 수립된 계획을 현실로 만드는 것이 실현하게 되는 것이다.

날기 위해서는, 바라는 것만으로 충분하지 않다. 세계에는 무수히 다양한 필연성과 객관적 법칙이 작용하고 있다. 중력의 법칙은 차치하고라도, 동체에 대한 공기 저항의 법칙이 있다. 우리는 이들 법칙들, 혹은 이들 필연성들 중 어느 하나로부터도 자유로울 수 없다. 그러나 우리가 객관적 필연성을 인식하면, 우리는 다른 법칙에 의존하여 그것들 중 하나를 극복할 수 있다. 이것이 비행기의 설계자가 하는 일로서, 그는 중력을 극복하기 위해 공기의 저항력을 이용한다. 그러나 필연성에 대한 인식만으로도 충분하지 않다. 인식에 의존한다고 할 때는, 정확한 결정을 내리고, 가장 효과적인 계획 및 설계를 취하고, 실제로 비행기를 만드는 일 등이 중요한 것이다. 그때에서만 우리는 공중을 자유롭게 날 수 있는 것이다.

"자유와 필연"

그러므로 맑스주의적인 자유 개념은 필연성을 아는 것만으로 환원될 수 없다. 그것은 인간의 실천적 활동과 연관되어 있다. **자유롭다는 것은, 객관적 필연성을 인식하는 법을 알고 그 인식에 의거하여 올바른 목표들을 설정하며, 구체화된 결정들을 취사선택하여 그것을 실제로 수행하는 것을 의미한다.** 따라서 엥겔스는 자유란 객관적 필연성으로부터의 상상적인 독립에 있는 것이 아니라, 필연성에 대한 인식을 가지고 결정을 내리는 방법을 아는 것이라고 강조하였다.31)

이런 의미에서 인간은 사회적 존재로서만 자유로울 수 있다. 사회를 벗어나서 자유로울 수는 없다. 완전히 고립된 개인으로서는 설혹 그가 객관적 필연성을 인식할 수 있다 할지라도, 가장 현명한 결정을 현실화할 수 없다. 인간이 무엇보다도 사회에 대한 의무에서 해방되어야 한다는 부르주아 사상가들을 논박하는 중에 레닌은 다음과 같이 쓰고 있다. "어느 누구도 사회에서 살면서 사회로부터 자유로울 수 없다."32) 각 개인의 자유는, 따라서 특정한 역사적 제조건 속에서만, 그리고 모든 사회가 자유로울 때에만 비로소 달성될 수 있다. 이 조건들이란 무엇인가?

적대적 구성체에는 두 개의 거대한 강제적 힘, 두 가지 유형의 외적 필연성이 인간을 지배한다. 인간은 (1)자연적 필연성과 (2)사회적 필연성에 의존한다. 후자는 착취라는 역사적 제약성으로 나타난다. 피착취계급은 자신들의 욕구를 충족시킬 물질적·정신적 가능성을 갖지 못한 때문에 자유로울 수 없다. 반면 착취계급은 물질적 부와 정치권력, 일정 정도의 자유를 가지고 있는데, 그것 역시도 주로 사적 소유라는 관계 속에 제한되어 있다. 실로, 자유롭기 위해서는 역사적 필연성을 알고 올바

31) Frederik Engels, *Anti-during*, Vol. 1, Progress Publishers, Moscow, 1971, p.132.

32) Lenin, *Collected Works*, vol. 10, Progress Publishers, Moscow, 1978, p.48.

른 결정을 내려 그것을 수행하는 것이 필수적이다. 그러나 역사적 필연성은 결국 사적 소유의 폐절에 이르며, 따라서 사적 소유에 의지하고 있는 지배계급의 이해와 갈등을 일으키게 된다. 따라서 그들도 역시 이 필연성을 온전히 알 수 없으며, 그것과 모순되게 결정하고 행동할 수밖에 없게 됨으로써 진정으로 자유롭게 될 수 없는 것이다. 그러므로 자본주의 사회를 포함한 착취사회에서 진정한 자유란 불가능하다. 근로대중은 착취와, 개인의 전면적 발전을 위한 물질적·정신적 여러 조건의 부재로부터 자유롭지 못하다. 착취계급 역시도, 그들에게 속한 사적 소유를 지키고 강화하기 위해 자신들이 만들어 낸 정치적·법적 제약들로부터 자유롭지 못하다. 따라서 자유는 역사적 현상이다. 인식 속에서나 사유, 환상 속에서 자유롭다는 것은 불가능하였다. 그것은 주관적 자유, 즉 진정한 자유의 추상적 가능성이다. 진정한 자유는 적절한 객관적 조건들이 주어질 때만 가능하다. 이 조건들은 공산주의로의 이행과 더불어 창출된다. 사회주의를 건설하는 전시기는 사회의 전 성원, 따라서 사회 전체의 자유가 꾸준히 성장하는 과정이다. 맑스와 엥겔스는 「공산당 선언」에서 "각 개인의 자유로운 발전은 모두의 자유로운 발전을 위한 조건이다."33) [3)] 라고 선언하였다.

모두를 위한, 그리고 사회 전체를 위한 자유의 획득은 다음과 같은 매우 중요한 조건들, 특히 강력한 물질적·기술적 토대의 달성을 요구한다. 그것은 **과학기술 진보의 전개가 사회주의의 우월성과 결합될 때에만** 가능하다. 생산력의 발전은 과중하고 탈진적인 노동 및 자연에의 의존으로부터 최대한의 자유를 보장하는 수준까지 향상되어야 한다. 이것은 완전하고 전면적인 교육과 만인의 능력의 개화를 획득하기 위한 조건들을 창출할

33) Karl Marx and Frederik Engels, *Collected Works*, Vol. 6, Progress Publishers, Moscow, 1976, p.506

것이며, 거꾸로 그 조건들은 만인의 물질적·정신적 욕구들을 만족시킬 가능성을 증진시킬 것이다. 동시에 그것은 예측하기 어려운 사회적 삶 전반의 심화 변형 및 개선의 전망도 열어 보일 것이다.

대중의 성실성의 발전, 개인적 이해와 사회적(공중적) 이해 간의 적합한 관계에 대한 깊은 이해, 합리적인 필요 및 욕구의 형성, 자기 훈련, 상호존중, 그리고 도덕적 규범과 법 및 질서의 엄격한 준수 등등도 덜 중요하다고 할 수 없다. 자유는 일반적으로 이러한 조건들 없이 획득될 수 없다. 자유는 외적 강제를 받음 없이 모든 개인이 그의 행동 및 의도를 자율적으로 제한할 경우에만 가능하다. 이러한 성실성의 수준에 이르기까지는 시민들 자신에 의해서만 아니라, 다양한 사회 조직 및 제도들에 의해서도, 사회적 각종 관계의 통제 기능이 계속하여 수행될 것이다. 대중의 성실성이 증진되면 이들 여러 기능은 점차로 사회 성원들 자신에 의해 자발적으로 수행될 것이다. 성실성의 전면적 발전이 사회 전체와 모든 개인이 자유를 성취하는 데 필수조건이 되는 것은 바로 이러한 이유에서이다. 이 두 가지 조건들이 공산주의로의 이행기에서만 성취될 수 있다는 점에서 맑스와 엥겔스, 레닌은 이 시기를 필연의 왕국에서 자유의 왕국으로의 이행으로 간주했던 것이다.

맑스-레닌주의가 이해하는 의미에서의 자유의 획득이란, 따라서 인류의 역사적 목표인바, 왜냐하면 자유로운 사회에 사는 자유로운 개인만이 그의 창조적 힘을 그 자신과 타인의 이익을 위해서 실제적으로, 실천적으로 펼칠 수 있기 때문이다. 이러한 창조적 힘들이 전쟁의 수행이나 이기적 목표의 달성을 위해서가 아니라, 개인의 무한한 발전과 인간적 삶의 개선을 위해 요청될 때, 자유의 왕국이 창조될 것이다. 그러나 이것은 역사적 필연성을 거스르는 것이 아니라, 그것을 통해서, 적대적 사회경제구성체가 만들어 낸 자유와 필연 간의 모순을 극복함을 통해서 발생하게 될 것이다.

603 사회의 발전과 사회생활에서의 개인 및 대중의 역할

착취계급의 이데올로기들은 자유와 창조는 선택된 소수의 생득권일 뿐이며, 군중(crowd)이라고 경멸적으로 불리는 대중의 대다수는 강제적인 노동을 함으로써, 오직 탁월한 인물들, 즉 역사와 문화의 창조자들의 계획에 복종하고 그것을 수행할 수 있을 따름이라고 언제나 주장해 왔다. 그러므로 자유와 창조성은 역사 형성에서의 개인과 대중의 역할과 밀접하게 연관된 문제들인 것이다.

만일 이 자유가 개인들만이 손에 넣을 수 있는 것이라면, 우리가 역사를 실제로 인간의 자유의 성장 과정으로 볼 수 있을까? 필연의 영역(realm)에서 자유의 영역으로의 법칙적인 이행이라는 것을, 자유의 영역이 개인들에게만 그들의 창조적 재능을 펼치도록 허락하는 반면, 광범한 대중은 그들의 배경으로 남아 그들의 의지와 계획을 수행하는 사람들이란 것을 의미하는 것으로 생각할 수 있을까? 맑스와 엥겔스, 레닌은 이에 대답하면서, 공산주의 사회는 모두를 위한 진정한 자유의 왕국이며, 역사 발전은 진정한 역사의 창조자들인 광범한 대중을 자유로 인도해야 한다고 역설하였다. '대중' 혹은 '대중'이란 개념 자체는 상이한 사회경제 구성체에서마다 상이한 의미를 갖는다.

적대적 사회에서 대중은 한 나라 혹은 국가의 전체 주민이 아니고 그 대부분일 따름이다. 그들은 1차적으로 모든 물질적 부와 사회의 물질적 문화를 창조하는 **근로대중**이다. 역사 형성에 있어 대중의 역할은 그들이 사회의 주요 생산력을 구성한다는 사실에 의해 규정되며, 그런 의미에서 그들은 **역사의 진정한 건설자**이다. 그러나 대중의 활동이 물질적 생산에만 국한되는 것은 아니다. 근로대중은 또한 정신적 문화의 기초(민속 예술, 민속 건축 및 구조물)를 창조한다. 그들은 민족 언어를 발전시키며, 또한 가장 중요한 정신적 각종 가치와 성실한 작업 태도, 애국심, 민족적 자의식 등등의 담당자이며 창조자이다.

동시에 대중은 상이한 역사적 시기에서마다 창조적 활동 수준에서 차이를 보인다. 사회사에 관한 책을 읽거나, 회랑에 가고, 위대한 음악 작품을 들을 때, 우리는 저명한 인물들, 정치가, 장군, 예술가, 음악가 등의 이름을 계속해서 접하게 된다. 수백만 근로대중의 이름들은 알려져 있지 않다. 역사는 탁월한 개인들에 의해 만들어졌으며, 대중은 역사의 수동적인 재료에 불과하다고 주장하는 부르주아 이데올로기들이 의지하는 것이 그러한 사실들이다. 실제의 사정은 이와 다르다. 이름 없이 남아 있는 수백만의 평범한 근로대중 중에서도 뛰어난 천부적인 재능을 가진 사람들이 있었다. 그러나 적대적 사회가, 한편으로는 그들의 능력을 필요로 하지 않았고, 다른 한편으로는 그들의 발전을 용납하지 않고 그들의 '지나친 재능'을 억눌렀던, 바로 그러한 이유 때문에 그들의 재능은 발전되지 못하고, 또 그래야 했던 것처럼 요구되었을 뿐이다. 그러나 왜 그러했을까? 지배계급은 모든 근로대중의 능력의 발전으로부터, 분명 이득을 볼 수 있지 않았을까? 이는, 이러한 능력의 발전이 적대적 계급사회에는 불필요했을뿐더러, 더 중요한 것은, 대중의 사회적 활동과 창조성이 그들의 혁명정신과 자기의식, 그리고 착취에 대한 저항을 증대시키기 때문에 착취의 생산양식과 양립할 수 없다는 사실을 드러내 주는 것이다. 이것이 바로 지배계급이 광범한 대중의 진정한 창조적 능력의 발전을 가로막는 이유이다. 또 이것은 적대적 구성체의 역사가 소수의 걸출한 사람들의 이름만을 우리 앞에 보존해 오는 이유이기도 하다.

근로대중은, 그들이 강제적이고 고된 노동에 참여하고 있을 때일지라도, 어느 정도까지는 언제나 새로운 것을 창조한다. 그러나 그들의 활동은 생산력의 발전 수준과 지배적 생산관계의 형태에 의해 제약을 받는다. 자본주의하에서의 상대적으로 급속한 기계제생산의 발전이라는 조건에서조차 노동자들은 단순한 기계의 부품에 불과하였다. 그들의 창의성, 합리적 활동, 조직적 능력, 그리고 창조적 이니셔티브 등은, 그것들이 추가적 이윤을 낳을 때에만 지원받을 뿐이었다. 그러므로 착취사회라는 조건하에서는 대중의 이니셔티브와 창조성이 사회적 존재라는 조건들에 의해 제약당하게 된다.

그러나 적대적 모순들이 첨예화되는 **예리한 역사의 전환점**과 사회적 혁명기에는 **대중의 의식적인 정치활동이 급격하게 성장한다**[421]. 그것은 대중적 정치활동의 질적 성장을 가져오는 매 시기에 있어, 모든 나라들에서의 혁명운동 및 민족해방운동의 역사에 의해 확인된다. 탁월한 정치지도자, 장군, 사상가, 생산 조직가 등이 대중 자신들 내에서 배출되었다. 따라서 우리는 역사에서 대중과 개인들 사이에 매우 한정적인 객관적 관계들이 존재한다는 결론에 이르게 된다.

사적 유물론은, 역사와 공적 업무에서의 개인의 역할을 부정하지 않는다. 탁월한 인물들이 그들의 뛰어난 재능의 힘으로 대중의 운명을 결정하며, 그들의 의지로 문화의 발전을 지휘하는 반면 대중은 그들의 계획의 수행자일 뿐이라고 주장하는 주관적 관념론자들과는 달리, 맑스-레닌주의 철학은 개인들이 매우 한정된 조건들 속에서 사회적 사건의 진로에 영향을 미친다고 생각한다. 이 조건들이란 무엇일까? 이러이러한 인물이 특정 계급이나 사회 집단의 이해를 깊고 충실하게 반영하고 있고, 특정한 목표를 위해 대중을 조직할 방법을 안다면, 그리고 그가 특정한 사회세력, 나아가 모든 대중의 지지에 근거하고 있다면, 그는 역사적 사건의 진로에 영향을 미칠 수 있다. 또 그러한 인물의 활동과 그의 창조성의 산물이 시대의 요구를 가장 깊이 반영하고 미해결된 문제들에 접근하는 길을 제시하는 경우, 그는 사회의 발전에 일정한 자취를 남길 수 있다.

이제 우리는 역사 속에서의 개인의 역할을 보다 정확하게 평가할 수 있게 되었다. 이러이러한 탁월한 공인(公人)은 그가 진취적인 진보적 계급의 이해를 표현하고, 진보적 이상들을 위해 그의 생애를 바치는 경우, 진보적이라고 간주될 수 있다. 개인의 진정한 역사적 진보성은, 주어진 민족 혹은 국가가 당면한 현실적인 사회적·역사적 과제들의 해결에 그가 얼마나 기여하는가에 의해 규정되며, 사회의 점진적인 발전은 그 결정에 달려 있다. 인간의 자유, 고도의 사회 정의의 달성, 환경의 개선, 휴머니즘의 이상들의 성취, 민주주의의 발전, 그리고 진리에 대한 이해 등을 촉진하는 사람은 진보적이다. 그런 사람들은 역사의 발전에 현저한, 그리고 때로는 매우 중대한 영향을 미칠 수 있다. 그러나 모든 역사적 인물을 진보주의자와 반동으로 엄격하고 명백하게 분류한다는 것은 너무 유아적인 일일 것이다. 정치 지도자를 포함한 모든 대중은 복잡하고 모호하여, 빈번히 그들의 견해와 입장을 변경하며, 그리고 상이한 역사적 상황에서 달리 행동한다. 실제적인 사회 활동이 여기서의 진정한 진리의 기준이며, 또 적절한 평가의 기준인 것이다.

우리는 개인을 사회에 대립시키는 일 자체가, 만인의 창조적 삶과 완전한 자아실현을 위한 객관적인 경제적·사회적·문화적 여러 조건이 부재한 사회 발전단계의 산물임을 알고 있다. 적대적 구성체의 조건하에서라고 해서, 근로대중이 완전히 비인간화되거나, 거대한 사회 기계의 완전히 닮은꼴의 톱니들이 되는 것은 물론 아니다. 그러나 그들의 개인적 능력과 선천적 소질은 충분히 발전되지 못하며, 오히려 착취와 고달픈

생활조건, 그리고 조화로운 전면적인 발전의 기회의 결핍으로 인해 짓밟히고 매장당하고 만다. 현대 자본주의 사회에서 개인의 조화로운 발전은 불가능하다. 왜냐하면 그 사회 자체가 부(不)조화스럽기 때문이다. 모든 개인과 근로대중이 풍요롭고도 전면적인 개인으로서 충분히 발전하기 위해서는 자유의 왕국에 이르는 사회적 개혁이 수행되어야 한다.

604 사회주의 사회에서의 개인과 대중

사회주의는 거친, 그리고 종종 기나긴 투쟁 속에서 형성되고 주조된다. 그러나 사회주의가 일단 발생하여 견고해지면, 그것은 개인의 발전을 위한 전혀 새로운 기회들을 열어놓는다. 사회주의 사회에서도 사회발전의 결정적 요인은 대중이다. 새로운 생활형태, 새로운 사회체계, 새로운 문화와 사람들 간의 새로운 관계가 형성되는 것은 그들의 혁명적 창조성을 통해서이다. 사회주의 적대자들은 사회주의를 불리한 조명 밑에 세워놓으려 하면서, 대중의 혁명적 창조성의 모든 가능한 발전을 지향하는 경향이 사회주의 사회를, 총명한 개인들과 개성의 발전을 위한 여지가 없는 그러한 대중사회로 만든다고 줄기차게 주장한다. 또한 그들은, 만일 대중이 생산과 사회적·정치적 삶, 그리고 모든 사회개혁에서 결정적인 세력이라면, 그리고 지도세력이 공산주의자들과 노동자당이라면, 그 사회에서 개인은 거대한 공장의 작업에서의 나사 이상의 의미를 갖는 역할을 할 수 없다고 말한다. 그러므로 사회주의 구성체는 총명하고 독창적인 개성에 아무런 득도 제공하지 않는다는 것이다. 그러나 그들의 주장은 이론적으로나 실천적으로나 전혀 잘못된 것이다.

대중, 즉 근로대중의 광범한 여러 계층은 모든 역사와 모든 사회경제

구성체의 결정적인 세력이다. 그럼에도 불구하고 적대적 사회에서의 그들의 역할, 기능, 구성, 개인과 그들의 관계 등은 사회주의 사회에 존재하는 것과 질적으로 다르다. 여기에는 두 가지 모형이 가능하다.

첫째 모형은 총명하고 독창적인 개인 혹은 그 집단이 특수한 엘리트, 즉 대중을 형성하는 나머지 대중을 지도하고 이끌어 가는 선택된 집단을 구성하는 것으로, 그들은 문화관, 취미, 삶의 정형(定型), 행동양식 등을 부과하고, 마치 양치기가 그의 양떼를 인도하는 것처럼, 그들 자신이 결정한 목표를 향한 길을 따르도록 대중을 인도한다. 다른 모형은 인간집단 자체, 대중 자신이 총명하고 독창적이며 독립적인, 그리고 폭넓은 견해와 교양을 지닌 사람들로 구성되어 있는 경우이다. 각각의 개인들은 자신의 능력과 기호에 따라, 사회적·정치적 목표의 발전에 참여하며, 그리고 문화적 가치들의 창조와 생활양식 및 행동규범의 형성에 관계한다.

첫 번째 경우에서 우리는 얼굴 없는 집단, 평균적이고 획일적인 개인들(대체될 수 있고, 별다른 사회적 가치를 지니지 못한)을 볼 수 있다. 두 번째 경우에서는 총명하고 정력적이며 전면적으로 발전된 사람들(공통적인 이해와 도덕규범, 그리고 사회적 정의가 용인하는 한에서 완전한 자아실현을 열망하는)의 집합을 보게 된다[601]. 사회주의하에서의 개인과 대중의 관계의 상은 이 두 번째 모형인 것이다.

그러나 사회주의 사회가 형성되고 확고하게 되자마자, 즉시 이 두 번째 모형이 작동한다든가, 모든 사람이 자동적으로 총명해지고 용감해지며, 전면적으로 발전되며, 자유롭게 사고하는 창조적 인간이 된다는 것은 아니다. 실제의 삶에서는 모든 것이 보다 더 복잡하다. 사람들은 그들의 개인적 특이성과 집단적 이해, 그리고 과거로부터 물려받은 행동양식을 지닌 채로 사회주의에 참여한다. 사회적 타성 때문에 그들은 오랜 기간 동안 여전히 그들의 견해, 습관, 생활 및 행동 방식 등을 자라나는 세대에 전수하며, 그들을 자신들의 모습과 닮도록 길러낸다. 그러므로 사회주의적 개인의 형성과 발전, 그리고 진정으로 사회주의적인 개성의 창조, 더구나 고립된 개인들이 아닌, 서로를 존경하고 사회적 삶의 규칙을 준수하는 자유롭고 창조적이며 의식적인 개인들로 이뤄진 대중을 만드는 것은 단순하거나 쉬운 일이 아닌 것이다. 그것은 적지 않은 노력과, 의식적 혹은 무의식적으로 운동의 진전을 가로막으며 만인의 적극적 생활태도의 형성을 방해하는 이들과의 투쟁을 요구한다. 이를테면 소련 사회 지도층 일부에서의 거드름과 자족감, 짧은 안목, 보수성과 관료주의 등은 1970년대 중반 이후부터 성장률의 저하와 사회경제적 발전의 지연, 그리고 과학에서의 정체 등을 가져왔다. 수많은 이유들로 인해 사회주의 사회에 어려운 일들과 변증법적 모순들[407]이 발생하였으며, 그리하여 사회주의 사회는 그것들을 극복하기 위해 현재 막대한 노력과 인내를 기울이고 있는 것이다. 불만족한 상황을 비판하는 모든 사람들은, 결점들을 드러내고, 현존하는 사물의 질서를 변경하고자 노력하며, 각종의 생산, 사회적·정치적·지적 활동 등을 활성화시키고 향상시키고자 애쓰며, 보수주의자들 사이의 불친절하고도 고약한 태도를 자극하려고 한다. 사회주의의 이상을 실현하고자 열망하는 개인의 형성과 그러한 개인의 활동은 투쟁과 결부되며, 이것 없이 운동의 진전이란 가능할 수 없다. 모든 개인들이 자유롭고, 자유를 사회의 이익과, 따라서 그들 자신의 이익을 위해 이용하는 그러한 사회만이 자유로울 수 있고 번영할 수 있다.

사회주의하에서 광범한 대중의 성장하는 역할을 인식하는 것이 만인의 능력 및 개인적 특성의 최대한의 발전을 보증하고, 이를 위한 필수적인 조건들의 창조를 배제하지 않으며, 오히려 그것을 전제하고 요구한다는 것은 바로 이러한 이유에서이다. 총명하고, 헌신적이며 이기적이지 않고, 고결한 도덕성을 지닌, 재능 있는 사람들이 사회에 많을수록, 사회 자체는 그로부터 보다 많은 혜택을 입게 될 것이다.

605 민주주의와 공산주의적 교육

사회주의의 이상을 획득한다는 것은 물질적·정신적 재화의 분배에서의 최고의 정의와 공정성의 실현, 법과 질서, 규범의 전적인 준수, 인간의 모든 권리에 대한 전적인 존중 등을 전제한다. 사회주의 사회에서는 정치[226]와 교육이 이들 목적을 달성하기 위한 가장 중요한 도구들이다. 그러나 이 도구들은 스스로 작동하지 않는다. 정치적·교육적 활동의 중심에는 사람, 인간존재가 있다. 그런데 인간은 언제나, 그리고 어느 사회에서나 정치적 활동과, 자신과 같은 사람들, 특히 자라나는 세대의 교육에 참여해 오지 않았는가? 이런 의미에서 사회주의에 새로운 것은 무엇인가?

적대적 사회에서는 정치적 주도권과 주요 교육 기능 역시도 지배계급의 수중에 있다. 그들의 대변자들(성직자, 이데올로기, 국회의원, 정치가)은 이러한 활동의 주체이며, 능동적인 세력이다. 대중은 수동적인 대상, 말하자면 지배 엘리트의 대표자들이 그들이 좋다고 생각하는 대로 갈고 씨뿌리는 그러한 '밭'이다.

사회주의의 두드러진 특징은 근로대중의 광범한 계층이 정치적 활동과 교육의 주체인 동시에 객체라는 점이다. 그들 자신이 사회를 통치하고 사회적 행동규범을 발전시킨다. 이러한 사물들의 새로운 질서의 도구가 사회주의적 민주주의이다.

그리스어로 '민주주의'는 '대중의 통치'를 뜻한다. 국가를 이끌고 입법하는 정치가와 지도자를 광범한 대중이 선출하는 그러한 권력과 권위의 조직 양식을 보통 민주주의라고 부른다. 고대 그리스에 존재했던 소국가(도시국가)에서는 사회의 모든 자유로운 성년의 성원들이 여러 관리와 판관(법과 사법권을 집행하고, 국가의 일상 업무와 국가의 방위를 지휘하며, 국제적 업무도 수행하는)의 선거에 참여하였다. 옛 도시국가의 법률도 보통선거에 의해 채택되었지만, 우리는 이와 관련하여, 그 당시의 민주주의가, 노예들은 선거권과 피선거권을 박탈당하여 민주주의에 참여할 수 없었기 때문에, 제한적이고 계급적 성격을 지닌 것이었음을 기억해야 한다.

현대 국가들에서의 민주주의는 특정 법률에 근거해 피선되고, 유권자들에 의해 입법, 행정 지부에 대한 통제, 그리고 모든 사회적 문제들에 대한 논의 등을 다음 선거가 돌아오기 전까지 위임받는 대표자들의 체계를 통해 작동한다. 그러한 예로는 현대 자본주의의 민주주의의 구조를 들 수 있겠다. 그러나 현실적으로 그러한 민주주의는 모든 시민의 평등한 권리와, 권력 행사에서의 이른바 동등한 몫을 다만 형식적으로 인정할 뿐이다. 법 앞에서의 형식적 평등, 그리고 사회 성원의 동등한 권리와 의무는 경제적 불평등과 부자 및 빈자의 존재로 말미암아 사실상 아무것도 아닌 셈이 된다. 대중매체, 선거운동, 여론 등은 강력한 물질적·재정적 수단을 쥐고 있는 자들의 수중에 놓여 있는 것이다.

오직 사회주의 아래에서만 진정한 평등이 최초로 창조되며, 그것은 형식적·법적 평등이 아닌, 사회 전성원의 사회적·경제적 평등이다. 그러나 이로부터, 실제 대중권력의 확립이 모든 사회주의 나라들에서 아무런 난관과 일탈 없이, 사회주의적 정의를 위반하는 사례 없이 순조롭게 진행된다는 결론이 도출되는 것은 아니다. 소련처럼 개혁하지 못하고 일탈하는 전체주의도 있다는 점이다. 그런데 사회주의 사회의 힘과 강점은 그것이 오류와 사회주의 이상으로부터의 일탈을 비판적으로 인식할 수 있고, 또 그것들을 극복하고 근절할 수 있다는 데 있다. 그러나 이것은 진보의 지지자와 보수주의자 사이의, 민주주의의 옹호자와 관료주의자 사이의 투쟁 없이는 일어날 수 없다. 그러나 진정한 정치적 신념이 서고 정치적 민주주의의 의식이 확고하게 되는 것은 이러한 투쟁을 통해서이다.

러시아의 의회 및 지방당국의 구성원들은 현존하는 법률과 헌법에 따라 그들의 선출자들에게 보고할 의무를 지고 있다. 만일 선출된 대표자들이 유권자의 의사를 충족시키지 않거나, 그들의 이해를 충분히 혹은 만족스럽게 지지하지 않고 민주적 원칙을 따르지 않고 사회 정의를 위해 싸우지 않는다면, 유권자들은 그들을 소환하고 새로운 인물들을 선출할 권리를 갖는다. 다양한 사회조직과 노동집단은 선거운동 기간에, 대중의 이해를 수호하는 방법 및 가장 급박하고 간절한 사회적 문제들에 접근하는 방법에 관해 상이한 견해들을 가진 후보자들을 추천할 수 있다. 대부분의 자본주의적 민주주의 국가도 이러한 형태를 띠고 있다.

사회주의 사회에서 민주주의는 경제의 운영에서, 물질적 부의 분배에서, 공업 및 농업 기업과 협동조합에서 노동집단의 작업을 조직하는 데서, 그리고 연구소 및 입안 기관에서 광범하게 실행되고 있다. 필수적인 지식과 경험을 갖추고 있고, 그의 동료들로부터 존경을 받으며, 일정한 개인적 성향을 지닌 노동집단의 각 성원은 경영자의 지위에 선출될 수 있다. 자본주의 사회에서는 기업, 콘체른 및 다국적 기업의 경영자가 그곳에서 일하는 사람들에 의해서가 아니라 그 소유주나 주주들에 의해 지명된다. 그와는 반대로 사회주의 사회에서 민주주의는 완전하다. 즉 여기에는 인종, 국적, 종교, 성별 등에 의한 차별이 존재하지 않는다.

18세기 프랑스의 철학자 엘베시우스는 사람은 생애 초기에 말이나 교사의 훈계, 부모의 장광설에 의해서라기보다는 오히려 그가 살고 있는 곳에서의, 그리고 그가 몸담고 있는 활동 속에서의 현실 자체, 생활조건, 사회적 편제에 의해서 교육을 받는다는 사실에 주목하였다. 우리는 사람들에게 정열, 애정, 증오, 강한 개성 따위가 없다고 생각해서는 안 된다. 오히려 그들은 그러한 것들을 충분히 가지고 있다. 시민이 관심을 갖는 모든 문제들의 논의에서의 폭넓은 개방과 공개성, 자신의 노동집단의 운명에 대한 관심, 그리고 경제 및 국가 체제 전 차원에서의 의사결정에 능동적으로 참여하는 일 등이 개인의 이 모든 특징들이 발현되는 것을 가능하게 만든다. 자아를 실현하는 과정에서도 각 개인은 타인의 이해, 개인적 목표, 특이성 등을 충분히 고려해야 한다. 이처럼 사회주의하에서는, 집단주의적 정서의 배양과 독특한 개인적 특징의 형성, 그리고 만인의 능력의 개화를 위한 전례 없던 가능성이 열리게 된다. 역사상 최초로 사회 전체의 목표와 이해가 개인의 그것들과 전적으로 일치하게 된다.

606 사회경제적 진보의 가속화

사회경제적 진보와 정신적 진보[422]는 사회의 빠뜨릴 수 없는 특징이다. 그러나 다양한 시기, 그리고 상이한 사회경제 구성체들[213, 217-220]에 있어서 그러한 진보는 불균등하게, 상이한 속도로, 그리고 한동안의 정체, 심지어 퇴보의 방해를 종종 받으면서 일어난다. 사회주의 사회의 발전에 있어서도 정체의 시기들이 있을 수 있다. 러시아에서는 1917년 사회주의혁명 이후 수십 년간의 급속한 사회경제적 발전에도 불구하고, 효율적인 경영방식의 거부와 과도한 중앙 집중, 사회주의적 민주주의의 원리들에 대한 거부, 그리고 권위주의적인 방법 등이 정체 경향을 강화하게 되었다.

이 모든 것이 1980년대 중반, 경제와 사회적 · 정치적 삶을 근본적으로 재조직할 필요를 인정하게 만들었다. 이러한 재조직화(페레스트로이카)는 공공업무와 전 영역과 모든 사회제도, 그리고 정치조직들에 영향을 미쳤다. 그것은 관료주의, 부패, 법의 지배와 인권의 파괴, 그리고 정치적 지도에서의 주관주의를 청산할 것을 요구하고 있다. 페레스트로이카는 또한 공산당에도 영향을 미쳐, 당은 내부 민주화의 길을 걷고 있으며, 개혁의 이론적 원리 및 이데올로기에 전적으로 부합하는 진정한 정치적 활동을 추구하고 있다. 기업 내 노동집단의 보다 큰 경제적 독립, 그리고 협동조합과 자주관리(self-employment)의 확장을 포함하는 이 페레스트로이카는 과학적 · 기술적 · 사회적 진보의 가속화를 위한, 그리고 사회적 · 경제적 · 지적 · 문화적 활동의 여러 형태를 촉진하기 위한 전제조건들을 제공해야 한다. 더 많은 사회경제적 발전으로의 정향 역시 인간적 요인에 대한 철학적 재성찰과 관련되어 있다.

대중의 생산 및 사회적 활동을 촉진하는 원인들의 총합으로서의 인간적 요인을 단순하게 이해하는 것은 잘못된 일일 것이다. 대중은 일하고 정치생활에 참여하는 데 그치는 것이 아니라, 동시에 가족을 이루고, 휴식을 취하고, 독서하고, TV를 보며, 친구와 이야기를 하고, 다양한 종류의 비생산적 활동에도 참여하며, 아이들을 기르고, 오락을 하며, 미래의 새로운 꿈을 꾸는 등등. 일상생활의 즐거움과 관심사를 박탈당하고 관료주의적인 방책들에 진력이 나 있고, 다양한 기술적 긴장들로 지쳐 있는 스트레스 상태에서 그들은 완전하고도 건강한 시민, 가족의 성원, 그들 자신의 운명의 창조자, 집단의 건전한 구성원이 될 수 없다. 정상적인 인간 생활에 적합한 조건들이 마련되지 않는다면, 인간적 요인은 진보의 메커니즘에서 진보의 장애물로 전화하게 되며, 대중의 활동을 약화시키고, 그들의 사회적·정치적·개인적 수준 및 생산 수준을 저하시키게 될 것이다. 사회발전 속에서의 인간적 요인의 역할을 이해하는 것의 철학적 중요성은 그것의 모순적 본성에 대한 이해와 그것의 긍정적 측면을 의식적으로 자극할 필요에 있으며, 따라서 현실 인간의 이해와 요구들이 고려되지 않을 때 발생하는 부정적 측면을 최소화하는 데 그 의미가 존재하는 것이다. 동시에 사회적 현실에는 차이들과 종종 모순적인 경향들이 존재한다. 그러므로 사회주의의 길을 택한 사회에조차도, 주민의 다양한 각 계층 및 인종·작업·업종별 집단 등의 생활에서의 경제적 불평등과 차이들의 여지가 존재하는 것이다. 범죄, 부정, 관료주의, 개인의 탈법 행위, 사회적 수동성 등등도 가능하다. 인간적 요인을 활성화하기 위한 투쟁이 의미하는 것은 무엇보다도, 이러한 부정적 현상들이 강제나 국가적 통제, 즉 '위로부터의' 행동에 의해서는 근절될 수 없다는 것을 대중의 의식 속에 불어넣는 것이다. 삶의 진정한 변형과 삶의 근본적 재구성은 모두의 끊임없는 노력과 투쟁을 통해서만 가능한 것이다.

607 새로운 문명으로의 길

발전 중인 민주주의, 또는 복지적 민주주의 객관적 법칙으로서의 사회경제적 진보의 가속화는 인간 문명의 완성에 대한 새로운 전망을 열어 보인다. '문명'이란 무엇인가?

우리는 종종 문명사회, 문명인, 문명화된 행동 등등을 이야기한다. '문명'이란 개념은 사회발전에 있어서의 본질적 특징, 구조적 특이성, 경향 등을 특징짓는 사적 유물론의 매우 중요한 범주들 중 하나이다. 이러한 특징, 특이성, 경향 등은 무엇인가?

'사회경제 구성체'라는 범주[213]는 사회의 발전을 규정하는 요인들이라는 각도에서 사회를 특징짓는다. 그것은 사회의 구조, 사회의 질적 단일성, 그리고 역사발전의 객관적 법칙과 또한 사회구조의 길항관계 및 연속성 등이 물질적 재화의 생산양식에 의존한다는 것을 지시한다. 그러나 사적 유물론은 사회활동의 모든 형태, 유형과 정신적 문화의 내용을 오로지 물질적 생산으로만 환원시키는 것은 결코 아니다(또 그러지도 못한다.). 사회가 발전할수록, 그리고 그 구성체의 발전 수준이 높을수록 예술, 도덕, 과학, 철학, 법 등의 중요성이 더욱 증대되며, 사회적 행동양태가 보다 복잡해지고, 대중 사이의 관계 및 교류의 형태들이 보다 풍부해진다. '사회 유기체', 특수한 역동적 체계[106]로서 간주되는 사회의 물질적·정신적 모든 요소를 포괄하는 사회적 삶의 이러한 모든 측면이 문명의 개념 속에 반영된다.

이 개념은 18세기 철학 문헌에서 처음으로 등장하였다. 프랑스의 계몽주의자들과 이후 영국, 독일, 러시아 등의 부르주아 사상가들은 특정한 국가 및 법질서를 지닌 상대적으로 높은 문화를 가진 발전된 사회의 삶과 문화를 기술하기 위해 이 개념을 사용하였다. 그들은 문명사회를 문명화되지 않은, 미개한, 야만적인, 원시적인 사회에 대립시켰다. 그리하여 다양한 문명 개념들이, 후진국과 후진 대중과 관련하여, 발전된 자본주의 나라들의 특수한 '문명화의 사명'을 정당화하는 데 빈번히 사용되기에 이르렀으니, 그것은 본질적으로 자본주의 국가들의 식민지 정복 정책의 정당화로서 출현하였던 것이다. 발전에서 뒤처졌던 나라 및 민족들이 그들 자신의 선조와 토착민, 흥미로운 문화 및 문명을 가졌다는 사실은 종종 간단하게 무시되었고, 그 결과 민족의 문화적 전통들에 결코 정당화될 수 없는 손상을 야기하면서, 많은 가치로운 기념비적 문화의 파괴에 이르게 되었다.

보수를 대변하는 철학자이며 문화사가인 슈펭글러(Oswald Spengler, 1880~1936)는 문명을 모든 폐쇄적인 역사적 문화의 발전에서의 최종적인 위기의 단계로 보았다. 그의 관점에서 볼 때 이 단계는 테크놀로지의 발전과 엄청난 인구의 거대도시로의 집중, 도덕성의 타락, 법과 질서 그리고 문화적 가치들에 대한 관심의 상실, 예술의 격하 등으로 특징지어지는 것이었다. 영국의 아놀드 토인비(Arnold Toynbee, 1889~1975)는 문명을 기존의 모든 독창적 문화들의 여러 측면을 구별하고 기록하고 연구하기 위한 수단으로서만 이해하였다. '문명'이란 개념은 분명 복잡한 사회현상을 분석하는 데 주목할 만한 역할을 수행하였고 또 수행하고 있지만, 이 범주에 대한 진정으로 과학적인 이해는 오직 맑스-레닌주의 철학에 의해서만 주어지게 되었다.

문명이란 특수한 분업과 그에 기초한 사회적 과정, 그리고 대중의 상호작용의 다양한 형태 등에 의해 특징지어지는 사회적 삶의 발전에서의 특정한 단계이다. 우호적 계급 및 사회집단들만이 존재하는 오늘날의 사회주의 사회에서, 문명은 문화 및 사회적 관계들의 발전 정도와, 그들의 유기적인 변증법적 상호작용 속에서의 사회적 생산 활동의 발전 수준에 의해 규정된다. 새로운 문명은 공산주의적 도덕규범이 지배적인, 정신적·물질적 문화가 고도로 발전된 사회, 그리고 그 사회의 도덕적 원리, 즉 행위 및 활동의 원리가 상부상조, 박애, 개인에 대한 창조적 태도, 법과 질서의 의식적 준수, 수준 높은 노동, 생산, 행정규율 등인 그러한 사회를 전제한다. 새로운 문명은 미리 만들어진 형태로서 직접적으로 발생하는 것이 아니다. 그것은 의식과 일상생활에서의 자본주의적 잔재, 즉 사회주의 문화, 사회주의 도덕, 그리고 사회주의적인 사회조직 원리와 양립할 수 없는 행동 및 행위 규범을 극복하는 과정 속에서 형성된다. 새로운 공산주의적 문명의 특징은 각 대중과 민족의 문화적·경제적 후진성을 극복하기 위한 투쟁이요, 사회주의로의 길을 취한 모든 나라와 민족의 발전에 동등한 조건을 제공하기 위한 투쟁이다. 새로운 사회주의적 문명은, 자본주의 이데올로기들이 소수에 불과한, 고도로 발전한 자본주의 나라들의 특권으로 간주한 '문명사회의 사명'과 양립할 수 없는 것이다. 이것은 또한 다수 대중의 눈에 사회주의적 문명이 매혹적인 것으로 보이게 만들고, 그것을 보존하고 발전시키려는 투쟁을 대중의 사회적 · 개인적 목표로 만드는 것이다. 새로운 문명의 심화·완성과 발전은 그것의 전망, 그것의 장단기의 목표에 대한 명료한 과학적 이해를 요구한다.

608 평화를 위한 투쟁과 인류의 운명

인간의 존속 가능성 및 전망과 관련된 오늘날의 가장 중요하고도 첨예한 문제들 중의 하나는 핵전쟁을 방지하고 평화를 공고히 하고 지속시키기 위한 투쟁이다.

먼 옛날부터 전쟁은 폭력과 강압과 특정한 형태로서 존재하여 왔다. 계급과 국가가 발생하면서 전쟁은 정치적 강제의 특수한 형태가 되었다. 전쟁은 또 다른 수단에 의한 정치의 연속이다. 전쟁은 특정 계급들의 정치의 연속이다. 모든 계급사회(노예제, 봉건제, 자본주의)에는 억압계급의 정책의 연속이었던 전쟁이 있었고, 또한 피억압계급의 정책의 연속인 전쟁도 있었다. 이와 같이 정의로운 전쟁과 정의롭지 못한 전쟁, 즉 지배계급의 이해를 위해 수행된 방어적 · 약탈적 전쟁과 근로대중의 이해를 위해 수행된 혁명적인 민족해방전쟁이 있다.

피착취 사회에서 개시된 전쟁은 대부분 부정의하고 약탈적인 정복전쟁이었다. 그것은 지배계급에게 이익을 가져다주었으며, 노동하는 사람들에게는 엄청난 고통을 안겨주었다. 노예소유제 사회에서 전쟁은 노예를 얻는 주요 원천이었다. 그리스의 철학자 헤라클레이토스는 전쟁이란, 일부를 노예로 만들고 나머지는 자유인으로 만드는, 모든 것의 아버지요 주인이라고 말하였다.

기독교가 말로는 전쟁을 저주했다 할지라도, 중세 기독교 시대 전체는 침략전쟁, 십자군, 살육적인 봉건 전쟁의 연속이었다. 자본주의 시대에 전쟁은 특히 격렬하고 살벌했다. 그 주요 목적이 어떻게 해서든 이윤을 만들고 사적 소유를 증가시키는 것인 자본주의의 비인간성은 식민지를 쟁탈하고 타민족을 정복하기 위한 전투 속에서 명백하게 드러났다. 부정의한 전쟁의 주요 내용은 지배계급의 이익, 부, 권력의 강화이다. 그러나 사회혁명과 민족봉기의 과정에서는 정의로운 전쟁이 일어난다.

전쟁은 대중의 죽음과 물질적·정신적 가치들의 파괴를 동반하기 때문에 전쟁을 피하는 일은 언제나 가장 중요한 이데올로기적·철학적 문제들 중의 하나였다. 일찍이 고대로부터 특별히 근대에 많은 지도적 사상가들, 예컨대 르네상스 인문주의자들과 프랑스 계몽주의 사상가들(루소, 몽테스키외, 콩도르세), 그리고 칸트 등은 전쟁을 날카롭게 비판하고 평화를 지속시키기 위한 계획들을 제안하고, 군비보다는 평화적인 사회 발전에 지출할 것을 요구하였다. 그러나 이러한 모든 선한 의도들은 추상적이었고, 사적 소유에 기초한 사회는 그것에 내재적인 심각한 모순들[406] 때문에 전쟁을 도발할 수밖에 없다는 사실을 고려하지 않고 있었다.

테크놀로지의 발전으로 말미암아 전쟁이 특히 살벌하고 파괴적으로 되는 제국주의 시대에 전쟁을 방지하는 문제는 가장 첨예한 관심사가 되었다. 제1차(1914~1919), 제2차(1939~1945) 세계대전과 한국전쟁, 그리고 베트남전쟁은 수천만의 인명을 앗아가고, 수많은 도시와 촌락, 생산력을 파괴하고, 많은 문화적 가치들의 손실을 초래하였다. 침략적인 정복전쟁은 제국주의의 본성 그 자체에 뿌리를 두고 있다. 동시에 세계 자본주의의 위기, 새로운 사회주의 사회로의 이행(이것은 우리 시대의 내용이다.), 그리고 식민지체제의 해체 등은 많은 정의로운 전쟁, 민족해방전쟁, 내전 등이 일어나게 만들었다. 러시아에서의 내전, 베트남 대중의 민족해방전쟁 등이 이러한 전쟁의 예들이다.

맑스주의자는 오늘날 인류를 분열시키고 있는 사회적 모순들의 첨예화와 함께 계급사회에 전쟁의 객관적인 경제적·사회적 원인들이 있음을 인정하고 있으면서도, 세계전쟁의 운명적 불가피성이란 존재하지 않는다고 믿는다. 자유와 필연성의 변증법[602]은 인류가 객관적 패턴들에 대해 정확하게 이해할 수 있으며, 또 이에 근거하여 적합한 결정을 내리고 그것을 수행할 수 있다는 것을 보여준다. 이러한 확신은 노동자당, 사회주의 나라들, 그리고 핵전쟁을 막고자 하는 인류의 모든 진보적 세력들의 끈질기고 강인한 체계적 투쟁에 기초하고 있다.

모든 전쟁은 대중의 죽음을 가져온다. 어떤 경우에 이러한 희생은 결코 정당화될 수 없다. 다른 경우(각 민족이 지닌 민족해방전쟁)에 그러한 희생은 자유, 독립, 사회 성원 대다수의 행복이란 이름으로 용납되기도 한다. 그러나 핵전쟁에서는 정당한 혹은 부당한 희생이란 존재하지 않을 것이다. 핵전쟁이 발발한다면, 그것은 인간 자신을 포함하여 지상의 모든 살아 있는 것을 절멸시킬 것이기 때문이다.

따라서 핵 재난의 방지문제는 인류의 운명, 사회의 존속, 그리고 더욱 더 나아가는 역사의 진보 가능성이 달려 있는 중차대한 일이다. 그러므로 그것은 이데올로기적으로나 철학적으로나 지대한 중요성을 갖는다.

이제 세계는 민주주의 사회, 사회민주주의 공동체의 발흥과 더불어, 역사상 최초로 세계 전쟁을 방지할 가능성이 존재하게 되었다. 이 가능성은 어디에서 비롯되었는가? 요점은 평화가능성의 원리가 사회주의 사회와 사회주의의 본성에 내재적이라는 데 있다. 적대적 계급과 사적 소유가 없는 사회는 전쟁 수행에 관심을 갖지 않는다. 그러한 사회가 방어적이고 정의로운 전쟁을 수행하는 것은 제국주의 국가들의 적대적 행동에 대응하기 위해서뿐이다. 사회주의는 그것의 본질상 모든 사회의 이해를 위한 물질적 생산 및 정신적 문화의 급속한 발전의 주요 조건으로서 평화에 관심을 갖는다. 나아가 세계 사회주의 공동체는 복지와 평화의 유지에 그치는 것이 아니라, 세계 제국주의의 침략적 기도들을 반대할 수 있기에 충분한 경제적·정치적·군사적 실력에도 관심을 갖는다. 이러한 힘과 실력은 평화의 유지 및 강화를 위한 중요한 보증이다.

전 지구적 규모의 핵의 위험에 직면한 오늘날의 세계에서, 모든 집단 이해들을 뒤로 하고 평화유지, 따라서 인류의 구원에 관한 이해가 전면에 나서야 한다는 것을 분명히 의식하는 일은 매우 중요한 철학적 의의를 갖는다. 그러므로 평화를 위해 투쟁하는 모든 세력은 바로 모든 인류의 심층적인 일반적 이해를 반영하고 있는 것이다.

609 미래에 대한 예측

맑스-레닌주의 철학은 무엇보다도 행동의 철학이다. 맑스와 레닌의 철학의 주요 과제에 대하여 말할 때, 변증법적 유물론이 선행하는 모든 철학체계들과는 달리 자신을 세계의 해석에만 한정시키지 않고, 세계를 변혁하는 길을 가리키며 그러한 변화의 필요를 구체화시킨다는 것을 강조했던 것은 결코 이유 없는 일이 아니었다. 행동하기 위해서는 활동을 계획할 방법을 알아야 하고, 계획을 세우기 위해서는 미래를 예측하고 그려볼 줄 알아야 한다. 합리적이고 합목적적으로 행동하는 대중이 미래를 가리는 안개를 걷어내고, 미래에 대한 일별을 얻고자 항상 노력해 온 것은 바로 이러한 이유에서이다. 그러나 삶은 가장 대담한 예견이나 예측과도 거의 일치하는 법이 없다. 왜 그러한가?

서방의 현대 사회사상에서 가장 유행하는 조류가 미래학이다. 서방의 미래학자들은 과학적이라고 주장되는 방법들에 기초하여, 인류의 가깝고 먼 미래에 관한 다양한 그림들을 그리려고 애쓴다.

이러한 그림들 중의 하나는 21세기의 인류를 거대한 산업 중심의 엄청난 집중으로서 묘사한다. 완전히 로봇들로 설비된 수천 개의 공장이 보통 사람의 작업을 불필요한 것으로 만든다. 즉 수십억의 대중은 지상의 잉여주민이며, 천재적인 사람들이 인류를 지배하도록 요구받는다. 특수한 권력조직이 생겨날 것이다-천재 정치(geniocracy). 영혼을 빼앗긴, 우둔하고 개성이 없는 사람들로 이루어진 수십억의 강력한 군대가 소멸될 운명에 처하고, 거대한 오락 산업이 그들의 여가를 메우기 위해 요구될 것이다. 삶에 대한 관심이 없고, 투쟁하고 행동하려는 의지를 결여하게 된 대중은 지배엘리트에게는 짐이 될 뿐이다. 그러한 인간들에게는 점차적인 멸망 외에는 아무런 전망도 없을 것이다.

미래에 관한 또 다른 그림은 그 반대의 과정으로 그려진다. 사람들은 자연이나 작은 촌락으로 돌아가기 위해 싸움을 할 것이다. 마이크로컴퓨터를 포함한 현대적 기술을 사용하면서, 그들은 중소규모의 기업들을 세울 것이다. 무수히 많은, 독립적이며 고갈된, 경쟁하는 기업과 공동체들이 발생할 것이다. 대중은 새로운 산업적 토대 위에서 현대적 생산물을 생산하면서도 중세 길드의 '황금기'를 부활시키고자 애쓸 것이다. 이러한 미래의 시나리오의 작자들은 말한다. 이와 같은 조건들 속에서만 가장 하찮은 개별성과 인간성까지도 보존하는 일이 가능할 것이다. 그렇지 않으면 사람들은 비인간화되고, '일차원적인' 인간으로, 거대한 산업체나 다국적기업의 단순한 부속물로 전락하게 될 것이다. 사회가 격리된 공동체들로 해소되는 것은 보잘것없는, 초라하고 평범한 개성조차도 보존하기 위해 치러야 하는 대가이다.

더욱 우울한 그림은 핵 재난의 불가피성과 그것의 파괴적 결과에 따른 인류의 절멸을 가정한 시나리오의 작자들에 의해 그려진다. 병들고 자기 모습을 잃어버린 사람들은 현대 기술을 통제할 능력도 없고, 음식과 집을 구할 능력도 없게 되거나, '불멸', 불사의 로봇의 노예가 될 것이다.

이러한 시나리오들을 상세히 살펴볼 필요도 없이 그것들의 주요 특징, 즉 그것들 모두가 자본주의의 영원성이란 관념에서 출발하고 있다는 사실에 주목해 보자. 그리고 자본주의의 불가피한 죽음에 대한 우울한 예감은 똑같이 우울하고도 염세적인 예측으로 전화된다. 자본주의의 미래학자들은 인류의 절멸, 로봇 왕국의 승리, 환상적인 외계 문명의 지배 등, 사회주의의 승리를 제외한다면 무엇이든지 기꺼이 가정하고 있다.

사회주의 사회의 승리, 그리고 새로운 정의로운 사회질서의 승리라는 이념은 어제에 생겨난 것이 아니다. 맑스와 엥겔스가 등장하기 오래전부터 공상적 사회주의[233]가 있었다. 그 대변자들 중 가장 재능 있던 사람들은 밝은 사회주의의 미래상을 그리면서 그 세부까지도 놀랄 만큼 세세하게 채워냈었다. 그들은 그 사회 주민들의 의복과 생활을 상세하게 묘사하였고, 그들의 주거, 그들의 일상, 미래, 복지사회주의 공동체의 제도 및 법률에 관한 상세한 설계와 계획을 창조하였고, 그리고 결혼식의 모습과 아이들의 양육까지도 미리 규정해 놓았다. 이 가상의 공상적 사회주의의 대변자들은 사회주의가 근로대중의 혁명적 대중투쟁을 통해서가 아니라, 탁월한 사상가의 교육활동에 의해 생겨날 것으로 확신하였다. 그들의 꿈이 실현되지 못했다는 것은 말할 필요조차 없다. 왜냐하면 진정한 사회주의와 공산주의는 공상적 사회주의가 아니라 과학적 사회주의 이론에 의지하는 진보적 정당에 의해 지도되는 가장 광범한 대중의 끈질기고도 처절한 투쟁에 의해서만 건설될 수 있었기 때문이다.

과학적 사회주의 이론의 이론적·방법론적 토대는 변증법적 유물론 철학이다. 변증법적 유물론은 자연, 사회, 그리고 사유에서의 가장 일반적인 법칙들을 밝혀내고, 의식을 규정하는 것이 사회적 존재라는 것을 증명하고, 필연의 왕국에서 자유의 왕국으로의 역사적 도약인 혁명적 변화가 사회적 존재 자체의 변형으로써 시작되어야 한다는 것을 증명함으로써, 공산주의 구상체로의 이행의 객관적 필연성을 입증하였다.

공산주의의 역사적 불가피성을 확증한 이후로 맑스주의 철학은 미래에 대한 공상적인 그림을 제시하지 않는다. 그것은 오늘날의 사고나 성과에 기초하는 미래에 세부를 부과하지 않는다(첨언하자면, 과학기술 진보의 속도를 본다면, 그러한 세부를 예견한다는 것은 단적으로 불가능하다.). 덧붙여 역사 발전의 경험과 국제 노동자계급 운동의 경험을 일반화한 맑스주의 철학은 자본주의에서 사회주의로의 이행, 그리고 공산주의의 제1국면인 사회주의 사회에서, 제2단계이자 보다 높은 단계인 완전한 공산주의로의 이행은 각국의 특수성, 계급 세력들 간의 균형, 국제적 상황, 그리고 혁명이 시작되는 시기 등에 따라 상이한 형태로 실현된다.[34)] [214] 그러나 그것의 복지를 동반한 사회주의는 여러 가지 방법으로 다양하게 진행된다 할지라도 그 결과와 내용은 동일하다.

---

34) 맑스는 노예사회보다 봉건사회가 더 높은 의식으로 진행되었고, 봉건사회보다 더 높은 사회가 자본주의사회 이듯이 사회주의는 복지를 동반한 더 높은 의식을 필요로 하는 사회라고 말한다. 맑스에 의하면 공산주의 사회는 더 높은 최고의 인간의식사회라고 할 수 있겠다. 『청년 맑스의 인간관』(중원문화, 2015) 내용 참조.– 엮은이

■ 독자와의 마지막 대화 ■

오늘날의 철학에 대해 우리는 무슨 말을 할 수 있을까? 그것이 필요한지 어떤지 과연 어떻게 대답할 수 있는가? 철학의 주요 문제, 방법 및 내용에 대한 인식으로부터 어떤 이득을 얻어낼 수 있는가?

그리스 델포이 신전(sanctuary of Delphi)의 문 위에는 "인간이여, 그대 자신을 알라!"라는 글귀가 새겨져 있었다고 한다. 인간 사유의 기나긴 역사와 인류의 역사는 이것이 결코 간단한 일이 아니라는 것을 보여준다. 사람들은 도시와 국가 전체를 건설하고 파괴해 왔다. 그들은 척박한 땅을 과수원과 정원으로 바꿔놓기도 했으며, 아름다운 초원과 광활한 숲을 사막으로 바꿔놓기도 하였다. 사람들은 놀라운 예술작품들과 위대한 문학적 걸작품들을 창조하였지만, 동시에 그들은 웅장한 기념건축물을 파괴하고, 도서관을 불 지르며, 위대한 철학자, 천문학자, 과학자, 예술가, 시인 및 정치가들을 박해하고 때로는 죽이기까지 하였다. 사람들은 서로 싸우기도 하고 화해하기도 하였으며, 착한 일을 실천하기도 하고 나쁜 일을 하기도 하였다. 정의를 위해 싸우기도 하고 그것의 가능성을 부정하기도 하였다. 그들은 영웅을 탄생시키기도 하였고 동시에 무서운 범죄자를 탄생시키기도 하였다. 그렇다면 과연 인간은 무엇인가? 우리는 어떻게 그를 알 수 있는가? 그러한 인식이 가능한가? 그리고 그 가치는 무엇인가?

과학이 연구하는 외부세계는 복잡하고 아름답다. 우리는 이제 원자와 소립자가 어떻게 구성되어 있는지 알고 있다. 직경이 약 250억 광년인 우주에 대해서도 많은 것이 알려져 있다. 인간은 우주공간에 진출하였으며, 1초에 수십억 기억작업을 수행할 수 있고, 얼마 전까지만 해도 오직 인간만이 풀 수 있었던 문제를 풀 수 있으며 심지어 그것이 없이는 해결될 수 없는 문제를 풀 수 있는 그러한 컴퓨터를 만들어 냈다. 하지만 인간의 모든 행동과 행위들은 매우 모순적이고, 매우 이질적이고 다양하며, 때로는 서로 부정적이다.

인간과 인간사회를 아는 것은 매우 힘들고, 인류의 미래를 예언하는 것은 훨씬 더 어렵다. 외부세계에 대한 인식은 만약 우리가 그러한 지식이 왜 필요한지, 그것이 인류에게 무엇을 가져올 수 있는지 말할 수만 있다면 의미를 획득하게 된다. 어떠한 전문과학도 그에 대해 답을 주지 않으며 줄 수도 없다. 동시에 우리는 자신의 욕구를 충족시키기 위해 세계에 대한 인식을 획득한다는 것을 알 수 있다. 따라서 이러한 필요가 무엇 때문인지, 인간 존재의 의미가 무엇인지를 알지 못하고서는 세계를 인식할 수 없는 것이다. 왜냐하면 인간이란 존재는 세계의 일부이자 그것의 장구하고 복잡한 발전의 총아이며 완성태이기 때문이다. 따라서 인간과 구별되는 세계를 인식하고, 인간은 그 세계에 대립하며 그것과 구별되는 인간을 인식하는 두 가지 과제가 각각 별도의 문제로 분리될 때에는 전혀 양립될 수 없다. 오직 이 두 가지 과제의 외면적 대립을 극복하고, 그것들의 심오한 내적 통일성을 해명하는 것만이 우리로 하여금 올바른 대답에 도달할 수 있게 해줄 것이다.

세계 속에서의 인간의 지위와, 인간과 외부 실재 사이의 관계의 본질에 대한 문제들을 논의하는 올바른 방법을 찾아내는 것만이 우리로 하여금 인간 존재의 의미가 무엇인지, 그리고 인간의 목표가 무엇인지를 알게 해준다. 변증법적 유물론이 이에 대한 방법을 제공해 준다. 이것은 인간이 자신의 소중한 목적들(자유, 정의, 무한한 창조성, 그리고 자신의 능력의 조화로운 개화)을 향하여, 숱한 오류와 발견들, 지칠 줄 모르는 투쟁, 그리고 고통 속의 진리탐구라는 어려운 길을 걷는다는 것을 보여준다. 세계의 모든 종교들은 가장 훌륭한 창조적 예술품들과 세계의 창조물들이 신(God)의 작품이라고 가르친다. 자신들의 창조적 가능성들을 발견하고 실현시켜 온 인간은 가상의 창조자[God]를 훨씬 능가할 수 있다. 인간은 정의와, 굴욕당하는 자, 경멸하는 자, 착취당하고 권리가 없는 자, 그리고 박해받는 자 및 박해자, 복종하는 신하와 전제적 정복자가 없는, 이성적이며 인간적인 사회질서를 확실하게 수립할 수 있다. 그러한 사회에서는 자연을 지배하는 대신, 완전한 조화 속에서 그것과 함께 살 수 있으며, 모든 이가 다른 이에게 피해를 주지 않으면서 자연이 주는 선물을 즐길 수 있을 것이다.

모든 것이 인간 자신을 위하여 인간에 의해서 창조되는 그러한 사회적 이상, 그러한 사회가 바로, 과거의 위대한 사상가들이 열망해 왔던 것이다. 그러나 이러한 소망을 실현시키는 데 방해되는 것은 무엇일까? 개혁에 실패한 자들과 인류의 '수익자' 거의 모두는 대중의 편협함, 보수주의, 무지함, 악한 근성 등이 그 원인이라고 생각했다. 그러나 그들이 아무리 이러한 단점을 폭로하고 아무리 인간성의 가장 좋은 면에 호소할지라도, 사태는 영원히 나아지지 않을 것이며, 정의와 자유에 도달할 수 없을 것이다. 인간 스스로를, 혹은 다른 말로 사회의 본질을 알라던 델포이 신전 앞의 외침은 실행되지 않은 채 남아 있다.

이러한 목표들을 달성하는 것은 쉬운 일이 아니다. 그것에 도달하는 과정에서 수많은 난관들에 마주쳤으며, 지금도 마주치고 있고, 그리고 앞으로도 그러할 것이다. 또한 많은 실수도 범해 왔고, 미래에도 범할 것이다. 왜냐하면 인류는 이제껏 그러한 규모와 그러한 범위의 사회 변형을 경험하지 못했기 때문이다. 그러나 있을 법한 객관적인 난관들을 최대한 예견하고, 있을 법한 실수와 오산을 최소화하기 위해서는, 사회의 진보세력들은 그들의 활동에 있어서 과학적, 진보적 세계관(이에 근거하여 새로운 사고가 기초되고 완성되어야 한다.)에 의해 인도되지 않으면 안 된다. 바로 이 때문에 현대과학의 성과와 복지민주주의 건설의 역사적 경험 및 실천을 축적해 온 철학의 근본을 연구하는 것이 필요한 것이다. 우리는 이러한 철학에 근거해야만 인간 존재의 본질과 역사적 전망 그리고 사회의 목표를 알 수 있게 된다.

저자 아나톨리 일리치 라키토프

철학이 희망이다!
철학 대사전 출간!
철학 대사전
哲學大事典
Encyclopedia Of Philosophy
철학 대사전
세계철학사
History of World philosophy
세계 철학사
임석진 교수 감수
황세연 편집
철학대사전 신국배판(210x300) 2800쪽
양장 고급케이스 980,000원
편찬위원 연세대학교
윤병태 교수외 50여명
세계철학사 전5권 세트 4×6배판 양장 750,000원
러시아과학아카데미연구소 엮음/황세연 편역

철학사전(개정증보판)과 철학사(전5권)

『철학사전』은 『철학사』(전5권)를 읽는 독자들을 위해 만들어졌다. 본 사전에는 아직도 각종 모순이 중첩되어 있는 이 땅에서 자연과 사회 및 인간 사유의 일반적 발전 법칙을 탐구하여, 올바른 세계관을 수립하고 각종 모순을 인식하고 해결하는 데 초석이 되도록 편찬되었다. 따라서 이 사전은 진보적 철학의 비중을 대폭 높였으며 특히 한국철학에 있어서 새로운 민중적 시각을 통해 재정리하고자 했다. 또한 이 사전은 철학의 근본문제를 비롯하여 여러 문제, 사회관, 인생관, 가치관, 역사관 등의 문제와 기타 철학의 발전과 긴밀히 연결된 사회과학과 자연과학의 논점도 동일한 입장에서 다루었다. 때문에 이 사전과 동일한 입장에서 일관성 있게 집필된 본사 발행 『철학사』(전5권)와 함께 유용한 지침서가 될 것이다.

철학사전편찬위원회 지음/4×6배판 칼라인쇄/고급 서적지 및 고급 양장케이스/정가 350,000원

『철학사』(전5권)는 국내판을 출간하는데 30여년에 걸쳐 기획되고 수정된 책으로 연 40여명의 편집인이 동원되었다. 본서는 1987년 7월 처음 출간되어 1998년 2월에 재편집되었으며 2009년 5월에 3차 증보판에 이어서 이번이 제4차 개정 증보판이다. 대본으로 사용한 책은 「러시아과학아카데미연구소」(Akademiya Nauk SSSR)에서 출간한 『*History of Philosophy*』(전5권)를 다시 국내에서 우리나라 실정에 맞게 재편집하고 현대적 용어와 술어로 바꾸어 번역한 것으로, 국내판은 고대 노예제 철학의 발생으로부터 자본주의 독점 시대까지의 철학을 재편집하였다.

크라운판 고급인쇄/고급 서적지 및 고급 양장케이스/전5권 세트 정가 650,000원

중원문화 아카데미 新書

1 한국근대 사회와 사상
• 일본 교토대학교 연구소 엮음

2 걸어다니는 철학
• 황세연 저

3 반듀링론
• F.엥겔스/김민석 역

4 헤겔 법철학 입문
• 꼬우즈미 따다시 지음

5 이성과 혁명
• H.마르쿠제/김현일 외 역

6 정치경제학 교과서 I-1
• 짜골로프 외/윤소영 엮음

7 정치경제학 교과서 I-2
• 짜골로프 외/윤소영 엮음

8 정치경제학 교과서 I-3
• 짜골로프 외/윤소영 엮음

9 이탈리아 맑스주의
• K.프리스터/윤수종 옮김

10 걸어다니는 경제사
• 황세연 편저

11 자본론에 관한 서한집
• K.마르크스와 F.엥겔스 저

12 지배와 사보타지
• 안토니오 네그리/윤수종 옮김

13 과학기술사
• 석동호 편저

14 저개발과 의약품
• M. 빌러/우연재 옮김

15 맑스주의의 세 갈래길
• W. 레온하르트/하기락 옮김

16 역사적 맑스주의
• R.알뛰세르/서관모 옮김

17 경제학의 선구자들
• 일본경제신문사/김종호 옮김

18 근현대 사회사상가 101
• 이마무라 히도시/안효상 옮김

19 맑스를 넘어선 맑스
• 안토니오 네그리/윤수종 옮김

20 교육과 의식화
• P.프레이리/채광석 역

21 정치경제학 교과서 II-1
• 짜골로프 외/윤소영 엮음

22 정치경제학 교과서 II-2
• 짜골로프 외/윤소영 엮음

23 청년 마르크스의 휴머니즘
• H.포피츠/황태연 역

24 사회를 어떻게 볼 것인가?
• 황세연 편저

25 헤겔연구②
• 임석진 외저 (절판)

26 칸트 철학입문
• W.O.되에링/김용정 역

27 노동조합 입문
• 양원직 편저

28 마르크스에서 쏘비에트 이데올로기로
• I.페처/황태연 역

29 소유의 위기
• E.K.헌트/최완규 역

30 변증법의 현대적 전개①
• W.뢰트/임재진 역

31 변증법의 현대적 전개②
• W.뢰르/임재진 역

32 모순의 변증법
• G.슈틸러/김재용 역

33 헤겔연구③
• 임석진 외저 (절판)

34 국제무역론
• 久保新一/김선기 역

35 칸 트
• 코플스톤/임재진 역

36 자연과학과 철학
• H.라이헨바하/김회빈 옮김

37 철학 입문
• 황세연 편역

38 맑스주의의 역사 ①
• P. 브르니츠키/이성백 옮김

39 맑스주의의 역사 ②
• P. 브르니츠키/이성백 옮김

40 한국사회와 자본론
• 황태연 저

41 정치경제학 비판을 위하여
• K.마르크스/김호균 역

42 과학기술 혁명시대의 자본주의와 사회주의
• 황태연 저/허상수 엮음

43 혁명운동의 문제들
• S. P.노보셀로프/이창휘 옮김

44 마키아벨리의 고독
• 루이 알뛰세르/김민석 역

45 들뢰즈와 가타리
• 로널드 보그/이정우 옮김

46 과학적 사회주의
• G.그로서/송주명 옮김

47 맑스-레닌주의 철학의 본질
• F. V. 콘스탄티노프/김창선 역

48 철학의 기초(1)
• A. 라키토프/김신현 옮김

중원문화 아카데미 新書

49 **철학의 기초(2)**
• A. 라키토프/김신현 옮김

50 **소수자 운동의 새로운 전개**
• 윤수종 외 지음

51 **한눈에 들어오는 서양철학사**
• 타케다 세이지/홍성태 옮김

52 **마르크스즘과 유로코뮤니즘**
• 산티아고 까리요/김유향 옮김

53 **맑스주의와 프랑스인식론**
• P. 토미니크 르쿠르/박기순 옮김

54 **논리의 오류**
• 에드워드 데이머/김회빈 역

55 **프랑스 문화와 예술**
• 마르크 블랑팽 · 장 폴 쿠슈/송재영 옮김

56 **개발과 파괴의 사회학**
• 홍성태 지음

57 **인민의 벗이란 무엇인가**
• V. 레닌/김우현 역

58 **예술 · 정보 · 기호**
• 가와노 히로시/진중권 역

59 **담론의 질서**
• 미셸 푸코 지음/이정우 해설

60 **사회학의 명저 20**
• 김진균 외 지음

61 **철학사(1)**
• Akademiya Nauk SSSR 편

62 **철학사(2)**
• Akademiya Nauk SSSR 편

63 **철학사(3)**
• Akademiya Nauk SSSR 편

64 **철학사(4)**
• Akademiya Nauk SSSR 편

65 **철학사(5)**
• Akademiya Nauk SSSR 편

66 **인격의 철학, 철학의 인격**
• 김종엽 저

67 **담론의 질서**
• 푸코 지음/이정우 옮김

68 **교육자의 길**
• 이오덕 외 저

69 **정치경제학**
• 짜골로프 저

70 **박정희 시대-5.16은 쿠데타다**
• 이상우 저

71 **박정희 시대-민주화운동과 정치주역들**
• 이상우 저

72 **박정희 시대-5.16과 한미관계**
• 이상우 저

73 **박정희와 유신체제 반대운동**
• 이상우 저

74 **세계사 (제국주의 시대)**
• 김택현 편

75 **세계사 (제1차세계대전)**
• 김택현 편

76 **세계사 (제2차세계대전과 파시즘)**
• 김강민 역

77 **세계사 (현대)**
• 조진원 편/이춘란 감수

78 **근현대 형성과정의 재인식①**
• 안종철 외 저

79 **근현대 형성과정의 재인식②**
• 정근식 외 저

80 **시몬느 베이유 철학교실**
• 앙느레느/황세연 역

81 **소크라테스에서 미셸 푸코까지**
• 기다 캔/김석민 역

82 **상식 밖의 세계사**
• 가바야마 고아치/박윤명 역

83 **들뢰즈와 카타리**
• 로널드 보그 저/이정우 옮김

84 **새로운 예술을 찾아서**
• 브레이트 저/김창주 역

85 **역사 유물론의 궤적**
• 페리 앤더슨/김필호 외 옮김

86 **철학적 맑스주의**
• 루이 알튀세르/서관모 역

87 **생산의 발전과 노동의 변화**
• 마이클 피오르 외/강석재 외 역

88 **항일과 혁명의 한길에서**
• 김운선 지음

89 **지배와 사보타지**
• 안토니오 네그리/윤수종 역

90 **헤겔철학 서설**
• 오토 푀겔러/황태연 역

91 **과학적 공산주의란 무엇인가**
• 빅토르 아파나시예프/최경환 역

92 **페레스트로이카 논쟁(서독)**
• 에케르트 외/송주명 역

93 **페레스트로이카 논쟁(동독)**
• 모르겐슈테른 외/신현준 역

94 **페레스트로이카 논쟁(프랑스)**
• 프랑시스 코엥/신현준 역

95 **페레스트로이카 논쟁(소련)**
• 야코블레프 외/신현준 역

96 **마르크스주의와 개인**
• 아담 샤프/김영숙 역